Complete Italian
STEP-BY-STEP

Complete Italian
STEP-BY-STEP

The Fastest Way to Achieve Italian Mastery

Paola Nanni-Tate

New York Chicago San Francisco Athens London Madrid
Mexico City Milan New Delhi Singapore Sydney Toronto

2 3 4 5 6 7 8 9 LCR 25 24 23 22 21

ISBN: 978-1-260-46323-1
MHID: 1-260-46323-0

e-ISBN: 978-1-260-46324-8
e-MHID: 1-260-46324-9

McGraw-Hill Education books are available at special quantity discounts to use as premiums and sales promotions or for use in corporate training programs. To contact a representative, please visit the Contact Us pages at www.mhprofessional.com.

Complete Italian Step-by-Step
This book contains content previously published in *Easy Italian Step-by-Step* and *Advanced Italian Step-by-Step*.

Contents

Preface

Complete Italian Step-by-Step has been written for beginner and advanced beginner learners. It teaches Italian grammar in a progressive order, enabling students to acquire an advanced knowledge of the language. It allows students to learn the rules of the language, and to read and write Italian in a very natural way.

This is not an entirely new program, but rather the combination of two previously published books: *Easy Italian Step-by-Step* and *Advanced Italian Step-by-Step*. These two bestselling programs have been combined in a way that makes it easier for students to learn Italian in one streamlined style.

The first part of this book (*Easy Italian Step-by-Step*) provides the essential grammatical rules of the language. It introduces the most commonly-used vocabulary and the basic tenses of regular and irregular verbs. There are many exercises to allow learners to practice what they have studied or need to study. Its explanations are easy to comprehend and to remember.

The second part of the book (*Advanced Italian Step-by-Step*) provides a concise review of key concepts, then continues challenging learners with new grammar rules and exercises. It dives deeper into the nuances of Italian grammar and the conjugations of the verbs. It offers many exercises to enhance students' knowledge so that they become more confident in speaking and understanding Italian.

To take full advantage of the *Complete Italian Step-by-Step* program, I advise you to complete all the exercises as you progress through the book. By doing this, you will continue to reinforce what you have studied in the chapters already completed. Do not be in a rush! Make sure you have mastered the concepts studied so far before moving on to the next chapter. By studying the rules a few at a time, and by answering the progressive exercises, you will steadily gain mastery of the language. And, self-study learner or a student in a regular class, it is my fervent hope that you will find learning Italian to be an enjoyable and rewarding experience.

Acknowledgments

Writing a grammar book that is cogent and written with learners in mind is always my goal, and I think we have accomplished that with *Complete Italian Step-by-Step*. I would like to thank Barbara Bregstein, the author of *Easy Spanish Step-by-Step*, for laying the foundation on which this program was created.

I would also like to thank Garret Lemoi and Christopher Brown, my editors at McGraw-Hill, for their assistance, patience, and guidance throughout the writing of the two original books that make up this program. I would also like to thank my husband, Robert Tate, for proofreading the books, and finally a big thank-you to all my students who continue to inspire me to write and to all the people whose love of Italian inspired them to pick up this program.

Guide to Pronunciation

Italian is pronounced as it is written. This makes it easier to learn how to say the words in Italian. The words are pronounced by adding together the sound of each individual letter. There are only twenty-one letters in the Italian alphabet: **j**, **k**, **w**, **x**, and **y** are not part of the Italian alphabet. They belong to foreign words and they are pronounced as the word requires.

Abbreviations

The following abbreviations have been used throughout the text.

f.	feminine
fam.	familiar
form.	formal
inf.	informal
m.	masculine
pl.	plural
sing.	singular

Vowels

Italian vowels are always pronounced in a sharp or clear way regardless of stress. They are never slurred or pronounced weakly. Pronounce the examples.

Letter	Pronounced like	Examples
a	the *a* in *father*	la banana, la patata, la casa
e	two sounds:	
	closed as in *date*	teatro, sete, bene, pepe
	open like *quest*	bello, vento, presto

i	*feet*	divino, pizza, Africa
o	two sounds:	
	closed like *stone*	come, solo, dopo, mondo
	open like *for*	poco, cosa, porta, donna
u	*ruler*	buco, luna, sugo, uno

Consonants

Letter	Pronounced like	Examples
b	*banana*	banana, bambino
c	English *k* before **a**, **o**, **u**, or any consonant	colore, casa
c	English *ch* before **i** or **e**	centro, cinema
ch	English *k* (used only before **i** or **e**)	chimica, chiesa, chiamare
d	*dear*	dito, dado
f	*fit*, *foot*	fico, fune
g	English *g* as in *rag* (before **a**, **o**, **u**, and any consonant)	gara, gola, gufo
g	*genius*, *gin* before **e** or **i**	gelato, gita
gh	*get*, *give* before **e** or **i**	spaghetti, funghi
h	initial **h** is always silent as in *honor*	ha, ho
l	*letter*, *long*, *lip*	latte, lontano, luna
m	*map*, *more*, *mother*	mano, meno, moto
n	*nap*, *nest*, *note*	nano, nero, nota
p	*pad*, *pat*, *pope*	padre, pane, posta
q	*queen*, *quit*	quadro, questo, quindi
r	single **r** is always flipped or trilled	rana, Roma, rosa
s	usually like English *see*, *sell*	subito, suora, sul
	between two vowels like **z** in *zebra*	casa, rosa, disegno
	before **b**, **d**, **g**, **l**, **m**, **n**, **v**, **r**: like *s* in *scone*, *spider*, *stairs*	sbaglio, scala, scuola, slitta, storia, svelare

t	*take, tell, tire*	testa, tirare, topo
v	*valley, van, vote*	valle, vetro, vino
z	*zany, zipper, zone*	Firenze, zio, zanzara

Here are some more sounds that are specifically found in the Italian language.

gli	*scallion, million*	figli
glie		foglie
glia		famiglia
glio		aglio
gn	*canyon*	ragno
sc before **e/i**	*shower, show*	pesce, sci
sch	*sky, escape*	pesche, fischio
sc + **o, a, u**	*scout, scope, scam*	scatto, scopa, scuola

Stress and Written Accentuation

The majority of the Italian words are stressed on the next-to-last syllable. When the stress falls on the very last syllable, an accent mark is put on it.

caffè	*coffee*	gioventù	*youth*
perchè	*because, why*	farò	*will do, make*

Two-syllable words stress the first syllable. This does not usually affect the pronunciation.

fame	*hunger*	padre	*father*
madre	*mother*	casa	*house*

Three-syllable words have their natural stress on the next to the last syllable.

domani	*tomorrow*	esame	*exam*
capire	*to understand*	giovane	*youth*

Words of four or more syllables usually have their natural accent on the third-to-last syllable.

scivolare	*to slip*	dimenticare	*to forget*
preparare	*to prepare*		

If a one-syllable word has a written accent, it means that there is another word in Italian that has the same spelling but a different meaning.

a	*at, to*	à	*has*
da	*from*	dà	*gives*
di	*of*	dì	*day*
do	*a musical note*	dò	*I give*
e	*and*	è	*is*
la	*the (f.)*	là	*there*
li	*them*	lì	*there*
se	*if*	sè	*oneself*
si	*reflexive pronoun*	sì	*yes*

Tips on Pronunciation

- While practicing, remember to keep vowel sounds short and clear.
- Always use the Italian **r** sound. Remember that the single and the double **r** are trilled or flipped.
- Pronounce **z** as *tz* (**stazione**).
- The letters **c** and **g** followed by an **e** or **i** have the soft sound of *church.*
- Make sure you stress the pronunciation of double consonants.
- Put extra emphasis on the accent placed on the last vowel (**lunedì**) of words.
- Do not rely on the written pronunciation of words. Get used to pronouncing words correctly by repeating them aloud.

The Alphabet

Letter	Name	Letter	Name
A	a	**N**	enne
B	b	**O**	o
C	ci	**P**	pi
D	di	**Q**	qu
E	e	**R**	erre
F	effe	**S**	esse

G	gi	**T**	ti
H	acca	**U**	u
I	i	**V**	vu (vi)
J	jei	**W**	vu doppia
K	kappa	**X**	ics
L	elle	**Y**	ipsilon
M	emme	**Z**	zeta

Greetings and Salutations

Salve.	*Hello, good-bye.*
Buon giorno.	*Good morning.*
Buon pomeriggio.	*Good afternoon.*
Buona sera.	*Good evening.*
Buona notte.	*Good night.*
Mi chiamo Barbara.	*My name is Barbara.*
Come si chiama Lei?	*What is your name?*
Mi chiamo Giovanni.	*My name is Giovanni.*
Come stai (*inf.*)?	*How are you?*
Come sta (*form.*)?	*How are you?*
Bene grazie, e tu (*inf.*)?	*Fine, thanks. And you?*
Bene grazie, e Lei (*form.*)?	*Fine, thank you. And you?*
Non c'è male.	*Not too bad.*
Arrivederci.	*So long.*
A domani.	*Until tomorrow.* (*See you tomorrow.*)
A presto.	*See you soon.*
Ciao.	*Good-bye.*
Grazie.	*Thank you.*
Prego.	*You're welcome.*

I

Easy Italian Step-by-Step

1

Nouns, Articles, and Descriptive Adjectives

The Gender of Nouns

A noun is a word that labels persons, animals, places, things, or concepts.

In Italian all nouns are classified as *masculine* or *feminine*. This is called grammatical gender. Gender is important because it determines the form of the articles and the adjectives that accompany nouns in sentences. Usually, a noun's gender can be identified by looking at its ending.

Most Italian nouns end in a vowel. (Nouns that end in a consonant are of foreign origin.) Usually, Italian singular masculine nouns end in -**o**, and feminine nouns end in -**a**. There are exceptions, of course.

Singular Nouns

Masculine

Most nouns that end in -**o** are masculine singular.

bagno	*bathroom*	ragazzo	*boy*
banco	*school desk*	specchio	*mirror*
gatto	*cat*	telefono	*telephone*
libro	*book*	vino	*wine*
nonno	*grandfather*	zaino	*backpack*

NOTE: Exceptions to this rule include **mano**, **foto**, **auto**, and **radio**, which end in -**o** but are feminine nouns.

Feminine

Most nouns ending in **-a** are feminine.

casa	*house*	ragazza	*girl*
mamma	*mother*	scuola	*school*
nonna	*grandmother*	stella	*star*
patata	*potato*	strada	*road*
penna	*pen*	zia	*aunt*

Nouns Ending in *-e*

Nouns ending in **-e** can be masculine or feminine. They are not too many, so they are easy to memorize.

Masculine		Feminine	
fiore	*flower*	canzone	*song*
giornale	*newspaper*	chiave	*key*
mare	*sea*	classe	*class*
padrone	*owner*	frase	*phrase*
pane	*bread*	lezione	*lesson*
sale	*salt*	nave	*ship*
sapone	*soap*	notte	*night*

Nouns Ending in *-amma* or *-ma*

Nouns that end in **-amma** or **-ma** are masculine.

clima	*climate*	programma	*program*
dramma	*drama*	sistema	*system*

Nouns Ending in *-zione* and *-sione*

All nouns ending in **-zione** and **-sione** are feminine.

illusione	*illusion*
pensione	*pension*
stazione	*station*

Nouns Ending in *-ale, -ame, -ile, -one,* and *-ore*

Almost all nouns ending in **-ale**, **-ame**, **-ile**, **-one**, and **-ore** are masculine.

animale	*animal*	dottore	*doctor*
bastone	*cane*	porcile	*pig pen*
catrame	*tar*		

Nouns Ending in *-si*

Nouns ending in -**si** are of Greek origin, and they are feminine.

analisi	*analysis*	ipotesi	*hypothesis*
crisi	*crisis*	tesi	*thesis*

Patterns Determine Gender

There are some patterns that allow you to determine the gender of the noun. In general the names of trees are masculine, while the names of fruits are feminine.

Masculine		Feminine	
arancio	*orange tree*	arancia	*orange*
ciliegio	*cherry tree*	ciliegia	*cherry*
melo	*apple tree*	mela	*apple*
pero	*pear tree*	pera	*pear*
pesco	*peach tree*	pesca	*peach*

There are a few exceptions, which are masculine and refer to both the tree and the fruit.

fico	*fig*	mandarino	*tangerine*
limone	*lemon*	mango	*mango*

Masculine *-tore* Equals Feminine *-trice*

When a masculine noun ends in -**tore**, and refers to a male person, the corresponding female ends in -**trice**.

Masculine		Feminine	
attore	*actor*	attrice	*actress*
pittore	*painter*	pittrice	(*female*) *painter*
scrittore	*writer*	scrittrice	(*female*) *writer*
scultore	*sculptor*	scultrice	*sculptress*

Masculine *-ore* Equals Feminine *-essa*

Some masculine nouns that refer to a person's profession and that end in **-ore** change to **-essa** in the feminine.

Masculine		Feminine	
dottore	*doctor*	dottoressa	*(female) doctor*
professore	*professor*	professoressa	*(female) professor*

Nouns Ending in *-ista*

Nouns ending in **-ista** can be either masculine or feminine, according to whether they refer to a male or a female. In this case the article differentiates masculine and feminine. These nouns generally refer to professionals.

Masculine	Feminine	
(il) dentista	(la) dentista	*dentist*
(il) farmacista	(la) farmacista	*pharmacist*
(il) pianista	(la) pianista	*pianist*

Exercise 1.1

Write the appropriate endings for the masculine and feminine nouns.

1. cas______
2. ragazz______ (*m.*)
3. zain______
4. scuol______
5. specchi______
6. penn______
7. giornal______
8. sapon______
9. pan______
10. ciliegi______ (*fruit*)
11. fic______
12. sal______

Plural Nouns

When forming the plural of Italian nouns, the final vowel changes to indicate a change in number.

Masculine Nouns

For regular masculine nouns that end in **-o**, the endings change to **-i** in the plural.

Masculine Singular		**Masculine Plural**	
albero	*tree*	alberi	*trees*
fratello	*brother*	fratelli	*brothers*
gatto	*cat*	gatti	*cats*
libro	*book*	libri	*books*
ragazzo	*boy*	ragazzi	*boys*
tetto	*roof*	tetti	*roofs*
treno	*train*	treni	*trains*
vino	*wine*	vini	*wines*

The plural for **uomo** (*man*) is the irregular **uomini**.

Singular *-co* or *-go* to Plural *-ci* or *-gi*

Some masculine nouns ending in -**co** or -**go** change to -**ci** or -**gi** in the plural.

amico	*friend*	amici	*friends*
chirurgo	*surgeon*	chirurgi	*surgeons*
psicologo	*psychologist*	psicologi	*psychologists*

Singular *-co* or *-go* to Plural *-chi* or *-ghi*

Some nouns ending in -**co** or -**go** change to -**chi** or -**ghi** in the plural in order to preserve the hard sound of the consonant **c**.

fango	*mud*	fanghi	*mud*
fianco	*hip*	fianchi	*hips*

Feminine Nouns

For regular feminine nouns that end in -**a**, the endings change to -**e**.

Feminine Singular		**Feminine Plural**	
altalena	*swing*	altalene	*swings*
casa	*house*	case	*houses*
lettera	*letter*	lettere	*letters*
matita	*pencil*	matite	*pencils*
sorella	*sister*	sorelle	*sisters*
statua	*statue*	statue	*statues*
stella	*star*	stelle	*stars*
strada	*street*	strade	*streets*

Singular *-ca* or *-ga* to Plural *-che* or *-ghe*

Feminine nouns ending in -**ca** or -**ga** change to -**che** or -**ghe** in the plural.

amica	*girlfriend*	amiche	*girlfriends*
stanga	*stick*	stanghe	*sticks*

Feminine *-ea* to *-ee*

Feminine nouns ending in -**ea** change to -**ee** in the plural.

idea	*idea*	idee	*ideas*

With *-i* Singular and Plural Retain Same Ending

Nouns ending in -**i** in the singular do not change in the plural: **crisi** (*crisis*), **analisi** (*analysis*), **ipotesi** (*hypothesis*), **tesi** (*thesis*) stay the same in the plural; only change the articles.

Plural of *-e* Is *-i*

The plural form of all nouns ending in -**e** is always -**i**, regardless of whether the noun is masculine or feminine. The distinction rests with the article, which changes according to whether the noun is masculine or feminine (see "The Definite Article").

Singular		**Plural**	
chiave (*f.*)	*key*	chiavi	*keys*
fiume (*m.*)	*river*	fiumi	*rivers*
giornale (*m.*)	*newspaper*	giornali	*newspapers*
lezione (*f.*)	*lesson*	lezioni	*lessons*
madre (*f.*)	*mother*	madri	*mothers*
padre (*m.*)	*father*	padri	*fathers*
sale (*m.*)	*salt*	sali	*salts*
sapone (*m.*)	*soap*	saponi	*soaps*

Change the Article Instead: Forming Plurals for Consonant-Ending Nouns

When forming the plural of nouns ending with a consonant, only the article changes.

(il) film	(i) film
(lo) smog	(gli) smog
(lo) sport	(gli) sport

Exercise 1.2

Write the plural form of each of the singular nouns.

1. lettera	______	9. sale	______
2. pera	______	10. canzone	______
3. stella	______	11. altalena	______
4. sport	______	12. fiore	______
5. lezione	______	13. dea	______
6. vino	______	14. amica	______
7. albero	______	15. amico	______
8. musica	______	16. film	______

The Indefinite Article

The Italian indefinite article corresponds to English *a* and *an* and is used with singular nouns. It also corresponds to the number one.

- **Uno** is used in front of masculine words beginning with **z** or **s** + **consonant**, **ps**, or **gn**.
- **Un** is used in front of all other masculine words beginning with any other consonant or vowel.
- **Una** is used in front of feminine words beginning with a consonant.
- **Un'** is used in front of feminine words beginning with a vowel.

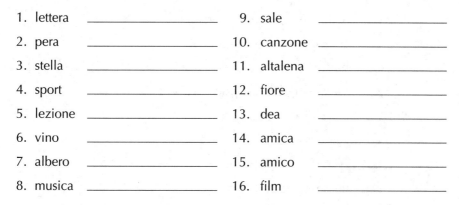

Masculine Indefinite Articles		**Feminine Indefinite Articles**	
un aeroplano	*a plane*	un'amica	*a (female) friend*
un albero	*a tree*	un'automobile	*a car*
un amico	*a (male) friend*	una ciliegia	*a cherry*
un cane	*a dog*	una cugina	*a (female) cousin*
un cugino	*a (male) cousin*	una donna	*a woman*
uno gnomo	*a gnome*	una fata	*a fairy*
un orològio	*a clock, watch*	un'oca	*a goose*
uno psicologo	*a pyschologist*	un'ora	*an hour*
uno scrittore	*a (male) writer*	una scrittrice	*a (female) writer*
uno stadio	*a stadium*	una stazione	*a station*
uno zaino	*a backpack*	una zia	*an aunt*

Exercise 1.3

Fill in the blanks with the correct form of the indefinite article.

1. ______ dottore e ______ dottoressa
2. ______ aranciata e ______ espresso
3. ______ studente e ______ studentessa
4. ______ psicologo e ______ psicologa
5. ______ macchina e ______ treno
6. ______ autobus e ______ bicicletta
7. ______ zoo e ______ animale
8. ______ uomo e ______ donna
9. ______ giornale e ______ edicola
10. ______ stadio e ______ binario track (as in RR)
11. ______ zio e ______ zia
12. ______ elicottero e ______ attrazione

Change Article When Adjectives Precede Noun

When an adjective precedes the noun, the indefinite article changes according to the initial sound: **uno zio** (*an uncle*) but **un caro zio** (*a dear uncle*); **un'automobile** (*a car*) but **una bella automobile** (*a beautiful car*).

The indefinite article also means **one**.

un'arancia	*an orange/one orange*
un libro	*a book/one book*

The indefinite article is not used in exclamations starting with **Che** . . . ! (*What* . . . *!*).

Che macchina elegante!	*What an elegant car!*
Che bravo bambino!	*What a good child!*

The Definite Article

In English the definite article has only one form: *the.* In Italian it has different forms according to the gender, number, and first letter of the noun or adjective it precedes.

Here are some rules for using definite articles:

- **Lo** (plural **gli**) is used before masculine nouns beginning with **s** + consonant, **z**, **ps**, and **gn**.
- **Il** (plural **i**) is used before masculine nouns beginning with all other consonants.
- **La** (plural **le**) is used before feminine nouns beginning with a consonant.
- **L'** (plural **gli**) is used before masculine nouns beginning with a vowel.
- **L'** (plural **le**) is used before feminine nouns beginning with a vowel.

Masculine Singular		Masculine Plural	
LO		***GLI***	
lo gnomo	*the gnome*	gli gnomi	*the gnomes*
lo psicologo	*the psychologist*	gli psicologi	the psychologists
lo specchio	*the mirror*	gli specchi	*the mirrors*
lo sport	*the sport*	gli sport	*the sports*
lo straccio	*the rag*	gli stracci	*the rags*
lo zero	*the zero*	gli zeri	*the zeros*
lo zio	*the uncle*	gli zii	*the uncles*
L'	***GLI***		
l'amico	*the friend*	gli amici	*the friends*
l'occhio	*the eye*	gli occhi	*the eyes*
l'orologio	*the clock, watch*	gli orologi	*the clocks, watches*
l'orto	*the vegetable garden*	gli orti	*the vegetable gardens*
IL	***I***		
il cielo	*the sky*	i cieli	*the skies*
il libro	*the book*	i libri	*the books*
il nonno	*the grandfather*	i nonni	*the grandfathers*
il padre	*the father*	i padri	*the fathers*
il serpente	*the snake*	i serpenti	*the snakes*

Feminine Singular		**Feminine Plural**	
LA		***LE***	
la finestra	*the window*	le finestre	*the windows*
la madre	*the mother*	le madri	*the mothers*
la nonna	*the grandmother*	le nonne	*the grandmothers*
la scrivania	*the desk*	le scrivanie	*the desks*
la sedia	*the chair*	le sedie	*the chairs*
L'		***LE***	
l'amica	*the girlfriend*	le amiche	*the girlfriends*
l'autostrada	*the highway*	le autostrade	*the highways*
l'entrata	*the entry*	le entrate	*the entries*
l'oca	*the goose*	le oche	*the geese*
l'uscita	*the exit*	le uscite	*the exits*

Notice the changes in the following phrases:

il giorno	*the day*	**l'**altro giorno	*the other day*
lo zio	*the uncle*	**il** vecchio zio	*the old uncle*
i ragazzi	*the boys*	**gli** stessi ragazzi	*the same boys*
l'amica	*the friend*	**la** giovane amica	*the young friend*
l'uomo	*the man*	**il** bell'uomo	*the handsome man*

NOTE: The gender and number of the word immediately following the article determines the article's form. For example: il nuovo orologio (*the new clock*).

Exercise 1.4

Fill in the blanks with the correct form of the singular definite article.

1. ______ amico
2. ______ casa
3. ______ autostrada
4. ______ zio
5. ______ padre
6. ______ automobile
7. ______ mano
8. ______ lezione
9. ______ stazione
10. ______ professore

11. ______ nonno
12. ______ entrata
13. ______ madre
14. ______ sport
15. ______ cielo
16. ______ dottore
17. ______ limone
18. ______ pesca
19. ______ pesco
20. ______ scrittore

Exercise 1.5

Fill in the blanks with the correct form of the plural definite article.

1. ______ amici
2. ______ case
3. ______ zii
4. ______ padri
5. ______ nonni
6. ______ entrate
7. ______ autostrade
8. ______ madri
9. ______ sport
10. ______ cieli
11. ______ automobili
12. ______ mani
13. ______ lezioni
14. ______ stazioni
15. ______ professori
16. ______ dottori
17. ______ limoni
18. ______ pesche
19. ______ peschi
20. ______ serpenti

Other Uses of the Definite Article

The definite article is used in many other ways such as in front of geographical names, with dates, with parts of the body, with the words **scorso** and **prossimo**, and with nouns that express generalizations. There are exceptions, though, so read carefully and learn the following rules.

- Always use definite articles in front of geographical names, continents, countries, rivers, mountains, islands, and states.

l'Arno	*the Arno (river)*
l'Himalaya	*the Himalaya*
l'Italia	*Italy*
la California	*California*
la Sicilia	*Sicily*

- Do not use the definite article in front of the names of cities.

New York	*New York*
Parigi	*Paris*
Roma	*Rome*

- Use definite articles with dates.

Oggi è il cinque maggio.	*Today is the fifth of May.*

- Use definite articles with the days of the week to indicate repeated action.

La domenica guardo la partita di pallone.	*On Sundays I watch the football game.*

- Do not use the definite article when a specific day is intended.

Il lunedì di solito studio in biblioteca, ma lunedì prossimo vado da mio zio.	*Usually on Mondays I study at the library, but next Monday I am going to visit my uncle.*

- Use definite articles with parts of the body, clothing, and possessive adjectives.

i pantaloni	*the trousers*
la mia casa	*my house*
la testa	*the head*

- Do not use the definite article when referring to a family member in the singular form.

mia nonna	*my grandmother*	le mie nonne	*my grandmothers*

- Use the definite article with titles—unless the person mentioned is spoken to directly.

il dottor Gigli	*Doctor Gigli*
Buon giorno, Dottor Gigli.	*Good morning, Dr. Gigli.*

- Use the definite article before names of a language, except when the verbs **parlare** (*to speak*) or **studiare** (*to study*) directly precede the name of the language. In those cases, the use of the article is optional.

L'Italiano è una lingua bella ma difficile.	*Italian is a beautiful language but difficult.*
Studio l'italiano.	*I study Italian.*
Parlo italiano.	*I speak Italian.*

- Use it with the words **scorso** (*last*) and **prossimo** (*next*).

l'anno scorso	*last year*
la settimana prossima	*next week*

- Do not use the definite article after the preposition **in** or before an unmodified geographical noun.

Vivo in Italia.	*I live in Italy.*
Lei studia in Francia.	*She studies in France.*

- Use the definite article when a geography-related noun is modified.

Vado nell'Italia del Sud.	*I am going to Southern Italy.*
Maria e Paolo vivono nella Svizzera Tedesca.	*Mary and Paul live in the German part of Switzerland.*

- Use the definite article with nouns that express generalizations.

Gli italiani amano l'opera.	*Italians love opera.*
Il pane è importante per gli italiani.	*Bread is important to Italians.*
La scuola era divertente oggi.	*School was fun today.*

Exercise 1.6

Translate the nouns into English.

1. il libro ________________
2. la casa ________________
3. i fiori ________________
4. il vino ________________
5. il fratello ________________
6. il caffè ________________
7. il treno ________________
8. il dentista ________________
9. la finestra ________________
10. il melo ________________
11. gli aeroplani ________________
12. le lezioni ________________
13. l'oca ________________

14. le gambe ____________________
15. la gola ____________________
16. una lezione ____________________
17. un'idea ____________________
18. un amico ____________________
19. un bambino ____________________
20. un'amica ____________________
21. un'automobile ____________________
22. un'aereo ____________________

Exercise 1.7

Fill in the blanks with the correct form of the definite and the indefinite articles, where necessary.

	Definite Article	Indefinite Article	
1.	______	______	zio
2.	______	______	zero
3.	______	______	amico
4.	______	______	nonno
5.	______	______	madre
6.	______	______	orologio
7.	______	______	casa
8.	______	______	professore
9.	______	______	psicologo
10.	______	______	occhio
11.	______	______	bella ragazza
12.	______	______	brutto vestito
13.	______	______	bell'orologio
14.	______	______	pianta
15.	______	______	entrata
16.	______	______	uscita

17. ______ ______ isola
18. ______ ______ montagna
19. ______ ______ studente
20. ______ ______ scoiattolo

Descriptive Adjectives

An adjective is a word that modifies a noun or pronoun. Descriptive adjectives are used to describe nouns. An Italian descriptive adjective agrees in gender and number with the noun it modifies and is almost always placed after the noun it describes.

Singular Form of Adjectives

Adjectives that end in **-o** are masculine singular and agree with masculine singular nouns.

il gatto nero	*the black cat*	l'uomo alto	*the tall man*
il libro nuovo	*the new book*	l'uomo simpatico	*the nice man*
il ragazzo bello	*the handsome boy*		

Adjectives Ending in *-o*

Change the **-o** to **-a** to agree with feminine singular nouns when you have adjectives that end in **-o**.

la donna alta	*the tall woman*	la gonna nuova	*the new skirt*
la donna bella	*the beautiful woman*	la ragazza simpatica	*the nice girl*
la gatta nera	*the black cat*		

Adjectives Ending in *-e*

Adjectives that end in **-e** in the singular have the same form for describing both masculine and feminine nouns.

Masculine

il libro eccellente	*the excellent book*
il libro interessante	*the interesting book*
il pacco pesante	*the heavy package*
il prato verde	*the green lawn*

il ragazzo forte	*the strong boy*
l'uomo elegante	*the elegant man*
l'uomo intelligente	*the intelligent man*

Feminine

la cena eccellente	*the excellent meal*
la lezione interessante	*the interesting lesson*
la borsa pesante	*the heavy purse*
l'erba verde	*the green grass*
la ragazza forte	*the strong girl*
la donna elegante	*the elegant woman*
la donna intelligente	*the intelligent woman*

Key Vocabulary

***Colori* (Colors)**

arancione	*orange*	marrone	*brown*
azzurro	*light blue*	nero	*black*
bianco	*white*	rosso	*red*
blu	*dark blue*	rosa	*pink*
giallo	*yellow*	verde	*green*
grigio	*gray*	viola	*purple*

***Aggettivi* (Adjectives)**

allegro	*happy*	generoso	*generous*
avaro	*stingy*	giovane	*young*
brutto	*ugly*	grande	*big*
bugiardo	*liar*	grasso	*fat*
caldo	*warm*	indipendente	*independent*
carino	*nice*	magro	*thin*
caro	*expensive*	meraviglioso	*wonderful*
debole	*weak*	piccolo	*small*
delizioso	*delicious*	povero	*poor*
difficile	*difficult*	profumato	*fragrant*
disgustoso	*disgusting*	pulito	*clean*
facile	*easy*	ricco	*rich*
fantastico	*fantastic*	sincero	*sincere*
freddo	*cold*	sporco	*dirty*

Exercise 1.8

Complete the phrases with the correct form of the adjective in parentheses.

1. la ragazza ________________ (*nice*)
2. la lezione ________________ (*difficult*)
3. il fiore ________________ (*fragrant*)
4. il vino ________________ (*white*)
5. il pacco ________________ (*fragile*)
6. il gatto ________________ (*small*)
7. la macchina ________________ (*new*)
8. l'albergo ________________ (*clean*)
9. l'appartamento ________________ (*expensive*)
10. il clima ________________ (*fantastic*)
11. la donna ________________ (*thin*)
12. l'uomo ________________ (*poor*)
13. il prato ________________ (*green*)
14. il film ________________ (*interesting*)
15. il libro ________________ (*old*)
16. la pianta ________________ (*green*)
17. il cane ________________ (*small*)
18. la casa ________________ (*big*)
19. la carta ________________ (*white*)
20. il clima ________________ (*cold*)

Plural Form of Adjectives

Masculine adjectives ending in **-o** in the singular change their endings to **-i** in the plural. Adjectives ending in **-a** in the singular change their endings to **-e** in the plural. Adjectives ending in **-e** in the singular change to **-i** in the plural, whether they modify a masculine or a feminine noun.

Masculine Singular	**Masculine Plural**	
l'albergo sporco	gli alberghi sporchi	*the dirty hotel(s)*
l'appartamento vecchio	gli appartamenti vecchi	*the old apartment(s)*
il foglio bianco	i fogli bianchi	*the white sheet/sheets*
il libro nuovo	i libri nuovi	*the new book(s)*
il pavimento pulito	i pavimenti puliti	*the clean floor(s)*
il ragazzo simpatico	i ragazzi simpatici	*the charming boy(s)*
l'uomo alto	gli uomini alti	*the tall man/men*
l'uomo intelligente	gli uomini intelligenti	*the intelligent man/men*
il vestito rosso	i vestiti rossi	*the red suit(s)*
il vino eccellente	i vini eccellenti	*the excellent wine(s)*

Feminine Singular	**Feminine Plural**	
la casa nuova	le case nuove	*the new house(s)*
la donna alta	le donne alte	*the tall woman/women*
la donna elegante	le donne eleganti	*the elegant woman/women*
l'erba verde	le erbe verdi	*the green lawn(s)*
la gonna pulita	le gonne pulite	*the clean skirt(s)*
la macchina vecchia	le macchine vecchie	*the old car(s)*
la nuvola bianca	le nuvole bianche	*the white cloud(s)*
la ragazza simpatica	le ragazze simpatiche	*the nice girl(s)*
la rosa rossa	le rose rosse	*the red rose(s)*
la scarpa sporca	le scarpe sporche	*the dirty shoe(s)*

Exercise 1.9

Write the plural form of each of the phrases.

1. la lampada nuova ______________________
2. l'amico intelligente ______________________
3. il gatto nero ______________________
4. il ragazzo giovane ______________________
5. la rosa bianca ______________________
6. il vestito giallo ______________________
7. il giorno meraviglioso ______________________
8. l'automobile moderna ______________________
9. la ragazza elegante ______________________

10. il libro vecchio ____________________
11. la torta deliziosa ____________________
12. la famiglia ricca ____________________

Exercise 1.10

Translate the phrases into Italian.

1. the green grass ____________________
2. the white clouds ____________________
3. the new song ____________________
4. the fat goose ____________________
5. the small dog ____________________
6. the expensive shoes ____________________
7. the excellent food ____________________
8. the sad child ____________________
9. the happy children ____________________
10. the strong man ____________________
11. the big house ____________________
12. the sincere friend ____________________

Positioning of Adjectives

Most common adjectives follow the noun they modify and have a specific meaning. Some adjectives, though, can change their meaning according to whether they precede or follow the nouns they modify.

Singular	**Plural**
MASCULINE/FEMININE	*MASCULINE/FEMININE*
bello, -/a	belli, -/e
brutto, -/a	brutti, -/e
buono, -/a	buoni, -/e
caro, -/a	cari, -/e
cattivo, -/a	cattivi, -/e
piccolo, -/a	piccoli, -/e
povero, -/a	poveri, -/e

un bel libro	*a good book*
un libro bello	*a beautiful book*
una brutta sera	*a bad evening*
una sera brutta	*an ugly evening*
una buona amica	*a good friend*
un'amica buona	*a friend who is a good person*
un caro amico	*a dear friend*
una stoffa cara	*an expensive material*
un cattivo ragazzo	*a naughty boy*
una persona cattiva	*a vicious person*
un povero uomo	*an unfortunate man*
un uomo povero	*a poor man*

The following examples are also of adjectives that change meaning according to their position.

un alto ufficiale	*a high-ranking officer*
un poliziotto alto	*a tall policeman*
diversi giorni	*several days*
giorni diversi	*different days*
un grande amico	*a good friend*
un amico grande	*a large friend*
un grand'uomo	*a great man*
un uomo grande	*a large man*
una leggera ferita	*a slight wound*
una valigia leggera	*a lightweight suitcase*
un nuovo libro	*a new book*
un libro nuovo	*a brand new book*
una sola donna	*the only woman*
una donna sola	*a woman alone*
l'unico figlio	*the only son*
un figlio unico	*a unique son*
l'unica occasione	*the only chance*
un'occasione unica	*a unique opportunity*
un vecchio amico	*an old friend*
un amico vecchio	*an old (age) friend*
una vera notizia	*a truly important piece of news*
una notizia vera	*a news story that is true*
una vera amica	*a true friend*
una pietra vera	*an authentic stone*

There are rules about the placement of adjectives. Adjectives follow nouns:

- When they specify color, shape, material, nationality, religion, or political affiliation

  le scarpe nere — *the black shoes*
  le ragazze americane — *the American girls*
  la religione cattolica — *the Catholic religion*

- When specifying a category

  la rivoluzione francese — *the French Revolution*
  una scuola media — *a middle school*

- With suffixes such as **-ino**, **-etto**, **-otto**, or **-one**

  una bambina cicciotta — *a chubby girl*
  un uovo piccolino — *a small egg*
  una ragazza chiacchierona — *a chatty girl*
  un uomo poveretto — *a poor man*

- When the stem comes from the present participle and the adjective ends in **-ante** or **-ente**

  il ponte barcollante — *the unsteady bridge*
  la torre pendente — *the leaning tower*

- When the adjectives derive from a regular past participle and end in **-ato**, **-uto**, or **-ito**

  la strada ghiacciata — *the icy road*
  il muro imbiancato — *the painted wall*

Exercise 1.11

Translate the sentences into Italian.

1. I like red shoes.

   ____

2. This book is new.

   ____

3. They have very old parents.

   ____

4. She is my dear friend.

____

5. She is a good painter.

____

6. He has a small wound on the head.

____

7. She is the only queen.

____

8. He is her only son.

____

9. She is the only woman in this house.

____

10. He is a different man.

____

11. There is a poor man at the park.

____

12. The president is a good man.

____

2

Subject Pronouns, *stare*, and *essere*

Subject Pronoun Basics

Singular		Plural	
io	*I*	**noi**	*we*
Io is never capitalized unless it begins a sentence.			
tu	*you (sing. inf.)*	**voi**	*you (pl. inf.)*
The familiar singular form **tu** is used with friends and family. You must be given permission before you may use **tu** with older people or people you do not know well.			
lui **lei**	*he* *she*	**loro**	*they*
		The plural form **loro** is used to address more than one person. It is used for both masculine and feminine or for a group that includes both males and females.	
Lei	*you (sing. form.)*	**Loro**	*you (pl. form.)*
Lei is the formal equivalent of **tu**. It is used when meeting people for the first time, in business situations, or with older people. It is used for both masculine and feminine. When writing, it is capitalized.		When referring to a group of people you do not know well **Loro** is used. In writing it is capitalized.	

NOTE: There is no subject pronoun *it* in Italian. **Lui** and **lei** are used for people, animals, and things.

Often in Italian the pronouns **io, tu, lui, lei, noi, voi,** and **loro** are omitted because the ending of the verb form implies who is doing the action. For example, **sto** can only mean *I stay*, whether **io** is included or not; the same goes for **stai**, which can only mean *you stay*. However, **sta** can have more than one meaning, so **lui/lei sta** is used to refer to *he/she stays*.

Verb Definitions

The *infinitive* is the unconjugated form of a verb. For example, *to be* is an infinitive in English. The *conjugations* are the different forms of the verb that belong to a particular pronoun or noun. *I am* and *you are* are examples of conjugations of the infinitive *to be*.

Stare Versus *essere*

Italian has two verbs that are the equivalent of *to be* in English: **essere** and **stare**. They are not interchangeable. Although efforts have been made to determine rules about their usage, there appear to be almost as many exceptions as there are rules. The easiest way to handle these verbs is to memorize the kinds of expressions in which each is used. Following are some common guidelines.

Stare (to be; to stay)

Stare can have various meanings depending on the context, but it generally expresses health, precise locations, and personal opinions about someone's appearance. It is also used in certain idiomatic expressions and in the present continuous tense.

stare *to be*; *to stay*

io **sto**	*I am*	noi **stiamo**	*we are*
tu **stai**	*you are*	voi **state**	*you are*
lui **sta**	*he is*	loro **stanno**	*they are*
lei **sta**	*she is*	loro **stanno**	*they are*
Lei **sta**	*you (sing. form., m./f.) are*	Loro **stanno**	*you (pl. form) are*

- ***Location***

When **stare** is used to express location, it indicates that the person will stay in place and not move. **Io sto a casa** (*I will stay at home*) is different from saying **Io sono a casa** (*I am at home*), which implies that *I am at home now, but I may leave.*

Io sto a casa. *I am (staying) at home (and will not leave).*
Tu stai a letto. *You are (staying) in bed (and will stay there).*

- ***Health***

Come stai?	*How are you?*
Sto bene, grazie.	*I am fine, thank you.*
Lui sta male.	*He feels bad.*

- ***Personal Opinion about Appearance***

Il vestito le sta bene.	*The dress looks good on her.*
La giacca mi sta stretta.	*The jacket is tight on me.*

- ***Expressions***

stare attento, -/a	*to pay attention*	stare zitto, -/a	*to be quiet*
stare con	*to live with*	stare a pennello	*to fit like a glove*
stare fermo, -/a	*to keep still*	stare a cuore	*to have at heart, to matter*
stare fuori	*to be outside*	stare in guardia	*to be on one's guard*
stare seduto, -/a	*to be sitting*	stare in piedi	*to be standing*
stare su	*to stand (sit) up straight*		

Il vestito le sta a pennello.	*The dress fits her like a glove.*
La bambina non sta mai ferma.	*The little girl cannot keep still.*
Mio figlio sta da solo.	*My son lives by himself.*

Adjectives Following *stare*

The adjective that follows **stare** must agree with the subject in both gender and number.

I ragazzi **stanno seduti**.	*The children are sitting.*
Giovanna **sta zitta**.	*Giovanna is quiet.*

Present Continuous Tense

The present continuous expresses an action taking place at the time of speaking. In Italian it is expressed with the present tense of **stare** + the gerund of the verb. The gerund is formed by adding **-ando** for **-are** verbs (**parlando**) and -**endo** for **-ere** and **-ire** verbs (**correndo, dormendo**).

Io **sto mangiando.**	*I am eating.*
Tu **stai correndo.**	*You are running.*
Lui **sta dormendo.**	*He is sleeping.*

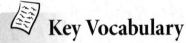

Key Vocabulary

The following words will improve your ability to communicate over a range of situations.

Parole interrogative **(Interrogative Words)**

come?	*how? what?*
dove?	*where?*
chi?	*who?*

Avverbi di luogo **(Adverbs of Location)**

qui, qua	*here*
lì, là	*there*
giù	*down*
su	*up*

Aggettivi **(Adjectives)**

allegro, -/a	*happy*	carino, -/a	*nice*
ammalato, -/a	*sick*	contento, -/a	*happy*
arrabbiato, -/a	*angry*	delizioso, -/a	*delicious*
bello, -/a	*beautiful*	stanco, -/a	*tired*

Exercise 2.1

Complete the sentences with the correct form of **stare**. *Pay attention to the meaning of each sentence and indicate in parentheses whether the sentence expresses location, health, or a personal opinion about appearance.*

EXAMPLE *Noi* stiamo *a casa tutto il giorno.* (location)

1. Io non ____________ bene oggi. (____________)
2. Lei ____________ a casa perchè vuole studiare. (____________)
3. La nonna ____________ nel giardino dalla mattina alla sera. (____________)
4. Luigi ____________ a letto tutto il giorno. (____________)
5. Loro ____________ sempre bene. (____________)
6. Voi ____________ tutto il giorno davanti alla televisione. (____________)
7. Perchè non (tu) ____________ in casa se hai freddo? (____________)
8. La camicetta ti ____________ molto bene. (____________)
9. Maria e Lucia ____________ in chiesa per delle ore. (____________)
10. Luigi oggi ____________ bene. (____________)
11. Quel vestito non le ____________ bene. (____________)
12. Noi ____________ in casa ad aspettarti. (____________)

Pronouns to Omit

Keep in mind that you can omit the subject pronouns **io**, **tu**, **lui**, **lei**, etc., in Italian since the endings of the verb expresses who is doing the action. Subject pronouns should be included if the subject is ambiguous.

Essere (to be)

The Italian verb **essere** is also equivalent to the English *to be*, and it is one of the most used verbs.

essere *to be*

io **sono**	*I am*	noi **siamo**	*we are*
tu **sei**	*you are*	voi **siete**	*you are*
lui **è**	*he is*	loro **sono**	*they are*
lei **è**	*she is*	loro **sono**	*they are*
Lei **è**	*you are (form. sing., m./f.)*	Loro **sono**	*you are (form. pl.)*

When to Use the Pronouns *io* and *loro*

Io and **loro** are followed by the same form of the verb *to be*: **sono**. This is seldom confusing since the correct meaning is obvious from the context, but it may be necessary to add the appropriate subject pronoun in front of each to avoid ambiguity.

Essere is used to express relationships, physical characteristics, personal traits, date and time, professions, nationality, mood, physical status, colors, and location. (**Essere** is used to describe where someone or something is located, but, unlike **stare**, indicates that the person or thing may not stay there.) It is also used to indicate point of origin, the material something is made from, possession, and where an event takes place.

- ***Relationships***

Lui è mio marito.	*He is my husband.*
Loro sono i miei amici.	*They are my friends.*

- ***Physical Characteristics***

Maria è alta.	*Maria is tall.*
Voi siete magri.	*You (pl.) are thin.*

- ***Personal Traits***

Lei è una brava dottoressa.	*She is a good doctor.*
I bambini sono educati.	*The children are polite.*

- ***Date and Time***

Sono le dieci di mattina.	*It is ten in the morning.*
Domani è lunedì.	*Tomorrow is Monday.*

- ***Professions***

Lui è ingegnere.	*He is an engineer.*
Maria è una manager.	*Maria is a manager.*

- ***Nationality***

Loro sono italiani.	*They are Italian.*
Nancy è inglese.	*Nancy is English.*

- ***Mood***

Giovanna è allegra.	*Giovanna is happy.*
Tu sei molto serio.	*You are very serious.*

- ***Physical Status***

Noi siamo vecchi.	*We are old.*
Tu sei stanco.	*You are tired.*

- ***Colors***

Il cielo è azzurro.	*The sky is blue.*
L'erba è verde.	*The grass is green.*

- ***Location***

Loro sono a letto.	*They are in bed.*
Tu sei nel ristorante.	*You are in the restaurant.*

- ***Location of Event***

La festa è al club.	*The party is (takes place) at the club.*
La parata è nella strada principale.	*The parade is (takes place) in the main street.*

- ***Point of Origin***

Di dove sei?	*Where are you from?*
Io sono di New York.	*I am from New York.*

Never End with Prepositions

In English, we often end a sentence with a preposition. In Italian a preposition can never end a sentence. The preposition in the last example above, **di** (*of*), is placed in front of the interrogative word, **dove** (*where*).

- ***Material***

Di here means *of* (*made of*).

La porta è di legno.	*The door is made of wood.*
Le finestre sono di vetro.	*The windows are made of glass.*
La giacca è di pelle.	*The jacket is made of leather.*

- ***Possession***

Sono i genitori di Maria.	*They are Maria's parents.*
È il gatto di mio figlio.	*It is my son's cat.*
Sono gli amici di Luigi.	*They are Luigi's friends.*
La borsa è della bambina.	*It is the girl's purse.*
Il pallone è del bambino.	*It is the boy's football.*

The contractions **di** + **il** (*of* + *the*) = **del**; **di** + **lo** (*of* + *the*) = **dello**; and **di** + **la** (*of* + *the*) = **della** are only three of the many contractions in the

Italian language that will be covered in future chapters. Use **di** (*of*) to express possession and ownership. When the preposition **di** is followed by the masculine articles **il** and **lo** and the feminine article **la**, the words contract to **del**, **dello**, and **della**.

Indicating Ownership

The Italian sentence structure for stating ownership can be seen in this example: **la macchina di Paola** (*Paola's car*). Italian does not use apostrophes to indicate ownership; instead, it uses the preposition **di** or **di** + article.

Exercise 2.2

Complete the sentences with the correct form of **essere**. *Indicate in parentheses whether the sentences express description, profession, point of origin, identification, material, physical status, or time.*

EXAMPLES *La ragazza* è *bella.* (description)

Lui è *di Napoli.* (point of origin)

1. La ragazza ____________ bella. (____________)
2. Loro ____________ professori all'Università. (____________)
3. Di dove ____________ i tuoi amici? (____________)
4. Il nuovo albergo ____________ molto bello. (____________)
5. Noi ____________ i cugini di Maria. (____________)
6. La giacca ____________ di pelle. (____________)
7. I miei amici ____________ di Roma. (____________)
8. I pomodori non ____________ maturi. (____________)
9. La tua macchina ____________ vecchia. (____________)
10. San Francisco ____________ in California. (____________)
11. Lucia ____________ ammalata. (____________)
12. La tua casa ____________ grande. (____________)
13. La pianta ____________ sul balcone. (____________)
14. Voi ____________ intelligenti. (____________)
15. Domani ____________ giovedì. (____________)

Exercise 2.3

Complete the sentences with the correct form of **essere** *or* **stare**. *Indicate in parentheses whether the sentences express nationality, physical status, location, mood, description, point of origin, or health.*

1. Io ______________ italiana. (______________)
2. Giovanni ______________ ammalato. (______________)
3. Giovanni non ______________ bene. (______________)
4. La lezione ______________ difficile. (______________)
5. La professoressa ______________ in classe tutto il giorno. (______________)
6. Noi ______________ contenti. (______________)
7. L'amica di Nadia ______________ male. (______________)
8. La mamma di Mario ______________ in ospedale. (______________)
9. La porta ______________ chiusa. (______________)
10. La porta non ______________ chiusa. (______________)
11. Di dove ______________ voi? (______________)
12. Chi ______________ con la nonna? (______________)
13. Noi ______________ sul treno. (______________)
14. Mia mamma ______________ sempre a casa. (______________)
15. Mia mamma ______________ in giardino. (______________)

Exercise 2.4

Using the words in parentheses, answer the questions with the correct form of **essere** *or* **stare**.

1. Come stai? __________________________ (*not too well*)
2. Dov'è il tuo amico? __________________________ (*at home*)
3. Sta ancora a Napoli tua sorella? __________________________ (*yes*)
4. È facile la lezione di italiano? __________________________ (*no*)
5. Volete stare in casa oggi? __________________________ (*yes*)
6. Siete stanchi? __________________________ (*very*)

7. Il ristorante è vicino? ______________________________ (*no, far*)
8. Dove sta la tua amica? ______________________________ (*in Italy*)
9. Quanto tempo state in Italia? ______________________________ (*two weeks*)
10. Di dov'è la tua amica? ______________________________ (*Rome*)

Exercise 2.5

Using **essere** *or* **stare**, *translate the sentences into Italian.*

1. We are friends.

____

2. My friend is in China.

____

3. Her friend is in Italy for three weeks.

____

4. The animals are at the zoo.

____

5. The children are at the park for three hours.

____

6. Italy is in Europe.

____

7. Her husband is an architect.

____

8. Uncle Marco is at the pool.

____

9. Uncle Marco stays at the pool all day long.

____

10. The food is delicious.

____

11. The dog is brown.

____

12. The dog stays in the house.

____

13. My grandmother is in the hospital.

____

14. She is not feeling very well.

____

Exercise 2.6

Complete the letter with the correct forms of **essere** *or* **stare**.

Cari genitori,

Come (1) ______________? Noi (2) ______________ bene. Io e Luisa (3) ______ a Roma. La città (4) ______________ molto bella. I Musei Vaticani (5) ________ molto interessanti. Il Colosseo (6) ______________ molto grande e bello. I ristoranti (7) ______________ buoni e non (8) ______________ molto cari. Noi (9) ______________ a Roma per due settimane. Ciao e a presto.

Reading Comprehension

La casa

La mia casa è grande e nuova, con molte finestre e molta luce. Tutte le pareti della casa sono bianche e l'esterno è grigio. I quadri sulle pareti sono da tutte le parti del mondo. La sala da pranzo, il soggiorno, il salotto e la cucina sono al primo piano. Anche la nostra camera da letto con un bagno molto spazioso sono al primo piano.

La cucina è grande e moderna con i piani di cottura in granito e le ante di legno. Il frigorifero e la stufa sono nuovi. Uno specchio e un tavolino di legno sono nel corridoio.

Altre tre camere da letto e un bagno sono al secondo piano. Tutti i nostri libri, quaderni, penne, matite e il computer, sono nello studio.

Il patio di legno è dietro alla casa ed è abbastanza grande Un tavolo rotondo con quattro poltrone sono nel centro del patio. Un grande ombrellone e tante belle piante sono sul patio. Il prato e molte piante con fiori di tutti i colori: rosa, rosso, blu, bianco e giallo sono dietro e davanti alla casa. La mia casa è in un villaggio dove tutte le case sono grandi e belle.

Nomi (Nouns)

l'albero	*the tree*	il patio	*the patio*
la camera da letto	*the bedroom*	il piano	*the floor, the surface*
		la poltrona	*the easy chair*
il corridoio	*the hallway*	la porta	*the door*
la cucina	*the kitchen*	il prato	*the lawn*
il divano	*the sofa*	il quaderno	*the notebook*
l'erba	*the grass*	la sala a pranzo	*the dining room*
la finestra	*the window*	il soggiorno	*the living room*
il frigorifero	*the refrigerator*	lo specchio	*the mirror*
il legno	*wood*	la stufa	*the stove*
la luce	*the light*	il vaso	*the vase*
la parete	*the wall*		

Aggettivi (Adjectives)

grande	*big, large*
nuovo, -/a	*new*
spazioso, -/a	*spacious*

Avverbi (Adverbs)

abbastanza	*enough*
davanti	*in front*
dietro	*behind*

Domande (Questions)

After you have read the selection, answer the questions in Italian and repeat your answers aloud.

1. Come è la casa?

 ____

 ____

2. Descrivi la cucina.

 ____

 ____

3. Che cosa c'è nel corridoio?

____

____

4. Dove sono le penne, le matite e i libri?

____

____

5. Che cosa c'è davanti e dietro alla casa?

____

____

3

C'è and *ci sono*, Interrogative Words, and the Calendar

C'è (There Is) and *ci sono* (There Are)

The words **c'è** and **ci sono** correspond to the English *there is* and *there are* or *is there?* and *are there?* in English. They state the existence or presence of something or someone.

Italian and English sentences with **c'è** or **ci sono** follow the same word order with regard to using or omitting definite and indefinite articles.

C'è un'ape nel giardino.	*There is a bee in the garden.*
Ci sono tre api nel giardino.	*There are three bees in the garden.*
Ci sono le api nel giardino.	*There are bees in the garden.*

A question formed with **c'è** or **ci sono** uses the same word order as a statement, but the voice should sound a rising tone. The article is omitted only if generalizations are used.

C'è un'ape nel giardino?	*Is there a bee in the garden?*
Ci sono api nel giardino?	*Are there bees in the garden?*

Ci sono gli elefanti allo zoo?	*Are there elephants at the zoo?*
Ci sono elefanti allo zoo?	*Are there any elephants at the zoo?*

To make a sentence negative, place **non** before **c'è** or **ci sono**.

Non c'è acqua nel bagno.	*There is no water in the bathroom.*
Non ci sono bicchieri nel bagno.	*There aren't any glasses in the bathroom.*

C'è and **ci sono** also express the idea of *being in* or *being here* or *there.*

Scusa, c'è tua figlia?	*Excuse me, is your daughter in?*
No, non c'è.	*No, she is not.*
Ci sono molti studenti.	*There are many students.*

Ecco

Ecco (*here is, here are, there is, there are*) is used when pointing at or drawing attention to something or someone.

Ecco il ristorante!	*Here is the restaurant!*
Ecco la matita!	*Here is the pencil!*
Ecco i calzini!	*Here are the socks!*
Ecco le matite!	*Here are the pencils!*

Exercise 3.1

Rewrite the sentences in the plural, using the quantity in parentheses.

1. C'è un cane nel giardino. (due)

   ____

2. C'è un grande aeroporto. (tre)

   ____

3. C'è uno studente in classe. (dieci)

   ____

4. C'è un museo vicino a casa mia. (due)

   ____

5. C'è una pianta in casa. (molte)

   ____

6. C'è una macchina nel garage. (due)

   ____

7. C'è un gatto nero. (tre)

   ____

8. C'è una parola difficile nel libro. (molte)
____
9. C'è una frase che non capisco. (due)
____
10. C'è la tua amica. (quattro)
____
11. Non c'è un italiano qui. (due)
____
12. Non c'è una finestra. (tre)
____

Exercise 3.2

Rewrite the sentences, changing the indefinite articles into definite articles.

1. Ecco un bar! _______________
2. Ecco un giornale! _______________
3. Ecco un supermercato! _______________
4. Ecco una pizza! _______________
5. Ecco un gelato! _______________
6. Ecco un bicchiere! _______________
7. Ecco un orologio! _______________
8. Ecco un ospedale! _______________
9. Ecco una televisione! _______________
10. Ecco uno zoo! _______________
11. Ecco uno scoiattolo! _______________
12. Ecco una pianta! _______________

Exercise 3.3

Translate the sentences into English.

1. C'è una pianta in casa.

____

2. Ci sono molte stelle nel cielo.

____

3. Ci sono molte sedie nella tua casa.

____

4. Oggi c'è il sole.

____

5. Non c'è il telefono.

____

6. Ecco tua sorella!

____

7. Ecco il telefono!

____

8. Ecco la mamma!

____

9. Com'è il ristorante?

____

10. Com'è il pane?

____

11. Com'è bella la canzone!

____

12. Com'è grande l'universo!

____

Interrogative Words

Interrogative words are used to initiate a question.

Come? *How? What?*

Come is used with all forms of **essere** in order to find out what people or things are like.

Com'è la sua casa?	*What is his/her house like?*
Com'è la pizza?	*How is the pizza?*
Come sono le caramelle?	*How are the candies?*

Come + **essere** is used in exclamations.

Come sono buoni questi spaghetti!	*How good this spaghetti is!*
Com'è buono il gelato italiano!	*How good Italian ice cream is!/ Italian ice cream is so good!*

Word Order

Notice the word order: **come** + verb + adjective. The subject, when expressed, is at the end of the exclamation. Exclamations of this kind are used much more frequently in Italian than in English.

Com'è grande questa casa!	*How large this house is!*
Come sei bella!	*How beautiful you are!*
Come siamo stanchi!	*How tired we are!*

Come + **stare** is used to inquire about someone's health.

Come stai?	*How are you?*
Come stanno i tuoi genitori?	*How are your parents?*

Come + **chiamarsi** is used to ask someone's name.

Come ti chiami?	*What is your name?*
Come si chiamano i tuoi figli?	*What are your kids' names?*

Dove? *Where?*

Dove sono i CD?	*Where are the CDs?*
Dov'è (Dove è) la tua macchina?	*Where is your car?*

Che? Che cosa? *What?*	
Che giorno è oggi?	*What day is today?*
Che cosa c'è da mangiare al ristorante?	*What is there to eat at the restaurant?*
Che cos'è questo?	*What is this?*

Chi? *Who?*	
Chi sono questi ragazzi?	*Who are these boys?*
Chi è al telefono?	*Who is on the telephone?*
Chi è la ragazza con Giovanni?	*Who is the girl with Giovanni?*

Quale? Quali? *Which one? Which ones?*	
Qual'è la capitale d'Italia?	*What (which city) is the capital of Italy?*
Quali sono i tuoi libri?	*Which ones are your books?*

Perchè? *Why?*	
Perchè ridi?	*Why are you laughing?*
Perchè andate in Italia?	*Why do you go to Italy?*

Perchè is also used to answer a question when it means *because.*

Perchè studi?	*Why do you study?*
Perchè mi piace imparare.	*Because I like to learn.*

Quanto? *How much?*	
Quanto costa?	*How much does it cost?*
Quanto è?	*How much is it?*

Quanti? Quante? *How many?*	
Quanti figli avete?	*How many kids do you have?*
Quante cugine hai?	*How many cousins do you have?*

Quando? *When?*	
Quando è il concerto?	*When is the concert?*
Quando è l'esame?	*When is the test?*

Exercise 3.4

Rewrite the statements as exclamations using the words in parentheses. Remember to use the correct form of **essere**.

EXAMPLE *questo gatto (bello)* Com'è bello questo gatto!

1. questo vino ______________ (buono)
2. questi gelati ______________ (buoni)
3. queste fotografie ______________ (belle)
4. questo libro ______________ (interessante)
5. questa bambina ______________ (bionda)
6. questa casa ______________ (piccola)
7. questo caffè ______________ (forte)
8. questi panini ______________ (deliziosi)
9. questo aereo ______________ (grande)
10. questa studentessa ______________ (brava)
11. questa macchina ______________ (veloce)
12. questa birra ______________ (fredda)

Exercise 3.5

Complete the questions with the appropriate interrogative words.

1. ______________ è la macchina di Luisa?
2. ______________ sono le ragazze?
3. ______________ gente c'è nel parco?
4. ______________ è la signora con tua mamma?
5. ______________ è la capitale degli Stati Uniti?
6. ______________ costa viaggiare in treno?
7. ______________ si chiama il tuo cane?
8. ______________ andate al concerto?
9. ______________ piangi?

10. ____________ è questo?
11. ____________ siete in casa?
12. ____________ fratelli avete?
13. ____________ soldi hai in banca?
14. ____________ sono le tue piante?

Exercise 3.6

Answer the questions in Italian using **c'è**, **ci sono**, **essere**, *or the appropriate form of* **stare**.

1. Come sta tua zia oggi? (*not too well*)

   ____

2. Dov'è la spiaggia? (*near my house*)

   ____

3. Di chi è la macchina? (*my brother's*)

   ____

4. Di dove sei tu? (*American*)

   ____

5. Ci sono cani a casa tua? (*no, there aren't*)

   ____

6. Dove stai tutto il giorno? (*in front of the TV*)

   ____

7. Chi c'è a casa? (*my husband*)

   ____

8. Ci sono ancora le foglie sugli alberi? (*yes, there are*)

   ____

9. C'è molta gente alla festa? (*no, there are a few people*)

   ____

10. Perchè sei stanco? (*I work a lot*)

    ____

11. Come mi sta il cappello? (*it looks good*)

____

12. Quante persone ci sono? (*15*)

____

Prepositions

You have already learned three of the most common prepositions in Italian.

con	*with*
di	*from, of*
in	*in*

You can combine these prepositions with an interrogative word to ask even more questions.

In quale scuola insegnano l'italiano?	*In which school is Italian taught?*
In quale parco ci sono le rose?	*Which park are the roses in?*
Di chi è la matita?	*Whose pencil is this?*
Di dove venite?	*Where are you from?*
Con chi sei a casa?	*Who is at home with you?*

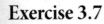

Exercise 3.7

Complete the questions with the appropriate prepositions.

1. ______ quale scuola sei?
2. ______ che colore è il tuo vestito?
3. ______ chi è tuo fratello?
4. ______ dove è la tua amica?
5. ______ quale città è la statua della Libertà?
6. ______ chi stai a casa?

Calendario (Calendar)

I giorni della settimana (Days of the Week)

lunedì	*Monday*	venerdì	*Friday*
martedì	*Tuesday*	sabato	*Saturday*
mercoledì	*Wednesday*	domenica	*Sunday*
giovedì	*Thursday*		

- The definite article that precedes the days of the week is used only when expressing repetition or habitual actions.

La domenica andiamo a pranzo con gli amici.	*On Sundays we go to lunch with our friends.*
Il lunedì giocano a bridge.	*On Mondays they play bridge.*

- Days of the week in Italian are never capitalized and are all masculine except for **domenica** (*Sunday*). The week begins with **lunedì** (*Monday*).
- No preposition equivalent to *on* is used when referring to a day of the week.

Io vado a teatro sabato sera.	*I will go to the theater* ***on*** *Saturday evening.*

- To ask what day it is, you would say:

Che giorno è oggi?	*What day is it today?*
Oggi è martedì.	*Today is Tuesday.*

I mesi dell'anno (Months of the Year)

gennaio	*January*	luglio	*July*
febbraio	*February*	agosto	*August*
marzo	*March*	settembre	*September*
aprile	*April*	ottobre	*October*
maggio	*May*	novembre	*November*
giugno	*June*	dicembre	*December*

- The names of the months are not capitalized. They take the definite article when modified.

Il 2 (due) giugno è la Festa della Repubblica.	*The second of June (June 2nd) is Republic Day.*

- Italian uses either **a** or **in** to say *in* + a particular month. The preposition is articulated when the month is modified.

Andiamo in Italia in (a) marzo.	*We'll go to Italy in March.*
Andiamo in Italia nel mese di marzo.	*We'll go to Italy in the month of March.*

- The following expressions are used to ask the date.

Quanti ne abbiamo oggi? Che data è oggi? Qual'è la data di oggi?	*What is today's date?*

Some possible responses to these questions include:

Ne abbiamo 7.	*Today is the 7th.*
Oggi è il 12 maggio.	*Today is May 12th.*

Le stagioni (Seasons)

The seasons of the year are as follows:

la primavera	*spring*
l'estate	*summer*
l'autunno	*autumn, fall*
l'inverno	*winter*

- The names of seasons are not capitalized in Italian. *Spring* and *summer* are feminine; *autumn* and *winter* are masculine.

Le parti del giorno (Parts of the Day)

The day is divided into the following parts:

la mattina	*the morning*	la sera	*the evening*
il pomeriggio	*the afternoon*	la notte	*the night*

Additional Vocabulary

il giorno	*the day*	oggi	*today*
la settimana	*the week*	domani	*tomorrow*
il mese	*the month*	ieri	*yesterday*
l'anno	*the year*		

Exercise 3.8

Translate the sentences into Italian.

1. On Monday I will go to visit Luisa.
2. Friday is my favorite day of the week.
3. I go to school on Wednesday.
4. We go to the movies on Saturday evening.
5. We see our parents every Sunday.
6. On Sundays we go to church.
7. Every Friday I stay home from work.
8. On Thursday we are with our children.
9. On Fridays she cleans the house.
10. On Saturdays we go to the theater or the restaurant.
11. On Wednesday I'll see my friend Mary.
12. Lisa has volleyball on Tuesday afternoon.

Exercise 3.9

Translate the sentences into Italian.

1. What day is today?

 ____

2. Today is Tuesday.

 ____

3. January is a cold month.

 ____

4. In May there are many flowers.

 ____

5. My mother's birthday is on May 13th.

 ____

6. In July and August it is very hot.

 ____

7. The month of October is in the fall.

 ____

8. We travel in March and in September.

 ____

9. School in Italy starts on September 15th.

 ____

10. Spring and fall are my favorite seasons.

 ____

11. I wake up early in the morning.

 ____

12. In the evening, I watch TV.

 ____

Reading Comprehension

Una città italiana

Milano è una grande città nel Nord Italia. È una città industriale e ci sono molte ditte multinazionali. È anche il centro della moda italiana e internazionale. La gente vive e lavora a Milano. Non è possibile girare con la macchina nel centro storico, ma c'è la metropolitana, e ci sono molti autobus e tassì.

La vita a Milano è caotica. È difficile conoscere gli abitanti di questa città. A Milano ci sono molti posti interessanti. Nel centro c'è il famoso Duomo, una chiesa bellissima e molto grande. C'è la Galleria, dove ci sono ottimi ristoranti e bellissimi negozi di argenteria e di abbigliamento.

Nella Galleria ci sono due librerie internazionali molto grandi e molto ben fornite.

In fondo alla Galleria c'è il famoso Teatro La Scala dove sono rappresentate le opere cantate da tenori e soprano molto famosi. La stagione lirica inizia il 7 dicembre e finisce in maggio.

A Milano c'è anche il Castello Sforzesco, un tempo un'abitazione, ma adesso è un museo. C'è la chiesa di Santa Maria delle Grazie, dove è custodito l'affresco L'Ultima Cena di Leonardo da Vinci. Per vederlo bisogna comprare i biglietti e fare la prenotazione molti giorni in anticipo. A Milano ci sono anche diverse università che sono frequentate da studenti da tutti i paesi del mondo.

Milano è una città per tutti: gli uomini d'affari, gli studenti universitari, i turisti, e gli amanti della moda.

Nomi (Nouns)

l'abitante	*the inhabitant*	la libreria	*the bookstore*
l'abitazione	*the house*	la metropolitana	*the subway*
gli amanti	*the lovers*	la moda	*fashion*
l'argenteria	*silver items*	il negozio	*the shop*
la città	*the city*	la prenotazione	*the reservation*
la ditta	*the company*	la soprano	*the soprano*
la gente	*the people*	il tenore	*the tenor*

Aggettivi (Adjectives)

caotica	*chaotic*	multinazionale	*multinational*
fornito	*equipped, stocked*	raffinato	*refined*
industriale	*industrial*	rinomato	*well known*
lirica	*lyrical*		

Verbi (Verbs)

girare	*go around*
iniziare	*to start*
vivere	*to live*

Avverbi (Adverbs)

bene	*well*
in anticipo	*in advance*
molto	*very*

Domande (Questions)

After you have read the selection, answer the questions in Italian repeating your answers aloud.

1. Come è Milano?

____

____

2. Ci sono posti interessanti a Milano?

____

____

3. Che cosa c'è nella galleria?

____

____

4. Che cosa si trova nella chiesa Santa Maria delle Grazie?

____

____

5. Per chi è la città di Milano?

____

____

Key Vocabulary

***Nomi maschili* (Masculine Nouns)**

l'aereo	*the airplane*	il mese	*the month*
l'albero	*the tree*	il messaggio	*the message*
l'anno	*the year*	il paese	*the country*
l'ascensore	*the elevator*	il parco	*the park*
l'autobus	*the bus*	il periodico	*the magazine*
il bambino	*the child*	il piano	*the floor*
il campo	*the field*	il premio	*the prize*
il compleanno	*the birthday*	il prezzo	*the price*
il denaro	*the money*	il rumore	*the noise*
l'edificio	*the building*	il sogno	*the dream*
il giardino	*the (flower) garden*	il tema	*the theme*
il lapis	*the pencil*	il viaggio	*the trip*

***Nomi femminili* (Feminine Nouns)**

la biblioteca	*the library*	la lettera	*the letter*
la camicia	*the shirt*	la libreria	*the bookstore*
la cartolina	*the postcard*	la medicina	*the medicine*
la chiave	*the key*	la musica	*the music*
la città	*the city*	l'ombra	*the shadow*
la cucina	*the kitchen*	l'opera	*the opera*
la doccia	*the shower*	la pagina	*the page*
la domanda	*the question*	la parete	*the wall*
l'entrata	*the entrance*	la porta	*the door*
la festa	*the party*	la risposta	*the answer*
la foglia	*the leaf*	la salute	*the health*
la frase	*the sentence*	la scala	*the stairway*
la gente	*the people*	la settimana	*the week*
la gioventù	*youth*	la spiaggia	*the beach*
la guerra	*the war*	la valigia	*the suitcase*

***Aggettivi* (*A*djectives)**

alto	*tall*	bello	*beautiful*
amabile	*amiable*	cieco	*blind*
amichevole	*friendly*	divertente	*amusing*
affettuoso	*affectionate*	dolce	*sweet*
basso	*short*	duro	*hard*

elegante	*elegant*	pericoloso	*dangerous*
emozionante	*emotional*	pesante	*heavy*
fantastico	*fantastic*	rapido	*fast*
fedele	*faithful*	raro	*rare*
lento	*slow*	semplice	*simple*
libero	*free*	soffice	*soft*
lungo	*long*	speciale	*special*
orgoglioso	*proud*	stretto	*narrow*
nuovo	*new*	tranquillo	*calm*

You now have a large vocabulary of nouns and adjectives to study, which will help you complete the following exercises.

Exercise 3.10

A. *Translate the Italian phrases into English.*

1. il cane fedele ________________
2. la camicia pulita ________________
3. il prezzo alto ________________
4. la macchina nuova ________________
5. l'opera emozionante ________________
6. l'edificio basso ________________
7. la spiaggia pulita ________________
8. l'autobus grande ________________
9. l'aereo veloce ________________
10. il giorno fantastico ________________

B. *Translate the English phrases into Italian.*

1. the beautiful plant ________________
2. the dangerous road ________________
3. the short month ________________
4. the beautiful beach ________________
5. the proud man ________________
6. the blind girl ________________

7. the affectionate child ______________
8. the short lady ______________
9. the amusing book ______________
10. the friendly dog ______________

Exercise 3.11

Using **c'è**, **ci sono**, **essere**, *or* **stare**, *answer the questions in Italian repeating your answers aloud.*

1. Di che colore è il vestito di Luisa?

____

2. Ci sono cani a casa tua?

____

3. Dov'è il bagno, per favore?

____

4. Ci sono dei laghi nella tua città?

____

5. Dove sono i bambini?

____

6. Chi sta con la nonna di notte?

____

7. Come sta tua zia?

____

8. Di chi sono le piante?

____

9. C'è la neve in montagna?

____

10. State a casa per le Feste?

____

11. Ci sono molte persone nei negozi?

____

12. Sta bene il cappotto a Maria?

____

Exercise 3.12

Complete the sentences with the correct form of **essere**, **stare**, **c'è**, *or* **ci sono**.

1. Di che colore ______________ il cielo?
2. ______________ molta gente nel parco?
3. ______________ edifici alti nella tua città?
4. Quanto tempo (tu) ______________ in Italia?
5. Noi ______________ a casa tutto il giorno.
6. Come ______________ la nonna oggi?
7. Non ______________ molto bene.
8. ______________ cani a casa tua?
9. No, non ______________ cani, ma ______________ due gatti.
10. Dove ______________ quando andate in Italia?
11. Noi ______________ da mia figlia.
12. La mia città ______________ pericolosa di notte.
13. ______________ molti poliziotti che circolano per le strade.
14. La macchina nera ______________ nuova.
15. Non ______________ macchine nei centri storici italiani.
16. Il cappello gli ______________ molto bene.

Reading Comprehension

Il cinema

Agli italiani piace molto andare al cinema. Al sabato sera e alla domenica i locali cinematografici sono pieni di gente. Al sabato ci vanno specialmente gli adulti. Alla domenica pomeriggio ci vanno specialmente i giovani perchè vogliono passare un pomeriggio divertente con i loro amici.

Agli italiani piacciono molto i film americani, specialmente i film dei cowboys e del Far West.

Ci sono attori e attrici italiane che hanno raggiunto fama mondiale. Tutti conoscono Sofia Loren per la sua bellezza e per la sua bravura. A molti piace anche Marcello Mastroianni che ora è morto. I suoi film sono molto famosi e molto belli. Ci sono anche dei bravissimi direttori come Benigni che dirige film comici e seri. È difficile poter vedere un film italiano negli Stati Uniti. Ogni tanto si vedono dei film italiani molto vecchi e poco interessanti.

Domande (Questions)

After you have read the selection, answer the questions in Italian repeating your answers aloud.

1. Chi va al cinema il sabato sera?

   ____

2. Piace agli italiani andare al cinema?

   ____

3. Perchè i giovani vanno al cinema alla domenica pomeriggio?

   ____

4. Quali film piacciono agli italiani?

   ____

5. Scrivi il nome di una famosa attrice italiana.

   ____

6. Perchè è famosa?

   ____

7. È facile vedere un film italiano negli Stati Uniti?

   ____

4

Numbers, Time, and Dates

Cardinal Numbers

A cardinal number is a number that expresses an amount, such as *one*, *two*, *three*. Following are the cardinal numbers from 1 to 100.

0	zero		
1	uno	21	ventuno
2	due	22	ventidue
3	trè	23	ventitrè
4	quattro	24	ventiquattro
5	cinque	25	venticinque
6	sei	26	ventisei
7	sette	27	ventisette
8	otto	28	ventotto
9	nove	29	ventinove
10	dieci	30	trenta
11	undici	31	trentuno
12	dodici	32	trentadue
13	tredici	33	trentatrè
14	quattordici	40	quaranta
15	quindici	50	cinquanta
16	sedici	60	sessanta
17	diciassette	70	settanta
18	diciotto	80	ottanta
19	diciannove	90	novanta
20	venti	100	cento

Keep in mind the following rules about cardinal numbers in Italian.

- When -**tre** is the last syllable of a larger number, it takes an accent mark: **ventitrè**, **trentatrè**, and **quarantatrè**.
- The numbers **venti, trenta**, etc., drop the final vowel before adding -**uno** or -**otto**: **ventuno, ventotto**, etc.

The numbers one hundred and above are written out as follows.

100	cento	1.000	mille
101	centouno	1.001	milleuno
150	centocinquanta	1.200	milleduecento
200	duecento	2.000	duemila
300	trecento	10.000	diecimila
400	quattrocento	15.000	quindicimila
500	cinquecento	100.000	centomila
600	seicento	1.000.000	un milione
700	settecento	2.000.000	due milioni
800	ottocento	1.000.000.000	un miliardo
900	novecento	2.000.000.000	due miliardi

Note the following rules about these numbers:

- There is no Italian equivalent for the English *eleven hundred, twelve hundred,* etc. Italian uses **millecento, milleduecento**, etc.
- The function of periods and commas is the opposite of English. The number 1.000 (*one thousand*), or **mille** in Italian, uses a period instead of a comma. In Italian the comma is used for decimals. So **1,5** (*1.5* in English) in Italian is **uno virgola cinque**.
- The numeral **un** is not used with **cento** (*one hundred*) or **mille** (*one thousand*), but it is used with **milione** (*million*). Unlike English, **milione** changes to **milioni** in the plural.

cento rose	*a hundred roses*
mille notti	*a thousand nights*
un milione di stelle	*a million stars*
milioni di abitanti	*millions of inhabitants*

- **Cento** has no plural. **Mille** has the plural form **mila**.

cento dollari	*a hundred dollars*	duecento dollari	*two hundred dollars*
mille €	*a thousand euros*	duemila €	*two thousand euros*

- **Milione** (*pl.*, **milioni**) and **miliardo** (*a billion*; *pl.*, **miliardi**) require **di** when they directly precede a noun.

Negli Stati Uniti ci sono 300 milioni di abitanti.	*In the United States there are 300 million inhabitants.*
Il governo spende molti miliardi di dollari ogni giorno.	*The government spends billions of dollars every day.*

A Word About Numbers

Numbers are a very important part of life. People tell you their phone number; they give you an appointment at a specific time and at a specific address; you want to know how much things cost, and so on. Learn your numbers and try to practice them as much as you can.

To say what day a historical event started use: **il** + number + year.

La scuola inizia il 5 gennaio.	*School starts on January 5th.*

An exception to this rule is the first day of each month—for example, November 1st. You don't say *the one of November* but *the first of November.*

Oggi è il primo dicembre.	*Today is the 1st of December (December 1st).*

The year in Italian is expressed as the entire number, unlike English in which the year is broken up into two parts. For example, for the year 1980, we say *nineteen-eighty* in English, whereas in Italian "one thousand nine hundred eighty" is used.

1980	millenovecentoottanta
2007	duemilasette

Exercise 4.1

Complete the sentences in Italian, writing out the numbers in parentheses.

EXAMPLE *Ci sono* quarantacinque *persone sull'autobus. (45)*

1. Ci sono ________________________ giorni in una settimana. (7)
2. In luglio ci sono ________________________ giorni. (31)

3. Ci sono ______________________ giorni in un anno. (365)
4. Ci sono ______________________ settimane in un anno. (52)
5. In biblioteca ci sono ______________________ libri. (3.000)
6. Ci sono ______________________ ristoranti in questa città. (235)
7. Ci sono ______________________ ragazzi in classe. (20)
8. Ci sono ______________________ parole in questa storia. (387)
9. Ci sono ______________________ studenti in questa scuola. (1.200)
10. Ci sono ______________________ persone che lavorano qui. (785)

Ordinal Numbers

The Italian ordinal numbers correspond to English *first*, *second*, *third*, and so on.

1°	primo	12°	dodicesimo
2°	secondo	13°	tredicesimo
3°	terzo	14°	quattordicesimo
4°	quarto	20°	ventesimo
5°	quinto	21°	ventunesimo
6°	sesto	22°	ventiduesimo
7°	settimo	23°	ventitreesimo
8°	ottavo	30°	trentesimo
9°	nono	100°	centesimo
10°	decimo	1.000°	millesimo
11°	undicesimo	1.000.000°	milionesimo

Remember these rules about ordinal numbers in Italian:

- Each of the first ten ordinal numbers has a distinct form, as shown above. After **decimo**, they are formed by dropping the final vowel of the cardinal number and adding -**esimo**. Numbers ending in -**trè** and -**sei** retain the final vowel.

undici	11	undic**esimo**	*11th*
ventitrè	23	ventitre**esimo**	*23rd*
trentasei	36	trentasei**esimo**	*36th*

- Unlike cardinal numbers, ordinal numbers agree in gender and number with the nouns they modify. For example:

SINGULAR	primo figlio	prima figlia
PLURAL	primi figli	prime figlie

primo *first*

il primo giorno	*the first day*
la prima pagina	*the first page*

secondo *second*

il secondo mese	*the second month*
la seconda settimana	*the second week*

terzo *third*

il terzo giorno	*the third day*
la terza fila	*the third row*

quarto *fourth*

il quarto piano	*the fourth floor*
la quarta lezione	*the fourth lesson*

quinto *fifth*

il quinto giorno	*the fifth day*
la quinta strada	*the fifth street*

sesto *sixth*

il sesto ragazzo	*the sixth boy*
la sesta notte	*the sixth night*

settimo *seventh*

il settimo capitolo	*the seventh chapter*
la settima partita	*the seventh game*

ottavo *eighth*

l'ottavo mese	*the eighth month*
l'ottava macchina	*the eighth car*

nono *ninth*

il nono libro	*the ninth book*
la nona domanda	*the ninth question*

decimo *tenth*		
il decimo secolo		*the tenth century*
la decima volta		*the tenth time*

- Italian ordinal numbers normally precede the noun. Abbreviations are written with a superscript ° for the masculine, a superscript ª for the feminine.

il terzo piano	il 3° piano	*the third floor*
la terza strada	la 3ª strada	*the third street*

- The use of ordinal numbers is similar to that in English, except with the names of popes or rulers. In this instance, Italian omits the definite article before the ordinal number.

Enrico V (quinto)	*Henry the Fifth*
Papa Giovanni Paolo II (secondo)	*Pope John Paul the Second*
Luigi XV (quindicesimo)	*Louis XV*
Papa Giovanni Paolo II (secondo)	*Pope John Paul II*
il secolo XX (ventesimo)	*the twentieth century*

Exercise 4.2

Complete the sentences in Italian, writing out the ordinal numbers in parentheses.

1. L'appartamento è al ____________________ piano. (*first*)
2. Febbraio è il ____________________ mese dell'anno. (*second*)
3. La ____________________ strada di New York è molto bella. (*fifth*)
4. La ____________________ pagina del libro è rotta. (*second*)
5. È nato il ____________________ boy. (*fifth*)
6. Sono in Italia per la ____________________ volta. (*third*)
7. Il tuo posto è nella ____________________ fila. (*eighth*)
8. Luigi ____________________ è molto famoso. (*fifteenth*)
9. È il ____________________ presidente. (*thirty-sixth*)
10. L'ufficio è al ____________________ piano. (*sixteenth*)
11. Il ____________________ capitolo è molto interessante. (*tenth*)
12. Dicembre è il ____________________ mese dell'anno. (*twelfth*)
13. È la ____________________ volta che andiamo a sciare. (*tenth*)

Special Uses of Ordinal Numbers

The following forms of the ordinal numbers refer to centuries from the thirteenth century on. These are mostly used in relation to literature, art, and history.

il Duecento	il tredicesimo secolo	*the 13th century*
il Trecento	il quattordicesimo secolo	*the 14th century*
il Quattrocento	il quindicesimo secolo	*the 15th century*
il Cinquecento	il sedicesimo secolo	*the 16th century*
il Seicento	il diciassettesimo secolo	*the 17th century*
il Settecento	il diciottesimo secolo	*the 18th century*
l'Ottocento	il diciannovesimo secolo	*the 19th century*
il Novecento	il ventesimo secolo	*the 20th century*
il Duemila	il ventunesimo secolo	*the 21st century*

The following forms are usually capitalized:

la pittura fiorentina del Cinquecento	*Florentine painting of the fifteenth century*
l'architettura romana del Trecento	*Roman architecture of the fourteenth century*

Exercise 4.3

Complete the sentences in Italian, writing out the numbers in parentheses.

1. Il ______________________________ secolo. (*20th*)
2. Papa Pio ______________________________. (*XII*)
3. Maria è la ______________________________ figlia. (*2nd*)
4. La scultura fiorentina del ______________________________ è magnifica. (*15th century*)
5. Nel ______________________________ ci sono state molte guerre. (*18th century*)
6. La vita nel ______________________________ era difficile. (*13th century*)
7. Ci sono molti romanzi scritti nel ______________________________. (*19th century*)
8. C'è stato molto progresso nel ______________________________. (*20th century*)

9. Il computer è molto importante nel ______________________.
   (*21st century*)
10. Mi piace la musica del ______________________. (*18th century*)

The Date

Italian uses the cardinal numbers 2 to 31 to indicate the days of the month. Only the first uses the ordinal, **il primo**.

To ask for the date you would say:

Qual'è la data di oggi? Quanti ne abbiamo oggi?	*What is today's date?*
Che giorno è oggi?	*What day is today?*

The response is:

Oggi è il tre settembre.	*Today is September 3rd.*
Domani è il quattro settembre.	*Tomorrow is the fourth of September.*
È il ventotto febbraio.	*It is February 28.*
È il trentun dicembre.	*It is December 31.*

The date, in Italian, is written as **il** + number of the day + month + year.

il 15 agosto 2007	*August 15, 2007*

Italian uses ordinal numbers only to indicate *the first of the month*, **il primo del mese**.

Oggi è il primo gennaio.	*Today is the first of January.*
Il primo novembre è festa in Italia.	*November 1st is a holiday in Italy.*

Exercise 4.4

Complete the sentences in Italian, writing out the terms and numbers in parentheses.

1. Oggi è ______________ il ______________ di ______________.
   (*Wednesday, 23rd*) (*January*)
2. Gli studenti italiani vanno a scuola anche il ______________. (*Saturday*)

3. Il compleanno di Lisa è il _____________ di _____________ (*November, 27th*)
4. La settimana nel calendario italiano comincia con il _____________. (*Monday*)
5. Alla _____________ molte persone vanno in chiesa. (*Sunday*)
6. Noi partiamo il _____________ di _____________ (*March, 14*)
7. I miei amici vanno al mercato tutti i _____________. (*Friday*)
8. Quest'anno in _____________ ci sono _____________ giorni. (*February, 29*)

Telling Time

First, let's look at some words required before you can ask the time in Italian.

l'orologio	*the watch, clock*	minuto	*the minute*
l'ora	*the hour*	secondo	*the second*

There are two ways in Italian to ask for the time.

Che ora è? Che ore sono?	*What time is it?*

The answer in Italian always uses the third-person singular or plural. The answer is singular only if it is one o'clock, noon, or midnight.

È mezzogiorno.	*It is noon.*
È mezzanotte.	*It is midnight.*
È l'una.	*It is one o'clock.*

Note that the definite article is not used in front of **mezzogiorno** or **mezzanotte**, but it is always used with other times.

In all other cases for telling the time, use **sono le** + the number of the hours.

Sono le sei.	*It is six o'clock.*
Sono le dodici.	*It is twelve o'clock.*

To express time after the hour, Italian uses **e** + the number of minutes elapsed.

Sono le sei **e** dieci.	*It is ten after six.*
Sono le sette **e** venti.	*It is twenty after seven.*

From the half hour to the next hour, time is expressed by giving the next hour + **meno** (*minus*) − the number of minutes before the next hour.

Sono le tre meno dieci.	*It is ten to three.*
Sono le nove meno cinque.	*It is five to nine.*

To indicate the exact hour, Italian uses **in punto** or **esatte**.

Sono le cinque in punto.	*It is exactly five o'clock.*
Sono le sei esatte.	*It is five o'clock sharp.*

Un **quarto** (*a quarter*) and **mezzo** or **mezza** (*a half*) often replace **quindici** and **trenta. Un quarto d'ora** and **una mezz'ora** mean *a quarter of an hour* and *half an hour.*

Sono le sei e quindici.	*It is six fifteen.*
Sono le sei e un quarto.	*It is a quarter after six.*
Sono le sei e trenta.	*It is six thirty.*
Sono le sei e mezzo (mezza).	*It is half past six.*

In Italian the expressions A.M. and P.M. are expressed with **di mattina** from 8:00 A.M. to noon and **di pomeriggio** from 1:00 P.M. to 5:00 P.M., **di sera** from 5 P.M. to 9:00 P.M., and **di notte** from 10:00 P.M. on.

Sono le 8:00 di mattina.	*It is 8:00* A.M.
Sono le due di pomeriggio.	*It is 2:00* P.M.
Sono le 10:00 di sera.	*It is 10:00* P.M.
Sono le 4:00 di notte.	*It is 4:00* A.M.

The Twenty-Four-Hour Clock

The twenty-four-hour clock (or official time) is commonly used in Italy, with midnight as the zero hour. This system is used by banks, businesses, shops, transportation services, the military, movies, TV, and trains, so it is very important to become familiar with it. In the twenty-four-hour clock all times are expressed in full numbers. The United States refers to this system as military time.

La banca apre alle 8:00 e chiude alle 14:30.	*The bank opens at 8:00* A.M. *and closes at 2:30* P.M.
I negozi in Italia chiudono alle 19:30.	*Shops in Italy close at 7:30* P.M.

Exercise 4.5

Answer the questions with complete sentences, writing the numbers out as words. Use official time only when indicated.

1. Che ora è? (*11:00* A.M.)

   ____

2. Che ore sono? (*1:00* P.M. *official time*)

   ____

3. A che ora pranzi? (*noon*)

   ____

4. A che ora vai a lavorare? (*8:00* A.M.)

   ____

5. Che ore sono? (*midnight*)

   ____

6. A che ora apre la banca? (*8:30* A.M.)

   ____

7. A che ora chiudono i negozi? (*7:30* P.M. *official time*)

   ____

8. A che ora cenate? (*8:30* P.M.)

   ____

9. Quando esci dal lavoro? (*6:30* P.M.)

   ____

10. A che ora giochi la partita di football? (*11:00* A.M.)

    ____

11. A che ora fai il pranzo? (*noon*)

    ____

12. Che ore sono? (*1.00* P.M. *official time*)

    ____

To indicate that something is happening at a certain time, Italian uses an expression with the preposition **a** + the definite article **la** or **le**.

A che ora?	*At what time? (At what hour?)*
all'una	*at one o'clock*
alle due	*at two o'clock*
alle tre	*at three o'clock*

Exercise 4.6

Translate the time-related expressions into Italian. Include the appropriate expressions to indicate morning, afternoon, or evening, and always write numbers out as words.

1. It is 1:20 A.M.

____

2. It is 4:30 P.M.

____

3. It is 9:15 A.M.

____

4. It is 6:00 P.M. sharp.

____

5. It is 2:45 P.M.

____

6. It is 8:00 A.M.

____

7. It is 3:00 P.M.

____

8. It is 12:00 noon exactly.

____

Reading Comprehension

Il ristorante

Sono le 21:00 e il ristorante italiano è pieno di gente. È un ristorante tipico, non molto costoso, ma buono e attraente. Il ristorante non è molto grande. Ci sono solo quattordici tavoli. Sedute a ogni tavolo ci sono quattro o cinque persone che parlano e ridono. C'è molta scelta. Come in tutti i ristoranti italiani c'è una gran scelta di pasta con tutte le salse che uno desidera. C'è il pollo, il manzo, il vitello e molto pesce. La specialità del giorno è il pesce fresco alla griglia con le patate al forno. C'è anche la minestra, la verdura e l'insalata. Si può ordinare anche una bottiglia di acqua minerale frizzante o naturale. C'è il vino della casa che è molto buono e anche il vino in bottiglia. Ci sono molti dolci attraenti e appetitosi. Dopo la cena si puo' ordinare il caffè. Nel ristorante c'è un cartello che dice «vietato fumare».

Nomi (Nouns)

l'acqua	*the water*	la mancia	*the tip*
il bicchiere	*the glass*	il manzo	*the beef*
la bottiglia	*the bottle*	il menu	*the menu*
il cameriere	*the waiter*	la minestra	*the soup*
la cena	*the dinner*	il pasto	*the meal*
la colazione	*the breakfast*	il pesce	*the fish*
il coltello	*the knife*	il piatto	*the plate*
il conto	*the bill*	il pollo	*the chicken*
il cucchiaino	*the small spoon*	il pranzo	*the lunch*
il cucchiaio	*the spoon*	la scelta	*the choice*
la cucina	*the kitchen*	la tovaglia	*the tablecloth*
il dolce	*the dessert*	il tovagliolo	*the napkin*
la forchetta	*the fork*	la verdura	*the vegetables*
la griglia	*the grill*	il vitello	*the veal*

Aggettivi (Adjectives)

appetitoso	*tasty*	freddo	*cold*
attraente	*attractive*	fresco	*fresh*
costoso	*expensive*	pieno	*full*
delizioso	*delicious*	pulito	*clean*
eccellente	*excellent*	sporco	*dirty*
economico	*inexpensive*	vuoto	*empty*

Espressioni quantitative (Quantitative Expressions)

una volta	*once*	doppio	*double*
due volte	*twice*	triplo	*triple*
tre volte	*three times*		

Espressioni utili (Useful Expressions)

È presto.	*It is early.*
È tardi.	*It is late.*

Domande (Questions)

After you have read the selection, answer the questions in Italian repeating your answers aloud.

1. A che ora apre il ristorante?

   ____

2. Costa molto il ristorante?

   ____

3. Che cosa posso scegliere?

   ____

4. Qual'è la specialità del giorno?

   ____

5. Com'è il vino della casa?

   ____

6. Che cosa puoi ordinare dopo la cena?

   ____

7. Che cosa è scritto sul cartello?

   ____

Reading Comprehension

Il lavoro casalingo

C'è sempre molto da fare in una casa. Ogni settimana è necessario pulire, lavare, e stirare. Quando i bambini sono a scuola e il marito è al lavoro, la mamma è in casa e pulisce senza interruzioni. Le finestre sono grandi e non è facile pulire i vetri. La cucina deve essere pulita tutti i giorni. Il soggiorno e la sala da pranzo sono in disordine ed è necessario riordinare. Ci sono tre bagni nella casa e tutti i tre sono sporchi. Nelle camere c'è molta polvere. C'è una scopa per il pavimento del bagno e una per la cucina. Cè anche un aspirapolvere per il tappeto.

Ma è ora del pranzo. La mamma è stanca e ha fame. Smette di pulire, mangia, mette i piatti nella lavastoviglie e poi dorme per un'ora o due. Presto i bambini ritornano a casa e la pace e la tranquillità finiscono. La mamma prepara la merenda per i bambini. Quando ritornano da scuola i ragazzi sono affamati e assetati, ma tutto è pronto.

Oggi è venerdì e la settimana è finita. I bambini sono felici perchè durante il fine settimana sono liberi di giocare e non devono studiare molto, ma per la mamma il lavoro non finisce mai.

Nomi (Nouns)

la camera	*the bedroom*	il pavimento	*the floor*
il cibo	*the food*	il piatto	*the plate*
il corridoio	*the hallway*	la polvere	*the dust*
il disordine	*the disorder*	il pranzo	*the lunch*
la finestra	*the window*	la sala da pranzo	*the dining room*
il frigorifero	*the refrigerator*	la scopa	*the broom*
l'interruzione	*the interruption*	il soggiorno	*the living room*
la lavastoviglie	*the dishwasher*	il tappeto	*the rug*
la merenda	*the snack*	la tranquillità	*the calm*
la pace	*the peace*	il vetro	*the (pane of) glass*

Aggettivi (Adjectives)

affamato, -/a	*hungry*	libero, -/a	*free*
assetato, -/a	*thirsty*	stanco, -/a	*tired*
facile	*easy*		

Verbi (Verbs)

dormire	*to sleep*	preparare	*to prepare*
giocare	*to play*	pulire	*to clean*
lavare	*to wash*	stirare	*to iron*
mettere	*to put*	studiare	*to study*

Domande (Questions)

After you have read the selection, answer the questions in Italian repeating your answers aloud.

1. Che cosa bisogna fare ogni settimana?

   ____

2. Con che cosa si pulisce il tappeto del soggiorno, della sala da pranzo e delle camere?

   ____

3. Che cosa fa la mamma dopo aver pranzato?

   ____

4. Che cosa fanno i bambini quando ritornano da scuola?

   ____

5. Perchè sono felici i bambini al venerdì?

   ____

5

Regular Verbs

All Italian verbs belong to one of the three conjugations, depending on the ending of the infinitive. To conjugate a verb is to change a verb's infinitive ending to one that agrees with the subject and expresses the time of the action. All infinitives end in **-are**, **-ere**, **-ire**. Each conjugation has its own sets of stems or roots that are added to the endings.

verb stem + infinitive ending = infinitive

cant + are = cantare (*to sing*)
ved + ere = vedere (*to see*)
sent + ire = sentire (*to hear, listen*)

Verbs are considered regular if the stem does not change when the verb is conjugated.

Uses of the Present Tense

The present tense is the equivalent of the English simple present (*I sing*) and the English present continuous tense (*I am singing*).

Lei canta una bella canzone.	*She sings a beautiful song.* *She is singing a beautiful song.*

Asking Questions

One way to ask questions in Italian is to add a question mark to the end of the sentence in writing and to raise the pitch of the voice at the end of the sentence. The English helping verb *do* is not translated.

Hai una bella casa. *You have a beautiful house.*
Hai una bella casa? *Do you have a beautiful house?*

The subject (noun or pronoun) in a question can stay at the beginning of the sentence, before the verb, or move to the end of the sentence.

Luisa ha la macchina? *Does Luisa have a car?*
Ha una macchina Luisa? *Does Luisa have a car?*

Negative Statements

To make a sentence negative, place **non** immediately before the verb.

Io canto tutte le mattine. *I sing every morning.*
Io **non** canto tutte le mattine. *I do not sing every morning.*

Using the Present to Express the Future

The present tense in Italian can be used to express a future happening if an adverbial expression of the future is included.

Lui canta a New York domani. *He sings in New York tomorrow.*

The form of the subject pronoun **Lei** refers to you (masculine or feminine) in formal speech. For this reason it is capitalized in writing.

-*are* Verbs

To conjugate a regular **-are** verb in the present tense, drop the infinitive ending and add **-o**, **-i**, **-a**, **-iamo**, **-ate**, **-ano** to the stem.

cantare *to sing*

INFINITIVE	*CANTARE*
STEM	*CANT-*
ENDING	*-ARE*

io **canto**	*I sing*	noi **cantiamo**	*we sing*
tu **canti**	*you (sing. inf.) sing*	voi **cantate**	*you (pl. inf.) sing*
lui **canta**	*he sings*	loro **cantano**	*they sing*
lei **canta**	*she sings*	Loro **cantano**	*you (pl. form.) sing*
Lei **canta**	*you (sing. form.) sing*		

Frequently Used *-are* Verbs

abitare *to live*		**arrivare** *to arrive*	
io abito	noi abitiamo	io arrivo	noi arriviamo
tu abiti	voi abitate	tu arrivi	voi arrivate
lui/lei abita	loro abitano	lui/lei arriva	loro arrivano

NOTE: **Abitare** (*to live*) is used when referring to the dwelling one inhabits, while **vivere** (*to live*) is used to refer to a country, city, or town one lives in.

ascoltare *to listen*		**aspettare** *to wait for*	
io ascolto	noi ascoltiamo	io aspetto	noi aspettiamo
tu ascolti	voi ascoltate	tu aspetti	voi aspettate
lui/lei ascolta	loro ascoltano	lui/lei aspetta	loro aspettano

camminare *to walk*		**comprare** *to buy*	
io cammino	noi camminiamo	io compro	noi compriamo
tu cammini	voi camminate	tu compri	voi comprate
lui/lei cammina	loro camminano	lui/lei compra	loro comprano

domandare *to ask*		**entrare** *to enter*	
io domando	noi domandiamo	io entro	noi entriamo
tu domandi	voi domandate	tu entri	voi entrate
lui/lei domanda	loro domandano	lui/lei entra	loro entrano

guardare *to look at*		**lavorare** *to work*	
io guardo	noi guardiamo	io lavoro	noi lavoriamo
tu guardi	voi guardate	tu lavori	voi lavorate
lui/lei guarda	loro guardano	lui/lei lavora	loro lavorano

nuotare *to swim*	**ordinare** *to order*		
io nuoto	noi nuotiamo	io ordino	noi ordiniamo
tu nuoti	voi nuotate	tu ordini	voi ordinate
lui/lei nuota	loro nuotano	lui/lei ordina	loro ordinano

parlare *to speak*	**riposare** *to rest*		
io parlo	noi parliamo	io riposo	noi riposiamo
tu parli	voi parlate	tu riposi	voi riposate
lui/lei parla	loro parlano	lui/lei riposa	loro riposano

ritornare *to return*		**studiare** *to study*	
io ritorno	noi ritorniamo	io studio	noi studiamo
tu ritorni	voi ritornate	tu studi	voi studiate
lui/lei ritorna	loro ritornano	lui/lei studia	loro studiano

A Word About Verbs

The verbs above are shown with full conjugations to make it easier for you to learn them and see their patterns. Note that both forms of the third-person singular (**lui** and **lei/Lei**) have the same endings.

Other common regular **-are** verbs include:

alzare	*to lift*	pranzare	*to have lunch*
cenare	*to have supper*	preparare	*to prepare*
giocare	*to play (a game or with toys)*	suonare	*to play (a musical instrument)*
guadagnare	*to make money*	viaggiare	*to travel*

The Preposition *a*

The preposition **a** can mean both *to* and *at* in English.

When **a** is followed by the masculine article **il**, the words contract to **al** (meaning *at the*, *to the*). When **a** is followed by the feminine article **la**, it contracts and doubles the **l** to **alla** (again, meaning *at the*, *to the*). This is one of the many contractions in Italian.

Andiamo **a** casa.	*We'll go home.*
Mangiamo **al** ristorante.	*We eat at the restaurant.*
Vado **alla** posta.	*I am going to the post office.*

Exercise 5.1

Complete the sentences with the correct form of the verbs in parentheses.

1. Luigi ______________ molto bene. (nuotare)
2. Gli studenti ______________ molto tardi alla sera. (ritornare)
3. Noi ______________ nel bosco. (camminare)
4. Dove ______________ i tuoi amici? (abitare)

5. Luisa ______________ la sua amica. (aspettare)
6. In Florida i bambini ______________ tutti i giorni. (nuotare)
7. Lei non ______________ mai niente. (domandare)
8. I miei parenti ______________ dall'Australia. (arrivare)
9. Il bambino ______________ troppe cose. (domandare)
10. Oggi pomeriggio mi ______________ per un'ora. (riposare)
11. Loro ______________ la musica classica. (ascoltare)
12. Tu ______________ la pizza per le otto. (ordinare)
13. Oggi voi ______________ la poltrona nuova. (comprare)
14. Voi ______________ sempre in giardino. (lavorare)
15. Tu ______________ in casa mia senza bussare. (entrare)
16. Voi ______________ il treno per Roma. (aspettare)

Pronunciation Reminder

The letters **g** and **c** followed by the vowel **-i** or **-e** are pronounced like **j** in English. The sound is soft. If the letter **g** is followed by an **-a**, **-o**, or **-u**, the **g** has a hard sound like the **g** in the English *go*.

-ere Verbs

To conjugate a regular **-ere** verb in the present tense, drop the infinitive ending and add **-o**, **-i**, **-e**, **-iamo**, **-ete**, **-ono** to the stem.

vedere *to see*

INFINITIVE	*VEDERE*
STEM	*VED-*
ENDING	*-ERE*

io **vedo**	*I see*	noi **vediamo**	*we see*
tu **vedi**	*you (sing. inf.) see*	voi **vedete**	*you (pl. inf.) see*
lui/lei **vede**	*he/she sees*	loro **vedono**	*they see*

Frequently Used *-ere* Verbs

chiedere *to ask*		**chiudere** *to close*	
io chiedo	noi chiediamo	io chiudo	noi chiudiamo
tu chiedi	voi chiedete	tu chiudi	voi chiudete
lui/lei chiede	loro chiedono	lui/lei chiude	loro chiudono

credere *to believe*		**leggere** *to read*	
io credo	noi crediamo	io leggo	noi leggiamo
tu credi	voi credete	tu leggi	voi leggete
lui/lei crede	loro credono	lui/lei legge	loro leggono

perdere *to lose*		**piangere** *to cry*	
io perdo	noi perdiamo	io piango	noi piangiamo
tu perdi	voi perdete	tu piangi	voi piangete
lui/lei perde	loro perdono	lui/lei piange	loro piangono

ripetere *to repeat*		**rispondere** *to answer*	
io ripeto	noi ripetiamo	io rispondo	noi rispondiamo
tu ripeti	voi ripetete	tu rispondi	voi rispondete
lui/lei ripete	loro ripetono	lui/lei risponde	loro rispondono

rompere *to break*		**scrivere** *to write*	
io rompo	noi rompiamo	io scrivo	noi scriviamo
tu rompi	voi rompete	tu scrivi	voi scrivete
lui/lei rompe	loro rompono	lui/lei scrive	loro scrivono

vendere *to sell*		**vivere** *to live*	
io vendo	noi vendiamo	io vivo	noi viviamo
tu vendi	voi vendete	tu vivi	voi vivete
lui/lei vende	loro vendono	lui/lei vive	loro vivono

NOTE: **Leggere** changes from soft to hard sound according to the vowel following the **-g-**. Legg**o**, *I read*, has the hard sound because it ends with **-o**. Legg**i**, *you read*, has a soft sound because it ends with **-i**.

Exercise 5.2

Complete the sentences with the correct form of the verbs in parentheses.

1. Io __________ la porta e le finestre. (chiudere)
2. Tu __________ dove sono le lezioni di italiano. (chiedere)
3. Lui __________ a tutti. (credere)
4. Lei __________ sempre. (leggere)
5. Noi __________ tutti i documenti. (perdere)
6. Voi __________ quando vedete un film commovente. (piangere)
7. Loro __________ sempre tutto due volte. (ripetere)
8. Mia cugina __________ delle lunghe lettere. (scrivere)
9. La mia vicina __________ la casa. (vendere)
10. Noi __________ in una bella città. (vivere)
11. Tu __________ sempre gli occhiali. (perdere)
12. Luisa __________ tutti i suoi libri. (vendere)
13. Luisa e Luigi __________ in una casa grande. (vivere)
14. Carlo __________ al telefono quando è a casa. (rispondere)
15. Lei __________ il bicchiere di cristallo. (rompere)
16. Noi __________ al telefono. (rispondere)

-ire Verbs

There are two types of **-ire** verbs. One type follows the pattern of **sentire** (*to hear*) and the other follows the pattern of **finire** (*to finish*). The present tense endings are the same for both. The difference is that verbs that follow the pattern of **finire** add **-isc-** in all forms except for **noi** and **voi**.

To conjugate a regular **-ire** verb in the present tense, drop the infinitive ending and add **-o**, **-i**, **-e**, **-iamo**, **-ete**, **-ono**. First we will cover the non **-isc-** verbs.

sentire *to hear*

INFINITIVE	*SENTIRE*
STEM	*SENT-*
ENDING	*-IRE*

io **sento**	*I hear*	noi **sentiamo**	*we hear*
tu **senti**	*you (sing. inf.) hear*	voi **sentite**	*you (pl. inf.) hear*
lui/lei **sente**	*he/she hears*	loro **sentono**	*they hear*

Frequently Used *-ire* Verbs

aprire *to open* **coprire** *to cover*

io apro	noi apriamo	io copro	noi copriamo
tu apri	voi aprite	tu copri	voi coprite
lui/lei apre	loro aprono	lui/lei copre	loro coprono

dormire *to sleep* — **offrire** *to offer*

io dormo	noi dormiamo	io offro	noi offriamo
tu dormi	voi dormite	tu offri	voi offrite
lui/lei dorme	loro dormono	lui/lei offre	loro offrono

partire *to depart; to leave* — **scoprire** *to discover*

io parto	noi partiamo	io scopro	noi scopriamo
tu parti	voi partite	tu scopri	voi scoprite
lui/lei parte	loro partono	lui/lei scopre	loro scoprono

seguire *to follow* — **sentire** *to hear; to listen; to feel*

io seguo	noi seguiamo	io sento	noi sentiamo
tu segui	voi seguite	tu senti	voi sentite
lui/lei segue	loro seguono	lui/lei sente	loro sentono

servire *to serve* — **vestire** *to dress*

io servo	noi serviamo	io vesto	noi vestiamo
tu servi	voi servite	tu vesti	voi vestite
lui/lei serve	loro servono	lui/lei veste	loro vestono

Exercise 5.3

Complete the sentences with the correct form of the verb in parentheses.

1. Io ____________ le finestre e le porte. (aprire)
2. Tu ____________ le piante perchè fa freddo. (coprire)
3. Lei ____________ un bicchiere di vino ai suoi amici. (offrire)
4. Mario ____________ troppo. (dormire)
5. Noi ____________ molto presto. (partire)
6. I bambini ____________ cose nuove tutti i giorni. (scoprire)
7. Voi ____________ un corso di italiano. (seguire)
8. Loro ____________ tutti i rumori della strada. (sentire)
9. Nell'albergo ____________ il tè alle cinque del pomeriggio. (servire)
10. Lucia ____________ molto bene sua figlia. (vestire)
11. Loro ____________ fino a tardi tutte le domeniche. (dormire)
12. Voi ____________ con l'aereo. (partire)
13. Tu non ____________ un libro tutta la settimana. (aprire)
14. Voi ____________ spesso la musica? (ascoltare)

Many **-ire** verbs follow the pattern of **finire** (*to finish*) and add **-isc-** to the stem of the verb in the present tense, except for the first- and the second-person plural.

finire *to finish*

INFINITIVE	***FINIRE***
STEM	***FIN-***
ENDING	***-IRE***

io **finisco**	*I finish*	noi **finiamo**	*we finish*
tu **finisci**	*you (sing. inf.) finish*	voi **finite**	*you (pl. inf.) finish*
lui/lei **finisce**	*he/she finishes*	loro **finiscono**	*they finish*

Frequently Used *-isc-* Verbs

capire *to understand*		**costruire** *to build*	
io capisco	noi capiamo	io costruisco	noi costruiamo
tu capisci	voi capite	tu costruisci	voi costruite
lui/lei capisce	loro capiscono	lui/lei costruisce	loro costruiscono

dimagrire *to lose weight*		**impedire** *to prevent*	
io dimagrisco	noi dimagriamo	io impedisco	noi impediamo
tu dimagrisci	voi dimagrite	tu impedisci	voi impedite
lui/lei dimagrisce	loro dimagriscono	lui/lei impedisce	loro impediscono

preferire *to prefer* **pulire** *to clean*			
io preferisco	noi preferiamo	io pulisco	noi puliamo
tu preferisci	voi preferite	tu pulisci	voi pulite
lui/lei preferisce	loro preferiscono	lui/lei pulisce	loro puliscono

restituire *to return*		**spedire** *to ship; to send*	
io restituisco	noi restituiamo	io spedisco	noi spediamo
tu restituisci	voi restituite	tu spedisci	voi spedite
lui/lei restituisce	loro restituiscono	lui/lei spedisce	loro spediscono

Some **-ire** verbs that can take either endings (follow the pattern of **sentire** or **finire**) include:

applaudire	*to applaud*	nutrire	*to nourish*
assorbire	*to absorb*	starnutire	*to sneeze*
inghiottire	*to swallow*	tossire	*to cough*
mentire	*to lie*		

La sabbia assorbe bene l'acqua.	*Sand absorbs water well.*
Lei assorbisce tutte le spese.	*She absorbs all the expenses.*
Il bambino mente molto.	*The child lies a lot.*
Lui mentisce a sua moglie.	*He lies to his wife.*

Exercise 5.4

Complete the sentences with the correct form of the verb in parentheses.

1. Io ______________ la casa ogni giorno. (pulire)
2. Tu ______________ leggere che guardare la TV. (preferire)
3. Loro non ______________ la lezione di matematica. (capire)
4. Noi ______________ il pacco in Italia. (spedire)
5. Loro ______________ una casa in campagna. (costruire)
6. I bambini mangiano il dolce, ma ______________ i biscotti. (preferire)
7. Lei ______________ la musica classica o la musica moderna? (preferire)
8. Quando (tu)______________ il compito di latino? (finire)
9. Dove (voi) ______________ la casa? (costruire)
10. Perchè non ______________ mai? (tu-ubbidire)
11. Loro ______________ bene l'italiano. (capire)
12. Noi ______________ di lavorare alle sette. (finire)
13. Io ______________ i libri della scuola. (restituire)
14. Tu ______________ a tutti di viaggiare. (impedire)

-are and *-ere* Verbs with More than One Meaning

dovere *should*; *ought to*; *must* (*plus infinitive*); *to owe*

io devo (debbo)	noi dobbiamo
tu devi	voi dovete
lui/lei deve	loro devono (debbono)

Lei deve studiare di più.	*She ought to study more.*
Carlo deve molti soldi alla banca.	*Carlo owes a lot of money to the bank.*

prendere *to take*; *to have* (*something to drink*); *to get*

io prendo	noi prendiamo
tu prendi	voi prendete
lui/lei prende	loro prendono

Prendiamo l'autobus per andare a scuola.	*We take the bus to go to school.*
Prendo il caffè al bar.	*I drink coffee at the coffee shop.*
Ti prendo una sedia.	*I will get you a chair.*

chiamare *to call*; *to name*; *to phone*; *to summon*; *to announce*

io chiamo	noi chiamiamo
tu chiami	voi chiamate
lui/lei chiama	loro chiamano

Mi chiama con un cenno della mano.	*He calls me (over) with a sign of his hand.*
Chiamo Maria questa sera.	*I will call (phone) Maria this evening.*
Questo vento di solito chiama la pioggia.	*This wind usually announces rain.*
Il giudice mi chiama in tribunale.	*The judge summons me to court.*

passare *to pass by*; *to spend* (*time*); *to come by*

io passo	noi passiamo
tu passi	voi passate
lui/lei passa	loro passano

Oggi pomeriggio passo da te.	*This afternoon I will come by your house.*
Passiamo le vacanze in montagna.	*We spend our vacation in the mountains.*
Passo tutta la giornata con la nonna.	*I spend the whole day with my grandmother.*

Exercise 5.5

Complete the sentences with the correct form of verb from the list.

chiamare, dovere, passare, prendere

1. Maria ______________ il cane.
2. A che ora (voi) ______________ andare a scuola?
3. La nonna ______________ in braccio il bambino.

4. Loro ____________ solo il cappuccino.
5. Io non voglio ____________ molto tempo nel museo.
6. Noi ____________ la macchina per andare in centro.
7. I miei figli mi ____________ tutte le domeniche.
8. Voi ____________ da me tutti i sabato.
9. Noi ____________ una pizza e poi ____________ da te.
10. Non è più obbligatorio ____________ i giovani alle armi.

Reading Comprehension

Arturo e Carla

Arturo e Carla sono una coppia di amici. Abitano vicino a noi. Hanno sette figli, ma adesso sono già tutti grandi e lavorano o studiano in città diverse. Luigi è il più grande. È un uomo alto e muscoloso, ma non grasso. È molto sportivo e gioca spesso al tennis. Mario è un ingegnere e vive e lavora in un'altra città, ma ritorna a casa spesso.

Anna è l'intellettuale della famiglia. Ha 28 anni e studia ancora all'Università. Poi c'è Marco, il mangione della famiglia. Marco è grande, ma non è grasso. Paolo è un tipo simpatico e molto generoso. Ha tanti amici e tutti lo conoscono.

Poi ci sono Elena e Marta che sono gemelle e hanno 23 anni. Elena è tranquilla e riflessiva, Marta è vivace e impulsiva. Sono tutte e due molto belle e sempre eleganti. Molti ragazzi vogliono uscire con loro, ma Elena e Marta preferiscono essere libere e passare le giornate con tutti gli amici.

Arturo e Carla sono bravi genitori. Arturo lavora per un'agenzia di assicurazione e guadagna molto bene. Carla non lavora perchè con una famiglia così numerosa ha molto da fare in casa. Quando ha tempo, suona il piano e dipinge perchè è molto creativa.

***Nomi* (Nouns)**

l'agenzia	*the agency*	la giornata	*the day*
l'assicurazione	*the insurance*	l'ingegnere	*the engineer*
la coppia	*the couple*	l'intellettuale	*the intellectual*
la gemella	*the twin*	il mangione	*the big eater*

Aggettivi (Adjectives)

creativo	*creative*	numeroso	*large*
generoso	*generous*	riflessivo	*thoughtful*
impulsivo	*impulsive*	sportivo	*sporty*
libero	*free*	tranquillo	*calm*
muscoloso	*muscular*	vivace	*vivacious*

Verbi (Verbs)

dipingere	*to paint*	passare	*to spend (time)*
giocare	*to play*	uscire	*to go out*
guadagnare	*to earn*		

Avverbi (Adverbs)

adesso	*now*
spesso	*often*

Domande (Questions)

After you have read the selection, answer the questions in Italian repeating your answers aloud.

1. Chi sono Arturo e Carla e dove abitano?

   ____

2. Quanti figli hanno?

   ____

3. Chi è Luigi?

   ____

4. Quanti anni ha Anna e che cosa fa?

   ____

5. Chi sono Elena e Marta?

   ____

6. Che lavoro fa Arturo? Guadagna molto o poco?

   ____

6

Irregular Verbs

Italian verbs are considered irregular if there is a change in the stem when they are conjugated. Again, each conjugation has its own set of endings that replaces the ending of the infinitive.

Irregular *-are* Verbs

The endings of the irregular -**are** verbs are the same as those you have learned for the regular verbs. There are only four irregular -**are** verbs: **andare**, **dare**, **fare**, and **stare**.

andare *to go***dare** *to give*			
io **vad**o	noi **and**iamo	io **d**ò	noi **d**iamo
tu **vai**	voi **and**ate	tu **dai**	voi **d**ate
lui/lei **va**	loro **v**anno	lui/lei **d**à	loro **d**anno

fare *to do*; *to make*		**stare** *to stay*	
io **facci**o	noi **facc**iamo	io **sto**	noi **st**iamo
tu **fai**	voi **f**ate	tu **stai**	voi **st**ate
lui/lei **fa**	loro **f**anno	lui/lei **sta**	loro **st**anno

NOTE: Besides changing the stem, these four irregular -**are** verbs—**andare**, **dare**, **fare**, **stare**—also double the consonant **n** in the third-person plural.

Exercise 6.1

Complete the sentences with the correct form of the verbs in parentheses.

1. Io ____________ al cinema tutte le domeniche. (andare)
2. Tu ____________ a casa tutto il giorno. (stare)
3. Giovanni ____________ il mangime agli uccelli. (dare)
4. Voi ____________ a New York tutti gli anni. (andare)
5. Io ____________ i compiti il sabato pomeriggio. (fare)
6. Loro ____________ a visitare gli amici. (andare)
7. Maria e Luca ____________ in campagna. (andare)
8. Maria e Luca ____________ al mare per due mesi. (stare)
9. Maria e Luca ____________ il libro a Giovanna. (dare)
10. Io non ____________ mai niente. (fare)
11. Giovanni non ____________ in campagna con Maria e Luca. (andare)
12. Oggi noi non ____________ molto bene. (stare)

Fare (to do; to make)

The verb **fare** (*to do*; *to make*) expresses the basic idea of doing or making something. It derives from the Latin *facere*. As already shown, it does not follow the regular pattern of conjugation with the infinitive stem + endings. Some people have regarded it as an irregular **-ere** verb, but today it is considered an irregular **-are** verb.

The verb **fare** is used in many expressions in relation to weather.

Che tempo **fa**?	*How is the weather?*
Fa bel tempo.	*The weather is nice.*
Fa cattivo tempo.	*The weather is bad.*
In primavera **fa** sempre fresco.	*In spring, it is always cool.*
In inverno qui **fa** molto freddo.	*In winter, it is very cold here.*

The irregular verb **fare** is also used in many common idioms.

fare il biglietto	*to buy a ticket*
fare la colazione	*to have breakfast*
fare i compiti	*to do homework*
fare di tutto	*to do everything possible*

fare una domanda	*to ask a question*
fare la fila/la coda	*to stand in line, to wait in line*
fare finta (di)	*to pretend*
fare la fotografia	*to take a picture*
fare ginnastica	*to do physical exercise*
fare una gita	*to go on an excursion*
fare male	*to be painful, to ache*
fare da mangiare	*to cook*
fare passare	*to let through*
fare una passeggiata	*to take a walk*
fare il pieno (di benzina)	*to fill up the gas tank*
fare presto	*to hurry*
fare il rifornimento di	*to get supplies; to fill up the tank*
fare alla romana	*to split the check, to go Dutch*
fare la spesa	*to go grocery shopping*
fare le spese	*to go shopping*
fare tardi	*to be late*
fare la valigia	*to pack the suitcase*
fare vedere	*to show something to someone*
fare un viaggio	*to take a trip*
fare visita	*to pay a visit*

Mi fa male la testa.	*My head hurts.*
Vado a fare la spesa.	*I am going grocery shopping.*
Lunedì facciamo una passeggiata in campagna.	*On Monday we'll go for a walk in the countryside.*
Lui fa il biglietto del treno.	*He buys a train ticket.*

NOTE: It is a good idea to learn these irregular verbs and also the idioms with **fare** since they are used in daily colloquial Italian. Practice them aloud as often as possible.

Exercise 6.2

Complete the sentences with the most appropriate idiomatic expression.

1. Oggi c'è il sole, andiamo a ______________________ a piedi.
2. Devo andare al supermercato a ______________________.

3. Non ho più benzina, devo ______________________.
4. Ogni mattina io ______________________ con la mia famiglia.
5. Prima di salire sull'autobus dobbiamo ______________________.
6. Il mese prossimo noi ______________________ in Florida.
7. Il treno parte fra cinque minuti, devi ______________________.
8. Al ristorante c'è molta gente, devi ______________________.
9. Tutti i venerdì le bambine ______________________.
10. ______________________ fa molto bene al fisico.
11. Loro ______________________ di non vederci.
12. È mezzogiorno io ______________________ per la mia famiglia.

Stem Changes

Verbs ending in **-care** (such as **cercare**, *to search*) and **-gare** (including **pagare**, *to pay*), add an **-h-** immediately after the stem if the endings start with **-e-** or **-i-** in order to maintain the hard **c** or **g** sound.

cercare *to search*		**pagare** *to pay*	
io cerco	noi cerc**h**iamo	io pago	noi pag**h**iamo
tu cerc**hi**	voi cercate	tu pag**hi**	voi pagate
lu/lei cerca	loro cercano	lui/lei paga	loro pagano

Verbs ending in **-ciare** (**baciare**, *to kiss*), **-giare** (**mangiare**, *to eat*), and **-sciare** (**lasciare**, *to leave*), drop the **i** before the **tu** and the **noi** endings.

cominciare *to start*		**mangiare** *to eat*	
io cominc**io**	noi cominc**i**amo	io mang**io**	noi mang**i**amo
tu cominc**i**	voi cominc**i**ate	tu mang**i**	voi mang**i**ate
lui/lei cominc**ia**	loro cominc**i**ano	lui/lei mang**ia**	loro mang**i**ano

strisciare *to rub*	
io strisc**io**	noi strisc**i**amo
tu strisc**i**	voi strisc**i**ate
lui/lei strisc**ia**	loro strisc**i**ano

Verbs ending in **-iare** (**studiare**, *to study*), omit the **i** before the **tu** and the **noi** endings of the present tense if the **i** is not the accented syllable.

studiare *to study*	
io studio	noi stud**i**amo
tu stud**i** (*not* studii)	voi studiate
lui/lei studia	loro studiano

An exception is the verb **avviare**.

avviare *to start*	
io avvio	noi avviamo
tu avv**ii**	voi avviate
lui/lei avvia	loro avviano

Verbs ending in **-gliare** (**tagliare**, *to cut*, and **pigliare**, *to catch*), drop the **i** of the stem only before the vowel **i**.

tagliare *to cut*		**pigliare** *to catch*	
io taglio	noi tagliamo	io piglio	noi pigliamo
tu tagli	voi tagliate	tu pigli	voi pigliate
lui/lei taglia	loro tagliano	lui/lei piglia	loro pigliano

Exercise 6.3

Complete the sentences with the correct form of the verbs in parentheses.

1. Noi ______________ il conto. (pagare)
2. Io ______________ a mangiare. (cominciare)
3. Tu ______________ molto tardi alla sera. (mangiare)
4. Lui ______________ i calzini. (cercare)
5. Lui ______________ l'America. (lasciare)
6. Tu non ______________ abbastanza. (studiare)
7. Tu ______________ molto d'affitto. (pagare)
8. La partita ______________ a mezzogiorno. (cominciare)
9. Tu ______________ il lavoro a maglia. (avviare)
10. Non (loro) ______________ il muro. (strisciare)

11. Il macellaio ____________ la carne. (tagliare)

12. Tu ____________ tanti pesci. (pigliare)

-*ere* Verbs

There are many irregular verbs that end in **-ere**. The following are some of the most common.

bere *to drink*		**dovere** *must; to have to*	
io bevo	noi beviamo	io devo (debbo)	noi dobbiamo
tu bevi	voi bevete	tu devi	voi dovete
lui/lei beve	loro bevono	lui/lei deve	loro devono (debbono)

potere *to be able*		**rimanere** *to stay*	
io posso	noi possiamo	io rimango	noi rimaniamo
tu puoi	voi potete	tu rimani	voi rimanete
lui/lei può	loro possono	lui/lei rimane	loro rimangono

sapere *to know*		**spegnere** *to turn off*	
io so	noi sappiamo	io spengo	noi spegniamo
tu sai	voi sapete	tu spegni	voi spegnete
lui/lei sa	loro sanno	lui/lei spegne	loro spengono

tenere *to keep* **volere** *to want*			
io tengo	noi teniamo	io voglio	noi vogliamo
tu tieni	voi tenete	tu vuoi	voi volete
lui/lei tiene	loro tengono	lui/lei vuole	loro vogliono

Sentence Formation

So far you have learned to form sentences and ask questions with the verb **andare**, but all verbs follow the same pattern as **andare**.

Lui va al mercato.	*He goes to the market.*
Lui va al mercato?	*Does he go to the market?*

Word order in English and Italian is basically the same. This permits your Italian sentence to follow the conjugated verb with an infinitive in a similar sequence.

Lui non vuole studiare.	*He does not want to study.*
Loro vogliono andare al cinema.	*They want to go to the movies.*
Noi sappiamo pattinare sul ghiaccio.	*We know how to ice-skate.*
Marco vuole viaggiare molto.	*Marco wants to travel a lot.*
Lucia spera di poter vedere suo fratello.	*Lucia hopes to be able to see her brother.*

Note that in a negative sentence the word **non** goes directly before the first verb.

Exercise 6.4

Complete the sentences with the correct form of the verb in parentheses.

1. Il ragazzo ____________ ballare bene e sua sorella non ____________ ballare. (sapere)
2. Io ____________ studiare molto. (dovere)
3. Tu ____________ bere molta acqua. (dovere)
4. Tu non ____________ rimanere sempre in Italia. (potere)
5. Lui ____________ sempre guardare la partita di football. (volere)
6. Lucia e Maria ____________ parlare al telefono. (volere)
7. Elena ____________ andare a lavorare. (dovere)
8. Noi non ____________ pulire l'appartamento oggi. (volere)
9. Loro ____________ ritornare a casa alle otto. (dovere)
10. Io ____________ mettere i piatti nella lavastoviglie. (dovere)

To Know: *conoscere* Versus *sapere*

Learning the different uses of these two verbs is very important. While they both mean *to know*, they refer to different things.

Conoscere

Conoscere means *to know*, in the sense of *to be acquainted with* or *familiar with* a person, place, or thing. It has a regular conjugation.

conoscere *to know; to be familiar with*

io conosco	noi conosciamo
tu conosci	voi conoscete
lui/lei conosce	loro conoscono

Conosco un buon ristorante.	*I know (I am familiar with) a good restaurant.*
Non conosco Palermo.	*I am not familiar with Palermo.*
Conosco molto bene Giovanni.	*I know Giovanni very well.*

Sapere

Sapere, which is irregular in the present tense, also means *to know*, but it is used to indicate *knowing something*, *knowing a fact*, and *knowing how to do something*. In this last case it is followed by an infinitive.

sapere *to know something*

io so	noi sappiamo
tu sai	voi sapete
lui sa	loro sanno

Lei non sa il mio nome.	*She does not know my name.*
Sappiamo che lui è intelligente.	*We know that he is intelligent.*
Loro sanno parlare bene l'italiano.	*They know how to speak Italian well.*
Antonio sa suonare il violino.	*Antonio knows how to play the violin.*

Exercise 6.5

Translate the sentences into Italian using **conoscere** *or* **sapere**.

1. I don't know your name.

____

2. You (*fam. sing.*) know my parents.

____

3. You (*fam. sing.*) know how to play piano very well.

____

4. She knows Paris well.

5. She knows how to speak French.

6. They know his name.

7. I don't know your friends.

8. Claudia knows a good doctor.

9. They don't know that I am here.

10. They don't know a clean restaurant in this village.

11. He knows Rome very well.

12. She knows that there is a lot of traffic in Rome.

13. We know that you are happy.

14. You (*pl.*) know many people.

Avere (to have)

Avere means *to have* and is used a lot in Italian. Learning the tenses and uses of this verb is crucial to learning the Italian language. **Avere** is an irregular verb and does not follow a predictable pattern.

avere *to have*	
io ho	noi abbiamo
tu hai	voi avete
lui/lei ha	loro hanno

Pronunciation Hint

The initial **h-** in **ho**, **hai**, **ha**, and **hanno** is never pronounced. It distinguishes the written verb from other words with the same pronunciation but different meanings such as **ho** (*I have*) and **o** (*or*) or **ha** (*he/she has*) and **a** (*at; to*).

Avere is often used in Italian in situations where *to be* would be used in English.

Avere is used instead of **essere** to indicate age: **avere** + number + **anni**.

Quanti anni hai?	*How old are you?*
Ho venti anni.	*I am twenty years old.*

Avere is used in many idiomatic expressions that convey feelings or physical sensations. They are formed with **avere** + noun. The equivalent English expressions are usually formed with *to be* + adjective.

avere bisogno di	*to need; have need of*
avere caldo	*to be warm, hot*
avere colpa	*to be guilty*
avere fame	*to be hungry*
avere fortuna	*to be lucky*
avere freddo	*to be cold*
avere fretta	*to be in a hurry*
avere invidia	*to be envious*
avere paura	*to be afraid*
avere rabbia	*to be in a rage*
avere ragione	*to be right*
avere sete	*to be thirsty*
avere un desiderio	*to have a wish*
avere vergogna	*to be ashamed*
avere voglia di	*to want; to feel like*

Abbiamo bisogno di bere dell'acqua.	*We need to drink some water.*
Lui ha sempre fretta.	*He is always in a rush.*
La mamma ha sempre ragione.	*Mother is always right.*

Exercise 6.6

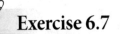

Translate the sentences into Italian.

1. Pietro is always in a hurry.

 ____

2. I am cold. I need a blanket.

 ____

3. You are sleepy. Go to bed.

 ____

4. He is very thirsty. He wants a glass of water.

 ____

5. She feels like having an ice cream.

 ____

6. We are afraid of the dark.

 ____

7. They are very lucky.

 ____

8. You (*pl.*) need to go to the store.

 ____

9. I am hot. I need to take a bath.

 ____

10. Don't wait for me if you are in a hurry.

 ____

Exercise 6.7

Complete the sentences with the correct form of **avere**.

1. Io ______________ amici in Australia.
2. Teresa ______________ un cane piccolo.
3. Noi ______________ una buona ricetta.

4. Loro ____________ una macchina nuova, tu ____________ una motocicletta.
5. Lei ____________ sempre freddo. Tu ____________ sempre caldo.
6. Voi ____________ due panini.
7. Loro non ____________ parenti a Milano.
8. Voi ____________ amici in Italia?
9. Amedeo e Giovanni ____________ voglia di scherzare.
10. Marcello ____________ bisogno di riposare.

-*ire* Verbs

The most common irregular **-ire** verbs are **dire**, **morire**, **salire**, **udire**, **uscire**, and **venire**.

dire *to say; tell*		**morire** *to die*	
io dico	noi diciamo	io muoio	noi moriamo
tu dici	voi dite	tu muori	voi morite
lui/lei dice	loro dicono	lui/lei muore	loro muoiono

Origin of *dire*

Dire originates from the Latin *dicere* and many people consider it to be an irregular **-ere** verb. This explains the addition of **-c-** in its conjugation.

Some other irregular verbs ending in **-ire** add **-g-** in the first-person singular and the third-person plural and add a vowel change in the second- and third-persons singular (**venire**, *to come*) or only add a **-g-** in the first-person singular and the third-person plural (**salire**, *to ascend*; *to go up*; *to climb*).

salire *to ascend; go up; climb*		**venire** *to come*	
io salgo	noi saliamo	io vengo	noi veniamo
tu sali	voi salite	tu vieni	voi venite
lui/lei sale	loro salgono	lui/lei viene	loro vengono

Udire and **uscire** change the **-u-** into **-o-** and **-e-**, respectively, in the first three persons singular and in the third-person plural.

udire *to hear*		**uscire** *to go out*	
io **o**do	noi udiamo	io **e**sco	noi usciamo
tu **o**di	voi udite	tu **e**sci	voi uscite
lui/lei **o**de	loro **o**dono	lui/lei **e**sce	loro **e**scono

Apparire (to appear)

Apparire changes in the first-person singular and in the third-person plural.

apparire *to appear*	
io appa**i**o	noi appariamo
tu appari	voi apparite
lui/lei appare	loro appa**i**ono

Exercise 6.8

Translate the sentences into Italian.

1. I tell the truth.

 ____

2. We tell a story.

 ____

3. I come home with you.

 ____

4. You come to see Maria soon.

 ____

5. The mailman comes late today.

 ____

6. The flowers die with the cold.

 ____

7. The soldiers die in the war.

 ____

8. They appear out of the dark.

 ____

9. I appear all of a sudden.

 ____

10. She climbs the stairs.

 ____

11. They go out late.

 ____

12. Today, people don't die of tuberculosis.

 ____

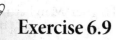

Exercise 6.9

Complete the sentences with the correct form of the verbs from the following list. Some verbs may be used more than once, and not all of the verbs are used.

andare, avere, capire, conoscere, dire, dormire, essere, fare, giocare, incontrare, pranzare, preferire, ricordare, ritornare, sapere, sentire, spiegare, stare, suonare, uscire, venire

1. Alle otto di mattina gli impiegati ______________ in ufficio. Alle otto di sera, ______________, e ______________ a casa.
2. I ragazzi ______________ a scuola tutto il giorno. Nel pomeriggio, se fa bel tempo, ______________ al football.
3. A mezzogiorno io ______________ con le mie amiche in un ristorante elegante nel centro della città.
4. Noi ______________ bene la canzone che ha vinto il Festival quest'anno.
5. Tu ______________ il piano, ma ______________ suonare il violino.
6. I miei figli ______________ dalle nove di sera alle sei di mattina.
7. Noi ______________ stanchi perchè lavoriamo troppo.
8. L'insegnante ______________ la lezione, ma noi non ______________ quello che ______________.
9. Non mi ______________ mai di portare i libri a scuola con me.
10. Noi ______________ tua sorella, ma lei non si ______________ di noi.

11. Gli studenti ____________ a scuola la sera alle sette, ma sono stanchi, ____________ fame e ____________ fatica a stare attenti.
12. Alla mattina (io) ____________ gli uccellini che ____________ a mangiare nel mio giardino.
13. Perchè vai al mercato? Io ____________ per comprare la frutta fresca.
14. A che ora ____________ tu? Noi ____________ all'una di pomeriggio.

Reading Comprehension

La famiglia Marchetti

Maurizio e Edoarda Marchetti hanno due figli; un ragazzo Michele, e una bambina Caterina. La famiglia Marchetti abita a Roma in un quartiere molto lussuoso, in un appartamento grande e spazioso. Il signor Marchetti è un avvocato e ha uno studio molto grande, vicino all'università. Il signor Marchetti sa bene l'inglese e per questo ha molti clienti stranieri.

Edoarda, sua moglie, è una brava moglie e mamma. Edoarda non lavora, ma fa molto volontariato e incontra le amiche per il caffè o il tè. A Edoarda piace molto cucinare e preparare dei pranzi o delle cene deliziose per la sua famiglia e per gli ospiti. I figli sono a scuola tutto il giorno. Sono bravi studenti. Dopo la scuola fanno dello sport. Michele gioca al tennis, e Caterina fa balletto.

Tutte le mattine, il signor Marchetti arriva in ufficio alle otto e sta lì tutto il giorno. Il sabato e la domenica non lavora. Appena arriva in ufficio, telefona al bar e ordina un caffè macchiato o un cappuccino. Qualche volta va al bar vicino al suo ufficio dove incontra gli amici e parlano di sport.

Maurizio ha due macchine, una nuova e una vecchia. Va a lavorare con la macchina vecchia e alla domenica usa la macchina nuova per portare la famiglia al ristorante fuori di Roma. La famiglia Marchetti è una famiglia molto unita e simpatica.

Nomi (Nouns)

l'avvocato	*the lawyer*	il quartiere	*the neighborhood*
la cena	*the dinner, supper*	lo studio	*the office*
i clienti	*the clients*	il volontariato	*the volunteer work*
il pranzo	*the lunch*		

Aggettivi (Adjectives)

delizioso	*delicious*	spazioso	*spacious*
lussuoso	*luxurious*	vecchia	*old*

Verbi (Verbs)

incontrare	*to meet*
lavorare	*to work*
portare	*to take*

Espressioni (Expressions)

fare dello sport	*to do sports*
fare il balletto	*to do ballet*
fare il volontariato	*to do volunteer work*

Domande (Questions)

After you have read the selection, answer the questions in Italian repeating your answers aloud.

1. Quanti figli hanno i signori Marchetti?

   ____

2. Dove abitano?

   ____

3. Perchè il signor Marchetti ha tanti clienti stranieri?

   ____

4. Come si chiama la moglie? E che cosa fa?

   ____

   ____

5. Che cosa fa Maurizio appena arriva in ufficio?

   ____

   ____

6. Perchè ha due macchine il signor Marchetti?

   ____

   ____

7

Andare and the Future

The future tense expresses an action that will take place in the near or distant future. Italian uses only one word to express the future, while English uses two: *will* or *shall* + the infinitive of a verb. The future tense of regular verbs in Italian is formed by dropping the final **-a**, **-e**, or **-i** of the infinitive and adding the future tense endings

Andare (to go; to be going)

In Chapter 6, you learned that the conjugation of **andare** is irregular in the present tense.

Vado al cinema.	*I am going to the movies.*
Tu vai a scuola.	*You go to school.*
Dove va tua sorella?	*Where is your sister going?*
Andiamo in Italia.	*We go to Italy.*
Andate in Italia?	*Are you going to Italy?*
Vanno al supermercato.	*They are going to the supermarket.*

NOTE: Whether **andare** is translated *to go* or *to be going* depends on the context.

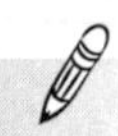

Exercise 7.1

Complete the sentences with the correct form of **andare**.

1. I miei amici ____________ in palestra alle sei di mattina.
2. Io ____________ in chiesa la domenica.

3. Chi ____________ con loro?
4. Noi ____________ in Africa per due mesi.
5. Voi ____________ a comprare un computer nuovo.
6. Loro ____________ a scuola da soli.
7. Le mie amiche ____________ a fare ginnastica tutti i giorni.
8. Voi due ____________ a vedere la mostra d'arte.

The Future with *andare* + *a* + Infinitive

Andare + **a** + infinitive is used to express future time. The English equivalent is *to be going* (*to do something*).

Loro vanno a suonare il violino questa sera.	*They are going to play the violin tonight.*
Tu vai a raccogliere i mirtilli questa estate.	*You are going to pick blueberries this summer.*

To form a question with this construction, just place the question mark at the end of the sentence. The subject pronoun is used only if the subject is ambiguous.

Andate al cinema questa sera?	*Are you going to the movies tonight?*
Va (lei) a raccogliere i mirtilli?	*Is she going to pick the blueberries?*

Exercise 7.2

Complete the sentences with the correct form of **andare**, *then translate each sentence into English.*

1. Io ____________ a visitare mia nonna.

   ____

2. Tu ____________ a mangiare dai tuoi amici a Pasqua.

   ____

3. Lui ____________ a parlare al direttore.

   ____

4. Noi ____________ a visitare Roma con l'autobus.

____

5. Voi ____________ a prendere libri in biblioteca.

____

6. Loro ____________ a sciare in montagna durante le feste.

____

7. Tu e Giovanni ____________ a mangiare al ristorante.

____

8. Maria e Carlo ____________ a piantare i fiori nel giardino.

____

9. Tu e Luigi ____________ a vedere il nuovo film.

____

10. Tu ____________ al cinema questa sera?

____

The Future Tense of Regular Verbs

The future tense is used to express a supposition, a probability, or an approximation. To form the regular conjugation of the future tense, replace the final -**e** of the infinitive with -**ò**, -**ai**, -**à**, -**emo**, -**ete**, -**anno**.

In -**are** verbs, the -**a**- of the infinitive changes to -**e**-. All regular verbs follow this pattern for the future tense.

Tu cammin**e**rai per due ore.	*You will walk for two hours.*
Noi parl**e**remo con i nostri figli domani.	*We'll speak with our kids tomorrow.*
Voi studi**e**rete per gli esami.	*You will study for the exams.*
Kyria dorm**i**rà molto durante le vacanze.	*Kyria will sleep a lot during vacation.*

The future tense of regular -**are**, -**ere**, and -**ire** verbs is formed as follows.

cantare *to sing*		**leggere** *to read*	
io canterò	noi canteremo	io leggerò	noi leggeremo
tu canterai	voi canterete	tu leggerai	voi leggerete
lui/lei canterà	loro canteranno	lui/lei leggerà	loro leggeranno

sentire *to hear*	
io sentirò	noi sentiremo
tu sentirai	voi sentirete
lui/lei sentirà	loro sentiranno

NOTE: In colloquial Italian a future action is often expressed using the present tense instead of the future. This is true particularly when either the context or the sentence makes clear that the action is going to happen in the future, but it is a sure thing that it is going to happen.

Domani, vado all'aereoporto molto presto.	*Tomorrow I will go to the airport very early.* (sure)
Domani, andrò all'aeroporto molto presto.	(possibility)

The future tense is preferred if a dependent clause referring to an action taking place in the near future is introduced by **se** (*if*), **quando** (*when*), or **appena** (*as soon as*).

Leggeremo, se avremo tempo.	*We will read, if we have time.*
Vi chiameremo, quando arriveremo all'aereoporto.	*We'll call you when we arrive at the airport.*

Stem Changes in the Future Tense

Verbs like **pagare** (*to pay*) and **cercare** (*to look for*) add an **-h-** in the future tense to preserve the hard sound of the infinitive. In the present tense, the **-h-** is used only in the first-person singular and the first-person plural; in the future tense it is always used.

cercare *to search*; *to look for*		**pagare** *to pay*	
io cerc**h**erò	noi cerc**h**eremo	io pag**h**erò	noi pag**h**eremo
tu cerc**h**erai	voi cerc**h**erete	tu pag**h**erai	voi pag**h**erete
lui/lei cerc**h**erà	loro cerc**h**eranno	lui/lei pag**h**erà	loro pag**h**eranno

Other verbs that follow the same pattern include:

giocare	*to play*	legare	*to tie*
giudicare	*to judge*	litigare	*to quarrel*
imbarcare	*to board*	obbligare	*to oblige*

Tu giocherai al calcio la prossima estate.	*You will play soccer next summer.*
Le bambine litigheranno con le amiche.	*The girls will quarrel with their friends.*

Verbs like **cominciare** (*to start*) and **mangiare** (*to eat*) drop the **-i-** before adding the future tense endings.

cominciare *to start*		**mangiare** *to eat*	
io comincerò	noi cominceremo	io mangerò	noi mangeremo
tu comincerai	voi comincerete	tu mangerai	voi mangerete
lui/lei comincerà	loro cominceranno	lui/lei mangerà	loro mangeranno

Other verbs that follow this same pattern in the future include:

abbracciare	*to hug*	bruciare	*to burn*
assaggiare	*to taste*	viaggiare	*to travel*
baciare	*to kiss*		

Assaggerò molti dolci in Italia.	*I will taste many sweets in Italy.*
Bruceremo la legna nel camino.	*We will burn the wood in the fireplace.*

The Future Tense of Irregular Verbs

There are many other verbs that have irregular stems in the future tense. The endings are the same for irregular verbs as those used for regular verbs. Some of the most common verbs in the future include the following:

Infinitive	Future Stem	Conjugation
andare (*to go*)	andr-	andrò, andrai, andrà, *etc.*
avere (*to have*)	avr-	avrò, avrai, avrà, *etc.*
bere (*to drink*)	berr-	berrò, berrai, berrà, *etc.*
dare (*to give*)	dar-	darò, darai, darà, *etc.*
dovere (*to have to*)	dovr-	dovrò, dovrai, dovrà, *etc.*
essere (*to be*)	sar-	sarò, sarai, sarà, *etc.*
fare (*to do*; *to make*)	far-	farò, farai, farà, *etc.*

potere (*to be able*)	potr-	potrò, potrai, potrà, *etc.*
sapere (*to know*)	sapr-	saprò, saprai, saprà, *etc.*
tenere (*to keep*)	terr-	terrò, terrai, terrà, *etc.*
vedere (*to see*)	vedr-	vedrò, vedrai, vedrà, *etc.*
venire (*to come*)	verr-	verrò, verrai, verrà, *etc.*
vivere (*to live*)	vivr-	vivrò, vivrai, vivrà, *etc.*

Potremo andare a sciare questo inverno?	*Will we be able to go skiing this winter?*
Tu vedrai tutti i miei amici alla festa.	*You will see all my friends at the party.*
Voi sarete molto stanche dopo il viaggio.	*You will be very tired after the trip.*
Farò tutti i compiti.	*I will do all my homework.*

Exercise 7.3

Translate the sentences into Italian using the future tense.

1. I will drink bottled water.

 ____

2. You (*sing.*) will go to the doctor.

 ____

3. She will eat at the restaurant.

 ____

4. He will rest all afternoon.

 ____

5. Erica will visit her friend tomorrow.

 ____

6. We will talk on the phone.

 ____

7. You (*pl.*) will go by boat.

 ____

8. We will wait for the train.

____

9. Lucia will study in Italy.

____

10. I will write the grammar book.

____

11. She will play the violin.

____

12. Marco will pay the bill.

____

Exercise 7.4

Complete the sentences with the correct form of the future tense of the verbs in parentheses.

1. Noi _______________ per l'Italia mercoledì. (partire)
2. Noi _______________ molti gialli. (leggere)
3. Roberto _______________. (noleggiare)
4. Tu e Giorgio _______________ di calcio. (parlare)
5. I genitori di Paola _______________ fra due settimane. (arrivare)
6. Per quanto tempo (tu) _______________ in Italia? (stare)
7. Io _______________ a casa tutta la mattina. (stare)
8. Tu _______________ al mare questa estate. (andare)
9. Il negoziante _______________ tutta la merce. (vendere)
10. Voi _______________ alla stazione. (arrivare)
11. Questo fine settimana noi _______________ l'italiano. (studiare)
12. Noi _______________ in un buon ristorante. (cenare)

Key Vocabulary

The following **-are** verbs will help you communicate in Italian. Try to learn and practice them aloud.

***-are* Verbs**			
accettare	*to accept*	marcare	*to mark*
appagare	*to satisfy*	marciare	*to march*
arrangiare	*to arrange*	necessitare	*to need*
cambiare	*to change*	piegare	*to fold*
celebrare	*to celebrate*	pitturare	*to paint*
disegnare	*to draw*	preparare	*to prepare*
fermare	*to stop*	ripassare	*to review*
firmare	*to sign*	spiegare	*to explain*
fruttare	*to profit*	terminare	*to end*
guidare	*to drive*	tirare	*to pull*
incrociare	*to cross*	usare	*to use*
indicare	*to point*	voltare	*to turn*

Exercise 7.5

Complete the sentences with the correct form of the future tense of the verbs in parentheses.

1. Molte persone ______________ la metropolitana per andare a lavorare. (usare)
2. La ragazza ______________ la maglia. (cambiare)
3. Loro ______________ il contratto per la casa. (firmare)
4. Questa sera io ______________ la lezione sui verbi. (spiegare)
5. La polizia ______________ il ladro. (fermare)
6. Noi ______________ il nostro anniversario in agosto. (celebrare)
7. La studentessa ______________ la lezione di latino. (ripassare)
8. Lei ______________ la macchina nuova. (guidare)
9. Tu ______________ un bel quadro. (pitturare)
10. Voi ______________ le valige. (preparare)

Useful Words: *che* and *per*

The Relative Pronoun *che*

Italian **che** (*that*; *what*; *which*; or *who*) is a very common relative pronoun. **Che** can refer to persons or things, either singular or plural.

Il programma che guardo alla televisione è molto vecchio.	*The program (that) I watch on TV is very old.*
Noi abbiamo degli amici che vivono a Firenze.	*We have some friends who live in Florence.*
Il vestito che compro è molto costoso.	*The dress that I am buying is very expensive.*

The Conjunction *che*

One of the uses of a conjunction is to join two sentences into a single one. Italian **che** used as a conjunction joins a main clause with a dependent clause, forming a new sentence in the process.

Mia sorella sa che noi veniamo con il treno.	*My sister knows that we will come by train.*
Vedo che viaggi con la macchina nuova.	*I see that you travel with your new car.*

NOTE: In Italian **che** is never omitted. In English *that*, whether used as a relative pronoun or as a conjunction, is often omitted. In English one can say either *the book I am reading* or *the book that I am reading is new*, but in Italian **che** has to be included: **Il libro che leggo è nuovo**.

The Preposition *per*

Per has two different uses.

- ***For***

La telefonata è per me.	*The telephone call is for me.*
Il vestito nuovo è per l'inverno.	*The new dress is for winter.*
Hai un messaggio per me?	*Do you have a message for me?*

- ***In order to***

Lei cammina per mantenersi in forma.	*She walks in order to keep herself fit.*
Studio per andare bene agli esami.	*I study in order to pass the exams.*
Lavoriamo per vivere.	*We work in order to live.*

Exercise 7.6

Complete the sentences in Italian by translating the English phrases in parentheses.

1. Io so ____________________ (*that*) lei studia molto.
2. ____________________ (*For whom*) è la domanda?
3. La risposta è ____________________ (*for*) Maria.
4. Il libro ____________________ (*that I need*) è in macchina.
5. Il cappotto è ____________________ (*for*) l'inverno.
6. Noi sappiamo ____________________ (*that in order*) vedere la partita, dobbiamo andare al bar.
7. Giulia studia medicina ____________________ (*in order to*) fare la pediatra.
8. Avete una camera ____________________ (*for*) due persone?
9. ____________________ (*In order to*) vivere qui, abbiamo bisogno di molti soldi.
10. So ____________________ (*that*) a voi piace molto viaggiare.

Key Vocabulary

The following words will help enhance your ability to speak and understand Italian. As you learn them, remember to read them aloud.

***Parti del corpo* (Parts of the Body)**

la barba	*the beard*	i capelli	*the hair*
la bocca	*the mouth*	la caviglia	*the ankle*
il braccio (pl., le braccia)	*the arm*	il ciglio (pl., le ciglia)	*the eyelash*

il collo	*the neck*	la lingua	*the tongue*
la colonna vertebrale	*the spinal cord*	la mano	*the hand*
		il mento	*the chin*
il dito (pl., le dita) della mano	*the finger*	la narice	*the nostril*
		il naso	*the nose*
		la nuca	*the nape*
		l'occhio	*the eye*
il dito del piede	*the toe*	l'orecchio	*the ear*
		la pelle	*the skin*
il dente	*the tooth*	il petto	*the chest*
la fronte	*the forehead*	il piede	*the foot*
la gamba	*the leg*	il pollice	*the thumb*
la gengiva	*the gum*	il polso	*the wrist*
il ginocchio (pl., le ginocchia)	*the knee*	la schiena	*the back*
		il seno	*the breast*
		la spalla	*the shoulder*
la gola	*the throat*	il tallone	*the heel*
il labbro (pl., le labbra)	*the lip*	il teschio	*the skull*
		la testa	*the head*
		la vita	*the waist*

Dentro al corpo (Inside the Body)

l'arteria	*the artery*	il polmone	*the lung*
il cervello	*the brain*	il rene	*the kidney*
la costola	*the rib*	il sangue	*the blood*
il cuore	*the heart*	lo stomaco	*the stomach*
il fegato	*the liver*	i tendini	*the tendons*
i muscoli	*the muscles*	le tonsille	*the tonsils*
le ossa	*the bones*	la vena	*the vein*

Use of Articles with Parts of the Body

In Italian the definite articles **il**, **lo**, **la**, **i**, **gli**, and **le** are used more frequently than the possessive with parts of the body, compared with English.

Lui ha male al piede, e non può camminare.	*He has a sore foot, and he cannot walk.*
Mi fa male la testa.	*My head hurts.*

La famiglia (*The Family*)

The nouns that follow refer to family members. These nouns will help increase your vocabulary and your ability to converse. The plural takes the masculine form when it includes more than one male or a male and female combination.

I miei zii sono sempre allegri.	*My uncles are always happy.*
Mia zia e mio zio sono ricchi.	*My uncle and my aunt are rich.*
Mio padre e mia madre sono ancora giovani.	*My father and my mother are still young.*

Il padre (*father*) and **la madre** (*mother*) are *parents*, which in Italian is expressed as **i genitori**. In Italian **parenti** refers to *relatives*.

il cognato, la cognata	*the brother-in-law, the sister-in-law*
il cugino, la cugina	*the (male) cousin, the (female) cousin*
il figlio, la figlia	*the son, the daughter*
il figlioccio, la figlioccia	*the godson, the goddaughter*
il fratello, la sorella	*the brother, the sister*
il genero, la nuora	*the son-in-law, the daughter-in-law*
i genitori	*the parents*
il marito, la moglie	*the husband, the wife*
il nipote, la nipote	*the nephew, the niece/the grandson, the granddaughter*
il nonno, la nonna	*the grandfather, the grandmother*
i nonni	*the grandparents*
il padre, la madre	*the father, the mother*
il padrino, la madrina	*the godfather, the godmother*
il/la parente, i parenti	*the (male/female) relative, the relatives*
il patrigno, la matrigna	*the stepfather, the stepmother*
il suocero, la suocera	*the father-in-law, the mother-in-law*
lo zio, la zia	*the uncle, the aunt*

Time Expressions

To ask *how long* someone has been doing something, Italian uses the present tense. To indicate elapsed time, Italian starts the question with **da**, meaning *how long*: **da quanto tempo** + verb in the present tense.

Da quanto tempo studi l'italiano? — *How long have you been studying Italian?*
Da quanto tempo conosci mia sorella? — *How long have you known my sister?*

To answer the question *how long* someone has been doing something can be done in two ways. You may reuse the preposition **da** in the response and place it in front of the time elapsed.

Studio l'italiano **da** tre mesi. — *I have been studying Italian for three months.*

Conosco tua sorella **da** tanti anni. — *I have known your sister for many years.*

Or you can rephrase the answer and use the conjunction **che**, instead of the preposition **da**.

Sono tre mesi **che** studio l'italiano. — *I have been studying Italian for three months.*
Sono tre anni **che** conosco tua sorella. — *I have known your sister for three years.*

Exercise 7.7

Complete the sentences with the correct forms and tenses of the verbs in parentheses.

1. Io ____________ al cinema con gli amici. (andare)
2. Noi ____________ poco in classe. (parlare)
3. Voi ____________ la musica tutta la sera. (ascoltare)
4. Tu non ____________ mai la porta. (chiudere)
5. Lei ____________ molto per la festa. (cucinare)
6. Da quanto tempo (voi) ____________ in questo negozio? (lavorare)
7. Noi ____________ una camera per due notti. (prenotare)
8. Noi ____________ molto sport per le Olimpiadi. (fare)
9. So che (voi) ____________ bere un caffè. (volere)

10. Vedo che loro ______________ di lavorare tardi. (finire)
11. Domani (loro) ______________ la partita di football. (vedere)
12. Lucia ______________ la casa tutto il sabato pomeriggio. (pulire)
13. Enrico ______________ in Sud America per tre anni. (abitare)
14. Noi ______________ da casa alle otto. (uscire)
15. Voi non ______________ mai le chiavi di casa. (perdere)
16. Da quanto tempo (voi) ______________ in Italia. (vivere)
17. Che cosa (voi) ______________ al bar? (bere)
18. C'è troppa gente, io non ______________ niente. (sentire)

Exercise 7.8

Complete the sentences in Italian with the appropriate part of the body.

1. Oggi non posso correre perchè ho male alla ______________. (*shoulder*)
2. I suoi ______________ sono azzurri. (*eyes*)
3. L'uomo ha un ______________ molto lungo. (*neck*)
4. Lei ha l'artrite nelle ______________ delle mani. (*fingers*)
5. I suoi ______________ sono pieni di fumo. (*lungs*)
6. Deve dimagrire per aiutare il ______________. (*heart*)
7. Porto i bambini dal dentista per controllare i ______________. (*teeth*)
8. Il suo ______________ gli duole perchè gioca troppo al tennis. (*elbow*)
9. Eric è molto alto, le sue ______________ sono lunghe. (*legs*)
10. Lei non cammina molto perchè le fanno male le ______________. (*knees*)
11. Lui non trova scarpe belle, perchè i suoi ______________ sono molto lunghi. (*feet*)
12. Il ______________ ci aiuta a pensare. (*brain*)
13. Il ______________ è rosso. (*blood*)
14. Da quanto tempo soffri di ______________? (*heart*)

Exercise 7.9

Complete the sentences in Italian with the appropriate family member.

1. I miei ____________ vivono in Florida. (*parents*)
2. Enrico ha due ____________. (*brothers*)
3. La ____________ si chiama Olivia. (*sister*)
4. Il ____________ di Maria si chiama Martino. (*son*)
5. La ____________ di Enrico vive a Firenze. (*mother*)
6. Il ____________ di Enrico si chiama Piero. (*nephew*)
7. La figlia di mia zia è mia ____________.
8. La mamma di mio marito è mia ____________.
9. Il padre di mio marito è mio ____________.
10. Io ho molti ____________. (*uncles*)
11. Il marito di mia figlia è mio ____________.
12. Io non ho ____________ (*sisters*), ho solo un ____________. (*brother*)
13. La sorella di mio padre è mia ____________. Io ho tre ____________. (*aunts*)
14. La figlia della sorella di mio padre è mia ____________.
15. Il padre di mio padre è mio ____________.
16. La moglie di mio nonno è mia ____________.

Exercise 7.10

Complete the sentences with **che**, **da**, *or* **per**.

1. Io vado in Italia ____________ vedere le mie nipotine.
2. So ____________ tu vuoi andare a giocare al tennis.
3. Lui studia molto ____________ essere promosso.
4. La signora ____________ abita vicino a me, è molto bella.
5. Le città ____________ voglio visitare sono lontane.
6. La vita ____________ facciamo è molto stressante.

7. Ti ha dato un messaggio ____________ me?
8. Devo telefonare ____________ sapere come stanno.
9. La lettera ____________ è arrivata oggi è ____________ me?
10. ____________ quanto tempo devo cucinare la carne?
11. Io conosco Luigi ____________ tanto tempo.
12. Lui sa ____________ tu lo guardi dalla finestra ____________ delle ore.

Reading Comprehension

L'appuntamento dal dentista

Oggi devo andare dal dentista. Ho l'appuntamento alle tre del pomeriggio. Il dentista ha l'ufficio nel centro della città ed è abbastanza lontano da casa mia. Il suo ufficio è molto grande e molto moderno. C'è una sala d'aspetto dove i pazienti attendono di essere chiamati. In questa saletta ci sono molte sedie e poltrone e tante riviste che la gente legge mentre aspetta. C'è una televisione con un mega schermo così i pazienti guardano i programmi e non si annoiano ad aspettare. Tutti sono molto silenziosi e aspettano pazientemente.

C'è una vetrata e dietro a questa, ci sono le segretarie che ricevono i pazienti e li accompagnano nell'ufficio del dentista, prendono gli appuntamenti, e accettano i pagamenti. Le segretarie hanno molto da fare. Vanno a lavorare alla mattina presto e ritornano a casa tardi.

Ci sono anche quattro assistenti che fanno la pulizia ai denti e anche loro sono molto impegnate. Quando finiscono di pulire i denti, danno ad ogni paziente uno spazzolino nuovo e il dentifricio, poi chiamano il dentista che controlla se ci sono carie o altri problemi alle gengive. Accompagnano poi i pazienti all'uscita dove prima di salutarli, fissano l'appuntamento per la prossima visita.

A nessuno piace molto andare dal dentista, ma è necessario andarci spesso per evitare complicazioni ai denti e alle gengive.

***Nomi* (Nouns)**

l'ambiente	*the surroundings*	il dentifricio	*the toothpaste*
l'appuntamento	*the appointment*	il dentista	*the dentist*
la carie	*the cavity*	il documento	*the document*
la complicazione	*the complication*	la gengiva	*the gum*

il modulo	*the form*	la saletta	*the small hall*
il pagamento	*the payment*	lo schermo	*the monitor*
il paziente	*the patients*	la sedia	*the chair*
la poltrona	*the armchair*	la segretaria	*the secretary*
il programma	*the program*	lo spazzolino	*the toothbrush*
la rivista	*the magazine*	l'ufficio	*the office*
la sala d'aspetto	*the waiting room*	la vetrata	*the window*

Aggettivi (Adjectives)

prossimo	*next*	silenzioso	*quiet*
rilassante	*relaxing*		

Verbi (Verbs)

accettare	*to accept*	compilare	*to fill up*
accompagnare	*to accompany, take*	evitare	*to avoid*
annoiarsi	*to be bored*	fissare	*to make*
attendere	*to wait*	ricevere	*to receive*

Domande (Questions)

After you have read the selection, answer the questions in Italian repeating your answers aloud.

1. A che ora è l'appuntamento con il dentista, e dov'è il suo ufficio?

   ____

2. Com'è l'ufficio del dentista?

   ____

3. Che cosa fanno le segretarie?

   ____

4. Che cosa dà l'assistente del dentista prima di uscire?

   ____

5. Ti piace andare dal dentista?

   ____

8

Adjectives and Adverbs

Possessive Adjectives

A possessive adjective agrees in gender and number with the noun it modifies. In Italian the definite article usually precedes the possessive adjective, and both are repeated before each noun: **la mia** casa, **il mio** giardino (*my house, my garden*). The possessive adjectives are as follows.

il mio, la mia, i miei, le mie *my*

Il mio libro è nuovo.	*My book is new.*
La mia casa è grande.	*My house is big.*
I miei amici sono messicani.	*My friends are Mexican.*
Le tue scarpe sono nuove.	*Your shoes are new.*

il tuo, la tua, i tuoi, le tue *your* (*fam.*)

Il tuo giornale è vecchio.	*Your newspaper is old.*
La tua macchina è nuova.	*Your car is new.*
I tuoi bambini sono belli.	*Your kids are nice.*
Le tue amiche sono simpatiche.	*Your friends are nice.*

il suo, la sua, i suoi, le sue *his, hers, its; your* (*form.*)

In Italian, **il suo**, **la sua**, **i suoi**, and **le sue** can be rather ambiguous. To resolve this ambiguity, you may replace the possessive with **di lui** or **di lei**. **Di lui** (*his*) is used when referring to a masculine possessor. **Di lei** (*her*) is used with a feminine possessor.

La macchina di Maria e di Carlo è vecchia.	*Maria and Carlo's car is old.*
Guido la sua macchina.	*I drive his/her car.*

La macchina di lui o di lei?	*His or her car?*
La macchina di lui.	*His car.*
La sue storie sono interessanti.	*His/her stories are interesting.*
Le storie di lui/di lei?	*His/her stories?*
Le storie di lei.	*Her stories.*
Le storie di lui.	*His stories.*

il nostro, la nostra, i nostri, le nostre *our*

Il nostro divano è nuovo.	*Our couch is new.*
La nostra vita è bella.	*Our life is nice.*
I nostri figli vivono lontani da noi.	*Our children live far from us.*
Le nostre piante sono in fiore.	*Our plants are in bloom.*

il vostro, la vostra, i vostri, le vostre *your* (*pl.*)

Il vostro amico è gentile.	*Your friend is kind.*
La vostra amica è allegra.	*Your friend is jovial.*
I vostri genitori sono attivi.	*Your parents are active.*
Le vostre piante sono morte.	*Your plants have died.*

il loro, la loro, i loro, le loro *their, your* (*form.*)

Il loro viaggio è lungo.	*Their trip is long.*
La loro torta è deliziosa.	*Their cake is delicious.*
I loro compiti sono difficili.	*Their homework is difficult.*
Le loro amiche sono belle.	*Their friends are beautiful.*

Exercise 8.1

Complete the sentences with the correct form of the possessive adjectives in parentheses.

1. ______________ cappotto è nuovo. (*my*)
2. ______________ idee sono interessanti. (*your, sing.*)
3. ______________ libri sono sulla scrivania. (*your, pl. not sing.*)
4. ______________ scarpe nuove sono strette. (*your, sing.*)
5. ______________ aereo è in ritardo. (*his*)
6. ______________ lezione è molto difficile. (*her*)

7. ______________ pranzo è finito. (*our*)
8. ______________ televisione è moderna. (*our*)
9. ______________ riviste sono vecchie. (*your, pl.*)
10. ______________ amici sono svizzeri. (*their*)
11. ______________ lavoro è interessante. (*my*)
12. ______________ case sono in Florida. (*your*)
13. ______________ libri sono grossi. (*our*)
14. ______________ giacca è verde. (*my*)
15. ______________ gatto è molto timido. (*your*)
16. ______________ giardino è bello. (*their*)
17. La piscina di ______________ sorella è molto grande. (*your, sing.*)
18. ______________ vita è molto interessante. (*my*)
19. ______________ orologio è molto elegante. (*her*)
20. ______________ giacche non sono abbastanza pesanti. (*our*)

Definite Articles

Definite articles are used in many ways; however, watch for the exceptions as you learn the rules.

- A definite article is not used in front of certain nouns referring to close family members in the singular form or when they are unmodified. The definite article is used with those nouns that are variations of the basic forms, such as **babbo** (*dad*), **mamma** (*mom*), and **fratellino** (*little brother*).

mio padre	*my father*	il mio babbo	*my dad*
mia madre	*my mother*	la mia mamma	*my mom*

- A definite article and not a possessive adjective is used with parts of the body and with articles of clothing when the possessor is obvious. The possession in these cases is expressed with an indirect object pronoun or a reflexive verb (see Chapters 10 and 12, respectively).

Mi fa male la testa.	*My head hurts.*
Mi metto le scarpe.	*I am putting on my shoes.*

- A definite article is not used with the possessive adjective when the adjective comes after the noun in expressions of fact or in exclamations.

A casa mia ci sono molte persone.	*At my house there are many people.*
Non **è colpa sua.**	*It is not his/her fault.*
È piacere mio conoscerti.	*It is my pleasure to meet you.*
A mio parere questo film è orrendo.	*In my opinion this movie is horrible.*
Dio mio, quante macchine ci sono!	*My God, how many cars there are!*
Cara mia, devi maturare un po'!	*My dear! You need to grow up a little!*
Mamma mia, come sono stanca!	*Oh my, how tired I am!*

A Word About *il suo, la sua, i suoi,* and *le sue*

Il suo and **la sua** both express *his, her,* or *its.* They refer to singular objects owned by one person, male or female. They agree with the noun they modify and not with the possessor.

il suo orologio	*his watch, her watch*

If there is some uncertainty as to the identity of the possessor, **di lui** or **di lei** (*of his* or *of hers*) are added and the definite article is not used.

Il suo orologio (L'orologio di lui) è molto costoso.	*His watch is very expensive.*
Il suo orologio (L'orologio di lei) è nuovo.	*Her watch is new.*

I suoi and **le sue** (*his* and *hers*) refer to plural objects or people, but one possessor.

i suoi libri	*his/her books*
le sue macchine	*his/her cars*

Exercise 8.2

Translate the sentences into Italian.

1. His sister is in Italy.

 ____

2. Her house is very big.

 ____

3. Their girlfriends are very kind.

 ____

4. His cars are all antiques.

 ____

5. Her children are not well behaved.

 ____

6. My friend (*m.*) always loses his wallet.

 ____

7. His books are very hard to read.

 ____

8. Her words are very kind.

 ____

9. Her brother is very handsome.

 ____

10. His reasons seem incomprehensible.

 ____

11. I have not seen her new diamond ring.

 ____

12. Their grandparents are very old, but very active.

 ____

Demonstrative Adjectives

Demonstrative adjectives are used to indicate a person or an object. They agree in gender and number with the noun to which they refer or are used with.

	Masculine	Feminine	
• Near the speaker			
SINGULAR	questo	questa	*this*
PLURAL	questi	queste	*these*
• Far from both listener and speaker			
SINGULAR	quel, quello, quell'	quella, quell'	*that*
PLURAL	quei, quegli	quelle	*those*

Questo ragazzo è intelligente.	*This boy is intelligent.*
Questi studenti sono educati.	*These boys are polite.*
Quella signora è molto bella.	*That lady is very beautiful.*
Quelle signore sono molto eleganti.	*Those ladies are very elegant.*
Voglio andare a vedere quel bel paese.	*I want to go to visit that nice town.*
Spero di mangiare in quel ristorante che tu hai suggerito.	*I hope to eat in that restaurant that you recommended.*

Questo (**-a**, **-i**, **-e**) indicates something or someone close to the person who is speaking. It follows the rule of the adjectives ending in **-o**: In front of a vowel, **questo** and **questa** become **quest'**.

Ho comprato quest'orologio.	*I bought this watch.*
Ho ascoltato quest'opera.	*I listened to this opera.*

The feminine form of **questa** becomes **sta-** in front of some nouns.

stamattina	*this morning*
stasera	*this evening*
stanotte	*tonight*
stavolta	*this time*

Quello (**-a**, **-e**, **quei**, **quegli**) indicates someone or something distant from the person who is speaking. **Quello** and **quella** before a vowel become **quell'**.

Quell'orologio non funziona bene. — *That watch does not work well.*
Quell'oca vola molto lontano in inverno. — *That goose flies very far in winter.*

Quello follows the same rules previously seen for the definite article. (**Quello** follows the same pattern as the adjective **bello**, *beautiful*.)

quello scoiattolo (lo scoiattolo)	*that squirrel*
quegli scoiattoli (gli scoiattoli)	*those squirrels*
quel libro (il libro)	*that book*
quei libri (i libri)	*those books*

Demonstrative adjectives are repeated before each noun.

Leggete questo libro e fate quell'esercizio. — *Read this book and do that exercise.*

For emphasis and to avoid ambiguity between *this* and *that* or *these* and *those*, **qui** or **qua** (*here*) or **lì** or **là** (*there*) follow the noun.

Devo comprare questa giacca qui o quella giacca lì? — *Should I buy this jacket here or that jacket there?*

Exercise 8.3

Translate the sentences into Italian.

1. This car is new.

____

2. This computer is fast.

____

3. This morning I'll play tennis.

____

4. That garden has many flowers.

____

5. These girls are very happy.

____

6. These boys are intelligent.

____

7. That house is my brother's.

____

8. That piano is old.

____

9. Those trees are tall.

____

10. Those books are expensive.

____

11. That backpack is heavy.

____

12. This shop has many things.

____

13. These shops are full of people.

____

14. Those flowers are very fragrant.

____

Adjectives of Nationality

Most adjectives of nationality end in **-o** and follow the same rules as other regular adjectives ending in **-o**. A few adjectives of nationality end in **-e** for both masculine and feminine singular, and take **-i** for masculine and feminine plural. Adjectives of nationality always follow the nouns they modify. In Italian, adjectives of nationality are not capitalized.

la signora italiana	*the Italian lady*
le signore italiane	*the Italian ladies*
il vocabolario tedesco	*the German dictionary*
i vocabolari tedeschi	*the German dictionaries*
la rivista francese	*the French magazine*
le scarpe francesi	*the French shoes*

Following are some adjectives of nationality.

Country	Nationality	Country	Nationality
Arabia Saudita	arabo saudita	Marrocco	marrocchino
Argentina	argentino	Messico	messicano
Austria	austriaco	Norvegia	norvegese
Belgio	belga	Nuova Zelanda	nuovo zelandese
Bolivia	boliviano	Olanda	olandese
Brasile	brasiliano	Pachistan	pachistano
Canadà	canadese	Panama	panameno
Cile	cileno	Perù	peruviano
Cina	cinese	Polonia	polacco
Colombia	colombiano	Portogallo	portoghese
Corea	coreano	Porto Rico	portoricano
Costa Rica	costaricano	Russia	russo
Cuba	cubano	Salvador	salvadoreno
Danimarca	danese	Scozia	scozzese
Egitto	egiziano	Siria	siriano
Equador	equatoriano	Spagna	spagnolo
Finlandia	finlandese	Stati Uniti	statunitense
Francia	francese	Sudan	sudanese
Giappone	giapponese	Svezia	svedese
Grecia	greco	Svizzera	svizzero
India	indiano	Tailandia	tailandese
Inghilterra	inglese	Taiwan	taiuaiano
Iran	iraniano	Turchia	turco
Iraq	iracheno	Ungheria	ungherese
Irlanda	irlandese	Venezuela	venezuelano
Israele	israeliano	Yemen	yemenita
Italia	italiano		

Continent		Continent	
Africa	africano	Europa	europeo
Antartica	antartico	Nordamerica	nordamericano
Asia	asiatico	Sudamerica	sudamericano
Australia	australiano		

Exercise 8.4

Complete the sentences with the correct form of adjective from the following list. Each adjective may be used once only.

American, Brazilian, Chinese, French, German, Greek, Indian, Japanese, Italian, Mexican, Scottish, Swedish

1. Il vino è ____________.
2. L'opera è ____________.
3. La signora è ____________.
4. La seta è ____________.
5. I suoi antenati sono ____________.
6. Il marito di Maria è ____________.
7. I turisti sono ____________.
8. La studentessa è ____________.
9. La mia cara amica è ____________.
10. La bandiera è ____________.
11. La sua automobile è ____________.
12. Il nuovo aereo è ____________.

Adjectives That Precede a Noun

In Chapter 1, you learned that in Italian adjectives mostly follow the nouns they describe.

Enrico è un ragazzo generoso.	*Enrico is a generous boy.*
A lei piace avere una casa pulita.	*She likes to have a clean house.*

Now you will learn the few common adjectives that may precede the nouns they modify.

bello	*beautiful*	grande	*large, great*
bravo	*good, able*	lungo	*long*
brutto	*ugly*	nuovo	*new*
buono	*good*	piccolo	*little, small*
caro	*dear*	stesso	*same*
cattivo	*bad*	vecchio	*old*
giovane	*young*	vero	*true, real*

Maria è una cara amica.	*Maria is a dear friend.*
Lei è una brava insegnante.	*She is a good teacher.*

NOTE: Even these adjectives must follow the noun for emphasis or contrast, and when modified by an adverb such as **molto** (*very*), **abbastanza** (*fairly*), **piuttosto** (*rather*), or **troppo** (*too much*).

È un cane **buono**.	*It is a good dog.*
Abitano in una casa molto **grande**.	*They live in a very large house.*

The Adjective *bello*

The adjective **bello** (*beautiful*; *nice*; *handsome*) retains its full form when it follows the noun it modifies or the verb **essere**.

È un ragazza **bella**.	*She is a beautiful girl.*

However, when **bello** precedes the noun it modifies, its form may change, depending on the noun that follows.

Masculine Singular	Masculine Plural	
bello	begli	before **s** + consonant or **z**
bel	bei	before all other consonants
bell'	begli	before a vowel

A San Diego c'è un bello zoo.	*In San Diego there is a beautiful zoo.*
Lei ha comprato un bel vestito.	*She bought a beautiful dress.*
Il marito le compra un bell'anello.	*The husband buys her a beautiful ring.*
Lei ha molti begli anelli.	*She has many beautiful rings.*
Nel giardino ci sono tanti bei fiori.	*In the garden there are many beautiful flowers.*

Feminine Singular	Feminine Plural	
bella	belle	before all consonants
bell'	belle	before vowels

Quella bambina ha una bella bambola.	*That girl has a beautiful doll.*
Lucia ha delle belle scarpe.	*Lucia has beautiful shoes.*
Comprerò una bell'orchidea.	*I'll buy a beautiful orchid.*

Exercise 8.5

Complete the sentences with the correct form of the adjectives in parentheses.

1. Il mio ____________ cane è ammalato. (*beautiful*)
2. Questo è un ____________ dolce. (*good*)
3. Lei è una ____________ ragazza. (*young*)
4. Maria è una ____________ amica. (*true*)
5. Giovanni è un ____________ ragazzo. (*dear*)
6. Lucia ha dei ____________ occhi. (*beautiful*)
7. Erica è una ____________ alunna. (*good*)
8. Lui è un ragazzo ____________. (*generous*)
9. Loro sono ____________ studenti. (*good*)
10. Lei ha tre ____________ bambini. (*good*)
11. Queste sono ____________ situazioni. (*ugly*)
12. Loro sono persone ____________. (*polite*)
13. Maria e Giovanna sono ____________ ragazze. (*beautiful*)
14. Maria e Giovanna sono ragazze ____________. (*intelligent*)
15. Parigi e Roma sono due ____________ città. (*beautiful*)

Adjectives That Express Quantity

molto, -a, -i, -e *a lot of; much; many*

Loro non hanno **molto** lavoro.	*They do not have much work.*
Loro hanno **molti** amici.	*They have many friends.*
Loro hanno **molta** fame.	*They are very hungry.*
Loro hanno **molte** borse.	*They have many purses.*

poco, pochi, poca, poche *a little bit; a few*

C'è **poco** spazio qui.	*There is little space here.*
Ci sono **pochi** bambini al parco.	*There are few children at the park.*
C'è **poca** gente nei negozi.	*There are few people in the stores.*
Ci sono **poche** scarpe nei negozi.	*There are few shoes in the stores.*

tutto, -a, -i, -e *all; every*

Giovanna legge **tutto** il giorno.	*Giovanna reads all day.*
Io leggo **tutta** la lettera.	*I read the entire letter.*
Io leggo **tutti** i libri che compro.	*I read every book I buy.*
Noi mangiamo **tutte** le paste.	*We eat all the pastries.*

altro, -a, -i, -e *other; another*

Lui vuole un **altro** lavoro.	*He wants another job.*
Lei vuole un'**altra** casa.	*She wants another house.*
Loro vogliono comprare **altri** libri.	*They want to buy other books.*
Loro vogliono vedere **altre** borse.	*They want to see other purses.*

Adjectives That Express *Next, Only,* and *Last*

prossimo, -a, -i, -e *next*

Andiamo in Italia il **prossimo** anno.	*We'll go to Italy next year.*
Studiamo i verbi la **prossima** settimana.	*We'll study the verbs next week.*
Vado da mia sorella nei **prossimi** giorni.	*I'll go to my sister's in the next few days.*
Le **prossime** settimane saranno molto intense.	*The next weeks will be very intense.*

ultimo, -a, -i, -e *last, final*

Dicembre è l'**ultimo** mese dell'anno.	*December is the last month of the year.*
Questa è l'**ultima** volta che ci vediamo.	*This is the last time we'll see each other.*
Questi sono gli **ultimi** fiori che abbiamo.	*These are the last flowers we have.*
Queste sono le sue **ultime** parole.	*These are his last words.*

Exercise 8.6

Complete the sentences with the correct form of the adjectives in parentheses.

1. Io ho ____________ lavoro. (*a lot of*)
2. Tu non hai ____________ soldi. (*much*)
3. Lei non ha ____________ pazienza. (*much*)
4. Lui ha ____________ bambini. (*many*)
5. Luigi vuole un'____________ macchina. (*other*)
6. Ci sono ____________ persone al mercato. (*many*)
7. Lui deve viaggiare ____________ le settimane. (*every*)
8. Io ho ____________ fame, ma ____________ sete. (*little, a lot of*)
9. Lui canta ____________ le canzoni. (*every*)
10. Andiamo in palestra ____________ giorni. (*every*)
11. Lei va a Parigi il ____________ mese. (*next*)
12. Lei deve sempre avere l'____________ parola. (*last*)
13. Noi pensiamo spesso agli ____________ giorni passati insieme. (*last*)
14. È l' ____________ volta che vieni a casa mia. (*last*)
15. Sono i ____________ libri che legge. (*first*)
16. Loro hanno ____________ amici. (*a few*)

Comparative Adjectives

The comparative expresses *more than*, *less than*, and *the same as*.

More . . . than, or Comparative of Majority

The comparative of majority is expressed by using **più . . . di** or **più . . . che** (*more . . . than*, *-er . . . than*).

Più . . . di is used when two different objects or subjects are compared, and before numbers.

Il tennis è **più** interessante **del** football.	*Tennis is more interesting than football.*
Ci sono **più di** trenta bambini alla festa.	*There are more than thirty kids at the party.*

Più . . . che is used when the comparison is made between two aspects of the same subject or when comparing two adjectives, adverbs, pronouns, nouns, or infinitives that depend on the same verb.

È **più** interessante leggere **che** guardare la TV.	*It is more interesting to read than to watch TV.*
Il nonno è **più** saggio **che** vecchio.	*Grandfather is wiser than old.*
Agli italiani piace **più** il caffè **che** il tè.	*Italians like coffee more than tea.*

Less . . . than, or Comparative of Minority

Comparatives of minority are used in the same way as comparatives of majority, but with the comparison words **meno . . . di** or **meno . . . che** (*less than*).

Gli italiani spendono **meno degli** americani.	*Italians spend less than the Americans.*
La rivista è **meno** interessante **del** libro.	*The magazine is less interesting than the book.*
In classe ci sono **meno** ragazzi **che** ragazze.	*In class there are fewer boys than girls.*

As . . . as, or Comparative of Equality

In English a comparative of equality is used when two adjectives being compared express equal characteristics. Where English uses ***as . . . as*** in a sentence, Italian uses **così . . . come** or **tanto . . . quanto**. The two forms are interchangeable.

Maria è **così** bella **come** Giovanna.	*Maria is as beautiful as Giovanna.*
Maria è **tanto** bella **quanto** Giovanna.	*Maria is as beautiful as Giovanna.*

The comparative of equality with nouns is expressed with **tanto . . . quanto** (*as much . . . as*). In this case, **tanto** must agree in gender and number with the noun it modifies.

Quanto does not change when followed by a pronoun. When the comparison of equality is made with adjectives, **tanto** and **quanto** do not change.

Voi comperate **tanta** frutta **quanto** noi. — *You buy as much fruit as us.*
Roma è **tanto** bella **quanto** caotica. — *Rome is as beautiful as chaotic.*

Exercise 8.7

Complete the sentences with the correct form of the comparison words in parentheses.

1. La pallacanestro è ______________ divertente ______________ pallavolo. (*more than*)
2. Le case americane sono ______________ grandi ______________ case italiane. (*more than*)
3. L'aereo è ______________ veloce ______________ macchina. (*more than*)
4. Gli americani guidano ______________ velocemente ______________ italiani. (*less than*)
5. Gli italiani mangiano ______________ formaggio ______________ francesi. (*less than*)
6. Loro mangiano ______________ verdura ______________ frutta. (*as much as*)
7. Mia sorella è ______________ bella ______________ educata. (*as much as*)
8. L'Ohio è ______________ freddo ______________ Michigan. (*less than*)
9. La mia macchina è ______________ comoda ______________ la tua. (*as much as*)
10. La mia macchina è ______________ economica ______________ sua macchina. (*less than*)
11. Io penso ______________ ______________ parlo. (*as much as*)
12. Mi piacciono ______________ i cervi ______________ le oche. (*more than*)
13. La vita nelle grandi città è ______________ caotica ______________ paesi. (*more than*)
14. Questo inverno è caduta ______________ neve ______________ pioggia. (*less than*)
15. La casa rossa è ______________ bella ______________ casa bianca. (*more than*)

16. Le strade italiane sono ______________ strette ______________ strade americane. (*more than*)
17. Il vino italiano è ______________ buono ______________ il vino francese. (*as much as*)
18. Il padre è ______________ alto ______________ figlio. (*less than*)
19. Il ragazzo è ______________ alto ______________ sua sorella. (*more than*)
20. Il ragazzo è ______________ alto ______________ suo padre. (*as much as*)

Superlative Adjectives

The superlative structure in English expresses *the most* or *the least*. In Italian there are two forms of superlative: relative superlative and absolute superlative.

Superlative adjectives in Italian agree in gender and number with the nouns they modify. It is one of the easiest grammatical rules in Italian.

The relative superlative is formed by using the definite article + noun + **più/meno** + adjective + **di** + the object being compared. It is like English except Italian uses **di** instead of *in*.

Tu sei **la donna più ricca della città.**	*You are the richest lady in the city.*
Tu sei la **donna meno fortunata della famiglia**.	*You are the least fortunate lady in the family.*

The absolute superlative is the equivalent of the English *very* + adjective, an adjective + *-est,* or *most* + adjective. In Italian this can be expressed in several ways.

- By placing **molto, tanto, parecchio,** or **assai** in front of the adjective

Il film è **molto** bello.	*The movie is* ***very*** *good.*
I fiori sono **molto** profumati.	*The flowers are* ***very*** *fragrant.*

- By adding **-issimo, -a, -i, -e** at the end of an adjective

L'inverno nel Michigan è **freddissimo.**	*Winter in Michigan is very cold.*
I verbi italiani sono **difficilissimi**.	*Italian verbs are very difficult.*

- By using the prefix **arci-**, **stra-**, **super-**, or **ultra**

Torna a casa **arcistanco**.	*He comes home very tired.*
Quel film è **stravecchio**.	*That movie is very old.*
Le macchine italiane sono **superveloci**.	*Italian cars are very fast.*

- By using special expressions

Il primo ministro d'Italia è **ricco sfondato**.	*The prime minister of Italy is filthy rich.*
Alla sera sono **stanca morta**.	*In the evening I am dead tired.*
Lui é **innamorato cotto**.	*He is madly in love.*
Luigi é **ubriaco fradicio**.	*Luigi is very drunk.*
Quando il cane è entrato era **bagnato fradicio**.	*When the dog came in, he was soaking wet.*

Absolute Superlative for Adjectives Ending in -co, -go, -ca, and -ga

When forming the absolute superlative of adjectives ending in **-co**, **-go**, **-ca**, and **-ga**, add an **h** to the ending before -**issimo** to maintain the hard consonant.

ricco	*rich*	ricchissimo	*very rich*
largo	*large*	larghissimo	*very large*
stanco	*tired*	stanchissimo	*very tired*

Irregular Comparatives and Superlatives

Several adjectives have irregular comparative and superlative forms.

Adjective	Comparative	Absolute Relative
alto (*high*)	superiore (*higher*)	supremo/sommo (*highest*)
basso (*low*)	inferiore (*lower*)	infimo (*lowest*)
buono (*good*)	migliore (*better*)	ottimo (*best*)
cattivo (*bad*)	peggiore (*worse*)	pessimo (*worst*)
grande (*big*)	maggiore (*bigger*)	massimo (*biggest*)
piccolo (*small*)	minore (*smaller*)	minimo (*smallest*)

Exercise 8.8

Translate the sentences into Italian.

1. Sports are very important in young people's lives.

 ____

2. My house is very new.

 ____

3. This novel is very interesting.

 ____

4. I have two very small dogs.

 ____

5. These are very important men.

 ____

6. They are very important ladies.

 ____

7. They are the most important people here.

 ____

8. At night I am very tired.

 ____

9. I am very tired every night.

 ____

10. This meal is excellent.

 ____

11. When the dog came in, he was soaking wet.

 ____

12. After the game, the players were dead tired.

 ____

13. Italian ice cream is the best of all.

 ____

14. The airplane is very full.

 ____

15. French perfume is the best of all.

 ____

16. The American lakes are very big.

 ____

There is no superlative for adjectives that already express an absolute superlative quality.

colossale	*colossal*	immenso	*immense*
divino	*divine*	incantevole	*enchanting*
eccellente	*excellent*	infinito	*infinite*
enorme	*enormous*	magnifico	*magnificent*
eterno	*eternal*	meraviglioso	*marvelous; wonderful*

Exercise 8.9

Complete the sentences with the correct form of the superlative adjectives in parentheses.

1. L'universo è ______________. (*infinite*)
2. L'oceano è ______________. (*immense*)
3. I colori del tramonto sono ______________. (*magnificent*)
4. Le Alpi sono ______________. (*enormous*)
5. Le spiagge della Florida sono ______________. (*wonderful*)
6. Loro sono studenti ______________. (*excellent*)
7. Le piramidi d'Egitto sono ______________. (*colossal*)
8. I parchi americani sono ______________. (*enchanting*)
9. La cioccolata calda italiana è ______________. (*divine*)
10. Io credo nella vita ______________. (*eternal*)

Adverbs

Adverbs modify an adjective, a verb, or another adverb. In Italian adverbs usually follow the verb they modify but usually precede adjectives. Adjectives ending in **-o** form the adverbs by adding **-mente** to the feminine singular form of the adjective. As in English, the adverb does not change for number of gender. The suffix **-mente** corresponds to the English suffix *-ly*.

Adjectives	**Adverbs**
certo, certa (*certain*)	certamente (*certainly*)
fortunato, fortunata (*fortunate*)	fortunatamente (*fortunately*)
intimo, intima (*intimate*)	intimamente (*intimately*)
lento, lenta (*slow*)	lentamente (*slowly*)
moderato, moderata (*moderate*)	moderatamente (*moderately*)
onesto, onesta (*honest*)	onestamente (*honestly*)
provvisorio, provvisoria (*temporary*)	provvisoriamente (*temporarily*)
silenzioso, silenziosa (*silent*)	silenziosamente (*silently*)
sincero, sincera (*sincere*)	sinceramente (*sincerely*)
ultimo, ultima (*last*)	ultimamente (*lastly*)

There are some exceptions.

Adjectives	**Adverbs**
altro (*other*)	altrimenti (*otherwise*)
leggero (*light*)	leggermente (*lightly*)
violento (*violent*)	violentemente (*violently*)

Adjectives ending in **-e** also form the adverb by adding **-mente**.

Adjectives	**Adverbs**
dolce (*sweet*)	dolcemente (*sweetly*)
felice (*happy*)	felicemente (*happily*)
frequente (*frequent*)	frequentemente (*frequently*)

Note that the final **-e** is dropped before the suffix **-mente** if the adjective ends in **-le**.

cordiale (*cordial*)	cordialmente (*cordially*)
facile (*easy*)	facilmente (*easily*)
gentile (*kind*)	gentilmente (*kindly*)

Some adverbs have forms that differ from the adjectives altogether.

Adjectives	**Adverbs**
buono (*good*)	bene (*well*)
cattivo (*bad*)	male (*bad, badly*)
migliore (*better*)	meglio (*better*)
peggiore (*worse*)	peggio (*worse*)

Exercise 8.10

Translate the sentences into Italian.

1. I will certainly call you when I arrive.
   ____
2. The crowd was silent after the game.
   ____
3. We are waiting silently.
   ____
4. They are very fortunate.
   ____
5. My mother is kind.
   ____
6. She speaks to me kindly.
   ____
7. The food is bad.
   ____
8. He is feeling bad.
   ____
9. She lives happily.
   ____
10. She is happy.
    ____

Some adverbs have the same forms as the adjectives. The adjectives ending in **-o** agree in gender and number with the noun they modify. Adverbs are unchangeable, therefore do not agree.

abbastanza	*enough*	poco	*some, a little*
assai	*very much*	tanto	*so much, a lot*
molto	*much*	troppo	*too*

Adjectives	Adverbs
Luigi ha abbastanza soldi. *Luigi has enough money.*	Lei è abbastanza bella. *She is fairly pretty.*
Ho troppe scarpe. *I have too many shoes.*	Le scarpe mi fanno troppo male. *The shoes hurt me too much.*
Mangiano tante ciliege. *They eat many cherries.*	Le ciliege costano tanto. *Cherries are very expensive.*

Adverbs of Time

adesso	*now*	mai	*never*
allora	*then*	oggi	*today*
ancora	*yet*	ogni tanto	*every once in a while*
appena	*as soon as*	ora	*now*
domani	*tomorrow*	ormai	*already*
dopo	*after*	poi	*then*
fino a	*until*	presto	*soon*
finora	*until now*	raramente	*rarely*
frequentemente	*frequently*	sempre	*always*
già	*already*	spesso	*often*
ieri	*yesterday*	tardi	*late*

A Word About Some Adverbs

Adverbs of time (such as **oggi**, *today*; **presto**, *early*; and **tardi**, *late*), adverbs expressing certainty (**certamente**, *certainly*; **sicuramente**, *for sure*), or doubt (**forse**, *maybe*), usually precede the verb. In compound tenses, adverbs of time (**oggi**, *today*; **ieri**, *yesterday*), and location (**dietro**, *behind*; and **dove**, *where*), follow the past participle. Some adverbs such as **affatto** (*at all*), **ancora** (*still, yet*), **appena** (*as soon as*), **già** (*already*), **mai** (*never*), **sempre** (*always*) can also be placed between the auxiliary and the past participle.

Domani andiamo al mercato.	*Tomorrow we'll go to the market.*
È nascosto **dietro** la porta.	*It is hidden behind the door.*
Non ho **ancora** mangiato.	*I have not yet eaten.*

Adverbs of Location

dappertutto	*everywhere*	lì, là	*there*
davanti	*in front*	lontano	*far*
dietro	*behind*	ovunque	*everywhere*
dove	*where*	qui, qua	*here*
fuori	*outside*	sotto	*under*
giù	*down*	su	*up*
indietro	*behind, back*	vicino	*near*

Note that adverbs of location are often placed before the direct object noun.

Devo **spedire indietro** la lettera. *I have to send back the letter.*

Exercise 8.11

Complete the sentences with the adverbs in parentheses.

1. Io chiudo ______________ le finestre alla sera. (*always*)
2. Lei non apre ______________ le finestre. (*never*)
3. Loro vengono ______________ a casa con i dolci. (*always*)
4. Il sabato dormiamo ______________. (*too much*)
5. Carlo parla ______________ l'italiano e lo spagnolo. (*well*)
6. Voglio guardare ______________ quel film. (*again*)
7. ______________ ascoltami e sta zitto. (*now*)
8. La scopa è ______________ la porta. (*behind*)
9. Ci sono formiche ______________. (*everywhere*)
10. Io ritorno ______________ a prendere i libri. (*back*)
11. ______________ telefono alla mia amica. (*now*)
12. Le oche sporcano ______________. (*a lot*)
13. Al gatto piace stare ______________ il letto. (*under*)
14. ______________ fa freddo. (*today*)
15. La mia casa è ______________ (*very*) nuova, ma la tua è ______________ interessante. (*very*)

Here are some more commonly used adverbs.

anche	*also*	insieme	*together*
ancora	*still*	insomma	*all in all*
appena	*as soon as*	intanto	*meanwhile*
apposta	*on purpose*	neanche	*not even*
benchè	*even if*	nemmeno	*not even*
certo	*exactly, for sure*	neppure	*not even*
come	*how*	piuttosto	*rather*
così	*thus, so*	pressapoco	*about, approximately*
forse	*maybe*	proprio	*really, exactly*
infatti	*in fact*	pure	*also*
infine	*at last*	quasi	*almost*
inoltre	*besides*	soprattutto	*especially, above all*

Italian often uses adverbial expressions with the prepositions **a, di, da,** and **in.**

in alto	*up high*	in mezzo	*in the middle*
in basso	*down*	di nuovo	*again*
in breve	*in short*	in orario	*on time*
di certo	*certainly*	di recente	*recently*
a destra	*to the right*	in ritardo	*late*
a distanza	*from a distance*	a sinistra	*to the left*
in generale	*generally*	di solito	*usually*
da lontano	*from a distance*	da vicino	*close up*
a lungo	*at length*		

Exercise 8.12

Complete the sentences with the adverbs in parentheses.

1. Non vedo ______________ nessuno. (*almost*)
2. È ______________ che voi venite a casa nostra. (*for sure*)
3. ______________ posso parlare con tanta confusione? (*how*)
4. Domani saremo tutti ______________ alla festa. (*together*)
5. Ci sono ______________ venti studenti. (*approximately*)
6. Lui fa ______________ i compiti. (*always*)

7. Il cielo al tramonto è ____________ bello! (*so*)
8. Dovete andare ____________ e ____________ ____________. (*on the right, then, to the left*).
9. I due ragazzi sono ____________ ____________. (*always, together*)
10. Gli uccelli volano ____________. (*up high*)
11. ____________ arrivano andiamo a prendere un gelato. (*as soon as*)
12. La mia vita è ____________ felice. (*almost*)
13. Mio marito cucina ____________. (*a little*)
14. Io non penso ____________ un momento alle feste natalizie. (*not even*)

NOTE: Some adverbs can be replaced by **con** or **senza** + noun. The most commonly used adverbs are the following:

con affetto	*with affection* (not *affectionately*)
con cura	*with care* (not *carefully*)
senza cura	*without care* (not *carelessly*)
con difficoltà	*with difficulty*
senza difficoltà	*without difficulty*
con intelligenza	*intelligently* (not *with intelligence*)

Exercise 8.13

Translate the sentences into Italian.

1. Every year at Christmas we cook, and we eat too much.

____

2. Erica always loses her scarf.

____

3. We learn a lot in the Italian class.

____

4. We listen to the same old songs every day in the car.

____

5. The man walks fast.

____

6. Young people eat a lot.

___

7. Today I hope to go to the museum.

___

8. His brother always cries when he sees a sad movie.

___

9. Your postcard has just arrived.

___

10. She speaks very kindly.

___

11. They speak too fast.

___

12. Today the child is not feeling well.

___

13. If you go to the left, you will find the museum.

___

14. I arrive at work late almost every day.

___

Reading Comprehension

Il cane e il gatto

Il cane e il gatto sono animali domestici. Il cane è l'amico dell'uomo. Il gatto non è amico di nessuno. Il gatto è un animale indipendente e gli piace stare vicino alla gente quando vuole lui. Se non vuole compagnia, bisogna lasciarlo stare da solo. Il gatto di solito dorme molto tutto il giorno e di notte gironzola per la casa alla ricerca di qualche cosa deliziosa, magari un topo, da mangiare. I gatti amano stare vicino al camino e dormire al calduccio. Sono molto carini quando fanno le fusa.

Il cane va sempre con il suo padrone e quando il padrone si assenta, è sempre contento di rivederlo. Salta, lo lecca, e gli fa tante feste. Anche se non vede il padrone da pochi minuti, è molto contento di rivederlo e glielo fa capire.

In casa mia non ci sono nè cani nè gatti, ma io preferisco i cani ai gatti. I cani grandi sono i miei preferiti. Mi piacciono molto i cani come Lassie. Il cane o il gatto diventano parte della famiglia e tutti gli sono molto attaccati e li trattano come un famigliare.

Spesso si trovano cani e gatti che sono trascurati, abbandonati, o abusati e fanno tanta pena. Per fortuna ci sono dei posti che li prendono e li accudiscono fino a quando trovano delle persone che li portano a casa e danno loro le attenzioni e l'affetto di cui necessitano.

Nomi (Nouns)

l'affetto	*affection*	il calduccio	*the warmth*
il camino	*the fireplace*	le fusa	*the purring*
la razza	*the breed*	il topo	*the mouse*

Nomi (Nouns)

l'affetto	*affection*	il famigliare	*the family member*
l'attenzione	*attention*	le fusa	*the purring*
il calduccio	*the warmth*	il padrone	*the owner*
il camino	*the fireplace*	il posto	*the place*
il cane	*the dog*	la razza	*the breed*
la compagnia	*the company*	il topo	*the mouse*

Aggettivi (Adjectives)

abusato	*abused*	indipendente	*independent*
carino	*nice*	trascurato	*neglected*
delizioso	*delicious*		

Verbi (Verbs)

accudire	*to take care of*	gironzolare	*to stroll around*
assentarsi	*to leave*	leccare	*to lick*
bisognare	*to be necessary*	necessitare	*to necessitate, to need*
diventare	*to become*	saltare	*to jump*
dormire	*to sleep*	trattare	*to treat*

Espressioni (Expressions)

fare le feste	*to greet with joy*
fare le fusa	*to purr*
fare pena	*to feel sorry*

Domande (Questions)

After you have read the selection, answer the questions in Italian repeating your answers aloud.

1. Quali sono le differenze fra il cane e il gatto?

   ____

   ____

2. Che cosa fa il gatto quando dorme vicino al camino?

   ____

   ____

3. Che cosa fa il cane quando vede il suo padrone?

   ____

   ____

4. Che cosa succede ai cani abbandonati e trascurati?

   ____

   ____

9

Negatives and Prepositions

Negatives and Negative Expressions

You already know how to make a sentence negative by placing **non** in front of the first verb in a sentence.

Io parlo.	*I speak.*
Io **non** parlo.	*I don't speak.*
Io **non** voglio parlare.	*I don't want to speak.*

Following is a list of words that help make sentences negative.

affatto (*at all*)
giammai (*never*)
mai (*never*)
neanche, nemmeno, neppure (*not even*)
nessuno (*no one*)
niente (*nothing*)
per niente (*at all*)

Italian, unlike English, often uses a double negative.

affatto *at all*

Non precedes the verb and **affatto** follows it.

Non ci penso **affatto** ad andare a correre.	*I am not thinking about going to run at all.*

Double Negatives

Sometimes there are even more than two negatives. More than one negative reinforces the negativity of a statement.

mai, giammai *never*

Non precedes the verb and **mai** or **giammai** follows it. They both mean *never.*

Lei **non** esce **mai**; è molto pigra.	*She never goes out; she is very lazy.*
Non la penso **giammai**.	*I never think about her.*

Both **mai** and **giammai** can also precede the verb, in which case **non** is not used. **Mai** is used more frequently than **giammai** before the verb, and gives emphasis to a statement.

Lui **mai** mi aiuta in casa!	*He never helps me around the house!*
Io **mai** mangio la trippa.	*I never eat tripe.*

neanche, nemmeno, neppure *not even*

These three are interchangeable. **Non** precedes the verb and **neanche**, **nemmeno**, or **neppure** follow it. All three can also be placed before the verb, in which case **non** is not used.

Io **non** dico **neanche** una parola.	*I don't even say one word.*
Tu **non** studi **nemmeno** un'ora.	*You don't even study for an hour.*
Non sai **neppure** una parola di italiano.	*You don't even know a word in Italian.*
Tu **neanche** mi chiami quando vieni qui.	*You don't even call me when you come here.*

nessuno *no one, nobody*

Non precedes the verb and **nessuno** follows it. **Nessuno** is the only negative expression in the list above that is an adjective, thus it must agree in gender and number with the noun it modifies. **Nessuno** is shortened to **nessun** before a masculine singular noun that starts with a consonant other than **z** or **s** + a consonant, or a vowel. **Nessuno** is not used in the plural.

Non abbiamo **nessun** amico in Florida.	*We don't have any friends in Florida.*
Non c'è **nessuna** casa nel deserto.	*There isn't a house in the desert.*
Non abbiamo **nessuno** zio in America.	*We don't have any uncles in America.*

niente *nothing*

To form a negative sentence meaning *nothing*, **non** precedes the first verb and **niente** follows it.

Non ho **niente** nel frigorifero.	*I have nothing in the refrigerator.*
Loro **non** imparano **niente**.	*They aren't learning anything.*

per niente *at all*

Niente means *nothing*, but using **per niente** emphasizes the statement.

Non mi piace **per niente**.	*I don't like it at all.*

Exercise 9.1

Answer the questions in the negative.

EXAMPLE *Capisci tutto? No,* non capisco niente.

1. Vedi qualcuno oggi? No, ____________________.
2. Lui ascolta sempre le notizie? No, ____________________.
3. Lei parla con qualcuno? No, ____________________.
4. Hanno molti figli? No, ____________________.
5. Studiate sempre? No, ____________________.
6. Viaggi con le tue amiche? No, ____________________.
7. Hai qualche idea per Natale? No, ____________________.
8. Pensi a qualcuno? No, ____________________.

More Negative Expressions

non . . . nè . . . nè . . . *neither . . . nor*

Loro **non** vengono **nè** per Natale **nè** per Capodanno.	*They will not come for Christmas or for New Years.*
Lei **non** legge **nè** libri **nè** giornali.	*She reads neither books nor newspapers.*

non . . . più di . . . *not more than*

Lui **non** lavora **più di** otto ore alla settimana.	*He doesn't work more than eight hours a week.*

non più *no longer*

Lui **non** vuole **più** lavorare.	*He no longer wants to work.*

quasi mai *almost never, hardly at all*

Lui gioca al football, ma **non** si allena **quasi mai**.	*He plays football, but he almost never practices.*

adesso no *not now*

Potete portare la macchina dal meccanico? **Adesso no,** non posso.	*Can you take the car to the mechanic? Not now, I can't.* (*I can't right now.*)

NOTE: In Italian, unlike English, the more negatives you use, the more negative the sentence becomes and the stronger the statement is.

Non ho **mai** ricevuto **niente** da **nessuno.**	*I never received any thing from anybody.*
Non chiede **mai** l'aiuto di **nessuno.**	*He never asks for anybody's help.*

Exercise 9.2

Rewrite the sentences in the negative.

EXAMPLE *Io mangio sempre.* Io non mangio mai.

1. Studio sempre il sabato.

____

2. Vedo sempre il tramonto.

____

3. Vengono tutti.

____

4. Questo programma è sempre interessante.

____

5. Vogliono sempre giocare.

____

6. La ragazza è sempre pronta.

____

7. Ho visto quella commedia molte volte.

____

8. Mi sveglio presto tutte le mattine.

____

9. Il treno arriva sempre in orario.

____

10. Mangio sia pane che formaggio.

____

11. Ho tante cose da mangiare.

____

12. Compro tutto l'occorrente per tutti.

____

13. Loro sciano tutti gli inverni.

____

Prepositions

Prepositions link a noun or a pronoun to other words in a sentence to express time, location, possession, cause, manner, or purpose. You already know the most commonly used prepositions.

a (*at, to*)	in (*in, on*)
con (*with*)	per (*for, in order to*)
di (*of*)	da (*from, at*)
su (*on*)	senza (*without*)

Usually, prepositions are followed by verbs in the infinitive form, nouns, or pronouns. Here are the rules explained with examples.

- Prepositions can be followed by the infinitive form of a verb.

  An infinitive, for example, **guardare** (*to look*), that follows a preposition in Italian is translated with the gerund (*looking*) in English.

Lei va all'università **per imparare**.	*She goes to college in order to learn.*
Lui suona il piano **senza guardare** la musica.	*He plays the piano without looking at the music sheet.*

- Prepositions can be followed by a noun.

Lei ha la torta **per** suo marito.	*She has a cake for her husband.*

- Prepositions can be followed by a pronoun.

La torta è **per** lui.	*The cake is for him.*

Prepositions Followed by Verbs or Nouns

prima di *before*	
Prima di andare a dormire, lei vuole leggere.	*Before going to sleep, she wants to read.*
Prima degli esami, loro studiano molto.	*Before the exams, they study a lot.*

invece di *instead of*	
Invece di studiare, lui vuole giocare.	*Instead of studying, he wants to play.*

Prepositions Followed by Nouns or Pronouns

contro (*against*)	salve (*except*)
durante (*during*)	secondo (*according to*)
eccetto (*except*)	sopra (*above, on top of*)
fino (*until*)	tranne (*except*)
fra, tra (*among*; *between*)	verso (*toward*)

Use of *tra* and *fra*

The prepositions **tra** and **fra** (*between, among*) are interchangeable. That is, their meaning is the same, but their use is determined by sound more than by exact rules. Thus it is preferable to say **tra le foglie** rather than **fra le foglie** (*among the leaves*), and **fra Trento e Trieste** rather than **tra Trento e Trieste** (*between Trento and Trieste*).

L'uccello é nascosto **tra** le foglie dell'albero.	The bird hides among the leaves of the tree.

Sopra means *on top of* or *about* a theme or a topic.

Metto la radio **sopra** la televisione.	*I am putting the radio on top of the TV.*
Questa lezione è **sopra** le preposizioni.	*This lesson is about prepositions.*

In addition to simple prepositions, there are many compound prepositions that are followed by nouns and pronouns. In the list below you can find both types.

accanto a (*next to*)	fuori da (*outside*)
attorno a (*around*)	in cima a (*on top of*)
davanti a (*in front of*)	lontano da (*far from*)
dentro a (*inside*)	prima di (*before*)
dietro a (*behind*)	sotto (*under*)
dopo (*after*)	sotto a (*underneath*)
di fianco a (*next to*)	verso (*toward*)
di fronte a (*in front of*)	vicino a (*near*)

Prepositions Followed by Pronouns

You have already learned that subject pronouns follow prepositions. Note the following expressions:

per me (*for me*)	per noi (*for us*)
per te (*for you*)	per voi (*for you*)
per lui (*for him*)	per loro (*for them*)
per lei (*for her*)	

Questo caffè è per te.	*This coffee is for you.*
Il giornale è per lui.	*The newspaper is for him.*
La vita è difficile per loro.	*Life is hard for them.*

The Many Meanings of the Preposition *per*

Per has many meanings, such as *through*; *because of*, *for the sake of*; *out of*; *about*; *in exchange for*; *for fear of*; and *for*. The following examples help you learn these different meanings.

- ***Through, by***

Passo **per** Roma con la mia famiglia.	*I will go through Rome with my family.*

- ***Because of, on account of, for the sake of, out of, about***

Lei è infelice **per** la pioggia.	*She is unhappy because of the rain.*

- ***In exchange for, in place of***

Pago molto **per** questo quadro.	*I pay a lot for this painting.*
Vado allo stadio **per** Maria.	*I go to the stadium for (instead of) Maria.*
Devo pagare molto **per** questo appartamento.	*I have to pay a lot for this apartment.*

- ***For fear of, by means of***

Per paura di perdere il treno va alla stazione molto presto.	*For fear of missing the train, he goes to the station very early.*

- ***Per***

Lui guadagna duemila dollari **per** mese.	*He earns $2,000 per month.*
Kyria riceve 3 euro **per** settimana.	*Kyria receives three euros per week.*

- ***For***

Ogni giorno, parlo al telefono **per** due ore.	*Each day, I speak on the phone for two hours.*
Ogni sera, leggo **per** un'ora.	*Each night, I read for an hour.*

The following list shows some of the most common Italian expressions using **per**.

per adesso (*for now*)
per caso (*by chance*)
per conto mio, tuo, ecc.
(*as far as I am/you are, etc., concerned*)
per esempio (*for example*)
per favore (*please*)
per la prima volta
(*for the first time*)
per lo meno (*at least*)
per ora (*for now, for the time being*)
per piacere (*please*)
per questo (*therefore, for this reason*)
giorno per giorno (*day by day*)

NOTE: **Per** is used to express a specific time limit or deadline in the future. In this context, it can be translated as *for*, *by*, or *on*.

Voglio viaggiare **per** tre mesi.	*I want to travel for three months.*
Il treno viaggia **per** due ore.	*The train travels for two hours.*
Luigi parte **per** il Marrocco.	*Luigi is leaving for Morocco.*

Exercise 9.3

Complete the sentences using the expressions in parentheses.

1. Non mangiano ____________ non ingrassare. (*for fear of*)
2. Napoli è conosciuta ____________ la sua musica. (*for*)
3. Avete visto il mio libro ____________? (*by chance*)
4. Vorrei una camera per due notti, ____________. (*please*)
5. ____________ non è una buona idea. (*as far as I am concerned*)
6. Vai a comprare il giornale ____________? (*by chance*)
7. Hai chiamato il tuo capo ____________? (*by chance*)
8. ____________ il freddo abbiamo alzato il calorifero. (*because of*)
9. Lavoriamo tutta la settimana ____________ otto ore al giorno. (*for*)
10. Ti mando una lettera ____________ posta. (*by*)
11. La mia famiglia parte domani ____________ le vacanze. (*for*)
12. Il treno parte ____________ Roma. (*for*)

13. Il ragazzo corre tutti i giorni ____________ stare in forma. (*in order to*)
14. ____________ non dire niente a nessuno. (*for now*)

Exercise 9.4

Translate the sentences into Italian.

1. The school is next to the theater.

____

2. The bus stops in front of the school.

____

3. He is sitting behind me.

____

4. The church is behind the museum.

____

5. Call me, before you come.

____

6. My house is near the highway.

____

7. The theater is in front of the park.

____

8. We are near the school.

____

9. We play every day after school.

____

10. For me, it is a big sacrifice not to speak.

____

11. The flowers are frozen because of the cold.

____

12. To drive the car, it is necessary to have a license.

____

Exercise 9.5

Translate the sentences into English.

1. Non andare contro il muro.

 ____

2. Durante la lezione, bisogna spegnere il telefonino.

 ____

3. Rimango qui fino a domani.

 ____

4. Fra te e me non ci sono discussioni.

 ____

5. Secondo loro, la terra non è abusata.

 ____

6. Noi andiamo verso casa.

 ____

7. Lovoro tutti i giorni salve il sabato e la domenica.

 ____

8. Tranne io e te, gli altri parlano troppo.

 ____

9. Gli uccelli sono sopra il tetto.

 ____

10. Sono l'uno contro l'altro.

 ____

11. Il cerbiatto dorme tra i cespugli.

 ____

12. Andiamo fino alla fine della strada.

 ____

Exercise 9.6

Complete the sentences with the appropriate preposition. More the one answer is possible.

1. Io rimango qui ____________ tre giorni.
2. Tu porti la valigia ____________ Maria.
3. ____________ non ho fame.
4. Ci parliamo ____________.
5. Gioco al tennis ____________ Giovanna.
6. Vado all'aeroporto presto, ____________ non perdere l'aereo.
7. Noi abitiamo ____________ dal centro.
8. Voi abitate ____________ noi.
9. Noi studiamo ____________ tre ore ogni sera.
10. Il ladro passa ____________ la finestra.

Reading Comprehension

Il treno

Il treno è un mezzo di trasporto molto efficiente e molto usato in Italia. Viene usato da tutti. Gli studenti lo prendono per andare a scuola se non hanno l'autobus o se abitano lontano dalla scuola che frequentano.

Molti lavoratori, chiamati «pendolari», usano il treno per andare a lavorare alla mattina e per ritornare a casa dopo il lavoro.

Il treno è usato anche dagli uomini d'affari. Viaggiano con il computer e appena salgono sul treno, lo accendono e lavorano fino a quando arrivano a destinazione. Scelgono il treno anzichè la macchina, perchè vogliono evitare le autostrade spesso intasate e non devono cercare e pagare il parcheggio quando arrivano sul posto di lavoro.

Il treno è usato anche dai turisti che non hanno o non vogliono noleggaire la macchina e che preferiscono viaggiare in treno.

Il treno è usato anche dai tifosi del calcio. Alla domenica ci sono treni speciali per trasportare i tifosi nelle città dove vengono giocate le partite. Quando questi treni arrivano alla stazione, c'è molta polizia, perchè ogni tanto i tifosi sono violenti, e la polizia protegge il pubblico.

Ci sono tanti tipi di treni: il rapido che è molto veloce e fa pochissime fermate. Si ferma solo nelle stazioni principali. Per viaggiare sul rapido, è obbligatorio fare la prenotazione. Quando si fa il biglietto, uno può scegliere fra prima e seconda classe.

Un altro treno, chiamato «Inter City», è un treno veloce ma si ferma più spesso del rapido. Anche per questo treno è necessario fare la prenotazione. C'è poi l'espresso, meno veloce degli altri due, e fa anche più fermate e non è necessario fare la prenotazione.

Adesso stanno costruendo la ferrovia per il treno ad alta velocità. Dovrebbe iniziare il servizio entro i prossimi anni. Questo treno accorcerà i tempi di viaggio fra una città e l'altra e sarà molto importante per le persone che viaggiano per lavoro e hanno bisogno di raggiungere la loro meta nel tempo più breve possibile.

Nelle stazioni delle grandi città italiane come Roma, Milano, Torino e Bologna, c'è sempre molta gente che va e che viene a tutte le ore del giorno.

Nelle stazioni spesso si trovano ristoranti, negozi ed edicole, e ci sono anche sale d'aspetto dove i viaggiatori possono rilassarsi prima di mettersi in viaggio.

A me piace molto viaggiare in treno. Mi rilasso, leggo, dormo, ammiro il panorama fuori dal finestrino, e parlo con i passeggeri seduti vicino a me. Incontro spesso persone molto interessanti, che viaggiano in tutto il mondo e che conoscono le culture e le lingue di tanti paesi. Si parla del più e del meno. Quando si arriva a destinazione, si è quasi amici, ma si scende dal treno, ed ognuno va per la sua strada e non ci si rivede più.

Nomi (Nouns)

gli affari	*business*
la carrozza	*the car; wagon*
la destinazione	*the destination*
l'edicola	*the newspaper stand*
la ferrovia	*the railway*
il finestrino	*the window*
l'impiegato	*the employee*
il lavoratore	*the worker*
il mezzo di trasporto	*means of transport*
il negozio	*the shop*
gli operai	*hourly workers*
il pendolare	*people who travel back and forth to work*
la prenotazione	*the reservation*
la sala d'aspetto	*the waiting room*
il servizio	*the service*
il tifoso	*fan*

il trasporto	*transportation*
la velocità	*speed*

Verbi (Verbs)

accendere	*to turn on*	proteggere	*to protect*
accorciare	*to shorten*	raggiungere	*to reach*
ammirare	*to admire*	rilassarsi	*to relax*
costruire	*to build*	salire	*to get on*
evitare	*to avoid*	scegliere	*to choose*
fermarsi	*to stop*	scendere	*to get off*
iniziare	*to start*	trasportare	*to transport*
prendere	*to take*	usare	*to use*

Espressioni (Expressions)

fare il biglietto	*to get a ticket*
fare la prenotazione	*to make a reservation*

Aggettivi (Adjectives)

efficiente	*efficient*	modesto	*modest*
intasato	*obstructed*	violento	*violent*
interessante	*interesting*		

Domande (Questions)

After you have read the selection, answer the questions in Italian repeating your answers aloud.

1. Chi usa il treno in Italia?

____

____

2. Che cos'è il rapido?

____

3. Che cosa bisogna fare per viaggiare sul rapido?

____

____

4. Che cosa farà il treno ad alta velcità?

____

____

5. Che cosa si trova nelle stazioni?

____

____

6. Ti piace viaggiare in treno? perchè?

____

Key Vocabulary

Knowing the following words will enhance your ability to communicate.

***Natura* (Nature)**			
l'alba	*the dawn*	la nebbia	*the fog*
il cielo	*the sky*	la neve	*the snow*
la collina	*the hill*	la nuvola	*the cloud*
il deserto	*the desert*	l'oceano	*the ocean*
il fiume	*the river*	la pioggia	*the rain*
la grandine	*the hail*	il sole	*the sun*
l'inondazione	*the flood*	la tempesta	*the storm*
il lago	*the lake*	la terra	*the earth*
il lampo	*the lightning*	il terremoto	*the earthquake*
la luna	*the moon*	la tormenta	*the storm*
il mare	*the sea*	la tromba d'aria	*the tornado*
la montagna	*the mountain*	il tuono	*the thunder*

***Tempo* (Weather)**			
Che tempo fa?		*What is the weather like?*	
Fa bel tempo.		*The weather is good.*	
Fa brutto tempo.		*The weather is bad.*	
Fa caldo.	*It is hot.*	Ci sono le stelle.	*The stars are out.*
Fa freddo.	*It is cold.*	C'è la luna.	*There is the moon.*
Fa fresco.	*It is cool.*	C'è la nebbia.	*It is foggy.*
C'è il sole.	*It is sunny.*	È nuvoloso.	*It is cloudy.*
C'è vento.	*It is windy.*	C'è la brina.	*It is frosty.*
Ci sono lampi.	*There is lightning.*	Tuona.	*It is thundering.*
Piove.	*It is raining.*	Nevica.	*It is snowing.*

Exercise 9.7

Answer the questions aloud in Italian.

1. Noi ritorniamo dal lavoro alle sette. A che ora ritornate voi?
2. A che ora cenate?
3. Vivete in un appartamento o in una casa?
4. Preferite viaggiare all'estero o nel vostro paese?
5. Se avete fame che cosa mangiate? Se avete sete che cosa bevete?
6. Lei va alla spiaggia in estate?
7. Che cosa rispondete quando un amico vi telefona?
8. Quali libri leggi?
9. Quale giorno vai a fare la spesa?
10. Preferisci il mare o la montagna?

Exercise 9.8

Regular and irregular verbs. *Complete the sentences with the correct conjugation of the verbs in parentheses.*

1. Lui non ______________ bene l'italiano, perchè non ______________ mai. (*to speak, to study*)
2. Tutta la famiglia ______________ in Italia tutti gli anni. (*to go*)
3. Che cosa (tu, *sing.*) ______________ durante il giorno? (*to do*)
4. Linda ______________ il violino, Luisa e Maria ______________ il flauto. (*to play*)
5. La lezione ______________ alle nove. (*to finish*)
6. Noi ______________ di casa alle sette tutte le mattine. (*to go out*)
7. Dove (voi) ______________ quando andate in Florida? (*to stay*)
8. Lei deve ______________ e ______________ per suo marito. (*to iron, to cook*)
9. Dove ______________ le chiavi della macchina? (*to be*)

10. Oggi tutti i parenti ____________ a pranzo a casa mia. (*to come*)
11. Mi ____________ il tuo numero di telefono? (*to give*)
12. I due amici ____________ a giocare al tennis. (*to go*)
13. Lui ____________ andare a vedere la partita. (*to be able*)
14. Questa sera le stelle ____________ nel cielo. (*to shine*)
15. Domani io ____________ la torta. (*to make*)
16. A noi ____________ molto sciare. (*to like*)

Exercise 9.9

Prepositions and verbs. *Complete the sentences with the correct form of the verbs and prepositions in parentheses.*

1. Per arrivare alle otto, noi ____________ prendere la metropolitana delle sette. (*to have to*)
2. Loro ____________ il giornale ____________ andare ____________ lavorare. (*to read, before, to*)
3. ____________ andare al parco, (voi) ____________ a casa ____________ leggere. (*instead of, to go, to*).
4. Lei ____________ viaggiare ____________ sei mesi. (*to want, for*)
5. Noi ____________ Roma quando ____________ in Italia. (*to visit, to come*)
6. Ho bisogno di una camera ____________ due persone ____________ tre notti. (*for, for*)
7. Io ____________ in Italia ____________. (*to go, for the first time*)
8. Noi non ____________ ____________ alla scuola. (*to live, near*)
9. La nostra casa è ____________ centro della città. (*far from*)
10. ____________ non ho bisogno di niente. (*for now*)
11. Il treno ____________ Zurigo parte ogni ora, ma lui ____________ andare ____________ aereo. (*for, to prefer, by*)
12. ____________ quel film non è molto interessante. (*as far as I am concerned*)

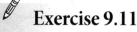

Exercise 9.10

Numbers, telling time, adverbs, prepositions, and comparisons. *Complete the sentences with the words in parentheses.*

1. Mi piace molto la ____________ strada di New York. (*fifth*)
2. Lei guarda la mappa ____________ camminare per ____________ isolati. (*before, two*)
3. Io ____________ con l'aereo alle ____________. (*to arrive, twelve thirty*)
4. C'è un buon ristorante sulla ____________ strada? (*third*)
5. Io ____________ leggo ____________ il giornale ____________ andare in ufficio. (*never, before*)
6. La domenica noi dormiamo ____________. (*until 10:00* A.M.)
7. Noi ritorniamo ____________ dalla festa. (*late*)
8. Le strade in Italia sono ____________ delle strade in America. (*narrower*)
9. Il salmone è ____________ del tonno. (*better*)
10. Mia zia è la donna ____________ d'Italia. (*oldest*)
11. Qual'è il film ____________ che hai visto? (*worst*)
12. Suo marito è ____________ marito di Giovanna. (*taller than*)
13. Mi piace ____________ il gelato italiano. (*very much*)
14. Non vedo ____________ bambino giocare fuori di casa. (*any*)

Exercise 9.11

Translate the sentences into Italian.

1. My granddaughter is going to be sixteen years old next week.

   ____

2. The lesson starts at seven o'clock. We have to be there on time.

   ____

3. I need to walk every day to be fit.

____

4. That house is old. It is much older than the next one.

____

5. Luigi is very intelligent.

____

6. Lisa and Kyria are good girls.

____

7. In this house no one likes to cook.

____

8. Lisa has to take driving lessons in order to be able to drive a car.

____

9. I am afraid of going to the dentist.

____

10. My friend spends a lot of time in the stores, but she never buys anything.

____

11. Now, I have to go to buy gifts for all the children.

____

12. Elena and her sister eat more than the boys.

____

13. You need to study Italian every day to be able to speak it.

____

14. How many hurricanes are there in Florida every year?

____

Exercise 9.12

On a separate sheet of paper, write the English translation of the following infinitives from Part I.

1. abitare
2. accendere
3. accettare
4. accompagnare
5. accorciare
6. accudire
7. alzare
8. ammirare
9. andare
10. apparire
11. applaudire
12. aprire
13. arrivare
14. ascoltare
15. assentarsi
16. assentire
17. assorbire
18. attendere
19. avere
20. avviare
21. bere
22. bisognare
23. camminare
24. cantare
25. capire
26. cenare
27. cercare
28. chiamare
29. chiedere
30. chiudere
31. cominciare
32. compilare
33. comprare
34. costare
35. costruire
36. credere
37. dare
38. dimagrire
39. dipingere
40. dire
41. diventare
42. domandare
43. dormire
44. dovere
45. entrare
46. essere
47. evitare
48. fare
49. fermare
50. finire
51. fissare
52. giocare
53. girare
54. guadagnare
55. guardare
56. impedire
57. incontrare
58. inghiottire
59. iniziare
60. lavare
61. lavorare
62. leggere
63. mangiare
64. mentire
65. mettere
66. morire
67. nascere
68. nuotare
69. nutrire
70. ordinare
71. pagare
72. partire
73. passare
74. perdere
75. piacere
76. piangere
77. potere
78. pranzare
79. preferire
80. preparare
81. pulire
82. restituire
83. ricevere
84. ridere
85. ripetere
86. rispondere
87. rompere
88. sapere
89. scoprire
90. scrivere
91. seguire
92. sentire
93. servire
94. spedire
95. spegnere
96. starnutire
97. stirare
98. strisciare
99. suonare
100. svegliarsi
101. tagliare
102. tossire
103. studiare
104. ubbidire
105. uscire
106. vedere
107. vendere
108. venire
109. viaggiare
110. vivere
111. volare
112. volere

Reading Comprehension

La visita

Quasi ogni domenica la famiglia Fortina fa un viaggio. Fortina è il cognome di Marco e Cristina. Marco ha la mamma, la sorella, il fratello e la zia a Vercelli, una città a circa un'ora da Milano. Vanno spesso a visitare i parenti, specialmente la mamma di Marco che vive con il fratello di Marco. Vanno in macchina con le loro tre bambine, perchè la nonna vuole vedere tutta la famiglia. Durante il viaggio le bambine dormono o guardano la bella campagna o ascoltano la musica.

Alle bambine non piace molto viaggiare in macchina ma quando arrivano a casa della nonna sono contente. Di solito la nonna prepara il tè con tanti dolcetti deliziosi per tutti i suoi nipoti.

Prima di prendere il tè, aspettano la sorella di Marco con i suoi tre figli che hanno circa la stessa età delle bambine. I cuginetti sono molto felici di rivedersi e cominciano a fare paragoni con la scuola, i compiti e gli amici.

Vicino a casa della nonna c'è un grande parco con alberi secolari, e con molto spazio. I bambini dopo aver bevuto il tè e aver mangiato tutti i dolcetti escono di corsa per andare a giocare. Nel parco possono correre, saltare e divertirsi con i cugini.

Quando arriva la sera, devono lasciare la nonna e tutti gli altri parenti e ritornare a casa. Salutano tutti e salgono in macchina. Durante il viaggio di ritorno dormono.

Quando arrivano a casa le bambine aiutano la mamma a preparare la cena. In breve tempo possono sedersi a tavola. Parlano del bel pomeriggio passato con i cugini. Sono stanche, ma prima di andare a letto devono fare il bagno, e controllare se hanno finito tutti i compiti. Preparano i libri, li mettono negli zaini per il giorno dopo, perchè alla mattina devono uscire molto presto per andare a scuola e non c'è tempo per preparare lo zaino.

Nomi (Nouns)

la campagna	*countryside*	il paragone	*comparison*
i dolcetti	*sweets*	i parenti	*relatives*
l'età	*age*	il viaggio	*trip*
i nipoti	*grandchildren*		

Aggettivi (Adjectives)

felice	*happy*	secolare	*centuries old*

Verbi (Verbs)

controllare	*to check*	salutare	*to say hello, good-bye*
salire	*to get in*	visitare	*to visit*
saltare	*to jump*		

Domande (Questions)

After you have read the selection, answer the questions in Italian repeating your answers aloud.

1. Dove va la famiglia Fortina alla domenica?

   ____

2. Che cosa prepara la mamma di Marco?

   ____

3. Chi abita a Vercelli?

   ____

4. Che cosa fanno i bambini dopo aver bevuto il tè?

   ____

5. Che cosa fanno al parco?

   ____

6. Quando ritornano a casa che cosa fanno?

   ____

   ____

7. Che cosa fanno dopo cena?

   ____

   ____

   ____

10

The Indirect Object

Piacere and the Indirect Object

Piacere means *to be pleasing to* and is used to express the idea of *liking* in Italian.

Mi piace and *mi piacciono*

Mi is the indirect object pronoun that means *to me*. In English, you say that someone likes somebody or something. In Italian, the same meaning is expressed differently.

Singular Noun as the Subject

ENGLISH CONSTRUCTION	*I like this book.*
ITALIAN CONSTRUCTION	**Mi piace** questo libro. (Literally: *To me is pleasing this book.*)

- **Questo libro** is a singular noun—the subject.
- **Piace** is the verb and agrees with the singular subject.
- **Mi** is the indirect object pronoun—the person to whom the action is pleasing.

Mi piace la pasta.	*I like pasta.*
Mi piace il film.	*I like the movie.*
Mi piace questa lezione.	*I like this lesson.*
Mi piace la birra.	*I like beer.*
Mi piace il gelato.	*I like ice cream.*

NOTE: In the Italian construction, subjects retain their articles (**il**, **lo**, **la**, **i**, **gli**, **le**) even when the English translation doesn't include them as, for example, **il gelato**. (In English, *ice cream*, not *the ice cream*.)

Practice *mi piace*

It is very important to practice orally **mi piace** and all the other forms that follow. The more you practice, the more natural you'll feel saying it.

Plural Noun as the Subject

If the subject of the sentence is a plural noun, **piace** becomes **piacciono** to agree with the plural subject..

ENGLISH CONSTRUCTION	*I like the books.*
ITALIAN CONSTRUCTION	**Mi piacciono** i libri. (*To me are pleasing the books.*)

- **I libri** is the plural noun—the subject.
- **Piacciono** is the verb and agrees with the plural subject.
- **Mi** is the indirect object pronoun—the person to whom the action is occurring.

Mi piacciono le mele.	*I like apples.*
Mi piacciono gli sport.	*I like sports.*
Mi piacciono i fiori.	*I like flowers.*

Verb as the Subject

Mi piace is also used when the subject is a verb. The verb form is the infinitive. When an infinitive is the subject, the singular **piace** is used.

ENGLISH CONSTRUCTION	*I like to read.*
ITALIAN CONSTRUCTION	**Mi piace** leggere. (*Reading is pleasing to me.*)

Mi piace viaggiare.	*I like to travel.*
Mi piace ballare.	*I like to dance.*
Mi piace andare a teatro.	*I like to go to the theater.*
Mi piace cucinare e ricamare.	*I like to cook and to embroider.*

NOTE: **Piace** remains singular even if it is followed by a series of verbs.

The only forms of **piacere** that you will use are the third-person singular, **piace**, and the third-person plural, **piacciono**. To make a sentence negative, place **non** before the indirect object pronoun.

Non mi piacciono i topi.	*I do not like mice.*
Non mi piace nuotare.	*I do not like swimming.*

Review

- If the subject of the sentence is a singular noun or a verb, use **piace**.

Mi piace il mare.	*I like the sea.*
Mi piace insegnare.	*I like to teach.*

- If the subject is a plural noun, use **piacciono**.

Mi piacciono le feste.	*I like parties.*

- If the sentence is negative, place **non** before the indirect object.

Non mi piacciono gli zucchini. *I do not like zucchini.*

Ti piace and *ti piacciono*

Ti is the indirect object pronoun that means *to you*. When you use **ti,** you are speaking in the familiar **tu** form.

ENGLISH CONSTRUCTION	*You like his house.*
ITALIAN CONSTRUCTION	**Ti piace** la sua casa.

Singular Noun as the Subject

Ti piace la mia macchina.	*You like my car.*
Ti piace la frutta?	*Do you like fruit?*
Ti piace il teatro?	*Do you like the theater?*
Ti piace l'Italia?	*Do you like Italy?*

Plural Nouns as the Subject

Ti piacciono le rose?	*Do you like roses?*
Ti piacciono le paste?	*Do you like pastries?*
Ti piacciono i bambini?	*Do you like children?*

Verb as the Subject

Ti piace cantare.	*You like singing.*
Ti piace dormire.	*You like sleeping.*
Ti piace studiare e scrivere.	*You like to study and to write.*

Le piace and *le piacciono*

Le is the indirect object pronoun that means *to her* or *to you* (*form.*, *m. and f.*).

ENGLISH CONSTRUCTION	*She likes salad.*
ITALIAN CONSTRUCTION	**Le piace** l'insalata. (*The salad is pleasing to her.* Or, *The salad is pleasing to you* [*form.*].)

Le piace il cane.	*She likes the dog.*
Le piace ballare.	*She likes to dance.*
Le piacciono le caramelle?	*Do you* (*form.*) *like candies?*

Formal *Le* and *Lei*

When using the formal construction, the pronouns **le** or **lei** are capitalized.

Le parlo domani.	*I will talk to* her *tomorrow.*
Le parlo domani.	*I will talk to* you *tomorrow.* (*form., m. or f.*)
La sente **Lei** sua sorella?	*Will* you *hear from your sister?* (*form., m. or f.*)
Ha comprato il biglietto **Lei**?	*Did* you *buy the ticket?*

Gli piace and *gli piacciono*

Gli is the indirect object pronoun that means *to him* and *to them* (*m. and f.*).

ENGLISH CONSTRUCTION	*He likes the sea.*
ITALIAN CONSTRUCTION	**Gli piace** il mare.

When a sentence in English begins with proper names and nouns, in Italian a prepositional phrase must be used and no pronoun is necessary.

A Mario piace sciare. — *Mario likes skiing.*
A Maria piace ballare. — *Maria likes dancing.*
A Giacomo piacciono le macchine. — *Giacomo likes* cars.

Singular nouns can be inserted in the prepositional phrases.

Alla donna piace il vestito. — *The lady likes the dress*
Al ragazzo piace giocare al calcio. — *Boys like football.*

In the previous examples, the pronouns **gli** and **le** have been replaced by the impersonal prepositional phrase **alla donna** or **al ragazzo**.

Ci piace and *ci piacciono*

Ci is the indirect object pronoun that means *to us*.

ENGLISH CONSTRUCTION	*We like to study Italian.*
ITALIAN CONSTRUCTION	**Ci piace** studiare l'italiano.

Ci piace andare al mare. — *We like going to the sea.*
Ci piace il gelato italiano. — *We like Italian ice cream.*
Ci piacciono i nostri cani. — *We like our dogs.*

Vi piace and *vi piacciono*

Vi is the indirect object pronoun that means *to you* (*pl.*).

ENGLISH CONSTRUCTION	*You like to speak Italian.*
ITALIAN CONSTRUCTION	**Vi piace** parlare italiano.

Vi piace l'estate. — *You like summer.*
Vi piacciono le rose. — *You like roses.*
Vi piace comprare i regali. — *You like buying presents.*

A loro piace and *a loro piacciono*

A loro is the indirect object pronoun that means *to them* and *to you* (*pl. form.*). Usually, **a loro** is capitalized when used formally.

ENGLISH CONSTRUCTION	*They like Rome.*
ITALIAN CONSTRUCTION	**A loro** piace Roma.

Exercise 10.1

Pronounce the examples below aloud, so that you become familiar with the sound.

Singular Subject	Singular Subject	Plural Subject
Mi piace la casa.	Mi piace camminare.	Mi piacciono le fragole.
Ti piace la lezione.	Ti piace correre.	Ti piacciono i fiori.
Gli piace l'italiano.	Gli piace studiare.	Gli piacciono le patate.
Le piace il profumo.	Le piace parlare.	Le piacciono i vestiti.
Ci piace la pasta.	Ci piace mangiare.	Ci piacciono gli spaghetti.
Vi piace l'olio d'oliva.	Vi piace riposare.	Vi piacciono i mandarini.
A loro piace il ristorante.	A loro piace pulire.	A loro piacciono i cibi italiani.
Gli piace il ristorante.	Gli piace pulire.	Gli piacciono i cibi italiani.

In addition to **a loro**, Italian uses the phrases **a me, a te, a lui, a lei, a noi, a voi** besides **mi, ti, gli, le, ci, vi,** or **gli**. They are interchangeable, but may never be correctly used together. They are used with **piace** and **piacciono**.

Mi piace il caffè.
A me piace il caffè. } *I like coffee.*

Mi piacciono le rose.
A me piacciono le rose. } *I like roses.*

gli Not _a loro_

In today's Italian you often hear Italian native speakers replacing **a loro** with **gli** for the masculine or the feminine plural. This has become widely acceptable.

Exercise 10.2

Complete the sentences by choosing the correct indirect object pronoun, as indicated by the words in parentheses, together with the correct form of **piacere**. *You may use one or both forms of the indirect object pronoun.*

EXAMPLE *Mi piace il vestito.* *I like the dress.* *A me piace il vestito.*

1. ______________ il prato verde. (*I*)
2. ______________ la casa nuova. (*I*)
3. ______________ i pomodori. (*you, sing.*)
4. Non ______________ le melanzane. (*you, pl.*)
5. ______________ giocare al calcio. (*he*)
6. ______________ il dolce. (*he*)
7. ______________ le scarpe italiane. (*she*)
8. ______________ scrivere le lettere. (*she*)
9. ______________ visitare la famiglia. (*we*)
10. ______________ le pesche. (*we*)
11. ______________ parlare italiano. (*you, pl.*)
12. ______________ gli spettacoli di varietà. (*you, pl.*)
13. ______________ la vita comoda. (*they*)
14. ______________ non ______________ i fichi. (*they*)
15. ______________ Maria ______________ il tè verde.
16. ______________ Marcello ______________ le macchine americane.
17. ______________ nostri figli ______________ telefonare.
18. ______________ Zach ______________ i capelli lunghi.
19. ______________ mangiare in un buon ristorante. (*they*)
20. ______________ miei amici ______________ le vacanze.

Verbs Like *piacere*

You have just learned a very important verb. Not only does **piacere** express the idea of *I like*, but it also serves as a model for other impersonal verbs. The following verbs act like **piacere** and they, too, are used with an indirect object.

accadere *to happen*

Che cosa ti accade?	*What is happening to you?*
Mi accadono molte belle cose.	*Many beautiful things are happening to me.*

affascinare *to fascinate*

La sua bellezza mi affascina.	*Her beauty fascinates me.*
Le lingue straniere mi affascinano.	*Foreign languages fascinate me.*

bastare *to be enough, sufficient*

I soldi non mi bastano.	*The money is not enough for me.*
Ti basta questa carta?	*Is this paper enough for you?*

bisognare *to be necessary*

Bisogna parlare con il capo.	*It is necessary to speak to the manager.*
Bisogna rispettare le regole.	*It is necessary to respect the rules.*

dispiacere *to regret*

Mi dispiace sentire che non stai bene.	*I regret that you are not feeling well.*
Ci dispiace il suo atteggiamento.	*We regret his bad behavior.*

dolere *to suffer*

Mi duole la testa.	*My head hurts* (*me*).
Le dolgono i piedi.	*Her feet hurt* (*her*).

importare *to matter*; *to be important*

Non ci importa affatto.	*It doesn't matter to us at all.*
Mi importano molto i miei figli.	*My kids are very important to me.*

interessare *to interest*

Le interessa viaggiare.	*She is interested in traveling.*
Non ci interessano le cattive notizie.	*Bad news doesn't interest us.*

occorrere *to be necessary, needed*

Gli occorrono due ore per l'esame.	*They need two hours for the exam.*
Mi occorre un sacco di farina.	*I need a sack of flour.*

rincrescere *to regret*

Ci rincresce che non venite da noi.	*We regret that you are not coming to us.*
Gli rincrescono tutti i ritardi.	*He regrets all the delays.*

sembrare *to seem*

Mi sembra un bravo ragazzo.	*He seems like a good boy.*
Mi sembrano persone intelligenti.	*They seem like intelligent people.*

servire *to be of use*; *to need*

Ti serve il mio aiuto?	*Would my help be of any use to you?*
Ci servono dei piatti.	*We need some plates.*

succedere *to happen*

Che cosa succede?	*What is happening?*
Sono successe tante cose.	*A lot of things have happened.*

Exercise 10.3

Complete the sentences with the correct form of the prepositional phrases in parentheses. Use both Italian forms if possible.

1. ______________ piacciono tutti gli sport. (*to him*)
2. ______________ piace giocare al tennis. (*to you, sing.*)
3. ______________ piace leggere, ma mi affascina scrivere un libro. (*to me*)
4. ______________ piace andare alle feste. (*to them*)
5. ______________ interessa andare a visitare i musei. (*to us*)
6. ______________ sembra che le piaccia cucinare. (*to me*)
7. ______________ amici piacciono gli alberghi di lusso. (*to my*)
8. ______________ italiani piace il prosciutto. (*to the*)
9. ______________ affascinano le macchine italiane. (*to you, sing.*)

10. _____________ succede sempre qualche cosa. (*to you, pl.*)

11. _____________ piace vivere in Cina. (*to them*)

12. _____________ sembra di avere l'influenza. (*to me*)

Exercise 10.4

Rewrite the sentences in the plural making sure that the subject and verb agree. The indirect object pronoun will remain the same.

1. Mi piace la tua pianta.

____

2. Ti piace il programma.

____

3. Gli piace il melone.

____

4. Le affascina quello strumento musicale.

____

5. Gli interessa il giornale.

____

6. Le duole la gamba.

____

7. Ci serve il bicchiere.

____

8. Vi basta il panino.

____

9. A loro occorre la palla.

____

10. Mi interessa il museo.

____

Exercise 10.5

Translate the sentences into English.

1. Mi piace guardare il film.

____

2. Mi fa male la testa.

____

3. Gli occorre un bicchiere.

____

4. Perchè non ti piace sciare?

____

5. Ci affascinano i pesci tropicali.

____

6. Vi interessano le notizie giornaliere.

____

7. A loro interessa andare a fare la spesa?

____

8. A Mario non piace guidare con la nebbia.

____

9. A Erica serve la matita.

____

10. Non accade mai niente qui.

____

11. Tutti hanno bisogno del computer.

____

12. Ai giovani piace la musica moderna.

____

13. Ai giovani piacciono le canzoni nuove.

____

14. A loro piace viaggiare.

____

Exercise 10.6

Answer the questions aloud in Italian.

1. Ti piace il vino?
2. Quanti libri sono necessari per il corso?
3. Vi interessa la politica?
4. Perchè volete studiare l'Italiano?
5. Gli piacciono le macchine grandi?
6. Ti piace questa macchina bianca?
7. A loro affascina la tecnologia moderna?
8. A chi piace ballare?
9. Quanta benzina è necessaria per il viaggio?
10. Gli interessa leggere il giornale?

Indirect Object Pronouns

Review the following indirect object pronouns.

mi	*to me/for me*
ti	*to you/for you* (*sing. inf.*)
gli	*to him/for him*
le	*to her/for her*
Le	*to you/for you* (*sing. form.*)
ci	*to us/for us*
vi	*to you/for you* (*pl. inf.*)
loro	*to them/for them*
Loro	*to you/for you* (*pl. form.*)

More About *gli*

Today **gli** is often used in place of **loro**. It is used for the singular masculine and for the plural masculine and feminine.

So far you have learned the indirect object pronouns with verbs such as **piacere**. Now you will learn what an indirect object is in other sentences and how it is used. For example, *I give **him** the book*. In this sentence, *him* is the indirect object pronoun.

The indirect object receives the action of the verb indirectly. Indirect object pronouns answer the question **a chi?** (*to whom?*) or **per chi?** (*for whom?*).

Structure of Indirect Object Pronouns

The structure of Italian and English indirect object pronouns is quite different, so take your time and practice as much as possible.

The following verbs commonly take the indirect object:

assomigliare *to resemble*		**chiedere** *to ask*	
io assomiglio	noi assomigliamo	io chiedo	noi chiediamo
tu assomigli	voi assomigliate	tu chiedi	voi chiedete
lui/lei assomiglia	loro assomigliano	lui/lei chiede	loro chiedono

dare *to give*		**dire** *to say*	
io do	noi diamo	io dico	noi diciamo
tu dai	voi date	tu dici	voi dite
lui/lei dà	loro danno	lui/lei dice	loro dicono

domandare *to ask (for)*		**donare** *to donate to*	
io domando	noi domandiamo	io dono	noi doniamo
tu domandi	voi domandate	tu doni	voi donate
lui/lei domanda	loro domandano	lui/lei dona	loro donano

imprestare *to lend*	**insegnare** *to teach*		
io impresto	noi imprestiamo	io insegno	noi insegniamo
tu impresti	voi imprestate	tu insegni	voi insegnate
lui/lei impresta	loro imprestano	lui/lei insegna	loro insegnano

mandare *to send*		**portare** *to bring to*	
io mando	noi mandiamo	io porto	noi portiamo
tu mandi	voi mandate	tu porti	voi portate
lui/lei manda	loro mandano	lui/lei porta	loro portano

rispondere *to answer*		**scrivere** *to write to*	
io rispondo	noi rispondiamo	io scrivo	noi scriviamo
tu rispondi	voi rispondete	tu scrivi	voi scrivete
lui/lei risponde	loro rispondono	lui/lei scrive	loro scrivono

telefonare *to call (telephone)*		**vendere** *to sell*	
io telefono	noi telefoniamo	io vendo	noi vendiamo
tu telefoni	voi telefonate	tu vendi	voi vendete
lui/lei telefona	loro telefonano	lui/lei vende	loro vendono

volere bene a *to love*	
io voglio bene	noi vogliamo bene
tu vuoi bene	voi volete bene
lui/lei vuole bene	loro vogliono bene

The previous verbs usually use the preposition **a** after the verb when followed by a noun, a proper name, or a prepositional phrase.

Lui assomiglia a suo padre.	*He looks like his father.*
Io chiedo a Maria di uscire con me.	*I ask Maria to go out with me.*
Scrivo una lunga lettera **a lei**.	*I write her a long letter.*
Vendiamo la casa **ai nostri figli**.	*We are going to sell the house to our kids.*
Riccardo **vuole bene alla nonna**.	*Riccardo loves his grandmother.*

Position of the Indirect Object Pronoun

The indirect object pronoun can be placed in either of two positions in a sentence.

Indirect Object Pronoun Placed Directly Before the First Verb

In the first position, the indirect object pronoun is placed *directly before the first verb* in a sentence or question.

Luigi **mi telefona** tutti i giorni.	*Luigi calls me every day.*
Luigi **ti telefona** tutti i giorni.	*Luigi calls you every day.*
Io **le telefono** tutti i giorni.	*I call her every day.*
Io **Le telefono** tutti i giorni.	*I call you (form., m. or f.) every day.*
Luigi **ci telefona** tutti i giorni.	*Luigi calls us every day.*
Luigi **vi telefona** tutti i giorni.	*Luigi calls you every day.*
Io **gli telefono** tutti i giorni.	*I call him/them (m.* or *f.) every day.*

A noun can also be inserted in the prepositional phrase.

Liliana **telefona a sua sorella.** *Liliana calls her sister.*
Liliana **le telefona.** *Liliana calls her.*

Liliana **telefona a mio padre.** *Liliana calls my father.*
Liliana **gli telefona.** *Liliana calls him.*

Lui **telefona ai suoi fratelli.** *He calls his brothers.*
Lui **gli telefona (a loro).** *He calls them.*

With the verbs **comprare** and **fare** the translation of the indirect object pronoun is *for me*, *for you*, *for him*, *for her*, *for us*, *for you* (*pl.*), *for them*.

Roberto **mi compra** i fiori. *Roberto buys flowers for me.*
Io **le compro** i fiori. *I buy flowers for her.*
Ti faccio un favore. *I do (for) you a favor.*

Exercise 10.7

Complete the sentences with the correct form of the indirect object pronouns in parentheses.

1. ____________ scrivo tutte le settimane. (*to him*)
2. Lui ____________ parla. (*to him*)
3. ____________ mando un regalo. (*to her*)
4. Tu ____________ telefoni ogni giorno. (*to him*)
5. ____________ mando un invito. (*to her*)
6. ____________ mandiamo un regalo. (*to him*)
7. Carlo ____________ risponde. (*to her*)
8. Il professore ____________ fa una domanda. (*to them*)
9. Tu ____________ scrivi spesso. (*to her*)
10. Giovanni ____________ parla tutte le settimane. (*to her*)
11. Luisa non ____________ risponde. (*to me*)
12. ____________ scrivo per sapere a che ora vieni. (*to you*)
13. ____________ parlo tutti i giorni. (*to her*)

14. Luisa _____________ scrive due lettere alla settimana. (*to us*)
15. Elena _____________ dice sempre che vuole andare a New York. (*to me*)
16. Io _____________ compro un anello. (*to you*)

Exercise 10.8

Complete the sentences with the correct form of the indirect object pronouns and verbs in parentheses. Notice that these sentences have two verbs. Remember: the indirect object pronoun has to be placed before the first verb.

EXAMPLE Loredana mi vuole telefonare stasera. (to want to telephone/to me)

1. Luisa ________________________ un regalo. (*to want to give/to me*)
2. Mio marito ________________________ una macchina nuova. (*to want to buy/to me*)
3. Lei ________________________ ottime direzioni. (*to want to give/to me*)
4. Lucia ________________________ alla domenica sera. (*to want to call/to us*)
5. Il professore ________________________ il francese. (*to want to teach/to you, pl. inf.*)
6. Chi ________________________ inglese? (*to be able to teach/to us*)
7. La professoressa ________________________ inglese. (*to be able to teach/to you*)
8. Giovanni ________________________ la cena. (*to have to bring/to us*)
9. Loro ________________________ un favore. (*to want to ask/to them*)
10. Mio cugino ________________________ un cane. (*to want to buy/for me*)

Indirect Object Pronoun Attached to the Infinitive

In the second position, the indirect object pronoun is attached to the infinitive (if there is one) in the sentence.

If the sentence includes the infinitive, but has no other form of a verb, any indirect object pronoun *must* be attached to the infinitive, and the infinitive drops the final **-e** before the indirect object pronoun.

Voglio telefonarti, invece di scriverti una lettera.	*I want to call (you), instead of writing you a letter.*
Prima di darti i soldi, devo telefonare a Guido.	*Before giving you the money, I must telephone Guido.*

There are times when sentences include more than one verb, one of which is an infinitive. You may attach an indirect object pronoun to the infinitive in this situation.

Voglio insegnarle a giocare a tennis.	*I want to teach her how to play tennis.*
Lei **vuole darci** un cappuccino.	*She wants to give us a cappuccino.*

Exercise 10.9

Complete the sentences by attaching the indirect object pronouns to the infinitives, using the correct form of the words in parentheses.

1. Luisa _______________ la storia della sua vita. (*to want to tell/to me*)
2. Noi _______________ la nostra casa. (*to want to sell/to them*)
3. Lui _______________ la penna. (*to want to lend/to her*)
4. Maria _______________. (*to have to write/to her*)
5. La mamma _______________ la cena. (*to have to prepare/for him*)
6. Io _______________ un regalo. (*to want to send/to you, inf.*)
7. Voi _______________ dei soldi. (*to want to lend/to me*)

Exercise 10.10

Complete the sentences with the correct form of the verbs and indirect object pronouns in parentheses.

1. Marcella _______________ a cucinare. (*to want to teach/to us*)
2. Se hai freddo, io _______________ una coperta. (*to give/to you*)
3. Noi _______________ spesso. (*to write/to you*)

4. Tu ______________________ spesso dei regali. (*to want to send/to me*)
5. Io ______________________ un cane. (*to want to buy/for them*)

Review: Indirect Object Pronouns

Review the positions of the indirect object pronouns.

- Directly before the first verb
- Attached to the infinitive

Whether the indirect object pronoun is placed directly before the first verb or attached to the infinitive, the meaning is exactly the same. Practice the indirect object pronouns as much as you can. It is a difficult concept to master.

Io **voglio spedirti** un pacco. Io **ti voglio spedire** un pacco.	*I want to send you a package.*
Vogliono raccontarci una storia. **Ci vogliono raccontare** una storia.	*They want to tell us a story.*
Devi dirmi la verità. **Mi devi dire** la verità.	*You have to tell me the truth.*

Exercise 10.11

Translate the sentences into English.

1. Mi puoi dire perchè non vuoi andare con noi?

   ____

2. Il mio amico deve imprestarmi quattro sedie.

   ____

3. Lucia vuole dargli un bicchierino di liquore.

   ____

4. Mi interessa molto imparare a suonare il piano.

   ____

5. Il dottore vuole parlarmi.

   ____

6. Mando un regalo ai bambini.

____

7. Voglio mandare un regalo.

____

8. Non ho voglia di parlargli.

____

9. Le devo telefonare.

____

10. Il professore gli fa una domanda.

____

11. Hai telefonato a Giovanni? Sì, gli ho telefonato.

____

12. Voglio telefonarle appena posso.

____

13. A Maria non piace il caffè, ma le piace il cappuccino.

____

14. Il cameriere le porta una bottiglia di acqua minerale.

____

15. Le devo dire che legge molto bene.

____

Exercise 10.12

Answer the questions in Italian with full sentences. Replace the indirect object with the indirect object pronoun where possible, paying attention to the placement.

1. Ti piace questa lezione?

   Sì, ______________________________.

2. Ti piace andare al mare?

   Sì, ______________________________.

3. Gli piace andare a ballare?

   No, ______________________________.

4. Devo portarle dei fiori, perchè è il suo compleanno?

   No, ma ____.

5. Mandi l'invito al tuo professore?

   Sì, ____.

6. Vuoi farle una sorpresa?

   Sì, ____.

7. Vuoi scrivergli una lettera?

   Sì, ____.

8. Hai detto a Marco di studiare?

   Sì, ____.

9. Vuoi imprestare il tuo libro a Giovanni?

   Sì, ____.

10. Vuoi farmi una domanda?

    Sì, ____.

11. Gli dici che deve ritornare a casa presto?

    Sì, ____.

12. Devo imprestarti dei soldi?

    Sì, ____.

13. Vuoi che ti insegni a dipingere?

    No, ____.

14. Ti piace cucinare?

    No, ____.

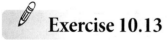

Exercise 10.13

Translate the sentences into Italian.

1. He gives her a diamond ring every year.

   ____

2. Luisa never tells me anything.

   ____

3. We will lend her our books.

____

4. I will bring you wine, if you bring me beer.

____

5. I want to bring you pasta.

____

6. He wants to tell her many things.

____

7. When will you answer my letter?

____

8. The homework seems to me very difficult.

____

9. I love my children.

____

10. I tell you that the train is on time.

____

11. Why don't you answer my questions?

____

12. Maria tells me that she wants to go to Venice.

____

13. Maria wants to tell me where she wants to go.

____

14. I have to get ready.

____

15. The girl looks like her father.

____

Reading Comprehension

Andare a fare spese

Io e le mie amiche siamo molto contente quando possiamo andare a fare compere. Ci affascina andare nei centri commerciali e guardare la merce esposta. Ci piace anche comprare qualche vestito anche se non ne abbiamo bisogno.

Ci fermiamo sempre davanti ai banchi dei profumi. Guardiamo e proviamo i profumi. Le commesse ci chiedono se abbiamo bisogno di qualche cosa. Ci chiedono di provare i profumi e alla fine non sappiamo quale scegliere. Ci sembrano tutti uguali.

Quando siamo stanche e abbiamo fame, decidiamo dove vogliamo andare a mangiare un boccone in fretta.

Guardiamo il menù e chiediamo al cameriere che cosa ci suggerisce. Il cameriere ci dice che la specialità del ristorante è il pesce. Siamo contente, perchè il pesce ci piace molto.

Dopo aver finito di mangiare, ritorniamo nei negozi e continuiamo a fare compere.

Vogliamo portare un regalo ai bambini. Scegliamo un libro e un giocattolo. Ci dispiace quando dobbiamo ritornare a casa. Telefoniamo ai nostri mariti per dire che stiamo ritornando.

***Vocabolario* (Vocabulary)**

andare a fare compere	*to go shopping*
il banco	*the counter*
il centro commerciale	*the shopping center*
la commessa	*the clerk*
esposta	*displayed*
in fretta	*in a rush, quickly, fast*
il giocattolo	*the toy*
mangiare un boccone	*to have a bite to eat*
la merce	*the merchandise*
il profumo	*the perfume*
provare	*to try*
scegliere	*to choose*
la specialità	*the speciality*
suggerire	*to suggest*

***Domande* (Questions)**

After you have read the selection, answer the questions in Italian repeating your answers aloud.

1. Dove vanno le amiche e perchè?

____

____

2. Dove si fermano nei negozi?

____

____

3. Che cosa fanno quando si fermano al banco dei profumi?

____

____

4. Dove vanno quando sono stanche?

____

____

5. Prima di ritornare a casa che cosa fanno?

____

____

Reading Comprehension

La spiaggia

Mi piace molto andare in spiaggia alla mattina presto, per vedere l'alba e il sorgere del sole e alla sera per vedere il tramonto. Di solito alla mattina non c'è molta gente. Dormono ancora tutti. Quelli come me che vanno in spiaggia così presto, sono lì per correre, camminare, per fare camminare il loro cane. Spesso vedo persone sedute, con gli occhi chiusi che meditano. Mi piace camminare sul bordo del mare, cercare le conchiglie che sono venute sulla spiaggia spinte dalle onde durante la notte, e bagnarmi i piedi sulla riva del mare. Alla mattina l'acqua è fredda e ci sono pochissimi bagnanti. Solo pochi coraggiosi.

Quando il sole comincia a sorgere è come una grossa palla rossa, sospesa sull'acqua. Qualche volta, il cielo si riempie di raggi rossi. In poco tempo il sole è alto nel cielo ed è chiaro. Il giorno è cominciato. La gente lascia la spiaggia per andare a compiere il dovere giornaliero. Durante il giorno non vado in spiaggia. È troppo caldo, c'è troppa gente, e non fa molto bene stare al sole.

Ritorno in spiaggia alla sera all'ora del tramonto. Non fa più tanto caldo. Non c'è più tanta gente. Ci sono solo le persone che vogliono godersi la natura, osservare la fine di un'altra giornata, e ammirare il saluto serale del sole che spesso è spettacolare. Qualche volta, il cielo si riempie di nuvole rosse e arancioni. Tutto il cielo è come un quadro meraviglioso che dura solo pochi istanti, ma che si ripete ogni sera.

Dopo che il sole è tramontato, e la terra è circondata da oscurità, comincia un altro miracolo. Il cielo si riempie di migliaia di stelle che scintillano. La luna brilla sulla terra e la spiaggia si riempie di mistero.

Nomi (Nouns)

l'alba	*the dawn*	il mistero	*the mystery*
il bagnante	*the swimmer*	la natura	*the nature*
il bordo	*the edge*	la nuvola	*the cloud*
il cielo	*the sky*	l'onda	*the wave*
la conchiglia	*the shell*	l'oscurità	*the darkness*
il dovere	*the duty*	il raggio	*the ray*
la gente	*the people*	la riva	*the edge*
l'istante	*the instant*	il saluto	*the greeting*
la luna	*the moon*	il sorgere	*the rising*
il mare	*the sea*	la spiaggia	*the beach*
il miracolo	*the miracle*	il tramonto	*the sunset*

***Verbi di espressioni* (Verbs of Expression)**

ammirare	*to admire*	durare	*to last*
andare	*to go*	godere	*to enjoy*
bagnare	*to wet*	meditare	*to meditate*
brillare	*to shine*	osservare	*to observe*
cercare	*to seek; to look for*	riempire	*to fill*
cominciare	*to start*	ripetere	*to repeat*
compiere	*to do*	scintillare	*to shine*
correre	*to run*	sorgere	*to rise*
dormire	*to sleep*	tramontare	*to set*

Aggettivi (Adjectives)

altro	*other*	meraviglioso	*wonderful*
chiaro	*light*	serale	*in the evening*
coraggioso	*courageous*	sospeso	*suspended*
giornaliero	*daily*	spettacolare	*spectacular*
grosso	*fat*		

Espressioni (Expressions)

Non fa bene stare al sole.	*It is not good to stay in the sun.*
Godersi la natura.	*Enjoy nature.*

Participi Passati (Past Participles)

circondata	*surrounded*	tramontato	*set*

Domande (Questions)

After you have read the selection, answer the questions in Italian repeating your answers aloud.

1. A che ora è meglio andare alla spiaggia?

____

____

2. Chi c'è sulla spiaggia alla mattina?

____

____

3. Che cosa si vede la mattina dalla spiaggia?

____

____

4. Che cosa si vede alla sera dalla spiaggia?

____

____

5. Quando cade l'oscurità che cosa c'è nel cielo?

____

____

11

The Direct Object

Transitive Verbs and the Direct Object

A direct object receives the action of the verb directly. The direct object can be a person or a thing.

I read ***the book****.*
I see ***the woman****.*

Verbs that take a direct object are called transitive verbs; the direct object answers the question *whom?* or *what?*

The English translation for many Italian verbs includes a preposition. In these situations, the direct object will immediately follow the verb in Italian, but it will follow the preposition in English.

Io ascolto la musica.	***I listen to*** *the music.*
Tu aspetti gli amici.	***You wait for*** *the friends.*

The following conjugations are of frequently used transitive verbs.

abbracciare *to embrace, to hug*		**accompagnare** *to accompany*	
io abbraccio	noi abbracciamo	io accompagno	noi accompagniamo
tu abbracci	voi abbracciate	tu accompagni	voi accompagnate
lui/lei abbraccia	loro abbracciano	lui/lei accompagna	loro accompagnano

aiutare *to help*		**amare** *to love*	
io aiuto	noi aiutiamo	io amo	noi amiamo
tu aiuti	voi aiutate	tu ami	voi amate
lui/lei aiuta	loro aiutano	lui/lei ama	loro amano

ascoltare *to listen to*		**aspettare** *to wait for*	
io ascolto	noi ascoltiamo	io aspetto	noi aspettiamo
tu ascolti	voi ascoltate	tu aspetti	voi aspettate
lui/lei ascolta	loro ascoltano	lui/lei aspetta	loro aspettano

chiamare *to call*		**guardare** *to look at*	
io chiamo	noi chiamiamo	io guardo	noi guardiamo
tu chiami	voi chiamate	tu guardi	voi guardate
lui/lei chiama	loro chiamano	lui/lei guarda	loro guardano

incontrare *to meet*		**invitare** *to invite*	
io incontro	noi incontriamo	io invito	noi invitiamo
tu incontri	voi incontrate	tu inviti	voi invitate
lui/lei incontra	loro incontrano	lui/lei invita	loro invitano

portare *to bring*		**raccogliere** *to gather*	
io porto	noi portiamo	io raccolgo	noi raccogliamo
tu porti	voi portate	tu raccogli	voi raccogliete
lui/lei porta	loro portano	lui/lei raccoglie	loro raccolgono

salutare *to greet*		**trovare** *to find*	
io saluto	noi salutiamo	io trovo	noi troviamo
tu saluti	voi salutate	tu trovi	voi trovate
lui/lei saluta	loro salutano	lui/lei trova	loro trovano

vedere *to see*		**visitare** *to visit*	
io vedo	noi vediamo	io visito	noi visitiamo
tu vedi	voi vedete	tu visiti	voi visitate
lui/lei vede	loro vedono	lui/lei visita	loro visitano

Exercise 11.1

Complete the sentences with the correct form of the phrases in parentheses.

EXAMPLE Noi visitiamo i nostri amici. *(to visit our friends)*

1. Prima di uscire di casa, lei ____________________. *(to kiss her husband)*

2. Lei ______________________ prima di uscire di casa. (*to call her friend*)
3. In primavera noi ______________________ nei campi. (*to gather flowers*)
4. Io non ______________________ mai la televisione. (*to watch*)
5. In classe noi ______________________. (*to listen to the teacher*)
6. Tu ______________________ ad attraversare la strada. (*to help the aunt*)
7. Lei mi ______________________. (*to bring a cup of tea*)
8. Roberto ______________________ a casa sua. (*to invite the friends*)
9. Lui non capisce la lezione perchè non ______________________. (*to listen to the teacher*)
10. Roberto ______________________ alla festa. (*to invite all of his friends*)
11. Noi ______________________ l'autobus tutte le mattine. (*to wait for*)
12. Voi ______________________ Pietro. (*to know well*)
13. Lei ______________________ sulla spiaggia. (*to see many birds*)
14. Maria ______________________. (*to help the old lady*)
15. La mamma ______________________ a scuola. (*to accompany the children*)
16. Loro ______________________ del prete. (*to listen to the sermon*)

Direct Object Pronouns

The direct object pronouns **mi, ti, ci,** and **vi** have the same forms as the indirect object pronouns **mi, ti, ci,** and **vi**. The new forms are **lo, li, la,** and **le**.

mi	*me*	ci	*us*
ti	*you*	vi	*you*
lo	*him, it* (*m.*, object)	li	*them* (*m.*, persons and objects)
la	*her, it* (*f.*, object)	le	*them* (*f.*, persons and objects)

Make sure you know what the direct object and the direct object pronouns are in all cases. Review the following.

*I read **the book**.*
*I see **the boy**.*

- In these sentences *the book* and *the boy* are the direct objects.
- The direct object pronoun replaces the direct object.

*I read the book. I read **it**.*
*I see the boy. I see **him**.*

Review: Direct Object Pronouns

The direct object pronoun:

- Replaces the direct object
- Can refer to a person or a thing
- Receives the action of the verb directly
- Answers the question about what or who received the action

Position of the Direct Object Pronoun

The direct object pronoun can be placed in either of two positions in a sentence.

Direct Object Pronoun Placed Directly Before the First Verb

In the first position, the direct object pronoun is placed directly before the first verb in a sentence or question.

Lei **mi** chiama.	*She calls me.*
I bambini **ti** guardano.	*The children look at you.*
Loro **ci** vedono.	*They see us.*
Vi possiamo aspettare?	*Can we wait for you?*

Direct Object Pronoun Attached to the Infinitive

In the second position, the direct object pronoun is attached to the infinitive. In either case, the meaning of the sentence does not change.

Lei vuole **visitarmi** in Italia.	*She wants to visit me in Italy.*
Vogliamo **invitarlo** a cena.	*We want to invite him to dinner.*

Devo **chiamarlo.** — *I have to call him.*
Chi vuole **chiamarlo?** — *Who wants to call him?*
Vuoi **aspettarla?** — *Do you want to wait for her?*
Puoi **chiamarla?** — *Can you call her?*

Direct Object Pronoun and the Infinitive

As with the indirect object pronoun, when the direct object pronoun is attached to the end of the infinitive verb, the final **-e** of the infinitive is dropped.

Voglio **vederla.** — *I want to see her.*

The Direct Object Pronoun as a Person

The direct object pronoun doesn't need any clarification. It is clear that **lo** can only mean *him*, **la** can only mean *her*, **li** can only mean *them* (*m. pl.*), and **le** can only mean *them* (*f. pl.*).

lo	*him*	li	*them* (*m.*)
la	*her*	le	*them* (*f.*)

Luisa **lo** guarda. — *Luisa looks at him.*
Carla **la** chiama. — *Carla calls her.*
Li vedo domani. — *I see them tomorrow.*
Io **le** conosco bene. — *I know them well.*

To make a sentence negative, **non** is placed before the direct object pronoun.

Non lo vedo — *I don't see him.*
Non la conosco. — *I don't know her.*
Tu **non** la baci. — *You don't kiss her.*

When the direct object pronoun is attached to the infinitive, **non** is placed before the first verb.

Non voglio vederlo. — *I don't want to see him.*
Non vuoi aspettarla. — *You don't want to wait for her.*
Non posso cantarla. — *I cannot sing it.*

Exercise 11.2

Complete the sentences with the correct verb forms and direct object pronouns.

1. Luisa ______________________ tutte le domeniche. (*to wait for him*)
2. Io non ______________________. (*to remember it*)
3. Dov'è il gatto? Io non ______________________. (*to see it*)
4. Tu ______________________. (*to know her*)
5. Marco ______________________ molto. (*to love her*)
6. Domani andiamo a ______________________. (*to visit them*)
7. Loro ______________________. (*to listen to her*)
8. Voi ______________________. (*to listen to them*)
9. Lui ______________________. (*to kiss her*)
10. Io ______________________ sempre. (*to think about her*)
11. ______________________ a pranzo. (*to invite him*)
12. Dov'è tua sorella? Non ______________________. (*to know it*)
13. Noi ______________________ al cinema. (*to accompany them*)
14. Conoscete Luisa? Sì, ______________________. (*to know her*)
15. Decidiamo di ______________________. (*to help him*)
16. Non voglio ______________________. (*to want to see her*)

Exercise 11.3

Translate the sentences into English.

1. Il ragazzo sembra ammalato. Dobbiamo aiutarlo.

   ____

2. Quando la vedi, devi abbracciarla.

   ____

3. Maria arriva sempre tardi e noi non la aspettiamo più.

   ____

4. Chiamiamo i nostri genitori e li avvisiamo che andiamo a visitarli.

   ____

5. Voglio invitare Mario e Nadia a cena. Li chiamo questa sera.

____

The Direct Object Pronoun as a Thing

Carlo compra **lo stereo**.	*Carlo buys **the stereo**.*
Carlo **lo** compra.	*Carlo buys **it**.*

Let's review what we have learned about the direct object pronouns.

- The direct object pronoun replaces the direct object.
- The direct object pronoun is placed directly before the first verb or is attached to the infinitive.

Carlo compra lo stereo.	*Carlo buys the stereo.*
Carlo **lo** compra.	*Carlo buys it.*
Io canto la canzone.	*I sing the song.*
Io **la** canto.	*I sing it.*
Compriamo i piselli.	*We buy the peas.*
Li compriamo.	*We buy them.*
Lei legge le riviste.	*She reads the magazines.*
Lei **le** legge.	*She reads them.*
Deve prendere il treno alle nove.	*She has to get the train at nine.*
Deve prender**lo** alle nove.	*She has to get it at nine.*
Io non capisco la matematica.	*I don't understand math.*
Devo studiar**la** per capir**la.**	*I have to study it to understand it.*

Exercise 11.4

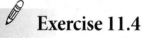

Complete the sentences with the correct verb forms and direct object pronouns.

1. Dove sono le riviste? Io ______________________ sempre nel cestino, ma adesso non ________________________. (*to put them, to see them*)
2. La sua camera è sporca, ma Carlo non ________________________. (*to want to clean it*)

3. La mia macchina è rotta. Io non ______________________.
   Forse ______________________. (*to be able to use it, to sell it*)
4. Il vestito è pieno di macchie. Lo ______________________ in lavanderia. (*to have to take it*)
5. Io ho tanti bei libri a casa mia. Lo ______________________. (*to want to read them*)
6. Vogliamo andare nei negozi e comprare i regali. Noi ______________ oggi perchè ______________________. (*to have to buy them, to have to ship them*)
7. Loro non capiscono la lezione. È necessario ______________________ per ______________________. (*to study it, to understand it*)
8. In inverno la gente prende il raffreddore. ______________________ spesso. (*to catch a cold*)
9. Vuoi leggere il libro? Sì, ______________________ ma non ho tempo. (*to want to read it*)
10. Domani invito gli amici di Maria. ______________________ per una festa. (*to want to invite them*)

Review Table of Indirect and Direct Object Pronouns

Subject Pronoun	Indirect Object Pronoun	Direct Object Pronoun
io	mi	mi
tu	ti	ti
lui	gli	lo
lei	le	la
noi	ci	ci
voi	vi	vi
loro (*m.*)	gli (a loro)	li
loro (*f.*)	gli (a loro)	le

Exercise 11.5

Complete the sentences with the correct indirect or direct object pronoun by placing the pronoun in front of the first verb or attaching it to the infinitive.

1. Conosci bene l'Italia? Sì, ______________ conosco. (*her*)
2. Dov'è la rivista? ______________ vedi? (*it*)

3. Lui compra i dolci per la festa. ______________ compra. (*them*)
4. Voglio aiutare mia sorella in cucina. ______________ voglio aiutare. (*her*)
5. Noi diamo i regali ai bambini. ______________ diamo i regali. (*to them*)
6. Prima di incontrar ______________ va al cinema. (*them*)
7. Quando ______________ scrivi? Io ______________ scrivo domani. (*to him, to him*)
8. Io capisco l'italiano. Tu non ________________________. (*to understand it*)
9. Invece di ________________________ a casa, ________________________ al ristorante. (*to invite him, to bring him*)
10. Io ________________________ una lunga lettera, ma lei non __________ trova. (*to write to her, to find it*)
11. Tu ________________________ al telefono, ma io non ________________________. (*to speak to me, to understand you*)
12. La bambina ________________________ di ________________________ un bacio. (*to ask me, to give her*)
13. Io ________________________ le scarpe, ma lei non ________________________, perchè ________________________ male ai piedi. (*to buy for her, to want them, to hurt her*)
14. Lei ________________________ tutti i giorni, ma non ______________ mai. (*to call me, to find me*)
15. Lui non ________________________ quando lei ______________ parla. (*to hear her, to him*)
16. Noi ________________________ un invito. (*to send to him*)
17. Il professore ______________ fa una domanda, ma loro non ______________ rispondono. (*to him, to him*)
18. Vediamo Maria tutti i giorni, ma non ______________ parliamo. (*to her*)
19. Voi ______________ portate il pacco. (*to her*)
20. Mia mamma compra i fiori tutti i giorni. ______________ compra al mercato. (*them*)

Exercise 11.6

Review **piacere** *and indirect object pronouns, then answer the questions aloud.*

1. Che cosa vi piace fare alla domenica?
2. Che cosa piace ai bambini?
3. A chi piace viaggiare e andare in vacanza?
4. A chi piace andare a sciare?
5. Perchè vi piace andare al cinema?

Exercise 11.7

Translate the sentences into Italian.

1. Lisa waits for her brothers who always arrive late.

 ____

2. We go to the movies every week. We like going to the movies.

 ____

3. Italian verbs are difficult, but we study and we learn them.

 ____

4. Do you want to accompany him to the football game? He doesn't like going by himself.

 ____

 ____

5. When he sees her, he embraces her, he kisses her, and he talks to her for a long time.

 ____

6. I ask him how much the ticket costs, but he doesn't know.

 ____

7. They eat pizza all the time. I don't eat it because I don't like it.

 ____

8. They like the beach. I don't like it because it is too crowded.

 ____

9. She has a new bathing suit, but she never wears it.

____

10. Do you speak to her all the time? Do you see her often?

____

Reading Comprehension

Gli svaghi degli italiani

Agli italiani piace mangiare. Ma agli italiani piace soprattutto mangiare in compagnia degli altri. Sia per grandi banchetti in occasione di ricorrenze importanti, o piccole feste con amici e parenti la cena fuori al ristorante o in trattoria, è un passatempo perfetto e uno svago ideale.

Agli italiani non piace organizzare raduni con tanto anticipo. Agli italiani piace organizzare gite, pranzi, feste, all'ultimo momento. Se alla domenica mattina fa bel tempo, non sono stanchi, contattano gli amici o i parenti e in poco tempo sono pronti per andare a divertirsi.

Lo spazio pubblico della piazza è il salotto degli italiani dove si incontrano con gli amici. Nelle piazze italiane, a qualsiasi ora, si vedono gruppi di uomini o di ragazzi che parlano, gesticolano, ridono e a volte fanno pensare che stiano litigando tanto sono agitati e urlano. Stanno solo parlando di politica o di sport, mentre seguono con ammirazione le giovani passanti.

Nelle piazze italiane di solito si trovano ristoranti e bar con tavolini all'esterno dove la gente può sedersi e ordinare qualche cosa da mangiare o da bere e dove possono rimanere quanto vogliono. Nessuno li manda via.

Un altro svago italiano è il calcio. Gli italiani amano guardare, giocare, parlare del calcio. Tutti hanno una squadra favorita che seguono con passione. Tutti sono esperti e sanno tutto sulla squadra che preferiscono. Molti uomini italiani vanno alle partite domenicali o le seguono alla televisione.

Agli italiani piace vivere bene e svagarsi con gli amici e i parenti.

Nomi (Nouns)

il banchetto	*the banquet*	il passante	*the passerby*
la compagnia	*the company*	il passatempo	*the entertainment*
la gita	*the excursion*	il raduno	*the gathering*
la partita	*the game*	la ricorrenza	*the festivity*
l'occasione	*the occasion*	lo spazio	*the space*

Aggettivi (Adjectives)

agitato	*excited*	ideale	*ideal*
esperto	*expert*	importante	*important*
grande	*big, large*	perfetto	*perfect*

Verbi (Verbs)

gesticolare	*to gesticulate*	organizzare	*to organize*
incontrarsi	*to meet each other*	ridere	*to laugh*
litigare	*to quarrel*	seguire	*to follow*
mandare	*to send*	urlare	*to scream*

Domande (Questions)

After you have read the selection, answer the questions in Italian repeating your answers aloud.

1. Dove piace mangiare agli italiani?

____

____

2. Che cosa piace organizzare agli italiani?

____

____

3. Dove si incontrano gli italiani?

____

____

4. Che cosa si vede nelle piazza italiane?

____

____

5. Qual'è un altro svago italiano?

____

____

6. Con chi si svagano gli italiani?

____

____

12

Reflexive Verbs

A verb is called reflexive when both the subject and the object refer to the same person. In other words, the subject and the object are the same within a sentence. Reflexive verbs are easy to recognize because they add the reflexive pronoun **si** (*oneself*) to the infinitive form of the verb, replacing the final **-e** of the infinitive.

I wake myself.

Subject	**Verb**	**Object**
I	*wake*	*myself.*

Reflexive Pronouns

The reflexive pronouns are object pronouns.

mi	*myself*	ci	*ourselves*
ti	*yourself*	vi	*yourselves*
si	*himself, herself, yourself*	si	*themselves, yourselves*

To conjugate a reflexive verb, drop the **-si** from the infinitive and place the reflexive pronoun in front of the conjugated verb. The reflexive always has a reflexive pronoun.

svegliarsi *to wake oneself*		**lavarsi** *to wash oneself, to wash up*	
mi sveglio	*I wake myself*	**ci** laviamo	*we wash ourselves*
ti svegli	*you wake yourself*	**vi** lavate	*you wash yourselves*
si sveglia	*he/she wakes himself/herself*	**si** lavano	*they wash themselves*

Compare the reflexive verb with the nonreflexive verb.

REFLEXIVE	Io **mi** sveglio.	*I wake myself.*
NONREFLEXIVE	Io sveglio **il bambino**.	*I wake the baby up.*

Frequently Used Reflexive Verbs

abituarsi *to get used to*		**chiamarsi** *to call oneself*	
mi abituo	ci abituiamo	mi chiamo	ci chiamiamo
ti abitui	vi abituate	ti chiami	vi chiamate
si abitua	si abituano	si chiama	si chiamano

chiedersi *to ask oneself*		**dimenticarsi** *to forget*	
mi chiedo	ci chiediamo	mi dimentico	ci dimentichiamo
ti chiedi	vi chiedete	ti dimentichi	vi dimenticate
si chiede	si chiedono	si dimentica	si dimenticano

divertirsi *to have fun*		**domandarsi** *to wonder, to ask*	
mi diverto	ci divertiamo	mi domando	ci domandiamo
ti diverti	vi divertite	ti domandi	vi domandate
si diverte	si divertono	si domanda	si domandano

prepararsi *to get ready*		**presentarsi** *to introduce oneself*	
mi preparo	ci prepariamo	mi presento	ci presentiamo
ti prepari	vi preparate	ti presenti	vi presentate
si prepara	si preparano	si presenta	si presentano

A Word About Reflexive Verbs

It is not necessary to use both the subject pronoun and the reflexive pronoun, except in the third-person singular. The third-person plural doesn't need the subject pronoun either, since the ending of the verb indicates who is performing the action. From now on, the subject pronouns are omitted.

Reflexive Verbs Whose English Translations Do Not Include Oneself

The following are among the most commonly used reflexive verbs. These do not necessarily include *oneself* in the English translation like the reflexive verbs you just learned. These reflexive verbs will greatly enhance your ability to express yourself about everyday activities.

addormentarsi *to fall asleep*		**alzarsi** *to get up*	
mi addormento	ci addormentiamo	mi alzo	ci alziamo
ti addormenti	vi addormentate	ti alzi	vi alzate
si addormenta	si addormentano	si alza	si alzano

ammalarsi *to get sick*		**riposarsi** *to rest*	
mi ammalo	ci ammaliamo	mi riposo	ci riposiamo
ti ammali	vi ammalate	ti riposi	vi riposate
si ammala	si ammalano	si riposa	si riposano

sedersi *to sit*	
mi siedo	ci sediamo
ti siedi	vi sedete
si siede	si siedono

Position of the Reflexive Pronoun

The reflexive pronoun can be placed in two positions in a sentence.

- In the first position, the reflexive pronoun is placed directly in front of the conjugated verb.

  Mi sveglio presto. — *I wake up early.*
  Ti svegli alle otto. — *You wake up at eight o'clock.*

- In the second position, the reflexive pronoun is attached to the infinitive. As with the direct and indirect object pronouns attached to the infinitive, the infinitive drops the **-e**.

  Lei vuole vestir**si** da sola. — *She wants to get dressed by herself.*
  Vogliamo veder**ci** al più presto. — *We want to see each other as soon as possible.*

Exercise 12.1

Complete the sentences with the correct form of the reflexive verbs in parentheses.

1. Anna ____________ molto tardi il sabato. (*to wake up*)
2. I bambini ____________ presto ai cambiamenti. (*to get used to*)
3. Quando ____________ devo fare subito il caffè. (*to wake up*)
4. Lavoriamo tutta la settimana e ____________ il fine settimana. (*to have fun*)
5. Mia nipote ha un bel nome. ____________ Kyria. (*to be called*)
6. Se volete ____________, andate nel salotto. (*to sit*)
7. Loro vogliono ____________ bene per l'esame. (*to get ready*)
8. Se non finisco il mio lavoro non ____________ facilmente. (*to fall asleep*)
9. Tu ____________ sempre di scrivermi una cartolina. (*to forget*)
10. Mi piace ____________ per mezz'ora nel pomeriggio. (*to rest*)

Reflexive Verbs with Parts of the Body and Clothing

Italian does not use the possessive adjective when talking about parts of the body or clothing. The definite article is used instead.

farsi il bagno/la barba/la doccia *take a bath; shave; take a shower*		**mettersi** *to put on (clothing)*	
mi faccio	ci facciamo	mi metto	ci mettiamo
ti fai	vi fate	ti metti	vi mettete
si fa	si fanno	si mette	si mettono

spazzolarsi (i denti, i capelli) *to brush (one's teeth, hair)*		**svestirsi** *to take off (clothing)*	
mi spazzolo	ci spazzoliamo	mi svesto	ci svestiamo
ti spazzoli	vi spazzolate	ti svesti	vi svestite
si spazzola	si spazzolano	si sveste	si svestono

truccarsi *to put on makeup*		**vestirsi** *to get dressed*	
mi trucco	ci trucchiamo	mi vesto	ci vestiamo
ti trucchi	vi truccate	ti vesti	vi vestite
si trucca	si truccano	si veste	si vestono

Reflexive Verbs That Express Emotion or Movement

These lists show reflexive verbs that express emotion and movement.

Emotion

arrabbiarsi	*to become angry*	rallegrarsi	*to rejoice*
calmarsi	*to calm down*	spaventarsi	*to get frightened*
irritarsi	*to get irritated*	tranquillizzarsi	*to calm down*
preoccuparsi	*to worry*		

Movement

alzarsi	*to stand up*
fermarsi	*to stop*
muoversi	*to move*

Exercise 12.2

Complete the sentences with the correct form of the reflexive verbs in parentheses.

1. Fa freddo e lei _____________ una maglia pesante. (mettersi)
2. Piove, non vogliamo _____________ sotto un albero. (fermarsi)
3. Se vedo un topo _____________. (spaventarsi)
4. Io _____________ quando ritorni a casa tardi. (preoccuparsi)
5. Loro _____________ tardi alla mattina. (alzarsi)
6. A Lara piace _____________ quando va con le amiche. (truccarsi)
7. Prima di andare a letto, io _____________ sempre i denti. (spazzolarsi)
8. Tutte le mattine mio marito _____________ la barba. (farsi)
9. Quando ritorno a casa _____________. (rilassarsi)
10. L'autobus _____________ davanti a casa. (fermarsi)
11. Io _____________ quando vedo i nipotini. (rallegrarsi)
12. Il gatto _____________ quando ci vede. (spaventarsi)
13. A lei piace _____________ il vestito nuovo. (mettersi)
14. I giovani oggi giorno non _____________ mai. (pettinarsi)

Reflexive Verbs Followed by a Preposition

In Italian, a preposition that follows a reflexive verb cannot be omitted, even if it is not included in the English translation.

approfittarsi (di) *to take advantage*		**bruciarsi (con)** *to get burned*	
mi approfitto	ci approfittiamo	mi brucio	ci bruciamo
ti approfitti	vi approfittate	ti bruci	vi bruciate
si approfitta	si approfittano	si brucia	si bruciano

burlarsi (di) *to make fun of*		**fidarsi (di)** *to trust*	
mi burlo	ci burliamo	mi fido	ci fidiamo
ti burli	vi burlate	ti fidi	vi fidate
si burla	si burlano	si fida	si fidano

incontrarsi (con) *to meet with*		**lamentarsi (di)** *to complain about*	
mi incontro	ci incontriamo	mi lamento	ci lamentiamo
ti incontri	vi incontrate	ti lamenti	vi lamentate
si incontra	si incontrano	si lamenta	si lamentano

Lui si approfitta di tutti.	*He takes advantage of everybody.*
Mi brucio con la candela.	*I burn myself with the candle.*
Lei non si fida di nessuno.	*She does not trust anybody.*
Ci lamentiamo del prezzo della benzina.	*We complain about the price of gasoline.*
Mi rendo conto di come è bella l'Italia.	*I realize how beautiful Italy is.*
Lui non si ricorda di te.	*He doesn't remember you.*

Exercise 12.3

Complete the sentences with the correct form of the verbs in parentheses.

1. A mezzanotte io ______________ a pulire la cucina. (*to start to*)
2. Lei non ______________ dello sbaglio che fa. (*to realize*)
3. Lei ______________ con la pentola calda. (*to get burned*)
4. La nonna ______________ di tutti. (*to remember*)
5. Io non ______________ di nessuno. (*to trust*)

6. Giovanni ____________ di tutti. (*to make fun*)
7. Oggi non lavora perchè non ____________. (*to feel well*)
8. Devi ____________ di mandare gli auguri alla zia. (*to remember*)
9. Lui ____________ a studiare sempre troppo tardi. (*to start*)
10. Le donne italiane ____________ sempre di tutto. (*to complain about*)
11. Il bambino ____________ con i fiammiferi. (*to get burned*)
12. Noi ____________ di non poter vedere tutta l'Italia in due settimane. (*to realize*)
13. Tu ____________ di tutto. (*to complain about*)
14. Noi ____________ tutte le settimane. (*to meet*)
15. I ragazzi ____________ con gli amici dopo la scuola. (*to meet*)
16. Io ____________ di te. (*to trust*)

Review of Indirect and Direct Object Pronouns and Reflexive Pronouns

Subject Pronoun	**Indirect Object Pronoun**	**Direct Object Pronoun**	**Reflexive Pronoun**
io	mi	mi	mi
tu	ti	ti	ti
lui	gli	lo	si
lei	le	la	si
noi	ci	ci	ci
voi	vi	vi	vi
loro (*m.*)	gli (a loro)	li	si
loro (*f.*)	gli (a loro)	le	si

NOTE: Remember that in today's Italian, **gli** is often used in place of **loro**. It is used for the singular masculine indirect object pronoun and for the masculine and feminine plural.

Gli ho chiesto di uscire con me.	*I asked him to go out with me.*
Ho chiesto **loro** di venire con noi.	*I asked them to come with us.*
Gli ho chiesto di venire con noi.	*I asked them to come with us.*

Reflexive Verbs with Reciprocal Meanings

Sometimes in Italian, the plural forms of reflexive verbs are used to express the reciprocal idea of *each other.* Here are some of the most commonly used reflexive verbs.

aiutarsi	*to help each other*	parlarsi	*to speak to each other*
amarsi	*to love each other*	scriversi	*to write each other*
capirsi	*to understand each other*	vedersi	*to see each other*
conoscersi	*to know each other*		

Maria e Luisa si vedono tutti i giorni.	*Maria and Luisa see each other every day.*
Paolo e Lucia si amano molto.	*Paolo and Lucia love each other a lot.*
Si aiutano ad allacciarsi le scarpe.	*They help each other tying their shoes.*
Ci parliamo tutti giorni per telefono.	*We talk to each other every day by phone.*
Vi scrivete ogni settimana.	*You write each other every week.*
Non si capiscono bene.	*They don't understand each other well.*
Ci conosciamo da tanto tempo.	*We have known each other for a long time.*

Si and Impersonal Expressions

Expressions with **si** are used when the verb has no personal subject. In English these sentences are translated by subjects such as *one*, *they*, *you*, or by the passive voice.

The third-person singular or plural of the verb is used in these sentences.

ENGLISH CONSTRUCTION	*How do you say "good morning" in Italian?*
ITALIAN CONSTRUCTION	Come si dice «good morning» in italiano?

Qui **si parla** inglese.	*English is spoken here.*
In Italia **si vive** bene.	*One lives well in Italy.*
Si sa che sono bravi ragazzi.	*It is known that they are good boys.*

Exercise 12.4

Complete the story by filling in the blanks with the correct form of the verbs in parentheses.

Roberto (1) ______________ (*wakes up*) molto presto tutte le mattine. (2) ______________ (*gets dressed*) e va in palestra per un'ora. Quando ritorna a casa (3) ______________ (*he gets undressed*), (4) ______________ (*takes a shower*), (5) ______________ (*shaves*), and (6) ______________ (*gets ready*) per andare a lavorare. Prima di andare a lavorare, fa colazione con la sua famiglia. Quando arriva al lavoro vede i suoi colleghi e (7) ______________ (*greet each other*). Roberto va nel suo ufficio per telefonare ai clienti. Alle nove (8) ______________ (*he meets*) con i colleghi e i direttori della ditta nella sala delle riunioni. Loro (9) ______________ (*to sit*) in comode e ampie poltrone e per due o tre ore stanno lì e (10) ______________ (*exchange*) le idee per il progresso della ditta. Qualche volta Roberto (11) ______________ (*to get bored*) e (12) ______________ (*to ask himself*) se è veramente necessario (13) ______________ (*to get together*) così spesso.

Reading Comprehension

I mezzi di trasporto pubblici

La maggior parte delle grandi città italiane è ben servita da un'ottima rete di trasporti pubblici, come gli autobus, la metropolitana e i tassì.

Prima di salire sull'autobus, la gente deve acquistare i biglietti dalla macchinetta automatica, dall'edicola o dal tabaccaio. Se uno è sprovvisto di biglietto e viene il controllore, deve pagare una multa molto salata, oltre che provare molta vergogna per farsi vedere senza biglietto da tutti gli altri passeggeri.

I passeggeri di solito salgono sull'autobus dalla porta posteriore e scendono dalla porta centrale dell'autobus. Prima di scendere devono premere un pulsante che manda un messaggio al conduttore per chiedergli di fermarsi alla prima fermata a cui arriva.

I passeggeri devono stampare il loro biglietto appena salgono sull'autobus per validarlo, nella macchinetta che si trova nella parte posteriore dell'autobus.

Una corsa sull'autobus, non è molto costosa, ma spesso gli autobus sono gremiti di gente, specialmente durante le ore di punta. Quando fa caldo, non è molto piacevole essere sull'autobus con tante persone attaccate l'una all'altra, senza aria condizionata.

Si può anche prendere un tassì. I tassì aspettano in posti designati, oppure si chiamano con il telefono. Di solito, c'è un costo aggiuntivo dopo le 10:00 di sera, alla domenica e durante le feste. Si paga un po' di più anche per i bagagli, se sono pesanti o se sono numerosi.

A Roma e a Milano c'è anche la metropolitana. I biglietti si comprano nelle edicole e dal tabaccaio e devono essere validati dalle macchinette all'entrata della stazione prima di salire sulla metropolitana.

Ci sono altri autobus, più precisamente chiamati pullman della SITA (Società Italiana di Trasporti) che attraversano l'Italia andando da una città all'altra o da un paese all'altro. Sono moderni, comodi e hanno l'aria condizionata. Questi pullman vanno in località dove non arrivano gli altri mezzi di trasporto dando così la possibilità alla gente in zone remote di spostarsi con una certa facilità.

Nomi (Nouns)

il costo	*the cost*	la rete	*the net*
l' edicola	*newspaper stand*	il tabaccaio	*the tobacco shop*
la macchinetta	*the small machine*	il trasporto	*the transportation*
la multa	*the fine*	la vergogna	*the shame*
il pulsante	*the knob*		

Aggettivi (Adjectives)

aggiuntivo	*additional*	gremito	*full, filled*
centrale	*central*	piacevole	*pleasant*
comodi	*comfortable*	posteriore	*posterior*
designato	*designated*	remoto	*remote*

Verbi (Verbs)

acquistare	*to purchase*	scendere	*to get off*
attraversare	*to cross*	spostarsi	*to move*
premere	*to push*	stampare	*to stamp*
salire	*to get on*	validare	*to validate*

Espressioni (Expressions)

essere sprovvisto	*to be without*
multa salata	*stiff fine*
essere gremito	*to be very crowded*

Domande (Questions)

After you have read the selection, answer the questions in Italian repeating your answers aloud.

1. Quali trasporti pubblici ci sono nelle città?

____

____

2. Dove si comprano i biglietti per l'autobus?

____

____

3. Dove si sale e dove si scende dall'autobus?

____

____

4. Dove si valida il biglietto dell'autobus?

____

____

5. Come si chiamano gli autobus che vanno da una città all'altra?

____

____

6. Come si viaggia su questi mezzi di trasporto e perchè?

____

____

13

The Preterit and the Present Perfect Tenses

Two tenses are used in colloquial as well as written Italian to express past events. They are the preterit and the present perfect. The preterit is a simple tense, expressed by a single verb: **parlai** (*I spoke*), **cantasti** (*you sang*), etc. It is used mostly in narrative writing to describe events that occurred in the remote past. It is also called the historical past. In speech and informal writing, however, the preterit has been replaced by the present perfect.

The present perfect is a compound tense, made up of two verbs: the present of the auxiliary **avere** or **essere** and the past participle of the verb: **ho parlato** (*I spoke, I have spoken*), **ho cantato** (*I sang, I have sung*), **sono andato** (*I went, I have gone*), etc. This chapter shows the uses of and difference between the tenses. The present perfect is preferred in colloquial Italian by those living in northern Italy, while people in southern and central Italy still prefer using the preterit, even when speaking about recent events.

The preterit is used to express:

- Actions completed in the past
- Conditions no longer in effect
- A series of actions completed in the past
- Events in history and literature

Formation of the Preterit

The preterit of regular verbs is formed by dropping the infinitive endings **-are**, **-ere**, **-ire** and adding to the stem the specific endings for the preterit.

Regular *-are* Verbs

In order to conjugate a regular **-are** verb in the preterit, drop the ending from the infinitive and add **-ai**, **-asti**, **-ò**, **-ammo**, **-aste**, **-arono** to the stem. All **-are** verbs are regular in the preterit except **dare**, **fare**, and **stare**.

aiutare *to help*		**cantare** *to sing*	
io aiutai	noi aiutammo	io cantai	noi cantammo
tu aiutasti	voi aiutaste	tu cantasti	voi cantaste
lui/lei aiutò	loro aiutarono	lui/lei cantò	loro cantarono

lavorare *to work*		**pensare** *to think*	
io lavorai	noi lavorammo	io pensai	noi pensammo
tu lavorasti	voi lavoraste	tu pensasti	voi pensaste
lui/lei lavorò	loro lavorarono	lui/lei pensò	loro pensarono

ricordare *to remember*		**viaggiare** *to travel*	
io ricordai	noi ricordammo	io viaggiai	noi viaggiammo
tu ricordasti	voi ricordaste	tu viaggiasti	voi viaggiaste
lui/lei ricordò	loro ricordarono	lui/lei viaggiò	loro viaggiarono

Pronunciation Tip

Notice that the third-person singular form has a written accent. It is very important to practice stressing this accented syllable. If you have any doubts, review the pronunciation rules.

Regular *-ere* Verbs

In order to conjugate regular **-ere** verbs in the preterit, drop **-ere** from the infinitive and add the endings for the preterit: **-ei**, **-esti**, **-è**, **-emmo**, **-este**, **-erono**.

Some **-ere** verbs such as **credere**, **ricevere**, and **vendere** have two ways of conjugating the preterit in the first- and third-person singular and the third-person plural. The forms are used interchangeably.

credere *to believe*		**ricevere** *to receive*	
io credei (credetti)	noi credemmo	io ricevei (ricevetti)	noi ricevemmo
tu credesti	voi credeste	tu ricevesti	voi riceveste
lui/lei credè (credette)	loro crederono (credettero)	lui/lei ricevè (ricevette)	loro riceverono (ricevettero)

ripetere *to repeat*		**vendere** *to sell*	
io ripetei	noi ripetemmo	io vendei (vendetti)	noi vendemmo
tu ripetesti	voi ripeteste	tu vendesti	voi vendeste
lui/lei ripetè	loro ripeterono	lui/lei vendè (vendette)	loro venderono (vendettero)

Regular *-ire* Verbs

In order to conjugate regular **-ire** verbs in the preterit, drop **-ire** from the infinitive and add the stem to the endings for the preterit: **-ii, -isti, -ì, -immo, -iste, -irono.**

capire *to understand*		**finire** *to finish*	
io capii	noi capimmo	io finii	noi finimmo
tu capisti	voi capiste	tu finisti	voi finiste
lui/lei capì	loro capirono	lui/lei finì	loro finirono

partire *to leave*		**proibire** *to prohibit*	
io partii	noi partimmo	io proibii	noi proibimmo
tu partisti	voi partiste	tu proibisti	voi proibiste
lui/lei partì	loro partirono	lui/lei proibì	loro proibirono

riempire *to fill*		**sentire** *to hear*	
io riempii	noi riempimmo	io sentii	noi sentimmo
tu riempisti	voi riempiste	tu sentisti	voi sentiste
lui/lei riempì	loro riempirono	lui/lei sentì	loro sentirono

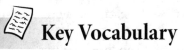

Key Vocabulary

Expressions Often Used with the Preterit			
all'improvviso	*suddenly*	l'anno scorso	*last year*
due giorni fa	*two days ago*	l'estate scorsa	*last summer*
ieri	*yesterday*	l'inverno scorso	*last winter*
ieri pomeriggio	*yesterday afternoon*	la settimana scorsa	*last week*
ieri sera	*last night*	molto tempo fa	*long time ago*
il mese scorso	*last month*	poco fa	*a little while ago*

Exercise 13.1

Complete the sentences with the correct form of the preterit verbs in parentheses.

1. Lei ____________ tutto il giorno. (cantare)
2. Noi ____________ la finestra. (chiudere)
3. Loro ____________ in Italia tre mesi fa. (andare)
4. Io ____________ molto. (lavorare)
5. Ieri sera tu ____________ al cinema. (andare)
6. Voi non ____________ la macchina. (vendere)
7. Lei ____________ una lunga lettera. (ricevere)
8. Mario ____________ le direzioni per andare a casa sua. (ripetere)
9. Luisa mi ____________ l'assegno per la festa. (dare)
10. Noi ____________ il corso un anno fa. (fare)
11. La settimana scorsa (noi) ____________ tutti al cinema. (andare)
12. Voi ____________ sempre a tutti. (pensare)
13. Io non ____________ di andare dal dentista. (ricordare)
14. Loro ____________ per molti mesi. (viaggiare)
15. Lui ____________ la scuola di medicina l'anno scorso. (finire)
16. Due anni fa noi ____________ in un bell'albergo vicino alla spiaggia. (stare)

How to Use the Preterit

Always keep in mind that the preterit expresses action or actions that are completed. It does not matter how long the action went on before it came to an end. Remember also that this tense is used mostly in the southern part of Italy and in literature and history.

Uses of the Preterit

To Express an Action Completed in the Past

Ieri, lui studiò per due ore.	*Yesterday, he studied for two hours.*
La mia amica partì avanti ieri.	*My friend left the day before yesterday.*

La settimana scorsa, lui parlò con noi al telefono.	*Last week, he spoke with us on the phone.*
Domenica scorsa andammo tutti in chiesa.	*Last Sunday, we all went to church.*
Venerdì scorso andai a pranzo con le mie amiche.	*Last Friday, I went out to lunch with my friends.*
Non vedemmo nessuno.	*We didn't see anybody.*
All'improvviso venne il vento.	*All of a sudden the wind started.*
Un mese fa, incontrai sua mamma.	*A month ago, I met his mother.*

To Express a Series of Completed Actions in the Past

Lui si alzò, si lavò, si vestì e andò a lavorare.	*He woke up, washed, got dressed, and went to work.*
Maria andò al mercato, comprò la verdura, andò a casa e la cucinò.	*Maria went to the market, bought the vegetables, went home and cooked them.*

To Express an Action That Is No Longer in Effect

La settimana scorsa andai a lavorare ma questa settimana sto a casa.	*Last week I went to work, but this week I am staying home.*

Exercise 13.2

Rewrite the sentences in the preterit.

1. Ascolto la radio.
____

2. Perchè ritorni tardi?
____

3. Vado a visitare il museo.
____

4. Tu lavori sempre.
____

5. Non cammino molto.

____

6. Ogni giorno ascolto le notizie italiane.

____

7. Maria non dorme molto bene.

____

8. Il concerto comincia alle otto.

____

Irregular Verbs

The following verbs have irregular roots in the preterit. There is no easy way to learn them; they must be memorized. The endings for the irregular verb roots are the same in the preterit as those shown for the regular verbs only in the **tu, noi,** and **voi** forms. The following verbs are irregular in the **io, lui/lei**, and **loro** forms.

Only three **-are** verbs are irregular in the preterit.

dare *to give*		**fare** *to do*	
io diedi	noi demmo	io feci	noi facemmo
tu desti	voi deste	tu facesti	voi faceste
lui/lei diede	loro diedero	lui/lei fece	loro fecero

stare *to be, to stay*	
io stetti	noi stemmo
tu stesti	voi steste
lui/lei stette	loro stettero

Following are the most common irregular **-ere** verbs in the preterit.

accendere *to light*		**avere** *to have*	
io accesi	noi accendemmo	io ebbi	noi avemmo
tu accendesti	voi accendeste	tu avesti	voi aveste
lui/lei accese	loro accesero	lui/lei ebbe	loro ebbero

bere *to drink*		**cadere** *to fall*	
io bevvi (bevetti)	noi bevemmo	io caddi	noi cademmo
tu bevesti	voi beveste	tu cadesti	voi cadeste
lui/lei bevve (bevette)	loro bevvero (bevettero)	lui/lei cadde	loro caddero

chiedere *to ask*		**chiudere** *to close*	
io chiesi	noi chiedemmo	io chiusi	noi chiudemmo
tu chiedesti	voi chiedeste	tu chiudesti	voi chiudeste
lui/lei chiese	loro chiesero	lui/lei chiuse	loro chiusero

conoscere *to know*		**dovere** *must, ought to*	
io conobbi	noi conoscemmo	io dovei (dovetti)	noi dovemmo
tu conoscesti	voi conosceste	tu dovesti	voi doveste
lui/lei conobbe	loro conobbero	lui/lei dovè (dovette)	loro doverono (dovettero)

essere *to be* **leggere** *to read*			
io fui	noi fummo	io lessi	noi leggemmo
tu fosti	voi foste	tu leggesti	voi leggeste
lui/lei fu	loro furono	lui/lei lesse	loro lessero

mettere *to put*		**nascere** *to be born*	
io misi	noi mettemmo	io nacqui	noi nascemmo
tu mettesti	voi metteste	tu nascesti	voi nasceste
lui/lei mise	loro misero	lui/lei nacque	loro nacquero

prendere *to take*		**ridere** *to laught*	
io presi	noi prendemmo	io risi	noi ridemmo
tu prendesti	voi prendeste	tu ridesti	voi rideste
lui/lei prese	loro presero	lui/lei rise	loro risero

rimanere *to remain*		**sapere** *to know*	
io rimasi	noi rimanemmo	io seppi	noi sapemmo
tu rimanesti	voi rimaneste	tu sapesti	voi sapeste
lui/lei rimase	loro rimasero	lui/lei seppe	loro seppero

scegliere *to choose*		**scrivere** *to write*	
io scelsi	noi scegliemmo	io scrissi	noi scrivemmo
tu scegliesti	voi sceglieste	tu scrivesti	voi scriveste
lui/lei scelse	loro scelsero	lui/lei scrisse	loro scrissero

spegnere *to put out*		**vedere** *to see*	
io spensi	noi spegnemmo	io vidi	noi vedemmo
tu spegnesti	voi spegneste	tu vedesti	voi vedeste
lui/lei spense	loro spensero	lui/lei vide	loro videro

vincere *to win*		**vivere** *to live*	
io vinsi	noi vincemmo	io vissi	noi vivemmo
tu vincesti	voi vinceste	tu vivesti	voi viveste
lui/lei vinse	loro vinsero	lui/lei visse	loro vissero

volere *to wish*	
io volli	noi volemmo
tu volesti	voi voleste
lui/lei volle	loro vollero

Memorize Irregular Verbs

It is very important to memorize all the irregular verbs. Once you do, you will be able to use any verb you wish in the preterit. Except for a couple of verbs, the third-person singular of irregular verbs in the preterit does not have an accent mark.

Following are the most common irregular **-ire** verbs in the preterit.

comparire *to appear*	
io comparii (comparvi, comparsi)	noi comparimmo
tu comparisti	voi compariste
lui/lei comparì (comparve, comparse)	loro comparirono (comparvero, comparsero)

coprire *to hide*		**dire** *to say*	
io coprii (copersi)	noi coprimmo	io dissi	noi dicemmo
tu copristi	voi copriste	tu dicesti	voi diceste
lui/lei coprì (coperse)	loro coprirono (copersero)	lui/lei disse	loro dissero

scoprire *to uncover*		**venire** *to come*	
io scoprii	noi scoprimmo	io venni	noi venimmo
tu scopristi	voi scopriste	tu venisti	voi veniste
lui/lei scoprì	loro scoprirono	lui/lei venne	loro vennero

Compound forms of the verbs are conjugated in the same way as the main verb. **Ridire** is conjugated as **dire; divenire** is conjugated as **venire**.

Here are some examples of the irregular verbs in the preterit.

Tu dicesti e ridicesti le stesse cose.	*You said and said again the same things.*
Mario venne a casa nostra.	*Mario came to our house.*
Carlo divenne molto famoso.	*Carlo became very famous.*

Exercise 13.3

Complete the sentences with the correct form of the preterit verbs in parentheses.

1. Due anni fa io ____________ lo spagnolo. (studiare)
2. Quando io ____________ in Florida, io ____________ una macchina. (andare, noleggiare)
3. Io gli ____________ molte volte ma non lo ____________ mai. (telefonare, trovare)
4. Lei ____________ molto tardi. (arrivare)
5. Anni fa, noi ____________ una bella casa. (comprare)
6. Voi ____________ che non fossimo a casa. (pensare)
7. I bambini ____________ nel parco per ore. (giocare)
8. Lei ____________ i suoi amici. (vedere)
9. Loro ____________ andare al mare. (preferire)
10. Tu ____________ tutti i compiti. (finire)
11. Noi non ____________ la lezione. (capire)
12. Voi ____________ alla nonna. (telefonare)
13. Loro ____________ molti musei. (visitare)
14. Lui ____________ con tutti. (parlare)

Exercise 13.4

Rewrite the sentences in the preterit.

1. Io mangio bene.

 ____

2. Tu vieni a casa presto.

 ____

3. Lei visita Milano.

 ____

4. Carlo chiede la ricetta per il dolce.

 ____

5. Luigi legge il libro.

 ____

6. Monica mi porta un regalo.

 ____

7. Lei prega sempre.

 ____

8. Noi stiamo a casa.

 ____

9. Voi viaggiate in treno.

 ____

10. Loro temono il freddo.

 ____

11. Io vedo il mare.

 ____

12. La guerra distrugge tutto.

 ____

13. La vita è difficile.

 ____

14. Dò l'acqua agli assetati.

 ____

Exercise 13.5

Complete the sentences with the correct preterit form of **essere** *or* **stare***.*

1. Io ______________ a casa tutto il giorno.
2. Noi ______________ a casa tutto il giorno.
3. Maria ______________ in ospedale per molti giorni.
4. Lei ______________ molto contenta di vederti.
5. Lui non ______________ molto bene.
6. Loro ______________ molto coraggiosi.
7. La vita di Leonardo da Vinci ______________ molto interessante.
8. Leonardo ______________ a Firenze per molti anni.
9. Carlo e Giovanni non ______________ molto attenti.
10. Chi ______________ il primo presidente americano?

Exercise 13.6

Complete the sentences with the correct form of the preterit. Choose a verb from the following list (verbs may be used more than once, but all verbs must be used).

bere, cadere, chiedere, chiudere, dire, entrare, fare, perdere, ricevere, vedere, vincere, vivere

1. Il bambino ______________ dalla sedia.
2. Io ______________ tua sorella ieri.
3. Noi ______________ il pacco due giorni fa.
4. Lui non ______________ una vita molto felice.
5. Voi ______________ in casa con le chiavi.
6. Loro ______________ dove era il museo.
7. Io non ______________ le vostre lettere.
8. Tu ______________ ginnastica in palestra.
9. Lei ______________ una cioccolata calda.
10. Lui non ______________ bene la porta.
11. L'Italia ______________ la coppa del mondo.

12. La Francia ____________ la partita.

13. Perchè tu non mi ____________ la verità?

14. Io ____________ le chiavi di casa.

The Present Perfect Tense

The present perfect tense also is used to describe actions and events that happened in the recent past. The verb is often preceded or followed by time expressions such as **ieri**, **domenica scorsa**, **l'anno scorso**, **un anno fa**, **un'ora fa**, etc. This is the only compound tense you will learn in this book but it is an essential one, even at this stage.

Formation of the Present Perfect

The present perfect tense is formed by using the present tense conjugation of **avere** or **essere** + the past participle of the verb showing the action. When **avere** is used, the past participle doesn't agree in gender or number with the subject. The present perfect tense for verbs of motion or states of being is formed by using **essere**. In these cases, the past participle must agree in gender and number with the subject.

Present Perfect with *avere*

Verbs that use **avere** as the auxiliary (or helping) verb in the present perfect tense are generally transitive: that is, verbs that use a direct object and answer the question **Chi?** (*Who?*) or **Che cosa?** (*What?*). The past participle of regular transitive verbs is formed by dropping the infinitive ending and adding:

- **-ato** to the infinitive stem of **-are** verbs
- **-uto** to the infinitive stem of **-ere** verbs
- **-ito** to the infinitive stem of **-ire** verbs

Infinitive	Past Participle
parl**are**	parl**ato**
sent**ire**	sent**ito**
vend**ere**	vend**uto**

In English the present perfect is translated with either the simple past or the present perfect.

Ho telefonato alle nove.	*I called at nine o'clock.*
Ho telefonato molte volte.	*I have called many times.*

There are some intransitive verbs, or verbs that cannot be used with a direct object, that use **avere**: **camminare**, **dormire**, and **viaggiare**.

Ho camminato nel bosco.	*I walked in the woods.*

A Word About Transitive and Intransitive Verbs

Transitive verbs are verbs like **mangiare**, **cantare**, and **comprare** that take direct objects. In compound tenses, transitive verbs take **avere**.

Intransitive verbs do not take direct objects. They are typically verbs of motion (**venire**, **andare**, **arrivare**) or states of being (**stare**, **essere**). In general, intransitive verbs in compound tenses take the auxiliary **essere**. In these cases the past participle must agree in gender and number with the subject. If in doubt, consult a good dictionary. It will tell you which auxiliary verb to use.

Verbs with Irregular Past Participles

Many **-ere** verbs have irregular past participles. The most common are included in the following list.

Infinitive	**Past Participle**
accendere (*to turn on*)	acceso (*turned on*)
aprire (*to open*)	aperto (*opened*)
bere (*to drink*)	bevuto (*drank*)
chiedere (*to ask*)	chiesto (*asked*)
chiudere (*to close*)	chiuso (*closed*)
conoscere (*to know*)	conosciuto (*known*)
cuocere (*to cook*)	cotto (*cooked*)
dire (*to tell, say*)	detto (*said*)
fare (*to do, make*)	fatto (*done, made*)
leggere (*to read*)	letto (*read*)
mettere (*to put*)	messo (*put*)
morire (*to die*)	morto (*died*)
nascere (*to be born*)	nato (*born*)
perdere (*to lose*)	perso (*lost*)
piangere (*to cry*)	pianto (*cried*)
prendere (*to take*)	preso (*taken*)

prometterere (*to promise*)	promesso (*promised*)
rimanere (*to remain*)	rimasto (*remained*)
rispondere (*to answer*)	risposto (*answered*)
scendere (*to descend*)	sceso (*descended*)
scrivere (*to write*)	scritto (*written*)
spegnere (*to turn off*)	spento (*turned off*)
spendere (*to spend*)	speso (*spent*)
spingere (*to push*)	spinto (*pushed*)
vedere (*to see*)	visto (*seen*)
vincere (*to win*)	vinto (*won*)
vivere (*to live*)	vissuto (*lived*)

Exercise 13.7

Complete the sentences with the correct form of the present perfect tense of the verbs in parentheses.

1. Io ______________ con tua sorella. (viaggiare)
2. Tu ______________ molto bene. (cantare)
3. Il ragazzo ______________ al tennis tutta la mattina. (giocare)
4. Noi ______________ un libro. (ordinare)
5. Loro ______________ la lettera. (leggere)
6. Noi ______________ molti gelati. (mangiare)
7. Qualcuno ______________ il campanello. (suonare)
8. Lei ______________ suo fratello. (vedere)
9. Gli studenti ______________ bene. (imparare)
10. Le ragazze ______________ gli orecchini. (comprare)
11. Loro ______________ la luce. (accendere)
12. Noi ______________ la televisione. (spegnere)
13. Il ragazzo ______________ il torneo di tennis. (vincere)
14. La bambina ______________ tutto il latte. (bere)
15. Oggi non ______________ niente. (io/fare)

Past Participle Agreement of Verbs Conjugated with *avere* in the Present Perfect

As previously mentioned, for verbs that use **avere** the past participle does not agree with the subject in gender and number. However, there are some cases that differ from this rule.

- Regardless of which auxiliary is being used, the past participle must agree with the direct object pronouns **lo**, **la**, **li**, and **le**.

Avete visto il libro? No, non **lo** abbiamo vist**o**.	*Did you see the book?* *No, we didn't see it.*
Dove hai comprato i fiori? **Li** ho comprat**i** al mercato.	*Where did you buy the flowers?* *I bought them at the market.*
Hai comprato le patate? Sì, **le** ho comprat**e**.	*Did you buy the potatoes?* *Yes, I bought them.*
Hai visto le tue amiche? Sì, **le** ho vist**e**.	*Did you see your friends?* *Yes, I saw them.*

- The agreement is optional with the direct object pronouns **mi**, **ti**, **ci**, and **vi**.

Non ci hanno vist**o**/vist**i**.	*They did not see us.*

Exercise 13.8

Translate the sentences into Italian.

1. I read many books.

 ____

2. I read them.

 ____

3. We bought many eggs.

 ____

4. We bought them.

 ____

5. You (*sing.*) saw them.

 ____

6. You (*sing.*) didn't see us.

___

7. She called her friends.

___

8. She called them.

___

9. You (*sing.*) waited for your family.

___

10. You (*sing.*) waited for them.

___

11. I bought a new watch.

___

12. I bought it at the jewelry store.

___

Present Perfect with *essere*

The present perfect of intransitive verbs—verbs that do not take a direct object—is formed by using the present tense of **essere** and the past participle of the verb showing the action. Many of these verbs express movement, including **andare** (*to go*), lack of movement, such as **stare** (*to stay*), or a process of change, e.g., **invecchiare** (*to age*).

Regular past participles of verbs conjugated with **essere** are formed the same way as verbs conjugated with **avere**, and they must agree in gender and number with the subject of the verb.

	andare	**cadere**	**partire**
io	sono andato/a	sono caduto/a	sono partito/a
tu	sei andato/a	sei caduto/a	sei partito/a
lui/lei	è andato/a	è caduto/a	è partito/a
noi	siamo andati/e	siamo caduti/e	siamo partiti/e
voi	siete andati/e	siete caduti/e	siete partiti/e
loro	sono andati/e	sono caduti/e	sono partiti/e

Luigi è arrivato tardi. *Luigi arrived late.*
Luisa è arrivata tardi. *Luisa arrived late.*

Luigi e Carlo sono arrivati tardi *Luigi and Carlo arrived late.*
Luisa e Maria sono arrivate tardi. *Luisa and Maria arrived late.*

Verbs Conjugated with *essere* in the Present Perfect

Infinitive		Past Participle	
andare	*to go*	andato	*gone*
arrivare	*to arrive*	arrivato	*arrived*
cadere	*to fall*	caduto	*fallen*
diventare	*to become*	diventato	*become*
entrare	*to enter*	entrato	*entered*
essere	*to be*	stato	*been*
morire	*to die*	morto	*died*
nascere	*to be born*	nato	*born*
partire	*to leave*	partito	*left*
restare	*to remain*	restato	*remained*
ritornare	*to return*	ritornato	*returned*
salire	*to go up*	salito	*went up*
scendere	*to go down*	sceso	*gone down*
stare	*to stay*	stato	*stayed*
tornare	*to return*	tornato	*returned*
uscire	*to go out*	uscito	*went out*
venire	*to come*	venuto	*come*
vivere	*to live*	vissuto	*lived*

Exercise 13.9

Rewrite the sentences in the present perfect tense.

1. Ritorno a letto perchè fa freddo.

____

2. Le ragazze vengono a casa mia.

____

3. I parenti arrivano con il treno.

____

4. Porto la mia amica all'aeroporto.

____

5. Michele va in Peru.

____

6. Andiamo alla festa.

____

7. L'aereo non parte.

____

8. Vengono a vedere il neonato.

____

9. Ritorniamo a casa tardi.

____

10. Lei studia medicina.

____

11. La nonna cammina con il bastone.

____

12. La mia gioventù è bella.

____

Additional Rules for Using *essere* in the Present Perfect

This section addresses other rules for using **essere** in the present perfect.

- All reflexive verbs use **essere** in the present perfect tense.

Mi sono svegliato tardi questa mattina.	*I woke up late this morning.*
Mi sono divertita alla festa.	*I had fun at the party.*

- Impersonal verbs also require **essere** in the present perfect tense. Remember that impersonal verbs take indirect object pronouns, and therefore the past participle does not agree in number and gender. Some of the most common impersonal verbs follow.

accadere	*to happen*	dispiacere	*to regret, to be sorry*
bastare	*to be enough*	piacere	*to please*
capitare	*to happen*	sembrare	*to seem*
costare	*to cost*	succedere	*to happen*

Vi è sembrato un bel film?	*Did it seem a good movie to you?*
Ci è dispiaciuto non venire.	*We were sorry not to have come.*

- The auxiliary **essere** is used in the present perfect when referring to the weather. However, today it is common to hear the use of **avere**.

È piovuto tutta la settimana. *It has rained all week.*
Ha piovuto tutta la settimana. *It has rained all week.*

- With the verbs **dovere, volere,** and **potere,** it is preferable to use **essere** if the following infinitive requires **essere**. This is especially true in writing. In speech, however, **avere** is used more frequently.

Sono dovuta stare a letto tutto il giorno. *I had to stay in bed all day long.*
Non **sono potuti partire** per la neve. *They could not leave, because of the snow.*

When to Use *essere* or *avere*

Some verbs can use either **essere** or **avere** depending on whether they are used transitively or intransitively.

Transitive

I negozianti hanno aumentato i prezzi. *The store owners have raised the prices.*

Intransitive

Tutti i prezzi sono aumentati. *All the prices have gone up.*

Exercise 13.10

Translate the sentences into Italian using the present perfect tense.

1. An accident happened on the highway.
____
2. Why couldn't they come?
____
3. They couldn't come because the children were sick.
____
4. They woke up late and arrived late at work.
____

5. Yesterday, it snowed in Colorado.

____

6. The cat went up on the roof.

____

7. The food was enough for everybody.

____

8. This house cost a lot.

____

9. She got dressed in a hurry.

____

10. She stayed at home because her car is broken.

____

Reading Comprehension

La moda italiana

Chi non conosce la moda italiana? Il nome «Italia» è sinonimo di moda e buon gusto. Tutti conoscono i nomi di Armani, Ferrè, Gucci, Fendi, Valentino, Versace e Furla, e tutti desiderano avere un capo firmato. Gli stilisti italiani sono fra i più rinomati e i più ricercati del mondo. Milano, città nel Nord Italia, è il centro della moda italiana.

La moda italiana è simbolo di qualità e finezza. Le industrie di abbigliamento sono economicamente fondamentali per l'Italia. Garantiscono milioni di posti di lavoro e hanno un ruolo molto importante nelle esportazioni. Il «made in Italy» è ricercato e richiesto in molte parti del mondo.

La Benetton è la maggiore azienda nel campo dell'abbigliamento ed ha sede a Treviso, una piccola città nell'Italia del Nord. È un'azienda a gestione famigliare, ma è conosciuta in tutto il mondo.

Non tutti possono permettersi di acquistare capi di questi stilisti, ma tutti possono dilettarsi a fermarsi davanti alle sontuose vetrine degli eleganti negozi dove si vendono questi capi oggetto di tanti desideri e sospiri. Molte aziende in paesi fuori dall'Italia cercano di imitare gli stilisti italiani senza molto successo, perchè non hanno il senso del colore, della qualità e dello stile italiano.

Nelle vetrine dei negozi e dei grandi magazzini, possiamo leggere le seguenti parole: prezzi fissi, liquidazione, vendita promozionale, svendita, saldi, saldi di fine stagione, sconti, aperto, chiuso, chiuso per ferie e orario continuato.

I negozi più esclusivi ed eleganti, molto raramente svendono la merce. Le case di moda producono in quantità limitata e vendono sempre a prezzi pieni.

I commessi e le commesse dei negozi di moda, di solito, sono giovani, belli, snelli e vestiti molto bene. Sono ragazzi e ragazze che invogliano la gente a comprare.

Nomi (Nouns)

l'abbigliamento	*the clothing*	la moda	*the fashion*
l'azienda	*the company*	l'orario	*the timetable*
il capo	*the piece*	il ruolo	*the task*
il commesso	*the clerk*	il saldo	*the sale*
l' esportazione	*the export*	la sede	*the headquarters*
le ferie	*the vacation*	il sinonimo	*the synonym*
la finezza	*the finesse*	il sospiro	*the sigh*
la gestione	*the management*	la/lo stilista	*the designer*
il gusto	*the taste*	la vendita	*the sale*
la liquidazione	*the sale*	la vetrina	*the shopwindow*

Aggettivi (Adjectives)

esclusivo	*exclusive*	ricercato	*wanted*
fondamentale	*fundamental*	rinomato	*renowned*
maggiore	*biggest*	snello	*slender*
promozionale	*promotional*	sontuoso	*sumptuous*

Verbi (Verbs)

acquistare	*acquire*	imitare	*to imitate*
desiderare	*to wish*	invogliare	*to tempt*
dilettarsi	*to take pleasure*	permettere	*to allow*
garantire	*to guarantee*	svendere	*to liquidate*

Domande (Questions)

After you have read the selection, answer the questions in Italian repeating your answers aloud.

1. Chi sono gli stilisti di moda più conosciuti in Italia e nel mondo?

____

2. Che cos'è Milano?

____

3. Qual'è l'azienda di abbigliamento più grande in Italia?

____

4. Che cosa si vede scritto sulle vetrine dei negozi italiani?

____

5. Perchè sono fondamentali le aziende di abbigliamento in Italia?

____

14

The Imperfect Tense

The imperfect tense expresses an action or actions that happened in the past and are not completed. The imperfect is used in the following ways.

- To express a situation, a narration, or background in the past
- To express repeated and habitual actions in the past
- To express a description in the past
- To express a continuous action in the past
- To express age, time of day, and weather conditions in the past
- To express color, size, and personal qualities in the past
- To express an ongoing action in the past with the preposition **da**

Formation of the Imperfect

The imperfect tense is formed by adding the imperfect endings to the stem of the **-are**, **-ere**, and **-ire** verbs. There are very few irregular verbs in the imperfect.

Regular *-are* Verbs

To conjugate an **-are** verb in the imperfect tense, drop the infinitive **-are** ending and add to the stem the imperfect endings **-avo, -avi, -ava, avamo, -avate, -avano**.

accompagnare		**dare**	
io accompagnavo	noi accompagnavamo	io davo	noi davamo
tu accompagnavi	voi accompagnavate	tu davi	voi davate
lui/lei accompagnava	loro accompagnavano	lui/lei dava	loro davano

lavorare		**parlare**	
io lavoravo	noi lavoravamo	io parlavo	noi parlavamo
tu lavoravi	voi lavoravate	tu parlavi	voi parlavate
lui/lei lavorava	loro lavoravano	lui/lei parlava	loro parlavano

ricordare		**stare**	
io ricordavo	noi ricordavamo	io stavo	noi stavamo
tu ricordavi	voi ricordavate	tu stavi	voi stavate
lui/lei ricordava	loro ricordavano	lui/lei stava	loro stavano

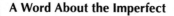

A Word About the Imperfect

The imperfect is usually preceded or followed by expressions such as **di solito**, **qualche volta**, **spesso**, **la domenica**, **il lunedì**, **di frequente**, and **mentre**. They all indicate repetition and habitual actions.

Regular *-ere* Verbs

To conjugate regular **-ere** verbs in the imperfect, drop the infinitive **-ere** ending and add to the stem the endings **-evo**, **-evi**, **-eva**, **-evamo**, **-evate**, **evano**.

avere		**chiedere**	
io avevo	noi avevamo	io chiedevo	noi chiedevamo
tu avevi	voi avevate	tu chiedevi	voi chiedevate
lui/lei aveva	loro avevano	lui/lei chiedeva	loro chiedevano

potere		**sapere**	
io potevo	noi potevamo	io sapevo	noi sapevamo
tu potevi	voi potevate	tu sapevi	voi sapevate
lui/lei poteva	loro potevano	lui/lei sapeva	loro sapevano

tenere		**vedere**	
io tenevo	noi tenevamo	io vedevo	noi vedevamo
tu tenevi	voi tenevate	tu vedevi	voi vedevate
lui/lei teneva	loro tenevano	lui/lei vedeva	loro vedevano

Regular *-ire* Verbs

To conjugate regular **-ire** verbs in the imperfect, drop the infinitive **-ire** ending and add to the stem the endings **-ivo, -ivi, -iva, -ivamo, -ivate, -ivano.**

aprire		**capire**	
io aprivo	noi aprivamo	io capivo	noi capivamo
tu aprivi	voi aprivate	tu capivi	voi capivate
lui/lei apriva	loro aprivano	lui/lei capiva	loro capivano

finire		**scoprire**	
io finivo	noi finivamo	io scoprivo	noi scoprivamo
tu finivi	voi finivate	tu scoprivi	voi scoprivate
lui/lei finiva	loro finivano	lui/lei scopriva	loro scoprivano

sentire		**venire**	
io sentivo	noi sentivamo	io venivo	noi venivamo
tu sentivi	voi sentivate	tu venivi	voi venivate
lui/lei sentiva	loro sentivano	lui/lei veniva	loro venivano

Pronunciation Tip

Practice the pronunciation of the imperfect. There are one-syllable, two-syllable, three-syllable, and four-syllable verbs. Be sure to pronounce the imperfect tense in this way: **io parlavo, tu parlavi, lui/lei parlava, noi parlavamo, voi parlavate, loro parlavano.**

Irregular Verbs

bere		**dire**	
io bevevo	noi bevevamo	io dicevo	noi dicevamo
tu bevevi	voi bevevate	tu dicevi	voi dicevate
lui/lei beveva	loro bevevano	lui/lei diceva	loro dicevano

essere		**fare**	
io ero	noi eravamo	io facevo	noi facevamo
tu eri	voi eravate	tu facevi	voi facevate
lui/lei era	loro erano	lui/lei faceva	loro facevano

porre		produrre	
io ponevo	noi ponevamo	io producevo	noi producevamo
tu ponevi	voi ponevate	tu producevi	voi producevate
lui/lei poneva	loro ponevano	lui/lei produceva	loro producevano

Irregular Verbs in the Imperfect

The verbs **fare**, **dire**, **bere**, **produrre**, **porre**, and **essere** take their root for the imperfect tense from the original Latin infinitives, but the conjugations are regular. For these verbs add the imperfect endings to **fac-** (for **fare**), **dic-** (for **dire**), **bev-** (for **bere**), **produc-** (for **produrre**), **pon-** (for **porre**), **er-** (for **essere**).

Exercise 14.1

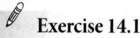

Rewrite the sentences in the imperfect tense.

1. Di solito io vado a letto tardi.

   ____

2. Tu vai spesso in Italia.

   ____

3. Il sabato mattina mi piace dormire.

   ____

4. Vediamo di frequente i nostri amici.

   ____

5. Ogni giorno dobbiamo fare i compiti.

   ____

6. Mangiate sempre la pasta.

   ____

7. Loro non sanno parlare l'italiano.

   ____

8. Di solito loro fanno tante fotografie ai bambini.

   ____

9. Lei parla spesso con i suoi genitori.

____

10. Di tanto in tanto, la chiamo al telefono.

____

11. I bambini dicono sempre la verità.

____

12. Di solito bevo molta acqua.

____

Uses of the Imperfect

The imperfect tense expresses actions in the past that are not seen as completed. It is used to indicate past situations or actions without referring to the beginning or to the end.

To Express a Narration, a Situation, or a Background in the Past

La neve cadeva e tutto era silenzioso e calmo. Il sole splendeva, gli uccelli cantavano e la gente camminava nei boschi.	*The snow was falling and everything was quiet and calm. The sun was shining, the birds were singing, and the people were walking in the woods.*

To Express Repeated, Habitual Actions in the Past

Tutti gli inverni, io andavo a sciare con la mia famiglia.	*Every winter, I used to go skiing with my family.*
Ogni sera prima di andare a letto, la mamma cantava una canzone alle bambine.	*Every night before going to sleep, their mother used to sing a song to the girls.*
Tutte le estati, andavamo al mare.	*Every summer we used to go to the seaside.*

To Express a Description in the Past

La casa era bella.	*The house was beautiful.*
La pasta era buona.	*The pasta was good.*
I bambini erano buoni.	*The children were good.*

To Express a Continuous Action in the Past

Roberto scriveva e Paola leggeva.	*Roberto was writing and Paola was reading.*
Marco suonava il piano e suo padre cantava.	*Marco was playing the piano and his father was singing.*
Io parlavo al telefono quando arrivò mia figlia.	*I was talking on the phone when my daughter arrived.*
Io parlavo al telefono quando è arrivata mia figlia.	*I was talking on the phone when my daughter arrived.*
Voi tagliavate l'erba quando suonò (è suonato) il telefono.	*You were cutting the grass when the phone rang.*

In the last three examples, the imperfect, the preterit, and the present perfect are used. The first part of the sentence is the ongoing action and it is expressed in the imperfect; the second part of the sentence is a completed action and it requires the preterit or the present perfect. The imperfect is used as a continuous action that is interrupted by another action—while something is going on or something else starts.

To Express Age, Time of Day, and Weather in the Past

Mia zia aveva 108 anni quando morì (è morta).	*My aunt was 108 years old when she died.*
Erano le dieci e la banca era ancora chiusa.	*It was ten o'clock, and the bank was still closed.*
Volevamo andare in montagna ma pioveva.	*We wanted to go to the mountains, but it was raining.*

To Express Size, Color, and Personal Qualities in the Past

Mia madre era molto bella.	*My mother was very beautiful.*
La giacca era troppo grande.	*The jacket was too big.*
Il vestito era rosso.	*The dress was red.*

To Express an Ongoing Action in the Past with the Preposition *da*

Lei era a letto da un mese con la polmonite.	*She was in bed for a month with pneumonia.*
Loro studiavano l'italiano da quattro anni.	*They studied Italian for four years.*

Exercise 14.2

Translate the sentences into Italian using the imperfect tense.

1. Yesterday it was raining.

   ____

2. What was the weather like in Italy?

   ____

3. It was sunny and warm.

   ____

4. It had been cloudy for a week.

   ____

5. The mother was sleeping and the children were playing.

   ____

6. He took a shower every morning.

   ____

7. Carlo used to call me often.

   ____

8. Usually on Sunday afternoon we went for a walk in the park.

   ____

9. I used to see the geese every evening.

   ____

10. I was studying and my sister was playing.

    ____

11. What time was it when you came back?

    ____

12. In the past they used to make olive oil.

____

13. The children used to eat only fish.

____

14. The train left every day at nine o'clock.

____

15. They were not tired, only hungry.

____

16. Your (*sing.*) mother was very ambitious.

____

Preterit, Present Perfect, and Imperfect Compared

The preterit, the present perfect, and the imperfect are all past tenses. They can be used in the same sentence to express something that was going on when something else happened. Deciding whether the imperfect or the preterit (or the present perfect) should be used is not always easy, since in English there is no distinction between these tenses. In Italian they express different types of actions and the imperfect and the preterit, or the imperfect and the present perfect, cannot be used interchangeably.

Compare the difference in meaning in the following sentences where the present perfect or the preterit and the imperfect are used.

Lei è partita ieri. Lei partì ieri.	*She left yesterday.*
Di solito lei partiva alle cinque.	*She used to leave at five.*
Io sono andata al supermercato. Io andai al supermercato.	*I went to the supermarket.*
Io andavo al supermercato tutti i giorni.	*I went the supermarket every day.*
Che cosa hai comprato al supermercato? Che cosa comprasti al supermercato?	*What did you buy at the supermarket?*
Che cosa compravi di solito?	*What did you used to buy?*

Abbiamo ricevuto una lettera. Ricevemmo una lettera.	*We received a letter.*
Ricevevamo sempre delle lettere.	*We always received letters.*
Abbiamo camminato nel parco oggi. Camminammo nel parco oggi.	*We walked in the park today.*
Camminavamo nel parco tutti i giorni.	*We walked in the park every day.*
Lui ha visto molte oche. Lui vide molte oche.	*He saw many geese.*
Lui vedeva le oche nel campo.	*He used to see the geese in the field.*

Practice Makes Perfect

Practice as often as you can the different uses of the present perfect, the preterit, and the imperfect. Keep in mind that the preterit is used more in literature and in southern Italy, and that the present perfect is used more in speech and in northern Italy. Both tenses express an action that is completed in the past, but the imperfect expresses actions in the past with no specific reference to their beginning or end.

Volere, potere, sapere

Affirmative

Io volevo andare allo zoo. Io volli andare allo zoo. Sono voluto andare allo zoo.	*I wanted to go to the zoo.*
Potevamo ascoltare la musica. Potemmo ascoltare la musica. Abbiamo potuto ascoltare la musica.	*We were able to listen to the music.*
Lei sapeva dove era suo fratello. Lei seppe dove era suo fratello. Lei ha saputo dove era suo fratello.	*She knew where her brother was.*

For the verbs **volere** and **potere**, the English translations of the example sentences above show that the preterit, the present perfect, and the imperfect are the same. However, the preterit and the present perfect **volli** and **Sono voluto** (from **volere**), **potemmo** and **abbiamo potuto** (from **potere**), and **seppe** and **ha saputo** (from **sapere**) indicate that the action is over.

Negative

Perchè non sei voluto andare con me?	*Why didn't you want to go with me?*
Non potevo fare i miei compiti.	*I could not do my homework.*
Non ho potuto fare i compiti ieri.	*I could not do my homework yesterday.*
Non sapevo che voi eravate a casa.	*I did not know that you were at home.*
Non ho saputo che tu eri ammalata.	*I did not know that you were sick.*

Exercise 14.3

Translate the sentences into Italian using the preterit or imperfect.

1. The children wanted to go to the park.

 ____

2. I knew it.

 ____

3. What did you tell Franco?

 ____

4. We were eating when you came home.

 ____

5. Why did you call him?

 ____

6. Why did you used to call him?

 ____

7. Where did you go yesterday?

 ____

8. Where was he going when I saw him?

 ____

9. She had an accident.

 ____

10. She used to have car accidents often.

11. Did you give her the good news?

12. You (*sing.*) used to bring her good news.

Exercise 14.4

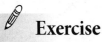

Translate the sentences into Italian using the present perfect or imperfect.

1. Last week I went to the lake.

2. I used to go to the lake.

3. You met your friends in Rome.

4. You were meeting your friends in Rome.

5. You (*sing.*) turned off the TV, because I was studying.

6. When you (*sing.*) came home they were sleeping.

7. He was in the hospital for ten days.

8. He went to the hospital last week.

9. She took the children to the zoo.

10. She took the children to the zoo every summer.

11. I lost my umbrella.

____

12. I always forgot my umbrella at home.

____

Exercise 14.5

Translate the sentences into Italian using the correct form of the imperfect or the present perfect.

1. I used to ski every winter.

____

2. I skied a lot.

____

3. You (*sing.*) went to Africa with your parents.

____

4. You (*sing.*) used to go to Africa for work.

____

5. They wrote me a long letter.

____

6. They used to write me long letters.

____

7. He used to conduct the orchestra.

____

8. He conducted the orchestra for ten years.

____

9. Last night he went to bed late.

____

10. He used to go to bed late every night.

____

11. She cooked for the whole family.

    ____

12. She cooked for the whole family every Sunday.

    ____

Exercise 14.6

Complete the sentences with the correct form of the verbs in parentheses. Use the imperfect or the present perfect and the preterit.

EXAMPLE *Io dormivo quando sei ritornato. (ritornasti)*

1. Tu ______________ a casa quando io ______________________________. (essere, telefonare)
2. Noi ______________ a tavola quando ______________ un forte temporale. (essere, venire)
3. Mentre loro ______________ qualcuno ______________ alla porta. (dormire, bussare)
4. Marco ______________ la partita di pallone quando ______________ la notizia. (guardare, arrivare)
5. Noi ______________ andare in Italia, ma non ______________ posto sull'aereo. (dovere, trovare)
6. Mentre loro ______________ al cinema, ______________ gli zii a visitarci. (essere, venire)
7. Lei non ______________ l'ombrello quando ______________ a piovere. (avere, cominciare)
8. Il ciclista ______________ molto allenamento e ______________ tutte le gare. (fare, vincere)
9. Io ______________ mal di testa e il raffreddore così ______________ a letto tutto il giorno. (avere, stare)
10. Io ______________ di dormire fino a tardi, ma mi ______________ presto, così ______________ di alzarmi. (sperare, svegliarsi, decidere)
11. Voi ______________ una scatola di cioccolatini che ______________ portare ai vostri parenti. (comprare, volere)

12. Quando noi ____________ di casa, ____________ un gatto nero. (uscire, vedere)
13. Carla non ____________ le scarpe in Italia, perchè ____________ troppo. (comprare, costare)
14. Ieri il mio computer non ____________, oggi funziona perchè il tecnico l'____________. (funzionare, riparare)
15. Mentre gli uomini ____________ la partita di pallone, le donne ____________ nei negozi di abbigliamento. (guardare, andare)
16. Quando voi ____________ in Africa, non ____________ dal dentista. (essere, andare)

Double Object Pronouns

In Italian a direct object pronoun and an indirect object pronoun can be combined.

- Positions of the double object pronouns are the same as with single object pronouns. They are either placed directly before the first verb or they can be attached to the infinitive.
- In most cases, the indirect object pronoun precedes the direct object pronoun.
- In a negative sentence, the word **non** (or any other word of negation) comes directly before the first pronoun when this is placed in front of the verb (but not when the object pronouns are attached to the infinitive).
- The indirect object pronouns **mi**, **ti**, **gli**, **ci**, and **vi** change to **me**, **te**, **glie**, **ce**, and **ve** when they are combined with the direct object pronouns.

Me lo, me la, me li, me le

The indirect object pronoun **mi** changes to **me** when combined with the direct object pronouns **lo**, **la**, **li**, and **le** as follows:

Giovanni porta il libro. **Me lo** porta.	*Giovanni brings the book.* *He will bring it to me.*
Lui legge la lettera. **Me la** legge.	*He reads the letter.* *He reads it to me.*
Lei presta i libri. **Me li** presta.	*She loans the books.* *She loans them to me.*

Carlo compra le rose. *Carlo buys the roses.*
Carlo **me le** compra. *Carlo buys them for me.*

In the second position, the object pronouns are attached to the infinitive and become one word. The accent is placed on the vowel preceding the **-r-** of the infinitive ending to maintain the natural stress of the infinitive. Whether the object pronouns are placed in front of the first verb or attached to the infinitive, the meaning of the sentence is the same.

Giovanni mi porta il libro.	*Giovanni will bring me the book.*
Giovanni vuole portar**melo**.	*He wants to bring it to me.*
Maria mi scrive la lettera.	*Maria writes me the letter.*
Maria vuole scrivermela.	*Maria wants to write it to me.*
Lui mi fa la fotografia.	*He takes pictures of me.*
Lui vuole farmela.	*He wants to take it.*
Tu mi ordini le pizze.	*You order me pizza.*
Tu puoi ordinarmele.	*You can order them for me.*

Exercise 14.7

Translate the sentences into English.

1. Io vorrei bere un caffè. Me lo fai?

 ____

2. Roberto mi ha comprato una maglia. Me l'ha comprata per il mio compleanno.

 ____

3. Ho bisogno di matite colorate. Voglio comprarmele.

 ____

4. Preparo la colazione. Me la preparo tutte le mattine.

 ____

5. Vorrei comprare gli sci. Me li compro dopo le Feste.

 ____

6. Il postino ha le mie lettere. Me le porta domani.

 ____

7. Avevamo bisogno di arance. Sono andata a comprarmele.

____

8. Non vuole portarmi l'insalata. Non vuole portarmela.

____

NOTE: Practice all the previous examples aloud. The more you practice, the easier it becomes.

Te lo, te la, te li, te le

The indirect object pronoun **ti** changes to **te** when combining with the direct object pronouns **lo**, **la**, **li**, and **le** as follows:

Ti dò il mio scialle, perchè fa freddo.	*I'll give you my shawl because it is cold.*
Grazie, **te lo** restituisco domani.	*Thank you, I will return it tomorrow.*
Perchè non mi hai comprato l'acqua?	*Why didn't you buy me water?*
Te la compro domani.	*I'll buy it for you tomorrow.*
Dove hai messo i miei calzini?	*Where did you put my socks?*
Te li ho messi nel cassetto.	*I put them in the drawer.*
Hai spedito le lettere?	*Did you mail the letters?*
Te le ho spedite ieri.	*I mailed them yesterday.*
Vogliamo mandarti un regalo.	*I want to send you a gift.*
Voglio mandar**telo**.	*I want to send it to you.*

Exercise 14.8

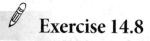

Translate the sentences into English.

1. Maria non ti porta il vino. Te lo porta Giovanni.

____

2. Voglio regalarti una pianta. Voglio regalartela.

____

3. Tu aspetti il conto. Spero che il cameriere te lo porti in fretta.

____

4. Ti voglio comprare una bicicletta. Te la porto a casa.

___

5. Maria legge tanti giornali. Quando ha finito di leggerli, te li impresto.

___

6. Ti mandiamo le cartoline dall'Europa. Te le mandiamo da Roma.

___

7. Possiamo noleggiare dei video. Te li noleggiamo noi.

___

8. Maria ti disse di andare a cena da lei? Sì, me lo disse ieri.

___

9. Volevo dirti di venire da me alle 20,00. Volevo dirtelo ieri.

___

10. Io ti leggo il libro. Te lo leggo.

___

Glielo, gliela, glieli, gliele

The indirect pronoun **gli** becomes **glie** and combines with the direct object pronouns **lo, la, li, le,** and **ne** to form one word: **glielo, gliela, glieli, gliele,** and **gliene**. In these cases the indirect object pronoun **glie-** is used for the masculine and the feminine.

Glielo porto. } *I bring it to her.*
I bring it to you. (sing. form., m. or f.)
I bring it to them.

A Word About *glie-*

When you use **glie-** + the direct object pronoun, keep in mind that you already have to know if the indirect object is masculine or feminine, singular or plural. Also, **glie-** in modern Italian is used when referring to *them* as well. The alternative would be **loro, a loro**, which is rarely used today.

Glielo compro.	*I buy it for him (for you/for them).*
Lo compro a loro.	*I buy it for them.*

NOTE: **Loro** always follows the verb.

Porto il giornale a mio padre.	*I bring the newspaper to my father.*
Glielo porto.	*I bring it to him.*
Compro la gonna a Maria.	*I buy a skirt for Maria.*
Gliela compro.	*I buy it for her.*
Mandiamo i biscotti al ragazzo.	*We send the cookies to the kid.*
Glieli mandiamo.	*We'll send them to them.*
Gli leggiamo le lettere.	*We'll read him the letters.*
Gliele leggiamo.	*We'll read them to him.*
Portiamo i giochi ai bambini.	*We'll bring the toys to the children.*
Glieli portiamo. **Li** portiamo **a loro**.	*We'll bring them to them.*
Non posso portare il libro a Luigi.	*I cannot bring the book to Luigi.*
Non **glielo** posso portare. Non posso portar**glielo**.	*I cannot bring it to him.*

Exercise 14.9

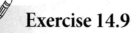

Complete the sentences with the correct double object pronouns.

EXAMPLE *Le compriamo le rose.* Gliele *compriamo.*

1. Non trovo il libro. Se lo trovo ____________ porto. (*to you, sing.*)
2. Io darei il mio libro a Luca. Io ____________ darei. (*to him*)
3. Maria insegna la danza classica a Lara. Maria ____________ insegna. (*to her*)
4. Io insegno l'italiano a Luigi. Io ____________ insegno. (*to him*)
5. Io insegno lo spagnolo a Paolo e Luigi. Io ____________ insegno. (*to them*)
6. Lui mi ha scritto molte lettere. Lui ____________ ha scritte. (*to me*)
7. Ti darò la risposta domani. ____________ darò domani. (*to you, sing.*)
8. Voi portate la torta alla nonna. ____________ portate. (*to her*)

9. Loro hanno bisogno di soldi. ____________ impresto io. (*to them*)
10. Maurizio porta la maglietta ai gemelli. Maurizio ____________ porta. (*to them*)
11. Noi ti portiamo il biglietto per il treno. ____________ portiamo. (*to you, sing.*)
12. Io vorrei far vedere le fotografie alle mie amiche. Io vorrei ____________ vedere. (*to them*)
13. Vorrei la ricetta per il dolce. Potresti mandar ____________ per posta elettronica? (*to me*)
14. Io ____________ mando la ricetta quando la trovo. (*to you, sing.*) ____________ mando presto.
15. Ti sei comprata il vestito? No, non ____________ sono comprato costava troppo. (*to me*)
16. Quando gli dai il regalo? ____________ do domani. (*to him*)

Ce lo, ce la, ce li, ce le

The indirect object pronouns **ci** and **vi** change to **ce** and **ve** when combined with the direct object pronouns **lo, la, li,** and **le** as follows:

I nostri amici ci portano il giornale.	*Our friends bring us the newspaper.*
I nostri amici **ce lo** portano.	*Our friends will bring it to us.*
Maria ci dà la ricetta.	*Maria will give us the recipe.*
Maria **ce la** dà.	*Maria will give it to us.*
Noi ci compriamo gli sci.	*We'll buy ourselves skis.*
Noi **ce li** compriamo.	*We'll buy them for ourselves.*
Noi ci portiamo le biciclette.	*We'll bring the bicycles.*
Noi **ce le** portiamo.	*We'll bring them for ourselves.*
Vorresti darci il libro, ma non puoi.	*You would like to give us the book, but you can't.*
Vorresti dar**celo**, ma non puoi.	*You would like to give it to us, but you can't.*
Non puoi portarci i CD.	*You cannot bring us the CDs.*
Non puoi portar**celi**.	*You cannot bring them to us.*

Ve lo, ve la, ve li, ve le

The indirect object pronoun **vi** changes to **ve** when combined with the direct objects **lo, la, li,** and **le** as follows:

Quando vi vedo, vi dò il biglietto.	*When I see you, I'll give you the ticket.*
Quando vi vedo, **ve lo** dò.	*When I see you, I'll give it to you.*
Vi porterò la maglia domani.	*I will bring you the sweater tomorrow.*
Ve la porterò domani.	*I will bring it to you tomorrow.*
Vi regalo gli orecchini.	*I will give you the earrings.*
Ve li regalo.	*I will give them to you.*
Io non vi faccio le lasagne.	*I will not make lasagna for you.*
Non **ve le** faccio.	*I will not make it for you.*
Non voglio dirvi che cosa ho fatto.	*I don't want to tell you what I did.*
Non voglio dir**velo**.	*I don't want to tell you.*

NOTE: The direct/indirect object pronoun combinations are written as two words, except for **glielo, gliela, glieli, gliele** and all the pronoun combinations when they are attached to the infinitive.

Exercise 14.10

Translate the sentences into Italian.

1. I told you yesterday.

____

2. I gave a computer to my niece. I gave it to her.

____

3. I will tell her the news when she comes.

____

4. Your aunt wants you to read the article to her.

____

5. You don't want to read it to her.

____

6. Giovanni loaned him the car. He loaned it to him.

____

7. Maria read a good book and she gave it to me to read.

____

8. He wanted to give him the violin.

____

9. She wanted to send them the present.

____

10. The doctor gave us the medicines.

____

11. The doctor gave them to us.

____

12. The doctor wanted to give us the medicines.

____

13. The doctor wanted to give them to us.

____

14. We gave the children many toys.

____

15. We gave them to them.

____

16. We didn't want to give them to them.

____

17. After visiting her, they went to the restaurant.

____

18. I will ask her to go with me.

____

19. You will tell her to do it.

____

20. You will tell her today when you see her.

____

Reflexive Pronouns with Direct Object Pronouns

The combination is common with reflexive verbs expressing the action of putting on and taking off clothes (**mettersi la maglia, togliersi la maglia**), with verbs that are used with parts of the body (**lavarsi, pettinarsi, truccarsi**), and with some idiomatic verbs (**mangiarsi, bersi**). The reflexive pronouns precede a direct object pronoun when they occur together.

The objects are either placed before the first verb or attached to the infinitive.

Ti sei lavato la faccia?	*Did you wash your face?*
Te la sei lavata?	*Did you wash it?*
Non si sono pettinati.	*They did not comb their hair.*
Non **se li** sono pettinati.	*They did not comb it.*
Carlo si allaccia le scarpe.	*Carlo ties his shoes.*
Carlo **se le** allaccia.	*Carlo ties them.*
La bambina si mette il vestito da sola.	*The girl puts the dress on by herself.*
La bambina **se lo** mette da sola.	*The girl puts it on by herself.*
Mi sono mangiata tutto il dolce.	*I ate up the whole cake.*
Me lo sono mangiato tutto.	*I ate it all up.*
Il bambino si è tagliato i capelli.	*The boy cut his own hair.*
Se li è tagliati lui.	*He cut it himself.*
L'uomo si è bevuto una bottiglia di vino.	*The man drank a bottle of wine.*
L'uomo **se l'**è bevuta tutta.	*The man drank it all.*

Reminder

In Italian, when reflexive verbs are used with parts of the body or clothes, the possessive adjective is not used.

Exercise 14.11

Complete the second sentence using the object pronouns and the correct verb forms.

EXAMPLE *Tu hai venduto le scarpe a Luisa. Gliele hai vendute.*
You sold the shoes to Luisa. You sold them to her.

1. La nonna ha dato molti giocattoli ai nipoti. La nonna ________________.
2. Abbiamo chiesto al ragazzo di cantare. ________________.
3. I bambini vanno a lavarsi le mani. Vanno a ________________.
4. Francesca legge il libro a sua figlia. Francesca ________________ legge.
5. Francesca vuole leggere il libro a sua figlia. Vuole ________________.
6. La donna si trucca molto bene. La donna vuole ________________ bene.
7. Il marito spala la neve. ________________ sempre il marito.
8. I ragazzi si comprano giochi elettronici. ________________ con i loro soldi.
9. Non si è ricordata il condimento per l'insalata. ________________ dimenticato.
10. Devo comprare un regalo per tua sorella. Devo ________________.
11. Non si lavano mai la faccia prima di andare a scuola. ________________.
12. Si lavano i capelli tutti i giorni. ________________ tutti i giorni.

Exercise 14.12

Translate the sentences into English.

1. Le è piaciuto il dolce e se l'è mangiato tutto.

____

2. Si chiedevano perchè i loro amici non venivano a trovarli.

____

3. Se lo chiedevano spesso.

____

4. Hanno mangiato tutta la pizza. Se la sono mangiata tutta.

____

5. Gli (*sing.*) devo chiedere a che ora viene. Glielo chiedo per telefono.

____

6. Comprano il giornale e se lo leggono tutto.

____

7. Lei non ha ancora preso la patente. La prenderà fra due mesi.

____

8. Si è comprata una macchina e se l'è pagata tutta lei.

____

9. I ragazzi hanno trovato un gatto. Se lo sono portato a casa.

____

10. Non mi aspettavo che tu venissi. Non me lo aspettavo proprio.

____

Exercise 14.13

On a separate sheet of paper, write the English translation of the following infinitives from Part III.

1. acquistare
2. arrangiare
3. attrarre
4. bastare
5. cadere
6. cercare
7. concludere
8. contraddire
9. dilettarsi
10. disegnare
11. distrarre
12. distruggere
13. imitare
14. influire
15. invogliare
16. liquidare
17. masticare
18. pensare

19. pescare
20. porre
21. prevenire
22. pubblicare
23. ridere
24. ripetere
25. scegliere
26. scoprire
27. spingere
28. spolverare
29. succedere
30. supplicare
31. svendere
32. tradurre
33. vagare
34. votare

Reading Comprehension

Il traffico in Italia

Spesso, i turisti americani che ritornano dall'Italia sono allibiti da come guidano gli italiani. Li definiscono autisti pazzi, e molti hanno paura a mettersi al volante quando viaggiano in Italia.

Come in tutti i paesi industrializzati, la congestione del traffico nelle città italiane è diventata un problema molto serio. Questo è causato dal fatto che il 60% degli italiani abita in città e tutti vogliono la macchina, anzi due o tre.

La macchina più usata in Italia è la FIAT, le cui lettere stanno per Fabbrica Italiana Automobili Torino. Le Fiat sono popolari, ma non molto lussuose e agli italiani piacciono le macchine di lusso, con motore potente e apparenza sofisticata come le Ferrari, le Maserati, le Lamborghini, le Alfa Romeo tutte simbolo di incredibile ingegnosità e buon gusto. Si vedono anche molte macchine straniere come la BMW e la Mercedes.

L'età minima per prendere la patente di guida è di 18 anni. Per ottenere la patente bisogna fare un corso di scuola guida, poi bisogna sostenere un esame di teoria e uno di pratica. Entrambi abbastanza difficili, costosi e complessi.

In Italia la benzina è molto cara, ma dal numero di macchine per le strade nessuno ci crederebbe. Oltre alle macchine, sulle autostrade c'è un incredibile numero di camion che trasportano le merci in tutta Italia e in Europa. Ai camion è proibito viaggiare durante il fine settimana, dal venerdì a mezzanotte fino alla domenica a mezzanotte. Questo per agevolare la gente che vuole viaggiare durante i fine settimana.

Il limite di velocità sulle autostrade italiane e di 130 km, o circa 78 miglia all'ora, ma sono poche le persone che ubbidiscono a questa regola. Tutti, o quasi tutti, eccedono il limite di velocità e a volte ci sono degli incidenti orribili, proprio causati da questi eccessi.

La polizia italiana da qualche anno non perdona gli autisti che guidano follemente, parlano al cellulare mentre guidano e sono in stato di inebriatezza. È stato istituito un sistema di punteggio sulla patente, e man mano che i punti vengono tolti, gli autisti vengono penalizzati, fino a rimanere senza patente se rimangono senza punti. Questo ha aiutato un po', ma c'è bisogno di consistente vigilanza e di senso di responsabilità da parte di tutti.

Nomi (Nouns)

l'apparenza	*the appearance*	l'ingegnosità	*the ingeniousness*
la congestione	*the congestion*	il limite	*the limit*
l'inebriatezza	*the intoxication*	la sofisticatezza	*the sophistication*

Aggettivi (Adjectives)

complesso	*complex*
pazzo	*crazy*
sofisticato	*sophisticated*

Avverbi (Adverbs)

follemente	*madly, insanely*

Espressioni (Expressions)

mettersi al volante	*to drive*
scuola guida	*drivers' education*
stato di inebriatezza	*drunk*

Verbi (Verbs)

agevolare	*to make it easy*	penalizzare	*penalize*
allibire	*to horrify*	prendere	*to get*
definire	*to define*	sostenere	*to endure; to support*
eccedere	*to exceed*		
ottenere	*to obtain*	trasportare	*to transport*

Domande (Questions)

After you have read the selection, answer the questions in Italian repeating your answers aloud.

1. Quanti italiani vivono in città?

____

2. Da che cosa è causato il problema nei paesi industrializzati?

____

3. Che cosa significa FIAT?

____

4. Quali macchine piacciono agli italiani?

____

5. Perchè?

____

6. A che età si può prendere la patente in Italia?

____

7. Che cosa bisogna fare per prendere la patente?

____

8. Ubbidiscono al limite di velocità gli italiani?

____

II

Advanced Italian Step-by-Step

Accent Marks, Stress, and Intonation in Italian

Learning the accents and where to place the stress on a word is very important and makes it easier to know how to say words in Italian. The accent marks in Italian are added to a letter to differentiate it from another one with a similar sound.

There are four orthographic accent marks in Italian:

accento acuto	*acute accent*; used with the vowels **é**, **ó**, and they have a closed sound (**perché**, **affinché**, **cosicché**, **né**, **nonché**, **purché**, **sé**)
accento grave	*grave accent*; used with the vowels **à**, **è**, **ì**, **ò**, **ù**, and they have an open sound (**cioè**, **è**, **città**, **caffè**)
accento circonflesso	*circumflex accent* (**ê**), not used anymore in modern Italian
diaresi	*diaresis or umlaut* (**ë**), used in foreign words

In contemporary Italian, it is mandatory to mark the accent only in the following categories:

- With words of two or more syllables that end with a vowel that is stressed: bontà, libertà, città, carità, and però
- With some monosyllable words that could be pronounced as a word with two syllables: più, giù, già, ciò, and so on
- With some monosyllables that need to be recognized from other words:

dà (*to give*)	**da** (*from*)
è (*to be*)	**e** (*and*)
sè (*pronoun*)	**se** (*pronoun and conjunction*)
sì (*adverb of affirmation*)	**si** (*pronoun*)
là (*adverb of location*)	**la** (*article, pronoun, or musical note*)

nè (*conjunction*) **ne** (*pronoun*)
lì (*adverb of location*) **li** (*pronoun*)

Stress

The stress placed on words within a sentence is called **sentence stress**, which is the relative emphasis given to certain syllables in a word. It is typically signaled by increased loudness, vowel length, and changes in pitch.

The terms **stress** and **accent** are sometimes considered the same thing, and they can be when the accent or the stress is on a single-syllable word (**dò**, **sè**, etc.) or on the end of a two or more syllable word (**città**, **povertà**, etc.). There are some guidelines to follow to learn where to place the stress on a word. Keep in mind, however, that these are guidelines since people from one part of Italy sometimes pronounce the same word with emphasis on a syllable that differs from the way it is pronounced in another part of the country.

The Golden Rule for Placing Stress

This does not hold up in all situations by any means, but for the most part, the stress is placed on the second-to-last syllable: **bambino**, **cantare**. When the stress is on the last syllable, an accent mark is mandatory on the last letter of the word: **perché**, **bontà**, and so on. Knowing this is going to help you with the proper pronunciation of quite a few words in the language. Many words are pronounced with the stress on the third-to-last or fourth-to-last syllable. There is no rule governing the placement of the stress in these cases. As you develop an ear for the language, you will learn which pronunciation sounds better. Here are some examples:

facile *easy* **portabile** *portable* **aspettano** *they wait*
mangiamo *we eat* **mangiano** *they eat* **controllano** *they control*

Some words have a different meaning depending on the position of the accent (stress). The accent, however, is not used. The correct pronunciation of the word is understood only by the context of the phrase. Take a look at the following examples:

Mi **capitano** sempre cose belle.	*Beautiful things are always happening to me.*
Il **capitano** della nave era molto giovane.	*The captain of the boat was very young.*
Il marinaio ha gettato l'**ancora**.	*The sailor threw the anchor.*
Lei vuole vederti **ancora**.	*She wants to see you again.*

15

Nouns, Descriptive Adjectives, and Pronouns

Nouns, articles, adjectives, and pronouns are the first elements usually studied when learning a language. They are very important and quite extensive in Italian, and I feel that they are seldom repeated or reviewed enough, or that there are sufficient exercises to master them. Therefore, I feel it is important to briefly review them again in this advanced book so that students will have additional practice.

Definition and Classification of Nouns

A noun is a word that labels persons, animals, places, things, or concepts. Nouns fall under one of the following classifications:

- Proper nouns (**nomi propri**), which include first names and surnames of people (**Giovanni**, **Luigi**, **Maria**, **Silvia**, **Ferri**, **Benedetti**, etc.) and names of places (**Milano**, **Venezia**, **Italia**, **Spagna**, **Sicilia**, **Arno**, etc.), must be written with a capital letter.
- Common nouns (**nomi comuni**), which comprise in a generic way every possible individual or class, are divided into common nouns of human beings (**uomo**, **donna**, **mamma**, **figlio**, etc.), common nouns of animals (**cane**, **gatto**, **leone**, **giraffa**), and common nouns of things (**acqua**, **vino**, **sedia**, **tavolo**, **penna**).

The common nouns are further classified as:

- Collective nouns (**nomi collettivi**), which include a group of things, such as **frutta**, **verdura**, **mobili**, or animated beings, such as **gregge**, **folla**, **gente**, etc. They are perceived as one unity. These nouns require the accompanying article and the verb to be in the singular form.

C'è una grande folla in Piazza San Pietro a Roma. *There is a large crowd in St. Peter Square in Rome.*

- Some common nouns can be enumerated (**nomi numerabili**) (**un bicchiere, due tavoli, tre vasi di fiori**), while others cannot (**nomi innumerabili**) (**il sangue, l'acqua, il vino**). These nouns do not have a plural. One cannot say, **i latti, i sangui, le acque**. In the plural form they change their meanings.

The Gender of Nouns

Nouns are used in everyday speech. Italian has two genders, *masculine* and *feminine*, and two numbers, *singular* and *plural*. Gender is important because it defines the form of the articles and the adjectives that accompany nouns in sentences.

All nouns in Italian end in a vowel. If they end with a consonant, it is because they have foreign origin (**film**, **sport**, etc.).

Usually a noun's gender is recognized by its ending. There are some indicators that will help identify whether a noun is masculine or feminine. In most cases, nouns ending in **–o** (uom**o**, libr**o**) are masculine, and nouns ending in **–a** (cas**a**, donn**a**) are feminine. Exceptions to the rule include man**o**, fot**o**, and radi**o**, which end in **–o** but are feminine nouns.

Singular and Plural Masculine Nouns

Most nouns ending in **–o** are masculine singular and change to an **–i** in the plural form.

MASCULINE	*SINGULAR*	*MASCULINE*	*PLURAL*
aere**o**	*plane*	**aerei**	*planes*
centr**o**	*center*	centr**i**	*centers*
ciel**o**	*sky*	ciel**i**	*skies*
vent**o**	*wind*	vent**i**	*winds*

Singular and Plural Feminine Nouns

Most nouns ending in **–a** are feminine and change to an **–e** in the plural form.

FEMININE	*SINGULAR*	*FEMININE*	*PLURAL*
bellezz**a**	*beauty*	bellezz**e**	*beauties*
bors**a**	*purse*	bors**e**	*purses*
famigli**a**	*family*	famigli**e**	*families*
ros**a**	*rose*	ros**e**	*roses*

Language Note:

There is a lot of confusion with some words such as **mattina** or **mattino**, **tavolo** or **tavola** and how to use them properly. The following is an attempt to clarify this.

Mattina and **tavola** are feminine, but **mattino** and **tavolo** are masculine.

Mattina or Mattino

Mattina and **mattino** have the same meaning. They are used to indicate the early part of the day. Frequently they are interchangeable.

One can equally say, le 10 del **mattino**, or le 10 della **mattina**; un **mattino** nuvoloso, or una **mattina** nuvolosa.

Some expressions, however, require the specific use of one or the other. **Mattina** is used as follows:

Ogni **mattina**, *every morning*

Domenica **mattina**, *Sunday morning*

Di prima **mattina**, *first thing in the morning*

Dalla **mattina** alla sera, *all day long*

Una bella **mattina**, *a beautiful morning*

Mattino is used with the following expressions:

Sul far del **mattino**, *at dawn*

Di buon **mattino**, *early in the morning*

Il buongiorno si vede dal **mattino**, *from the start of the day one can see how the day will go.*

Il **mattino** ha l'oro in bocca, *the early bird gets the worm.*

Tavolo or Tavola

These two words also are of different gender. They have a similar meaning, but **tavolo** is used most commonly to refer to its generic meaning, and it is often followed by words that indicate its specific use:

Tavolo da biliardo, *billiard table*

Tavolo da ping-pong, *ping-pong table, etc.*

Prenotare un **tavolo**, *to reserve a table*

Comprare un **tavolo**, *to buy a table*

Tavola, instead, is referred to as a wooden plank, but its most common use is for the piece of furniture where people eat their meals. It is used in the following expressions:

Essere a **tavola**, *to be at the table*

Andare a **tavola**, *go to the table*

Mettere in **tavola**, *to put food on the table*

Sedersi a **tavola**, *sit at the table*

Tavola **fredda**, *cold food buffet*

Tavola **calda**, *warm food buffet*

Esercizio 15.1

Complete the following sentences with mattina, mattino, tavolo, tavola as required.

1. Mettete i piatti a ____________________.
2. Ho comprato un ____________________ di marmo.
3. Il ____________________ da ping-pong è molto grande.
4. Tutte le ____________________ facciamo colazione sulla veranda.
5. Il ____________________ su cui lavoro è coperto di libri.
6. Mi piace il tuo ____________________ di cristallo.
7. Mi piace camminare alla ____________________ presto.
8. Mi alzo di ____________________ e mi siedo al ____________________ a leggere il giornale.
9. Quando ritorno dal lavoro, metto subito il cibo in ____________________.
10. In Italia, pranziamo e ceniamo a ____________________, non davanti alla televisione.

Nouns Ending in -e

A fairly small group of nouns ending in **–e** can be masculine or feminine. All of them form the plural in **–i** in both genders. There are not many of them, making it easier to memorize them.

Here are a few:

MASCULINE SINGULAR		MASCULINE PLURAL	FEMININE SINGULAR		FEMININE PLURAL
bottone	*button*	bottoni	canzone	*song*	canzoni
generale	*general*	generali	chiave	*key*	chiavi
paniere	*basket*	panieri	stazione	*station*	stazioni
distributore	*distributor*	distributori	nave	*ship*	navi
potere	*power*	poteri	notte	*night*	notti

However, a few nouns ending in **–e** are definitely masculine, and the corresponding feminine ends in **–a**.

MASCULINE SINGULAR		MASCULINE PLURAL	FEMININE SINGULAR	FEMININE PLURAL
camerier**e**	*waiter*	cameriér**i**	cameriér**a**	cameriér**e**
infermier**e**	*nurse*	infermier**i**	infermier**a**	infermier**e**
padron**e**	*owner*	padron**i**	padron**a**	padron**e**
parrucchier**e**	*hairdresser*	parrucchier**i**	parrucchier**a**	parrucchier**e**

Other nouns change from **–e** in the masculine to **–essa** in the feminine.

cont**e**	*count*	cont**i**	cont**essa**	contess**e**
leon**e**	*lion*	leon**i**	leon**essa**	leoness**e**
princip**e**	*prince*	princip**i**	princip**essa**	principess**e**

Esercizio 15.2

Change the following nouns into the plural.

1. generale ____________________
2. infermiere ____________________
3. distributore ____________________
4. asparago ____________________
5. padrone ____________________
6. paniere ____________________
7. conte ____________________
8. leone ____________________
9. leonessa ____________________
10. nave ____________________

Esercizio 15.3

Complete the sentences below with the common nouns ending in **–e**.

1. Il (*waiter*) ______________ ci porta l'acqua.
2. La nostra (*owner*) ______________ è molto gentile.
3. L' (*female nurse*) ______________ viene ogni giorno a farmi la puntura.
4. La (*female lion*) ______________ guarda i suoi cuccioli.
5. Il (*hairdresser*) ______________ è molto bravo.
6. Ci sono molti (*waiters*) ______________ in questo albergo.
7. Non so dove sono le (*keys*) ______________ della macchina.
8. Devo comprare i (*buttons*) ______________.
9. La (*waitress*) ______________ lavora in un grande albergo.
10. Mi piace la (*song*) ______________ che hai scritto.

Nouns ending in **–tore** change to **–trice** in the feminine.

att**ore**	*actor*	at**trice**
pitt**ore**	*painter*	pitt**rice**
imprenditor**e**	*entrepreneur*	imprendi**trice**
scrittor**e**	*writer*	scrit**trice**

Nouns ending in **–co** or **–go**, change to **–i** in the plural when the stress is on the third-to-the-last syllable.

aspara**go**	*asparagus*	asparag**i**
medi**co**	*doctor*	medic**i**

Nouns ending in **–co** and **–go** add an **–h** before the final **–i** in order to keep the hard sound of the singular and if they are stressed on the next-to-the-last syllable.

SINGULAR		***PLURAL***
la**go**	*lake*	la**ghi**
ba**co**	*worm*	ba**chi**
fi**co**	*fig*	fi**chi**

Exceptions include the following.

ami**co**	*friend*	ami**ci**
nemi**co**	*enemy*	nemi**ci**

Nouns ending in **–io** change to **–i** in the plural if the stress is placed on the next-to-the-last syllable.

SINGULAR		PLURAL
dazio	*tariff*	dazi
figlio	*son*	figli
vizio	*vice*	vizi

but zio changes to **zii.**

Esercizio 15.4

Change the following words into the plural.

1. amico ____________________
2. lago ____________________
3. asparago ____________________
4. baco ____________________
5. attrice ____________________
6. scrittrice ____________________
7. fico ____________________
8. figlio ____________________
9. vizio ____________________
10. zio ____________________

Singular and Plural Nouns

Masculine nouns ending in **–a** form the plural in **–i**.

SINGULAR		PLURAL
acrobat**a**	*acrobat*	acrobat**i**
analfabet**a**	*illiterate*	analfabet**i**
astronaut**a**	*astronaut*	astronaut**i**
atlet**a**	*athlete*	atlet**i**
autist**a**	*driver*	autist**i**
colleg**a**	*colleague*	collegh**i**
eremit**a**	*hermit*	eremit**i**
fantasm**a**	*ghost*	fantasm**i**
parassit**a**	*parasite*	parassit**i**
pirat**a**	*pirate*	pirat**i**
poet**a**	*poet*	poet**i**
programm**a**	*program*	programm**i**

Some nouns are the same in the masculine or the feminine singular but change to **–i** in the masculine plural and to **–e** in the feminine plural.

MASC. AND FEM. SING.		*MASC. PL.*	*FEM. PL.*
atlet**a**	*athlete*	atlet**i**	atlet**e**
monarc**a**	*monarch*	monarch**i**	monarch**e**
musicist**a**	*musician*	musicist**i**	musicist**e**
pediatr**a**	*pediatrician*	pediatr**i**	pediatr**e**
tennist**a**	*tennis player*	tennist**i**	tennist**e**

Nouns ending in **–tore**, **-sore**, **-ore**, and **–one** are masculine. Their plural form ends in **–i**.

difens**ore**	*defender*	difensor**i**
pall**ore**	*pallor*	pallor**i**
ross**ore**	*redness*	rossor**i**
scrocc**one**	*scrounger*	scroccon**i**

Nouns ending in **–zione**, **-trice**, **-ite**, and **-itudine** are feminine and form their plural in **–i**.

abit**udine**	*habit*	abitudin**i**
artr**ite**	*arthritis*	artrit**i**
corruz**ione**	*corruption*	corruzion**i**
grat**itudine**	*gratitude*	gratitudin**i**
scrit**trice**	*writer*	scrittric**i**
staz**ione**	*station*	stazion**i**

Esercizio 15.5

Change the following nouns into the plural.

1. artrite ____________________
2. programma ____________________
3. pallore ____________________
4. musicista (*m.*) ____________________
5. fantasma ____________________
6. scrittore ____________________
7. pirata ____________________
8. corruzione ____________________
9. musicista (*f.*) ____________________
10. atleta (*f.*) ____________________

A few masculine nouns ending in **–a** change to **–essa** in the feminine.

duc**a**	*duke*	duch**essa**	*duchess*
profet**a**	*prophet*	profet**essa**	*prophetess*

A few nouns ending in **–i** are feminine and do not change in the plural.

cris**i**	*crisis*	tes**i**	*thesis*
diagnos**i**	*diagnosis*	tis**i**	*tuberculosis*
ipotes**i**	*hypothesis*		

Nouns ending in **–i** that are masculine do not change in the plural.

bistur**i**	*surgeon knife*
brindis**i**	*toast (with a drink)*
bikin**i**	*bikini*
bonsa**i**	*bonsai*

Nouns ending in **–tà** and **–tù** are feminine and do not change endings in the plural. They only change the article, adjective, or pronoun that modifies them.

gioven**tù**	*youth*	bon**tà**	*goodness*
vir**tù**	*virtue*	cit**tà**	*city*
schiavi**tù**	*slavery*		

A few nouns have the same ending as the ones shown above, but they are masculine and do not change in the plural.

podest**à**	*mayor*
taffet**à**	*taffeta*
tut**ù**	*tutu*

Generally, all the nouns of

- Trees: abete *pine*, melo *apple*, ulivo *olive*, etc., are masculine. Exceptions are palma *palm tree,* quercia *oak tree*, betulla *birch tree*, etc., which are feminine.
- Months and days of the week: gennaio *January*, marzo *March*, agosto *August*, lunedì *Monday*, martedì *Tuesday* (domenica *Sunday* is an exception).
- Metals and chemical compounds: oro *gold*, argento *silver,* rame *copper*, plutonio *plutonium*.
- Names of seas, rivers, lakes, mountains: Cervino *Matterhorn*, Etna *Etna*, Adriatico *Adriatic sea*, il Po *Po river*, Garda *Garda lake,* Trasimeno

Trasimeno lake. Exceptions include mountain chains and some rivers: Alpi *Alps*, Dolomiti *Dolomites*, Senna *Sein*, and Loira *Loire*.

- Cardinal points: Nord *North*, il Settentrione, Sud *South*, il Mezzogiorno, Est *East*, il Levante, Ovest *West*, l'Occidente.
- Names of fruit are generally feminine: arancia *orange*, mela *apple*, ciliegia *cherry*, pesca *peach*, but limone *lemon*, fico *fig*, ananas *pineapple*, and mango *mango* are masculine.

Esercizio 15.6

Change the following nouns into the plural.

1. albergo ______________________
2. campo ______________________
3. amico ______________________
4. orso ______________________
5. lago ______________________
6. nome ______________________
7. lavoro ______________________
8. gatto ______________________
9. film ______________________
10. programma ______________________

Esercizio 15.7

Change the following nouns into the plural.

1. classe ______________________
2. amica ______________________
3. pioggia ______________________
4. tartaruga ______________________
5. anima ______________________
6. stazione ______________________
7. valigia ______________________
8. abitudine ______________________
9. foto ______________________
10. città ______________________

Masculine Nouns with Feminine Plurals

A few nouns, all related to parts of the body, are masculine in the singular and feminine in the plural.

Singular	**Plural**
1. il bracci**o** *arm*	le bracci**a**
2. il cigli**o** *eyelash*	le cigli**a**

3. il dit**o** *finger* le dit**a**
4. il ginocchi**o** *knee* le ginocchi**a**
5. il labbr**o** *lip* le labbr**a**
6. l'orecchi**o** *ear* le orecchi**e**
7. l'oss**o** *bone* le oss**a**
8. il sopraccigli**o** *eyebrow* le sopraccigli**a**

Note: Most of these nouns have regular masculine plurals that are used with different meanings than the ones referring to a part of the body.

cigli, the plural of ciglio refers to the edge of the road.

ossi, the plural of osso are the bones to make a soup.

diti, the plural of dito refers to the individual fingers while **dita** refers to the 10 fingers.

Nouns ending with a consonant (usually of foreign origin), and nouns with a stressed vowel, have the same form in the plural as in the singular.

Singular	Plural
computer	computer
serie	serie
specie	specie
città	città
caffè	caffè
leader	leader
garage	garage

Nouns with Irregular Plural

The following nouns are masculine in the singular but feminine in the plural.

Singular	Plural
centinai**o** *hundred*	centinai**a**
lenzuol**o** *sheet*	lenzuol**a**
migli**o** *mile*	migli**a**
pai**o** *pair*	pai**a**
uov**o** *egg*	uov**a**

Other Nouns with Irregular Plural

al**a** *wing*	al**i**
arm**a** *weapon*	arm**i**
bo**a** *buoy*, bo**a** *(the snake)*	bo**a**
boi**a** *hangman*	boi**a**
bu**e** *ox*	bu**oi**
di**o** *god*	de**i**
uom**o** *man*	uomin**i**

Esercizio 15.8

Change the following nouns into the plural.

1. ciglio ____________
2. computer ____________
3. ginocchio ____________
4. uovo ____________
5. boia ____________
6. virtù ____________
7. crisi ____________
8. dio ____________
9. bue ____________
10. ala ____________

Language Note:

Plural of Feminine Nouns Ending in –ca, –ga, –cia, –gie

Feminine nouns ending in –**ca** or –**ga** change in the plural to –**che** and –**ghe** (**monaca** *nun*, **collega** *colleague*), by adding an ***h*** after the ***c*** and the ***g***: **monache, colleghe**. The masculine plural nouns ending in –**co** and –**go** form their plurals in –**chi** and –**ghi**: **monarca** *monarch* and **collega** *colleague* change to **monarchi, colleghi**. There are many masculine nouns ending in –**co, amico, nemico,** and so on, that change to –**ci** in the plural (**amici, nemici**), and so on. **Belga** (*the inhabitant of Belgium*), however, is an exception and in the masculine plural changes to **belgi**, while in the feminine is **belghe**.

Other nouns that end in –**cia** and –**gia** change to the plural according to the letter preceding the –**c** or the –**g**. If there is a vowel preceding the –**g** or the –**c**, the **i** stays; if there is a consonant the **i** goes.

The words that make the plural keeping the i are as follows.

l'acacia, *acacia*	le acacie
l'audacia, *audacity*	le audacie

la camicia, *shirt*	le camicie
la ciliegia, *cherry*	le ciliegie
la fiducia, *faith*	le fiducie
la socia, *partner*	le socie
la valigia, *suitcase*	le valigie
grigia, *gray (ad.)*	grigie
malvagia, *bad*	malvagie
sudicia, *filthy*	sudicie

but

la bilancia, *scale*	le bilance
la doccia, *shower*	le docce
la goccia, *drop*	le gocce
la mancia, *tip*	le mance
la pioggia, *rain*	le piogge
la spiaggia, *beach*	le spiagge

Another instance where the **–i** remains in the plural is if the accent is on the **–i-** of the last syllable:

la farmacìa, *drug store*	le farmacìe
la filosofìa, *philosophy*	le filosofìe
la nevralgìa, *neuralgia*	le nevralgìe

Esercizio 15.9

Complete the following sentences with the correct plural form of the words in parentheses.

1. Dovrei andare in farmacia, ma oggi è festa e tutte le ______________ sono chiuse. (*drug stores*)
2. Oggi vado a comprare delle ______________ per mio nonno. (*shirts*)
3. In India vengono le grandi ______________. (*rains*)
4. Mi piacciono molto le ______________ pulite. (*beaches*)
5. Eric fa quattro ______________ al giorno. (*showers*)
6. Le ______________ sono degli alberi che hanno fiori molto profumati. (*acacias*)

16

Definite and Indefinite Articles

A noun can be used alone but more frequently is preceded by a definite or indefinite article also known as the determiner. The definite article, or determiner, is used more often in Italian than in English. In English the definite article has only one form: *the*. In Italian there are different forms depending on the gender, number, and first letter of the noun or adjective it precedes.

The definite articles in Italian are as follows:

- **Il** (*plural* **i**) is used before masculine nouns beginning with most consonants.
- **Lo** (*plural* **gli**) is used before masculine nouns beginning with **s** + a consonant, **z**, **ps**, **pn**, **gn**, or a vowel. In the last instance, the vowel of the article will be elided as shown below:

Lo psicologo	*psychologist*
Lo scherzo	*joke*
Lo spaventapasseri	*scarecrow*
Lo spirito	*spirit*
Lo gnomo	*elf*
Lo zio	*uncle*
Lo zucchino	*zucchini*

But,

L'uomo	*The man*

Inclusion and Omission of Articles

The definite article is used with:

- Parts of the body (la testa, il ginocchio), with words such as **scorso/a** and **prossimo/a** (il mese **scorso**` la settimana **prossima**)
- In front of geographical names, continents, countries, rivers, and mountains:

  Il Po è il fiume più lungo d'Italia. *The Po is the longest river in Italy.*

- With dates:

  Oggi è il 25 aprile. *Today is the 25th of April.*

  Domani è il primo maggio. *Tomorrow is the first of May.*

- With the days of the week to indicate repeated action:

  La domenica ci riposiamo. *On Sunday we rest.*

- With parts of the body, clothing, and possessive adjectives that do not precede a noun of a close relative in the singular form:

  I pantaloni sono larghi. *The pants are big.*

  Le gambe di Isabella sono magre. *Isabella's legs are thin.*

  La mia bicicletta è nuova. *My bicycle is new.*

- With titles unless the person mentioned is spoken to directly:

  Il professor Rizzi *Professor Rizzi*

  Buongiorno, Professor Rizzi *Good morning, Professor Rizzi.*

- With the seasons:

  La primavera è bella; **l**'estate è calda. *Spring is beautiful; summer is hot.*

- With nouns that express generalization:

  Gli italiani amano divertirsi. *Italians love to have fun.*

  Il liceo in Italia è molto difficile. *High school in Italy is very difficult.*

- Before names of languages, except when the verbs **parlare** *to speak* and **studiare** *to study* directly precede the name of the language. In those cases, the use of the article is optional:

  Parlo **l**'italiano, **il** francese, e **il** tedesco. *I speak Italian, French, and German.*

  Lei parla italiano e studia francese. *She speaks Italian and studies French.*

Esercizio 16.1

Insert the correct form of the definite article in front of the following nouns.

1. ____________ Sicilia è una bella isola.
2. ____________ mese prossimo vado alla festa di laurea di mia nipote.
3. Domani è ____________ 10 gennaio.
4. ____________ Ferragosto è una grande festa in Italia.
5. Deve comprare ____________ pantaloni nuovi.
6. Devo chiamare ____________ dottore.
7. ____________ americani viaggiano molto.
8. Di solito, ____________ lunedì pulisco la casa.
9. ____________ anno scorso ho comprato una macchina nuova.
10. ____________ mercoledì sera guardo ____________ trasmissione della partita di calcio.

The definite article is **not** used:

- When referring to a specific day of the week:

  Lunedì prossimo vado in Florida. *Next Monday I will go to Florida.*

The English word **on** is not used in Italian before days of the week.

Giovanni parte lunedì. *Giovanni will leave **on** Monday.*

- In front of the possessive adjective when referring to a family member in the singular form:

  Mia sorella è molto bella. *My sister is very beautiful.*

The definite article is used when the family members are referred to in the plural form.

Le mie sorelle sono brave a scuola. *My sisters are good in school.*

- When the preposition **in** precedes unmodified geographical nouns:

  Noi viviamo **in** America. *We live in America.*

  Loro studiano **nella** bella Italia. *They study in beautiful Italy.*

- Before ordinal numbers with the names of kings, queens, and other rulers:

  Luigi XIV, re di Francia. *Louis **the** 14th king of France.*

- With expressions of location, especially if introduced by the preposition **in**: **essere in ufficio**, **andare in vacanza**, **vivere in campagna**, but also with the preposition **a**: **andare a tavola**:

Il capo è **in ufficio**.	*The boss is **in** the office.*
Suo padre vive **in campagna**.	*His father lives **in** the country.*

- With adverbial expressions: **a torto**, **a ragione**, **in sostanza**, **di fretta**, **di proposito**, **a spasso**:

In sostanza, non è successo niente.	***In summary**, nothing happened.*
Non lavora più, è **a spasso**.	*He does not work anymore; he is unemployed.*

- With some expressions formed by a verb + a noun: **dare fastidio**, **fare penitenza**, **provare pietà**, **cercare lavoro**, **cambiare casa**:

I bambini cercano di non **dare fastidio** al nonno quando dorme.	*The children try not **to bother** the grandfather while he is sleeping.*
Non mi piace **cambiare casa** molto spesso.	*I don't like **to change homes** too often.*

- With some expressions introduced by the preposition **senza**: **senza luce, senza casa, senza soldi, senza pace.**

A causa del temporale eravamo **senza luce**.	*Because of the thunderstorm, we were without electricity.*
Il mio amico è sempre **senza soldi**.	*My friend is always without money.*

- With expressions preceded by the preposition **da**: sala **da pranzo**, camera **da** letto, carta **da lettera**, fare **da padre**:

La domenica mangiamo nella **sala da pranzo**.	*On Sunday we eat in the dining room.*
Lui mi ha fatto **da padre**.	*He was like a father to me.*

Esercizio 16.2

Rewrite the following sentences in Italian, and insert the correct form of the articles if necessary.

1. My school is far away.

____

2. Luigi's father is sick.

____

3. On Monday the stores will be closed.

____

4. I will go shopping with my sister-in-law.

____

5. When I return home from school, I will call your aunt.

____

6. Victor Emanuel the first, King of Italy, was very short.

____

7. They will go to Australia for a wedding.

____

8. In Chile there are many earthquakes.

____

9. The Nile is a very long river.

____

10. The Tower of Pisa is a constant tourist attraction.

____

Esercizio 16.3

Circle the correct form of the article or preposition in parentheses.

1. Giorgio viene a casa (di, con) fretta.
2. Va a mettere il cappotto; è nella camera (del, da) letto.
3. Quel signore si comporta (come, da) gentiluomo.
4. In estate ci piace andare a camminare (in, nella) campagna.
5. I miei nipoti sono molto attaccati allo zio perchè ha fatto (da, come) padre a tutti loro.
6. Oggi restiamo (nella, in) casa perchè abbiamo molte cose da fare.
7. Non posso leggere questa sera perchè siamo (senza, senza la) luce.
8. Provo (la pietà, pietà) per tutti quelli che hanno perso la casa a causa del terremoto.

9. Ha spinto per terra il vecchietto (di, con) proposito.
10. Molti ragazzi oggi si comportano (senza, senza il) pudore.

Reading Comprehension

Firenze

Firenze è una città nell'Italia centrale, in una regione chiamata Toscana. È una piccola città in una valle, attraversata dal fiume Arno e circondata da montagne chiamate Apennini. Firenze è una città molto importante e conosciuta in tutto il mondo per la sua storia, la sua arte e i suoi musei.

Ogni anno milioni di turisti visitano Firenze e i borghi circostanti e ritornano al loro paese meravigliati dalla bellezza, dalla cultura e dall'arte che strabocca da questa meravigliosa città. Infatti, quelli che vogliono vedere tutta l'arte dei musei fiorentini in pochi giorni, oltre a stancarsi, si rendono conto di non poter assimilare tutto quello che vedono.

Non possiamo ignorare l'eccellente cucina, il vino della regione, ormai molto conosciuto in tutto il mondo, che si può degustare a prezzi modici, e lo stile di vita di grande classe dei fiorentini.

Molti fiorentini capiscono e parlano l'inglese rendendo più piacevole il soggiorno dei turisti che altrimenti si sentirebbero persi.

Firenze è considerata la culla della lingua italiana e i suoi abitanti ne sono molto orgogliosi. Oggetti in pelle, vino e olio di oliva sono alcuni prodotti che si possono acquistare e portarsi a casa. Nessuno va a Firenze e rimane deluso.

Nomi

il borgo	*small villages*
la culla	*cradle*
la merce	*goods*
la regione	*region*

Aggettivi

circostante	*surrounding*
modico/-a	*modest*
fiorentino	*florentine*

Verbi

acquistare	*to buy*
attraversare	*to cross*
circondare	*to surround*
degustare	*to taste and enjoy*
godersi	*to enjoy oneself*
straboccare	*brim over*

Domande e Risposte

After you have read the selection, answer the following questions in Italian.

1. Dov'è Firenze?

____

2. Perchè è importante Firenze?

____

3. Chi va a Firenze e perchè?

____

4. Quali prodotti si possono acquistare a Firenze?

____

Indefinite Articles

Indefinite articles are words that precede a noun.

Definite articles are used to indicate that a thing is unique in some way. Indefinite articles are used to indicate that a thing is not identified as unique.

The indefinite article is used very much in the same way as its English equivalent. It corresponds to the English *a* and *an*, and it is used with singular nouns.

It is not used in front of nouns of profession, nationality, or religion and after forms of **diventare** and **essere** when they are not modified:

Suo figlio è ingegnere	*Her son is an engineer.*
Lui vuole diventare **dottore**.	*He wants to become a doctor.*

The indefinite article is used when the noun of profession, nationality, or religion is modified:

Mario è diventato **un** chirurgo famoso.	*Mario has become a famous surgeon.*
Giorgio è un venditore esperto.	*Giorgio is an expert salesman.*

- **Uno** is used before masculine words beginning with **z** or **s + consonants**, **gn**, **ps**, or **sc**.
- **Un** is used in front of all other masculine words beginning with any other consonant or vowel. No apostrophe is used if the word is masculine and starts with a vowel.
- **Una** is used in front of feminine words beginning with a consonant.
- **Un'** is used in front of feminine words beginning with a vowel.

Ho visto **uno** zaino pieno di libri.	*I saw a backpack full of books.*
C'è **un** cane fuori dalla porta.	*There is a dog outside the door.*
Ho visto **una** ragazza alta.	*I saw a tall girl.*
C'è **un** uccello sull'albero.	*There is a bird on the tree.*
Studio per **un'**ora.	*I study for an hour.*

Combined Prepositions

Sometimes the definite article is used with the simple prepositions **di, a, da, in, su,** forming the combined prepositions. To make it clear, below is the chart of all the definite articles and the various prepositions:

	il	**lo (l')**	**la (l') i**	**gli**	**le**	
di	**del**	**dello (dell')**	**della (dell')**	**degli**	**delle**	*of the*
a	**al**	**allo (all')**	**alla (all')**	**agli**	**alle**	*to the*
da	**dal**	**dallo (dall')**	**dalla (dall')**	**dagli**	**dalle**	*from the*
in	**nel**	**nello (nell')**	**nella (nell')**	**negli**	**nelle**	*in the*
su	**sul**	**sullo (sull')**	**sulla (sull')**	**sugli**	**sulle**	*on the*

The preposition **di** changes to **de**, and **in** changes to **ne**, before combining with the articles.

The preposition **con** is not usually combined with the article except when using **con + il = col**, and **con + i = coi**. When using the other articles, the separate form is preferred. So, we will have **con la**, **con lo**, and so on.

The prepositions **per**, **tra**, and **fra** remain separate from the article: **per la** strada, **fra la** gente, **tra gli** scogli. (You will learn more about the prepositions later in the book.)

Esercizio 16.4

Complete the following sentences with the required combined prepositions.

1. Sono a casa (*of the*) ______________ mia amica.
2. Sono arrivata a casa sua (*at the*) ______________ 15,30.
3. Sono uscita (*from the*) ______________ mia scuola tardi.
4. Sono salita (*on the*) ______________ primo autobus che è arrivato.
5. La mia amica mi aspettava vicino (*at the*) ______________ portone di casa.
6. Siamo andate (*in the*) __________ giardino __________ (*of the*) sua casa per vedere i fiori.
7. Ho comprato molta frutta (*for the*) __________ mia amica che è ammalata.
8. Ho intravisto tuo fratello (*among the*) __________ gente.
9. La cartella è (*in the*) ______________ studio (*of the*) ______________ avvocato.
10. Il teatro è vicino (*to the*) ______________ autostrada.

The Partitive Article

The following forms of the preposition **di + the articles** (**del**, **dello**, **della**, **dei**, **degli**, and **delle**) are often used as partitive articles to indicate a part, or an unspecified quantity.

In the singular, the partitive articles are used meaning **un pò** (*a little, some*), and it is used:

- With nouns indicating an unspecified quantity: ho bevuto **del** vino (*I drank some wine*), devo comprare **del** sale (*I have to buy some salt*).
- With abstract nouns with a figurative meaning: avere **del** fegato (*to be courageous*), provare **dell'**astio (*to feel anger*), avere **dello** spirito (*to have a sense of humor*).
- With nouns that do not have the plural: **dello** zucchero (*some sugar*), **della** legna (*some wood*), **dell'**acqua (*some water*), **del** carbone (*some coal*), and so on.

In the plural, the partitive article is used in place of the nonexistent plural form of the indefinite article, and it means: **alcuni** (*a few*). It is the equivalent of the English *some*.

Singular	**Plural**
Ho letto una rivista	Ho letto **delle** riviste
Ho vinto una borsa di studio	Ho vinto **delle** borse di studio
Ho ricevuto un pacco	Ho ricevuto **dei** pacchi
Ho visto un bel film	Ho visto **dei** bei film

In the plural, the partitive article is used with nouns that are almost always used in the plural:

Oggi, vorrei mangiare **dei** piselli.	*Today, I would like to eat peas.*
Lei ha piantato **degli** spinaci.	*She planted some spinach.*

When the preposition **di** is part of an expression, such as **bisogno di** *to need*, **aver voglia di** *to feel like*, the partitive is not used:

Ho bisogno **di** soldi.	*I need money.*
Ho voglia **di** pesce.	*I feel like eating fish.*

Esercizio 16.5

Complete the following sentences with the missing partitive articles as necessary.

1. Vado a comprare ______________ vernice per il balcone.
2. La mia casa ha ______________ finestre molto grandi.
3. Va al mercato e compra ____________ frutta, ____________ patate, ____________ piselli e ____________ spinaci.
4. Quando sono andata allo zoo abbiamo visto ____________ leoni, ____________ giraffe e ____________ uccelli.
5. Quando vado in libreria compro spesso ______________ libri.
6. In quella scuola ci sono solo ____________ ragazze e non ____________ ragazzi.
7. Vuole mettere ____________ zucchero nel caffè.
8. Viene con ____________ fiori bellissimi.
9. Spesso la vita ha ____________ avventure inaspettate.
10. Ho comprato ____________ sci perchè i miei erano vecchi.

Note: The use of the partitive article is mandatory when it is part of the subject or of the direct object: ci sono **dei bambini** (not only bambini) in giardino; ho visto **degli** elefanti (not only elefanti) in Africa.

When the partitive article is part of the indirect object, its use is optional or can be replaced by an equivalent expression: ho viaggiato con **degli** amici; or ho viaggiato **con** amici ho viaggiato **con alcuni** amici, and finally, ho viaggiato **con un gruppo di** amici.

Reading Comprehension

Il gioco delle bocce

Nessuno sport, tranne il calcio, è più italiano del gioco delle bocce Questo è un gioco dove un gruppo di uomini italiani si riunisce alla domenica per trascorre qualche ora assieme. Di solito le persone di mezza età sono quelle che trovano nel gioco delle bocce, un momento ricreativo e distensivo da trascorrere fuori dalle pareti domestiche con persone della loro età. Era considerato da molti anni, un gioco pacifico e dove gli uomini si incontravano per trascorrere qualche ora divertendosi e lasciandosi dietro alle spalle le preoccupazioni della vita quotidiana.

Pur essendo in un'atmosfera competitiva, formavano amicizie durature. Inizialmente il gioco delle bocce veniva delimitato in uno spazio rettangolare da quattro assi, su un terreno sabbioso ben levigato e generalmente in luoghi ombreggiati o vicino alle chiese.

Il gioco delle bocce oppone due giocatori o due squadre. L'obiettivo è di avvicinare il più possibile le bocce al pallino dell'avversario. La prima squadra, lancia il pallino e gioca la prima boccia e la squadra avversaria la seconda. Quando una squadra non ha più bocce, l'altra gioca tutte le sue.

Una partita può essere giocata uno contro uno, di solito con quattro bocce per giocatore, due contro due con due bocce ciascuno, tre contro tre, ecc. Di solito le bocce sono di legno, di materiale sintetico o di metallo. I giocatori oggi organizzano competizioni che generalmente vengono giocate alla domenica pomeriggio, ma rimane sempre un gioco divertente e di gruppo dove gli amici competono, ma anche si divertono.

Nomi

l'asse	*board*	**l'obiettivo**	*purpose*
l'avversario	*adversary*	**la parete**	*wall*
la boccia	*boccie ball*	**la partita**	*game*
la competizione	*competition*	**la squadra**	*team*
il giocatore	*player*		

Verbi

incontrarsi	*to meet*	**trascorrere**	*to spend time*
lanciare	*to throw*	**trovare**	*to find*
lasciare	*to leave*	**competere**	*compete*
opporre	*to oppose*		

Aggettivi

ricreativo	*recreational*	**sabbioso**	*sandy*
distensivo	*relaxing*	**levigato**	*smooth*
duraturo	*lasting*	**ombreggiato**	*in the shade*

Espressioni

Lasciarsi dietro alle spalle	*leaving behind*

17

Descriptive Adjectives

An adjective is a word used which modifies a noun or a pronoun. Descriptive adjectives provide information and specify the quality of the noun they accompany. They agree in gender and number with the noun they modify.

Most Italian descriptive adjectives end in **–o** in the masculine singular, in **–a** in the feminine singular, in **–i** in the masculine plural, and in **–e** in the feminine plural.

Adjectives Ending in *–o*

Descriptive adjectives ending in **–o** have four forms: masculine singular, feminine singular, masculine plural, and feminine plural.

	SINGULAR		PLURAL
Masculine	un vis**o** bell**o**	*a beautiful face*	i vis**i** bell**i**
	il ciel**o** azzurr**o**	*the blue sky*	i ciel**i** azzurr**i**
	lo sport faticos**o**	*strenuous sport*	gli sport faticos**i**
Feminine	una ros**a** ross**a**	*a red rose*	le ros**e** ross**e**
	la cas**a** antic**a**	*the antique house*	le cas**e** antich**e**

The plurals of adjectives whose stems end in **–c** or **–g** have spelling or sound changes.

MASCULINE SINGULAR	MASCULINE PLURAL	FEMININE SINGULAR	FEMININE PLURAL
sporc**o** *dirty*	spor**chi**	sporc**a**	spor**che**
bianc**o** *white*	bian**chi**	bianc**a**	bian**che**
romantic**o** *romantic*	romanti**ci**	romantic**a**	romanti**che**
lung**o** *long*	lun**ghi**	lun**ga**	lun**ghe**
lig**io** *faithful*	ligi	lig**ia**	lig**ie**

Adjectives ending in **–e** in the singular have only two forms: a singular form ending in **–e** and a plural form ending in **–i**. These forms are used for both the masculine and the feminine.

Masculine	un ragazzo arrogant**e** *an arrogant boy*	dei ragazzi arrogant**i**
	il film interessant**e** *an interesting movie*	i film interessant**i**
	l'albero sempreverd**e** *evergreen tree*	gli alberi sempreverd**i**
Feminine	una persona trist**e** *a sad person*	delle persone trist**i**
	la serata piacevol**e** *a pleasant evening*	le serate piacevol**i**
	la donna affascinant**e** *fascinating woman*	le donne affascinant**i**

Some descriptive adjectives have three different endings: one in common for the masculine and the feminine singular **–a**, one for the masculine plural ending in **–i**, and one for the feminine plural ending in **–e**.

SINGULAR	PLURAL
un uomo egoist**a** *a selfish man*	degli uomini egoist**i**
una donna egoist**a** *a selfish woman*	delle donne egoist**e**
un prodotto insetticid**a** *an insecticidal product*	dei prodotti insetticid**i**
una pomata insetticid**a** *an insecticidal cream*	delle pomate insetticid**e**
una ricerca batteriologic**a** *bacteriological research*	delle ricerche batteriologich**e**

More of the same are:

altruista *altruist*

femminista *feminist*

razzista *racist*

Invariable Adjectives

The adjectives in this category do not change the gender or number. They are:

pari *even*

dispari *odd*

impari *uneven, one sided*

Some adjectives that indicate a color:

amaranto *amaranth*

lilla *lilac*

rosa *pink*

viola *violet*

Note: The adjectives arancione *orange* and marrone *brown* can also be used in the plural changing to: arancion**i** and marron**i**.

L'aggettivo **arrosto** is always used in the singular:

La zia Maria faceva sempre delle ottime patate arrost**o**. *Aunt Maria used to make excellent roasted potatoes.*

The adjectives ending with an accented vowel and those of foreign origin also do not change:

blu *blue*

indù *Indian*

snob *snob*

chic *chic*

Generally unchanged are the adjectives formed by an adjective of color + an element of comparison:

verde bottiglia *bottle green*

rosso fuoco *fire red*

verde smeraldo *emerald green*

bianco panna *cream white*

bianco sporco *dirty white*

giallo ocra *ochre yellow*

verde militare *military green*

Esercizio 17.1

Complete the following sentences with the required adjectives:

1. La sua casa non è pulita, è ______________. *(dirty)*
2. Ho tante rose ______________. *(pink)*
3. A lei piacciono gli sport ______________. *(tiring)*

4. La vita delle persone ricche è ______________. (*pleasant*)
5. Luigi è un ragazzo ______________ e ______________. (*handsome, romantic*)
6. Il cassetto è ______________. (*empty*)
7. I cassetti sono ______________. (*empty*)
8. La strada per andare a casa mia è ______________. (*narrow*)
9. La pista per sciare è ______________. (*steep*)
10. Il cavallo ha le zampe molto ______________. (*frail*)

Esercizio 17.2

Complete the following sentences with the required adjectives.

1. Giovanna ha gli occhi ______________. (*emerald green*)
2. Luisa ha un vestito ______________. (*bottle green*)
3. La macchina di Marco è ______________. (*fire red*)
4. La giacca di Lisa è ______________. (*cream white*)
5. La macchina di Giovanni è ______________. (*military green*)
6. Il cane ha le macchie ______________. (*brown*)
7. I miei colori preferiti sono il ______________, il ______________ e ______________. (*pink, violet, amaranth*)
8. È un bambino ______________. (*Vietnamese*)
9. Mario è un uomo ______________. (*selfish*)
10. Lisa fa delle ricerche ______________. (*bacteriological*)

Esercizio 17.3

Change the following sentences from masculine into feminine using the words suggested in parentheses.

1. Il ragazzo arrogante (*ragazza*)

   ____

2. Il maglione sporco (*maglia*)

   ____

3. Il teatro italiano (*lingua*)

____

4. Caffè amaro (*cioccolata*)

____

5. Lo zio brasiliano (*zia*)

____

6. Un paese tranquillo (*città*)

____

7. Un monumento famoso (*chiesa*)

____

8. Un fratello biondo (*sorella*)

____

9. Uno sport faticoso (*partita*)

____

10. Un vino rosso (*sciarpa*)

____

Esercizio 17.4

Change the following sentences into the plural, taking care of the agreement of the adjectives.

1. Il formaggio cremoso ______________________
2. Il vestito elegante ______________________
3. L'impermeabile bagnato ______________________
4. La gonna marrone ______________________
5. La tragedia romana ______________________
6. Il profumo francese ______________________
7. La città caotica ______________________
8. L'uovo fresco ______________________
9. Lo specchio rotto ______________________
10. L'automobile moderna ______________________

Position of the Adjectives

Italian adjectives usually follow the nouns they modify and have specific meanings:

una baita rustica	*a rustic hut*
un uomo stanco	*a tired man*

When the speaker implies that the quality denoted by the adjective is well known, then the adjective may be placed in front of the noun:

La deliziosa pizza italiana	*The delicious Italian pizza*

Here are some more rules about the placement of adjectives. Adjectives follow the noun:

- When they specify color, shape, material, nationality, or political affiliation:

il cielo **azzurro**	*the blue sky*
le donne **cinesi**	*the Chinese ladies*
la religione **cattolica**	*the Catholic religion*
il partito **comunista**	*the communist party*

- When specifying a category:

La rivoluzione **americana**	*The American Revolution*
Il liceo **linguistico**	*Linguistic High School*

- With suffixes such as **–ino**, **–etto**, **–otto**, or **–one**:

una bambina **pallidina**	*a pale girl*
le scarpe **vecchiotte**	*the old shoes*
un uomo **poveretto**	*a poor man*
una casa **piccolina**	*a small house*
una donna **chiacchierona**	*a chatty lady*

- When the stem comes from the present participle and the adjective ends in **–ante** or **–ente**:

il campanile **barcollante**	*the unsteady church tower*
la torre **pendente**	*the leaning tower*

- When the adjectives derive from a regular past participle and end in **–ato**, **–uto**, or **–ito**:

il ponte **ghiacciato**	*the frozen bridge*
la casa **pulita**	*the clean house*
l'animale **cornuto**	*the animal with horns*

Esercizio 17.5

Answer the following questions with the missing adjectives.

1. C'è il sole oggi? Sì, c'è un bel cielo ____________________.
2. Come è il ponte in inverno? Il ponte è ____________________.
3. Dove compri queste sciarpe? Le compro al mercato dalle donne ____________________.
4. Parla molto la tua amica? Sì, è una donna ____________________.
5. Dove va a scuola tuo fratello? Va al liceo ____________________.
6. Che cosa fai oggi? Vado a comprare le scarpe ____________________.
7. Perchè non vai in chiesa domenica? Perchè c'è il tetto ____________________.
8. Ti piace pulire la casa? No, ma mi piace la casa ____________________.
9. Che cosa studi? Al liceo ____________________ studio le lingue ____________________.
10. Quali scarpe metti? Voglio indossare le scarpe ____________________.

Descriptive Adjectives

ammalato, /–a	*sick*
affamato, /–a	*hungry*
arrabbiato, /–a	*angry*
audace	*audacious*
bello, /–a	*beautiful*
delizioso, /–a	*delicious*
caotico, /–a	*chaotic*
contento, /–a	*happy*

esuberante	*exuberant*
intelligente	*intelligent*
pulito, /–a	*clean*
sporco, /–a	*dirty*
vanitoso, /–a	*vain*

Some adjectives change their meaning according to whether they precede or follow the noun they modify. Following is a list of some adjectives that change their meaning depending on whether they are placed before or after the noun:

un **alto** ufficiale	*a high-ranking officer*
un ufficiale **alto**	*a tall officer*
una **buona** amica	*a good (real) friend*
un'amica **buona**	*a kind friend*
diversi giorni	*several days*
giorni **diversi**	*different days*
una **leggera** ferita	*a slight wound*
una valigia **leggera**	*a light suitcase*
una **sola** donna	*the only woman*
una donna **sola**	*a woman alone*
l'**unico** figlio	*the only son*
un figlio **unico**	*unique son*
un **vecchio** amico	*an old friend* (meaning: *a friend of many years*)
un amico **vechio**	*an elderly friend*
una **vera** tragedia	*quite a tragedy*
una tragedia **vera**	*a true tragedy*
un **povero** uomo	*an unfortunate man*
un uomo **povero**	*a poor man*
una **vera** notizia	*a truly important piece of news*
una notizia **vera**	*a newstory that is true*
una **semplice** persona	*just one person*
una persona **semplice**	*a naïve person*
un **grande** amico	*a good friend*
un amico **grande**	*a large friend*

una casa **cara**	*an expensive house*
una **cara** zia	*a dear aunt*
una **vera** amica	*a true friend*
una pietra **vera**	*an authentic stone*

Esercizio 17.6

Translate the following sentences in Italian. Pay special attention to the agreement of the adjectives.

1. This is a unique opportunity for you.

   ____

2. This is the only show that we can watch together.

   ____

3. Several people want to study Italian, but there is only one class, and it is full.

   ____

4. I live in a small neighborhood in a chaotic city.

   ____

5. It is difficult to hear real news on television.

   ____

6. The only ones to come were my parents.

   ____

7. It was the only chance I had to travel.

   ____

8. In Brazil, one can find authentic stones for a low price.

   ____

9. The only friends I have are Italians.

   ____

10. I am writing a new book.

   ____

Irregular Adjectives

Some irregular adjectives that usually precede the noun have irregular forms. They are: **buono, bello, grande**, and **santo**.

The adjective **buono** (*good*) follows the same pattern of the indefinite article when it stands immediately before a noun. So we will have:

MASCULINE SINGULAR	*MASCULINE PLURAL*	
buono	**buoni**	before **s** + consonant
buon	**buoni**	before all other consonants

FEMININE SINGULAR	*FEMININE PLURAL*	
buona	**buone**	before consonants
buon'	**buone**	before vowels
un gelato	il **buon** gelato	i **buoni** gelati
uno studente	il **buono** studente	i **buoni** studenti
una pizza	la **buona** pizza	le **buone** pizze
un'oca	la **buona** oca	le **buone** oche

Adjectives That Precede a Noun

As we have said before, most adjectives in Italian follow the noun they modify. Below is a list of the most common adjectives that precede the nouns they modify:

bello/a	*beautiful*	grande	*large, big*
bravo/a	*good, able*	lungo/a	*long*
brutto/a	*ugly*	nuovo/a	*new*
buono/a	*good*	piccolo/a	*small, little*
caro/a	*dear*	stesso/a	*same*
cattivo/a	*bad*	vecchio/a	*old*
giovane	*young*	vero/a	*true, real*

Silvia è una cara amica.	*Silvia is a dear friend.*
Anita è una brava casalinga.	*Anita is a good housewife.*

The Adjective *bello*

When the adjective **bello** (*beautiful, handsome*) precedes the noun it modifies, its forms may change depending on the noun that follows. It retains its full form when if follows the noun it modifies or the verb **essere**:

È un uomo **bello.** *He is a handsome man.*

MASCULINE SINGULAR	*MASCULINE PLURAL*	
bello	**begli**	before **s** + consonant or **z**
bel	**bei**	before all other consonants
bell'	**begli**	before a vowel
il ragazzo	un **bel** ragazzo	i **bei** ragazzi
lo scoiattolo	un **bello** scoiattolo	i **begli** scoiattoli
l'arredamento	un **bell'**arredamento	i **begli** arredamenti

FEMININE SINGULAR	*FEMININE PLURAL*	
bella	**belle**	before all consonants
bell'	**belle**	before a vowel
la barca	una **bella** barca	le **belle** barche
l'anitra	una **bell'** anitra	le **belle** anitre

The adjective **grande** is shortened to **gran** when it precedes a masculine singular noun. Optional is the use of **grande** in front of words beginning with **s** + consonant or **z**:

un **gran** castello

un **grande** spazio

The plural form **grandi** is used before all plural nouns:

I **grandi castelli** del passato sono quasi tutti rovinati. *Almost all the great castles of the past are ruined.*

Le **grandi** attrici di un tempo erano molto glamorose. *The great actresses of the past were very glamorous.*

When referring to saints, **Santo** changes to **San** before masculine nouns starting with a consonant. But **Santo** and **Santa** become **Sant'** before names starting with a vowel.

San Tommaso

Sant'Antonio

Santa Maddalena

Sant'Agnese

When the name of the saint starts with **s** + consonant, **Santo** is used:

Santo Stefano

Esercizio 17.7

Complete with the correct form of the adjective.

Example: buono/formaggio → un buon formaggio

1. un buon/amico ________________________
2. grande/casa ________________________
3. buono/pianoforte ________________________
4. buono/fratello ________________________
5. bello/ragazzo ________________________
6. buona/idea ________________________
7. grande/uomo ________________________
8. santo/Francesco ________________________
9. bella/amica ________________________
10. bello/concerto ________________________

Esercizio 17.8

Complete the following sentences with the correct form of ***bello/a/i/e****.*

1. Nella tua ________________ casa, ci sono sempre molti ospiti.
2. Il ________________ spettacolo, è piaciuto a tutti.
3. Le ________________ foglie autunnali, sono quasi tutte cadute.
4. Il tuo amico è intelligente, ma anche molto ________________.
5. La tua amica ha dei ________________ occhi.
6. Nel tuo giardino ci sono molti ________________ fiori.
7. Al museo si possono vedere tanti ________________ quadri.

8. Quel quadro è ________________ e interessante.
9. Mia sorella fa una ________________ vita e si circonda sempre di ________________ gente.
10. Nel parco ci sono tanti ________________ uccelli e molte ________________ aiuole di fiori.

Adjectives That Express Quantity

molto, –a, –i, –e (*much, a lot of, man*)

Io faccio **molto** rumore.	*I make a lot of noise.*
Lui ha **molti** soldi.	*He has a lot of money.*
Lei ha **molta** paura.	*She is very afraid.*
Loro hanno **molte** borse.	*They have many purses.*

poco, pochi, poca, poche (*a little bit, a few*)

Io ho **poco** tempo.	*I have a little bit of time.*
Noi abbiamo **pochi** giornali.	*We have a few newspapers.*
Lei ha **poca** frutta.	*She has a little fruit.*
Lui compra **poche** scarpe.	*He buys few shoes.*

tutto, –i, –a, –e (*all, every*)

Giovanna porta **tutto** il cibo.	*Giovanna brings all the food.*
Riccardo mangia **tutti** i dolci.	*Riccardo eats all the sweets.*
Isabella mangia **tutta** l'anguria.	*Isabella eats all the watermelon.*
Io chiamo **tutte** le mie amiche	*I call all my friends.*

altro (*other, another*), **–i, –a, –e**

Lui sta cercando un **altro** lavoro.

Maria compra un'**altra** casa.

Mi piacciono le case delle **altre** persone.

Erica deve studiare per **altri** due mesi.

Esercizio 17.9

Complete the sentences with the right forms of the adjectives of quantity.

1. Non posso venire alla festa perchè ho __________ lavoro. (*a lot*)
2. Ho visto __________ uccelli nel bosco. (*many*)
3. Ci sono __________ bambini al parco perchè piove. (*a few*)
4. I fuochi pirotecnici attraggono __________ persone. (*many*)
5. Giacomo dirige un' __________ orchestra. (*another*)
6. Il padre di Giacomo conosce bene __________ le opere. (*all*)
7. Non ci sono __________ studenti che studiano __________ lingue straniere. (*many, many*)
8. Questo inverno __________ uccelli sono venuti a mangiare nel nostro giardino. (*a few*)
9. A me fanno molta pena __________ gli animali nello zoo. (*all*)
10. Irene è venuta a lavorare in America per __________ tre mesi. (*another*)

Esercizio 17.10

Translate into Italian the following sentences:

1. He is always complaining because he has a lot of work.

   ____

2. Not too many people like winter and snow.

   ____

3. This year we did not see many sparrows eating our bird food.

   ____

4. I see many high school students smoking early in the morning.

   ____

5. She is very afraid when she has to walk alone in the evening.

   ____

6. In Italy, every high school student has to take a very difficult test at the end of the fifth year.

 ___

7. The days in fall are very beautiful. The colors in the morning are enchanting.

 ___

8. This is a long movie.

 ___

9. I will come to your beautiful house and you (*singular*) will show me the garden where you have many exotic flowers

 ___

10. Many young girls have beautiful, long hair.

 ___

Adjectives That Express *Next, Only,* and *Last*

prossimo, –a, –i, –e (*next*)

La **prossima** settimana vado al campeggio.	*Next week I will go camping.*
Il **prossimo** mese avrò tanti ospiti a casa mia.	*Next month I will have many guests at my house.*
Verranno molte persone alle **prossime** cene.	*Many people will come to the next dinners.*
Nei **prossimi** giorni farà molto caldo.	*In the next few days, it will be very warm.*

ultimo, –i, –a, –e (*last, finally*)

L'**ultimo** capitolo del libro era molto noioso.	*The last chapter in the book was very boring.*
Ho raccolto gli **ultimi** fiori nel giardino.	*I gathered the last flowers in the garden.*
L'**ultima** volta che l'ho vista, non stava bene.	*The last time I saw her, she was not feeling well.*
Non ho sentito le sue **ultime** parole.	*I did not hear his last words.*

Esercizio 17.11

Complete the sentences with the correct forms of the adjectives in parentheses.

1. Il ______________ anno non andrò a fare un viaggio. (*next*)
2. Il ______________ contratto verrà firmato fra due giorni. (*next*)
3. Gli ______________ anni sono passati molto rapidamente. (*last*)
4. Maria è l' ______________ di dodici figli. (*last*)
5. Lui vuole sempre mangiare l' ______________ ciliegia. (*last*)
6. Il ______________ anno non sarà un anno bisestile. (*next*)
7. Piero è sempre l' ______________ studente ad arrivare in classe. (*last*)
8. A lei piace mettere i vestiti all' ______________ moda. (*last*)
9. Nei ______________ anni ci saranno molti cambiamenti nella mia vita. (*next*)
10. La ______________ volta che vieni a casa mia ti farò vedere le fotografie dei miei nonni. (*next*)

Adjectives Related to the Five Senses

Smell

Adjectives that describe types of odors:

acre	*sour*	inebriante	*inebriating*
aromatico	*aromatic*	penetrante	*penetrating*
delicato	*delicate*	pungente	*pungent*
fragrante	*fragrant*	ripugnante	*repulsive*
gradevole	*pleasant*	sgradevole	*unpleasant*

Verbs connected with odors include annusare (*to smell*), fiutare (*to sniff*), odorare (*to smell*).

Taste

Adjectives that describe taste:

acido	*acid*	delicato	*delicate*
agro	*sour*	aspro	*acid*

amaro	*bitter*	forte	*strong*
dolce	*sweet*	dolciastro	*fairly sweet*
insipido	*insipid*	guasto	*rotten*
piccante	*spicy*	appetitoso	*appetizing*
salato	*salty*	sgradevole	*unpleasant*
saporito	*tasty*	gustoso	*tasty*

Verbs connected with the sense of taste:

abbuffarsi	*to stuff oneself, to gorge oneself*
assaggiare	*to taste*
assaporare	*to savor*
inghiottire	*to swallow*
leccare	*to lick*

Touch

Adjectives related to the sense of touch:

A sticky surface:

appiccicosa	*sticky*	ondulata	*wavy*
gelatinosa	*grimy*	pelosa	*hairy*
grinzosa	*creased*	ruvida	*rough*
irregolare	*irregular*	squamosa	*scaly*
ispida	*hispid, ragged*	unta	*greasy*
levigata	*smooth*	vellutata	*velvety*
liscia	*slick*	viscida	*slimy*

Material can be:

duro	*hard*	morbido	*soft*
elastico	*elastic*	sodo	*solid*
flessibile	*flexible*	rigido	*rigid*
bollente	*boiling*	ghiacciato	*icy*
caldo	*warm*	rovente	*very hot*
freddo	*cold*	tiepido	*lukewarm*

Verbs connected with the sense of touch:

accarezzare	*to caress*	toccare	*to touch*
afferrare	*to grab*	stringere	*tighten*

Sight

Adjectives related to the sense of sight:

They describe shape:

affilato	*sharp*	deforme	*deform*
allungato	*stretched*	piramidale	*pyramidal*
appuntito	*pointed*	proporzionato	*proportioned*
circolare	*circular*	tondeggiante	*roundish*

They describe colors:

azzurro	*light blue*	scuro	*dark*
brillante	*brilliant*	sgargiante	*bright*
chiaro	*light*	tenue	*soft, faint*
cupo	*dark, gloomy, sullen*	vivace	*vibrant, sharp*
grigio	*gray*	viola	*violet*
intenso	*intense*	vivo	*bright, sharp*
pallido	*light, pale*		

They describe position:

davanti	*in front*	dietro	*behind*
di fianco	*next*	in fondo	*at the end*

Verbs connected with the sense of sight:

ammirare	*to admire*	osservare	*to observe*
guardare	*to look at*	vedere	*to see*

Hearing

Nouns related to the auditive sense:

(note that the following are nouns)

baccano	*noise*	rombo	*bang*
cigolìo	*creak*	ronzìo	*buzzing, rumbling*
fischio	*whistle*	scroscio	*downpour*
fragore	*crash, rumble*	sibilo	*hiss*
fruscìo	*rustle, swish*	squillo	*ring*

Verbs connected with the auditive sense:

bisbigliare	*to whisper*
cantare	*to sing*
cigolare	*to squeak*
fischiare	*to whistle*
ronzare	*to buzz*
squillare	*to ring (as of the telephone)*
urlare	*to scream*

Esercizio 17.12

Complete the following sentences with the adjectives suggested in parentheses, which are related to the senses.

1. Questi fiori mi fanno venire il mal di testa perchè hanno un profumo ________________ e ________________. (*penetrating, nauseating*)
2. L'incenso ha una fragranza ________________. (*unpleasant*)
3. La bambina fa le smorfie quando mangia della frutta ________________ e ________________. (*sour, acid*)
4. Questa torta è ________________. (*exquisite*)
5. La pioggia viene giù a ________________. (*downpour*)
6. La sua pelle è ________________ e ________________. (*rough, wrinkly*)
7. La pelle del serpente è ________________. (*slimy*)
8. Preferisco il ________________ al ________________. (*salty, sweet*)

9. Durante l'estate sugli autobus e sulle metropolitane affollate c'è un odore ________________. (*repugnant*)
10. In Africa, si mangiano spesso pietanze molto ________________. (*spicy*)

Comparison of Adjectives, Adverbs, Nouns, and Verbs

Italian uses the comparative construction to express *more than, less than,* and *the same as.* In Italian the comparative of superiority or majority is expressed by using **più . . . di, più . . . che** (*more than*); the comparative of minority or inferiority is expressed by using **meno . . . di** or **meno . . . che** (*less than*).

Più + adjective + **di** and **meno** + adjective + **di** are used when two different objects or subjects are compared. These forms are also used with numbers:

L'anguria è **più** dolce **delle** pesche. — *Watermelon is sweeter than peaches.*

Antonietta è **più** alta **di** me. — *Antonietta is taller than me.*

Oggi fa **meno** caldo **di** ieri. — *Today is less warm than yesterday.*

Ho speso **più di** $200 per le piante. — *I spent more than $200 for the plants.*

Più + adjective + **che**, and **meno** + adjective + **che**, are used when the comparison is made between two prepositions, two nouns, two verbs in the infinitive, or two adjectives that refer to the same subject.

Prepositions:

Ci sono più chiese **a** Roma **che a** New York. — *There are more churches in Rome than in New York.*

Vado più spesso **al** cinema **che a** teatro. — *I go more often to the movies than to the theatre.*

Maria è **più** intelligente **che** bella. — *Maria is more intelligent than pretty.*

Giovanni gioca **meno al** tennis **che** al golf. — *Giovanni plays less tennis than golf.*

Infinitives:

È **più** facile sciare **che** pattinare. — *It is easier to ski than to skate.*

È **meno** stancante camminare **che** correre. — *It is less tiring to walk than to run.*

Adjectives:

Antonio è **più** carino **che** bello. — *Antonio is nicer than handsome.*

Lucia è **meno** saggia **che** studiosa. — *Lucia is less wise than studious.*

Comparative of Equality

Italian has two constructions to relay the comparison of equality: **Così** + adjective + **come** and **tanto** + adjective + **quanto**.

Il nostro viaggio era **tanto** interessante **quanto** il vostro.	*Our trip was as interesting as yours.*
La macchina è **tanto** piccola **quanto** comoda.	*The car is as small as it is comfortable.*
La mia vita è **cosi** movimentata **come** la tua.	*My life is as chaotic as yours.*
La sua casa è **tanto** pulita **come** la tua.	*Her house is as clean as yours.*

Così and **tanto** are often omitted.

La sua casa è pulita **quanto** la tua.	*Her house is as clean as yours.*
Il teatro è interessante **come** l'opera.	*The theatre is as interesting as the opera.*

Comparative of Adverbs

Adverbs are compared like adjectives:

Luigi lavora **più regolarmente di** Mario.	*Luigi works more regularly than Mario.*
Luisa studia **più diligentemente di** Nadia.	*Luisa studies more diligently than Nadia.*

Esercizio 17.13

Complete the sentences below with the missing comparative forms as required.

1. La mia casa è ____________ lontana ____________ la tua.
2. Erica è ____________ studiosa ____________ sua sorella.
3. La primavera è ____________ calda ____________ inverno.
4. Preferisco leggere ____________ andare in palestra.
5. La nostra vita è ____________ caotica ____________ quella della tua amica. (*less*)
6. Lei è più grassa ____________ alta.
7. L'edicola ha ____________ giornali ____________ riviste.
8. A Giovanna piace ____________ parlare ____________ pensare.

9. Noi guardiamo ____________ televisione ____________ loro. (*less*)
10. Io faccio ____________ viaggi ____________ mio fratello. (*as many as*)

Esercizio 17.14

Complete the following sentences with the required form of the comparative.

1. Lei impara l'italiano ____________ facilmente ____________ suo marito. (*more . . . than*)
2. Mia sorella va a visitare la mamma ________________ di un tempo. (*more regularly*)
3. La bambina deve parlare ______________ alla sua maestra. (*more kindly*)
4. Lei deve parlare ______________ gentilmente alle sue amiche ______________ a sua mamma. (*as . . . as*)
5. Il nonno non sente ______________ facilmente ______________ la nonna. (*as . . . as*)
6. Roberto scrive ______________ rapidamente al computer ______________ a mano. (*more . . . than*)
7. Barbara lavora ______________ sodo ______________ te. (*less . . . than*)
8. Luisa corre ______________ rapidamente ______________ Antonio. (*less . . . than*)
9. Antonio vende le macchine ______________ facilmente ______________ Stefano. (*as . . . as*)
10. Lei è ______________ bella ______________ intelligente. (*as . . . as*)

Esercizio 17.15

Combine the two sentences to compare the two elements. Follow the example.

Example: Luigi è bugiardo. / Giovanni è più bugiardo.
Giovanni è più bugiardo di luigi.
Luigi è meno bugiardo di Giovanni

1. Maria è magra. / Silvia è più magra.

____

____

2. Lara è studiosa. / Erica è più studiosa.

____

____

3. Roma è pulita. / Bologna è più pulita.

____

____

4. Gloria è ambiziosa. / Lia è più ambiziosa.

____

____

5. Il leone è feroce. / La tigre è più feroce.

____

____

6. Mario è affamato. / Matteo è più affamato.

____

____

7. Marco è irrequieto a scuola. / La sorella di Marco è più irrequieta a scuola.

____

____

Superlative Adjectives

The superlative structure in English as well as in Italian expresses the most or the least. Italian has two forms of superlative: relative superlative and absolute superlative. In the superlative, the noun is generally used with the definite article:

Questa strada è **la più panoramica**	*This road is most scenic.*

The superlative adjectives in Italian agree in gender and number with the noun they modify.

The relative superlative is formed by using the definite article + noun + **più/meno** + adjective + **di** + the object compared:

Gino è **il ragazzo più atletico della famiglia**.	*Gino is the most athletic boy in the family.*

Gino è **il ragazzo meno atletico della famiglia**.	*Gino is the least athletic boy in the family.*

The superlative absolute is the equivalent of the English *very* + *adjective*, an *adjective* + *–est*, or *most* + *adjective*. In Italian this can be expressed in several ways:

- By placing **molto/tanto**, **parecchio** or **assai** in front of the adjective:

La sua casa è **molto** bella.	*His house is very beautiful.*
Il cielo è **assai** nuvoloso oggi.	*The sky is very cloudy today.*

- By adding **–issimo**, **–a**, **–i**, **–e** at the end of an adjective:

Le ciliegie sono **dolcissime** quest'anno.	*Cherries are very sweet this year.*
La grammatica italiana è **difficilissima**.	*Italian grammar is very difficult.*

- By using the prefix **–arci**, **–stra**, **–super**, **–ultra**:

Dopo la palestra, ritorno a casa **arcistanca**.	*After the gym, I return home very tired.*
Quella casa è **stravecchia**.	*That house is very old.*
Quel monumento è **ultramoderno**.	*That monument is ultramodern.*
I nuovi treni sono **superveloci**.	*The new trains are very fast.*

- By using special expressions:

Ci sono delle persone che sono **ricche sfondate**.	*There are some people in the world who are filthy rich.*
Isabella ritorna da scuola **stanca morta**.	*Isabella comes back from school dead tired.*

Esercizio 17.16

Complete the following sentences with the correct form of the superlative using the words suggested in parentheses.

1. Mio fratello è ________________ (*very intelligent*), ma è anche ________________. (*very stubborn*)
2. La vita dei soldati che combattono in guerra è ________________. (*very dangerous*)
3. Quella modella è ________________. (*very beautiful*)
4. L'avvocato di mio figlio è ________________. (*very expensive*)

5. L'acqua dell'Oceano Indiano è ________________ (*very deep*) e ________________. (*very cold*)
6. Voglio comprare un vestito nuovo per la festa perchè questo è ________________. (*very old*)
7. Il mio padrone di casa è ________________. (*filthy rich*)
8. Ci piace viaggiare con il treno ad alta velocità perchè è ________________. (*very fast*)
9. La situazione politica in alcuni paesi è ________________. (*very difficult*)
10. La ragazza ha paura degli esami perchè è ________________. (*very shy*)

Irregular Comparatives and Superlatives

Some Italian adjectives have irregular comparative forms:

buono →	**migliore** *better,*	**il migliore**	*the best*
cattivo →	**peggiore** *worse,*	**il peggiore**	*the worst*
grande →	**maggiore** *bigger*	**il maggiore**	*the biggest*
piccolo →	**minore** *younger*	**il minore**	*the youngest*

Il gelato italiano è **migliore del** gelato americano.	*Italian gelato is better than American ice cream.*
Mia sorella **minore** è più alta di me.	*My younger sister is taller than me.*

Note: Often **più grande** and **più piccolo** are the preferred forms in place of *older* and *younger*:

Mio fratello **più grande** si è sposato l'anno scorso.	*My older brother got married a year ago.*
Tua sorella **più piccola** è bellissima.	*Your younger sister is very beautiful.*

The adjectives **grande** and **piccolo** have irregular superlative forms:

grande → **massimo** *biggest, greatest*

piccolo → **minimo** *smallest, least*

Two Italian adverbs have irregular comparative and superlative forms:

bene	**meglio**	*better, best*
male	**peggio**	*worse, worst*

Questa agenzia pulisce bene, ma quella pulisce **meglio**.	*This cleaning agency cleans well, but that one cleans better.*

Esercizio 17.17

*Complete the following sentences with the superlative, using the prefixes –**arci**, –**stra**, –**ultra**, and –**super**.*

1. La strada era ______________________ perchè la gente è andata a vedere i fuochi d'artificio. (*very crowded*)
2. L'autobus era ______________________ di passeggeri. (*overloaded*)
3. Il supermercato era ______________________ a causa delle feste natalizie. (*very crowded*)
4. Lei viene da una famiglia ______________________. (*very wealthy*)
5. La borsa di Maria è sempre ______________________. (*very full*)
6. Le sue giornate sono ______________________. (*very boring*)
7. Lui è una persona ______________________. (*very conservative*)
8. Il nuovo presidente è ______________________. (*very liberal*)
9. Alla ______________________ dei bambini non piace fare il pisolino pomeridiano. (*big majority*)
10. Mario è un chirurgo ______________________ in tutto il mondo. (*very well known*)

Esercizio 17.18

Change the following sentences by adding the suffix **–issimo/–a/–i** *and* –**e** *to the adjectives.*

1. La sua macchina è ______________________. (*very new*)
2. L'albero davanti a casa di Pamela è ______________________. (*very tall*)
3. Questo esercizio è ______________________, quello di matematica è ______________________. (*very easy, very difficult*)
4. È venuta ______________________ neve. (*very much*)
5. Erica è ______________________ a scuola. (*very good*)
6. Il giocatore di football deve essere ______________________. (*very fast*)
7. Le giornate estive sono ______________________. (*very warm*)
8. Per la nipotina, il nonno è ______________________. (*very tall*)

9. Il film era ________________ e ________________. (*very long, very boring*)
10. Giovanni pensa di fare una vita ________________. (*very normal*)

Reading Comprehension

Al ristorante

La maggior parte degli italiani è buongustaia, o almeno crede di esserlo, e si delizia nell'andare al ristorante. Tutti cercano sempre di scegliere e di andare in posti belli, ma specialmente dove si mangia bene e non si spende molto. Molti preferiscono andare nei ristoranti a gestione famigliare dove il cibo di solito è semplice, ma delizioso perchè curato dalla famiglia proprietaria del locale.

Amano i ristorantini dove possono rilassarsi, ammirare il panorama e la gente che passeggia, e staccarsi dalla solita vita quotidiana gustando del buon cibo. Il cibo italiano è molto regionale, quindi da una regione all'altra c'è molta differenza e tutti sono molto orgogliosi dei tipi di mangiare che provengono dal luogo dove sono nati o cresciuti.

Gli italiani considerano andare al ristorante una forma di passatempo, perciò ci restano per delle ore e pranzano o cenano senza fretta, senza abbuffarsi e correre a casa per poi sedersi davanti alla televisione. Preferiscono soffermarsi nel ristorante dove socializzano e si divertono. Finito il pasto, continuano a stare a sedere e a parlare con gli amici o con i famigliari. Mangiano il dolce, sorseggiano il caffè e quando sono pronti, chiedono il conto.

Ci sono molti tipi di ristoranti: dai più modici ai più eleganti, sofisticati e cari. Secondo i gusti, o le necessità del momento, uno può andare in trattoria, al self service, alla tavola calda, in pizzeria, in paninoteca o al fast food. La lista dei buoni ristoranti in Italia è immensa, c'è solo l'imbarazzo della scelta.

Nomi

il cibo	*food*
il conto	*bill*
la differenza	*difference*
il dolce	*dessert*
i famigliari	*family members*
la gestione famigliare	*family-owned restaurant*

il gusto	*taste*
l'imbarazzo	*problem*
la paninoteca	*place for sandwiches and beverages*
il passatempo	*entertainment*
la tavola calda	*restaurant without table service*
la trattoria	*originally intended for the consumption of wine and where you can eat simple dishes*
il panorama	*view*

Aggettivi

buongustaia	*good mouth*
immense./–a	*immense*
modico,/–a	*inexpensive*
orgoglioso./–a	*proud*
semplice	*simple*
sofisticato,/–a	*sophisticated*

Verbi

abbuffarsi	*to stuff oneself*
gestire	*to run, manage*
scegliere	*to choose*
sorseggiare	*sip*

Domande e Risposte

After reading the selection, answer the following questions in Italian.

1. Che cosa piace fare agli italiani?

 ____

2. Che cosa fanno gli italiani al ristorante dopo che hanno finito di mangiare?

 ____

 ____

3. Quali tipi di ristoranti ci sono in Italia?

____

____

Suffixes of Adjectives

Suffixes are represented by a group of letters that is added to the end of a word to change its meaning or form a different word. Following are some of the suffixes of adjectives and what they mean.

Adjectives ending in **–abile**, **–ibile**, **–ubile** indicate something possible such as: navigabile (*navigable*), leggibile (*legible*), solubile (*soluble*), and so on.

Adjectives ending in **–aceo, –spro, –igno**, indicate a tendency to be violaceo (*mauvish, violaceus*), biancastro (*whitish*), aspro (*sour*), and so on.

Adjectives ending in **–ale**, **–ano**, **–are**, **–ario**, **–ico**, **–iero**, **–ile**, **–istico**, **–ivo**, **–izio**, indicate a tendency to be or do something: provinciale (*provincial*), montano (*in the mountains*), immobiliare (*real estate*), ferroviario (*for the train*), toracico (*thoracic*), guerriero (*combative*), femminile (*feminine*), prolifico (*prolific*), attivo (*active*), redditizio (*profitable*):

–**ale**, indicate the cause: mortale (*mortal*)

–ale, indicate a mass, a mode: monumentale (*monumental*)

–**are**, indicate a shape: triangolare (*triangular*)

–uto, puts something in evidence: occhialuto (*wearing glasses*), capelluto (*hairy*)

–**evole**, inclination: favorevole (*favorable*)

There are also many suffixes of adjectives deriving from proper nouns of people or places. Following are some of the most common:

–acco	polacco	*from Poland*
–ano	africano siciliano italiano	*from Africa* *from Sicily* *from Italy*
–**ardo**	sardo	*from Sardinia*
–asco	comasco	*from Como*
–**ate**	urbinate	*from Urbino*
–**ense**	parmense	*from Parma*

–eo	europeo	*European*
–gino	parigino	*from Paris*
–iano	israeliano	*from Israel*
–olo	spagnolo	*from Spain*
–ita	vietnamita	*from Vietnam*
–ese	milanese bolognese	*from Milan* *from Bologna*

Esercizio 17.19

Complete the sentences with the adjectives suggested in parentheses.

1. Il fiume è gelato; non è ________________ fino a quando il ghiaccio si sarà sciolto. (*navigable*)
2. La sua casa è così fredda che le sue mani sono color ________________. (*purple*)
3. Per lui tutto è troppo complicato e ________________. (*monumental*)
4. È un piccolo paese ________________. (*in the mountains*)
5. La barca a vela va velocemente se il vento è ________________. (*favorable*)
6. È un uomo ________________ e ________________. (*with glasses, hairy*)
7. Prima di partire dovete consultare l'orario ________________. (*railway*)
8. La ragazza è stata coinvolta in un incidente ________________. (*deadly*)
9. Kyria è nata in Francia, a Parigi. È una vera ________________. (*Parisian*)
10. È una persona molto rustica e ________________. (*provincial*)

Adjectives and Possessive Pronouns

A possessive adjective in Italian consists of the definite article and a possessive adjective form. The possessive adjective agrees in gender and number with the following noun. In Italian the definite article usually precedes the possessive adjective, and both are repeated before each noun: **la mia** casa (*my house*), il **mio** cappello (*my hat*). The possessive adjectives are as follows:

ENGLISH	BEFORE A MASCULINE SINGULAR NOUN	BEFORE A MASCULINE PLURAL NOUN	BEFORE A FEMININE SINGULAR NOUN	BEFORE A FEMININE PLURAL NOUN
my	il mio	i miei	la mia	le mie
your	il tuo	i tuoi	la tua	le tue
his/her	il suo	i suoi	la sua	le sue
His/Her	il Suo	i Suoi	la Sua	le Sue
our	il nostro	i nostri	la nostra	le nostre
your	il vostro	i vostri	la vostra	le vostre
their	il loro	i loro	la loro	le loro
your (formal plural)	il Loro	i Loro	la Loro	le Loro

In Italian, **il suo**, **la sua**, **i suoi**, and **le sue** can be rather ambiguous. To resolve this ambiguity, you may replace the possessive with **di lui** when referring to a masculine possessor, or **di lei** when referring to a feminine possessor:

La casa di Luigi è grande.	*Luigi's house is big.*
La sua casa è grande. (*ambiguous; refers to Luigi's*)	*His house is big.*
La casa **di lui** è grande. (*not ambiguous*)	*His house is big.*
La borsa di Maria è pesante.	*Maria's purse is heavy.*
La sua borsa è pesante. (*ambiguous; refers to Maria's purse*)	*Her purse is heavy.*
La borsa **di lei** è pesante. (*not ambiguous*)	*Her purse is heavy.*

When a family noun in the singular form has no diminutive or augmentative suffix, the article is never used with a possessive adjective. **Mamma** e **papà**, are treated as diminutives; therefore, they can take an article with a possessive adjective, although it is not uncommon to omit the article.

Mia mamma ha sempre molto da fare.	*My mother is always very busy.*
La mia mamma è una brava cuoca.	*My mother is a good cook.*
Mio papà è un uomo molto buono.	*My dad is a very good man.*
Il mio papà adora i miei figli.	*My dad loves my children.*

Babbo instead of **papà** is used in many areas of Italy.

The article is used before the possessive adjective if the family noun is plural, is modified by a noun, another adjective, or has a diminutive suffix.

Le mie nipoti vogliono mangiare il gelato.	*My granddaughters want to eat ice cream.*
Dove abita **il tuo nonno materno**?	*Where does your maternal grandfather live?*
Le mie nipoti hanno fatto la festa.	*My granddaughters had a party.*
Dove abita **il tuo cognato dottore**?	*Where does your brother-in-law who is a doctor live?*
Come sta **il tuo nonnino**?	*How is your little grandfather?*

The masculine plural possessive **i miei**, **i tuoi**, and **i suoi** may be used as a noun, and it means *my parents*, *your parents*, and *his* or *her parents*, respectively:

Passo il Natale con **i miei**.	*I will spend Christmas with my parents.*
Come stanno **i tuoi**?	*How are your parents?*
I miei stanno bene, ma **i suoi** non tanto.	*My parents are fine, but his/her parents are not very well.*

The definite article in front of the possessive adjectives may be replaced by an indefinite article, a demonstrative adjective, or a number:

Un mio parente viveva in America.	*A relative of mine used to live in America.*
Ha venduto **due** quadri **suoi** alla mostra.	*He sold two of his pictures at the art show.*
Queste idee **nostre** sono molto grandiose.	*These ideas of ours are very grandiose.*

The adjective **proprio** (*one's own*) is used to reinforce a possessive adjective, in the same way as in English:

L'ho alzato con **le mie proprie forze**.	*I lifted it with my own strength.*

In order to avoid ambiguity from third person possessive adjectives, the third person possessive adjective is replaced by **proprio** to specify that the possessor is the same person as the subject.

Giovanni ha pulito **la sua** camera.	*Giovanni cleaned his room.*

This could be interpreted as if he cleaned his own room or somebody else's room. The third person possessive is replaced by **propria** to specify that he cleaned his own room:

Giovanni ha pulito **la propria** camera. *Giovanni cleaned his own room.*

Esercizio 17.20

Complete the following sentences with the correct possessive adjective forms.

1. Le ______________ chiavi. Chi ha visto le ______________ chiavi? (*my*)
2. Una ricerca dimostra che la gente passa molto tempo a cercare le ______________ chiavi. (*his own*)
3. Io metto sempre le ______________ chiavi nello stesso posto, così non devo perdere tempo a cercarle. (*my*)
4. Mio figlio invece, perde sempre le ______________ chiavi. Si dimentica dove le mette. (*his*)
5. I ______________ amici sono sinceri e generosi. (*my*)
6. ______________ sorella si sposa fra un mese e ______________ sorella si sposerà l'anno prossimo. (*my, your*)
7. C'è un proverbio italiano che dice: "Natale con i ______________, Pasqua con chi vuoi". (*yours*)
8. La ______________ casa si trova in collina, ma la ______________ casa è vicino al mare. (*our, your*)
9. La ______________ sorellina ha sei anni, ma sa già leggere bene e le piace sfogliare i ______________ libri. (*my, my*)
10. La ______________ vita è stata piena di avventure. Alcune belle, altre spaventose. (*our*)

18

Possessive Pronouns

Italian possessive pronouns have the same forms as possessive adjectives, but the noun following the adjective is omitted. The possessive pronouns tell who possesses the noun it is replacing:

Your house is big; ***mine*** *is small.*

Mine is used instead of *my house* and is a possessive pronoun, because it replaces the noun *house* and tells who is the possessor.

Formation and Uses of Possessive Pronouns

A possessive pronoun agrees in number and gender with what one possesses:

Il mio cappello è rosso, **il tuo** è bianco.	*My hat is red, yours is white.*
La tua macchina è nuova, **la mia** è vecchia.	*My car is new, yours is old.*

A possessive pronoun is similar to the possessive adjective. In most sentences and questions, it is used with the definite article:

Questo è il tuo libro. Quello è **il mio.**	*This is your book. That one is mine.*

Nouns of family members that take possessive adjectives without the article, use the article when replaced by a possessive pronoun:

Tua madre e **la mia** sono belle.	*Your mother and mine are beautiful.*
Tuo figlio e **il mio** sono bravi ragazzi.	*Your son and mine are good young men.*

Possessive pronouns are commonly used in comparatives:

Il tuo giardino è più bello del **mio.**	*Your garden is more beautiful than mine.*
I tuoi genitori sono più giovani **dei suoi.**	*Your parents are younger than his.*

The definite article is often omitted before the possessive pronoun when the possessive pronoun is followed by a form of **essere**:

Le scarpe nuove sono **mie.**	*The new shoes are mine.*
Il vestito da sposa è **suo.**	*The wedding dress is hers.*
La casa all'angolo è **nostra.**	*The house on the corner is ours.*
Il libro sul tavolo è **tuo.**	*The book on the table is yours.*

il mio, la mia, i miei, le mie	*mine*
Il mio gatto è nero, **il tuo** è grigio.	*My cat is black, yours is gray.*
La mia casa è piccola, **la tua** ha quattro camere.	*My house is small, yours has four rooms.*
I miei amici sono allegri, **i tuoi** sono musoni.	*My friends are happy, yours are grumpy.*
Le mie finestre sono grandi, **le tue** sono piccole.	*My windows are big, yours are small.*

il tuo, la tua, i tuoi, le tue	*yours*
Non ho la macchina, posso usare **la tua?**	*I don't have a car, may I use yours?*
Il mio vestito è moderno, **il tuo** è fuori moda.	*My dress is modern, yours is out of fashion.*

il suo, la sua, i suoi, le sue	*his, hers*
Mio figlio è molto alto, **il suo** è basso.	*My son is very tall, his is short.*
Mi piace la mia casa, ma non mi piace **la sua.**	*I like my house, but I do not like hers.*
Io ho perso i miei occhiali, devo usare **i suoi.**	*I have lost my glasses, I have to use his.*
Le sue scarpe non hanno i tacchi alti, **le sue** sì.	*My shoes don't have high heels, hers do.*

Keep in mind that the third person possessive pronouns, both singular and plural, are often ambiguous.

Compro la sua could be translated as: *I buy his, I buy hers, I buy yours.* This can be clarified by phrasing it this way: **Compro la casa di lui / di lei / di Lui, /di Lei.**

il nostro, la nostra, i nostri, le nostre	*ours*
Il tuo volo è in ritardo. **Il nostro** è puntuale.	*Your flight is late. Ours is on time.*
La tua valigia è nuova, **la nostra** è vecchia.	*Your suitcase is new, ours is old.*
I tuoi gatti sono belli. **I nostri** sono gatti randagi.	*Your cats are beautiful. Ours are stray cats.*
Le sue giornate sono caotiche. **Le nostre** sono tranquille.	*His days are chaotic. Ours are calm.*
il vostro, la vostra, i vostri, le vostre	*yours*
Il mio oroscopo predice prosperità. **Il vostro** predice felicità.	*My horoscope predicts prosperity, yours predicts happiness.*
La nostra città è molto pulita, **la vostra** è abbastanza sporca.	*Our city is very clean, yours is fairly dirty.*
I nostri figli studiano molto, **i vostri** non hanno molta voglia di studiare.	*Our kids study a lot, yours are not very studious.*
Le nostre amiche sono giovani, **le vostre** sono abbastanza attempate.	*Our friends are young, yours are fairly advanced in age.*
il loro, la loro,i loro, le loro	*theirs*
Il nostro lavoro va bene, **il loro** è molto duro.	*Our job is fine, theirs is very hard.*
La vostra storia è interessante, **la loro** è noiosa.	*Your story is interesting, theirs is boring.*
Il nostro ombrello è nuovo. **Il loro** è rotto.	*Our umbrella is new. Theirs is broken.*
I miei figli sono educati, **i loro** sono maleducati.	*Our children are polite, theirs are impolite.*

Esercizio 18.1

Complete the following sentences with the correct possessive pronoun.

1. Questo libro è__________. Quello è __________. *(mine, yours)*
2. Mia zia ha avuto una vita lunga ____________ ha avuto una vita corta. (*yours*)
3. La frutta nel frigorifero è ___________. (*mine*)
4. Il suo cane è vecchio e ammalato, il__________ è ancora un cucciolo. (*ours*)
5. Le vostre piante sono rigogliose. Le __________ hanno bisogno di essere trapiantate. (*hers*)

6. Le scarpe di Luisa sono nuove. Le__________ sono vecchie, ma comode. (*mine*)
7. La rivista di Maria ha tante notizie da leggere, __________ non ha niente di interessante. (*mine*)
8. Nostra zia legge molti libri, la__________ guarda la televisione. (*his*)
9. Il mio libro è sul tavolo. Dov'è il __________? (*yours*)
10. Il nostro calendario ha illustrazioni dell'Italia. Il __________ ha illustrazioni della Francia. (*theirs*)

Esercizio 18.2

Complete the following sentences with the possessive adjectives or possessive pronouns as required.

1. Erica non rinuncia alla __________ indipendenza.
2. Questo lavoro non mi aggrada. Mi sembra troppo monotono per i __________ gusti.
3. Spero di essere presente alla __________ festa di compleanno. Anche i __________ genitori ti manderanno un regalo.
4. Tutti i __________ progetti sono andati in fumo. Dovremo ricomnciare daccapo.
5. Amico __________, con le __________ idee non riuscirai mai a farti strada.
6. Le __________ automobili sono molto vecchie, ma le __________ sono belle e nuove.
7. Gino pensa solo ai __________ interessi.
8. Quando avevo bisogno di un __________ consiglio, ti sei rifiutato di darmelo.
9. Mia sorella è dedita alla casa, ama intensamente __________ marito e passa gran parte della giornata con i __________ figli
10. I __________ nipoti sono già adulti, i __________ sono ancora piccoli.

Relative Pronouns

Relative pronouns are the linking words used to introduce a relative clause. They provide additional information about the preceding noun or pronoun. In English the relative pronouns are *whom, which,* and *that.* They can be omitted in English, but never in Italian. The Italian relative pronouns are **che**, **cui**, and **il, la, i, le quali.**

Che (*which, who, whom*) can be used to replace either a person or a thing. **Che** does not have gender or number differentiation:

La donna insegna qui.	*The lady teaches here.*
La donna **che** insegna qui è molto brava.	*The woman who teaches here is very good.*

(**che** refers to **la donna** and is the subject of its clause.)

When **che** is the subject of a verb in the present perfect conjugated with **essere,** the participle agrees in gender and number with the noun that **che** replaces:

I ragazzi **che sono andati** in Italia, sono bravi studenti.	*The boys who went to Italy are good students.*
Le valigie **che non sono arrivate** sono di mio fratello.	*The suitcases that did not arrive belong to my brother.*

Esercizio 18.3

Answer the following questions with a relative phrase as shown in the example.

Example: Quale macchina vuoi comprare?
Voglio comprare la macchina che non costa molto.

1. Quale partita vuoi vedere? (La partita verrà giocata fra due settimane.)

 ____

2. Quali ristoranti ti piacciono? (I ristoranti hanno cibo italiano.)

 ____

3. Quale computer usi? (I miei genitori mi hanno regalato il computer.)

 ____

4. Da quale barbiere va tuo marito? (Il barbiere ha il negozio sulla strada principale del paese.)

 ____

5. Quali riviste leggi? (Le riviste trattano di moda e di politica.)

    ____

6. Quale professore preferisci? (Il professore insegna spagnolo e tedesco.)

    ____

7. Quale casa vuoi comprare? (La casa è vicino al fiume.)

    ____

8. Quale coppia vuoi conoscere? (La coppia si è sposata due mesi fa.)

    ____

9. Quale casa ti piace? (La casa ha un giardino spazioso e una grande piscina.)

    ____

10. Quali piante vuoi comprare? (Le piante hanno tanti fiori e resistono al caldo estivo.)

    ____

The Relative Pronoun *cui*

The relative pronoun **cui** (*which, whom, of which*) also does not have gender differentiation. It is often preceded by a preposition, or an article is used after prepositions. The relative pronoun **cui,** can replace both singular and plural masculine or feminine nouns and can refer to people or things:

Abbiamo viaggiato **su un aereo** nuovo.	*We traveled on a new plane.*
L'aereo **su cui** abbiamo viaggiato era nuovo.	*The plane (that) we traveled on was new.*
Le ho parlato **del nuovo esperimento.**	*I spoke to her of the new experiment.*
L'esperimento **di cui** le ho parlato è nuovo.	*The experiment (that) I spoke to her about is new.*
Mio marito lavora **per una grande azienda**.	*My husband works for a large firm.*
L'azienda **per cui** lavora mio marito è grande.	*The firm (that) my husband works for is big.*
Ho dato la lettera **al postino.**	*I gave the letter to the mailman.*
L'uomo **a cui** ho dato la lettera è il postino.	*The man I gave the letter to is the mailman.*

In literary style, **a cui** may be replaced by **cui** omitting the preposition:

La persona **cui** ho lasciato il mio cane non è affidabile.	*The person to whom I left my dog cannot be trusted.*

Esercizio 18.4

Rewrite the sentences substituting the underlined words with the pronoun **cui**.

1. Mi è piaciuto il libro; fra le righe del libro ho trovato tante parole nuove.

 ____

2. L'albero è troppo alto per salirci; sulla cima dell'albero c'è un nido di passerotti.

 ____

3. Ho un calcolatore. L'uso del calcolatore non è permesso in classe.

 ____

4. Hanno scalato le montagne più alte; sulle cime delle montagne nessuno era mai salito.

 ____

5. La ragazza sarà certamente molto riconoscente. All'educazione della figlia, i genitori si sono dedicati per tanti anni.

 ____

 ____

6. Hanno scalato le montagne più alte; sulle cime delle montagne c'era molta neve.

 ____

7. La casa è spaziosa; abbiamo abitato nella casa spaziosa delle mie amiche.

 ____

8. Ti ho parlato di una bella signora. La bella signora è mia cognata.

 ____

9. Ti interessi di nuove automobili. Le nuove automobili non consumano molta benzina

 ____

10. I figli dei signori Bianchi vivono ad Ancona. Ci hai parlato dei figli dei signori Bianchi.

 ____

Il quale, la quale, i quali, le quali

Il quale, la quale, i quali, le quali (*that which*) can be used in place of **che** and **cui. Quale** agrees with the noun it refers to and therefore avoids ambiguity. It can only be used as the subject of a sentence:

che	il quale, la quale, i quali, le quali
a cui	al quale, alla quale, ai quali, alle quali
con cui	con il quale, con la quale, con i quali, con le quali
da cui	dal quale, dalla quale, dai quali, dalle quali
di cui	del quale, della quale, dei quali, delle quali
per cui	per il quale, per la quale, per i quali, per le quali
su cui	sul quale, sulla quale, sui quali, sulle quali

La signora **che** viene a lezione di italiano è molto intelligente.	*The lady who comes to the Italian class is very intelligent.*
La signora **la quale** viene a lezione di italiano è molto intelligente.	*The lady who comes to the Italian class is very intelligent.*

Chi (*who*) does not have gender differentiation and is only used to refer to unspecified people or the masculine and feminine singular. It is commonly used in both spoken and written Italian:

Chi dorme non piglia pesci.	*He who sleeps late does not catch any fish.*
Non so **chi** ha bussato. alla porta	*I don't know who knocked at the door.*

Esercizio 18.5

In each sentence, replace the relative pronoun ***che*** *with the appropriate form of* ***quale.*** *Follow the example:*

EXAMPLE: Ho conosciuto uno studente **che** viene dalla Cina e che non capisce l'inglese.
Ho conosciuto uno studente il quale viene dalla Cina e il quale non capisce l'inglese.

1. Tutti invidiano i vostri amici che sono molto ricchi.

 ____

2. Gli studenti stranieri che sono arrivati e non avevano il passaporto sono ripartiti.

 ____

3. Ho visitato un museo che ha molti quadri molto importanti.

   ____

4. I nostri amici hanno comprato una casa che ha molto spazio.

   ____

5. Mi piacciono i libri che hai letto e che mi hai imprestato.

   ____

6. Il ladro che ha derubato la banca è stato arrestato e messo in prigione.

   ____

7. La gente che va nei negozi il giorno dopo Natale, trova molta confusione.

   ____

8. La ragazza che ha vinto il torneo di tennis, è molto giovane.

   ____

9. Non hanno capito le ragioni che li hanno convinti a partire di mattina presto.

   ____

10. Le poesie che ha scritto tuo zio sono molto commoventi.

   ____

In Italian there are also relative pronoun phrases that are used to refer to specific people or objects. These pronouns must agree in gender and number with the noun to which they refer. **Tutto quello che** and **tutto ciò che** (*everything, all that*) are such pronoun phrases. They are interchangeable. **Tutti quelli che** (*all those who*) refers to a specific group of people. **Quello che, quella che, quelli che**, and **quelle che** (*those which, whichever*) are used to refer to a specific group of people or objects:

Quel ragazzo fa **tutto quello** che suo padre gli chiede.	*That boy does everything his father asks him.*
Tutti quelli che giocano a pallacanestro devono essere molto alti e agili.	*All those who play basketball must be very tall and limber.*
Quale vuoi? Questo o quello? Quello che vuoi.	*Which one do you want? This or that? Whichever you want.*

Esercizio 18.6

Fill in the blanks with the appropriate relative pronoun.

1. Noi abbiamo raccolto ________________ che è caduto per terra.
2. Lasciamo un po' di cibo per ________________ vengono dopo di noi.
3. Noi vogliamo aiutare ________________ che sono senza cibo o senza tetto.
4. Ho scritto sulle cartoline di Natale________________ abbiamo fatto durante l'anno.
5. Quante cose porti in viaggio? ________________ che stanno in valigia.
6. Quale vestito vuoi comprare? ____________ che ti ho fatto vedere nel negozio.
7. Non sappiamo ______________ che volete fare e dove volete andare l'estate prossima.
8. Se fossi ricca ti regalerei ________________ che vuoi.
9. Ci è piaciuto ________________ che abbiamo visto in Italia.
10. ________________ che vogliono partecipare alla maratona, devono fare allenamento.

Relative Pronouns with *piacere, servire,* and *mancare*

As previously shown, relative pronouns in English are not always used in the same way in Italian. There are sentences in English that show the subject of a relative clause as *who,* but the same sentence in Italian expresses that thought by using the indirect object *to whom.* The expressions **piacere a** (*to be pleasing to*), **servire a** (*to be necessary to, to need to*), and **mancare a** (*to be lacking in*) are used in these cases. **A cui** must be used with these verbs:

Invito gli amici **a cui** piace fare la torta di mele.	*I will invite the friends who like to make an apple pie.*
Sono persone **a cui** non manca niente.	*They are people who lack nothing.*
Questa è la ragazza **a cui** servono le medicine.	*This is the girl who needs the medicines.*

Note: In Italian how you say *whose* depends on whether *whose* refers to the subject or the object of the sentence. If it refers to the subject, it may be expressed with a definite article + cui making it **il cui, la cui, i cui, le cui,** or it can be expressed by using **di + il quale (del quale), la quale (della quale), i quali**

(dei quali), le quali (delle quali). Both forms are interchangeable, but when there is ambiguity, the use of **del quale, della quale,** and so on, is preferred:

Mio fratello, la cui casa è in vendita, si sposerà presto.	*My brother, whose house is for sale, will get married soon.*
Mio fratello, la casa **del quale** è in vendita, si sposerà presto.	*My brother whose house is being sold will get married soon.*

When *whose* + noun is the object of the verb in a relative clause, **di cui** is placed before the verb. The definite article and the noun follow it:

È la casa **di cui** conosco tutti gli angoli.	*It is the house whose corners I know well.*

When *whose* is used as an interrogative pronoun, **di chi** is used in the sentence.

Esercizio 18.7

*Fill in the blanks using the pronoun **cui** or **quale** (or **both**), preceded by the appropriate preposition or definite article.*

1. La città che preferisco è quella ______________ ______________ vivono i miei parenti.
2. Il vestito ______________ ______________mi hai parlato non è della mia taglia.
3. I signori ______________ ______________ abbiamo parlato sono i genitori della mia amica.
4. Il paesaggio ______________ ______________ hai scritto, sembra moltobello.
5. Il professore ______________ ______________ abbiamo telefonato, non può venire oggi.
6. Il campionato ______________ ______________ abbiamo partecipato era molto importante.
7. Il giornale ______________ ______________ ho letto le notizie, era vecchio.
8. La frutta ______________ ______________ non conosci il nome, è molto buona.
9. Le ragazze ______________ ______________ sei andata al cinema, sono molto belle.
10. Il libro ______________ ______________ sono molto interessata, è un libro di storia.

Demonstrative Pronouns

Demonstrative pronouns are the same as demonstrative adjectives in that they refer to people or things. They agree in gender and number with the noun they replace. The demonstrative pronouns **questo** and **quello** have four forms.

MASCULINE SINGULAR	FEMININE SINGULAR		MASCULINE PLURAL	FEMININE PLURAL	
questo	questa	*this one*	questi	queste	*these ones*
quello	quella	*that one*	quelli	quelle	*those ones*

Quale giornale vuoi leggere? *Which newspaper do you want to read?*
Voglio leggere **quello** di oggi. *I want to read today's.*
Voglio leggere **questo.** *I want to read this one.*

For emphasis, **questo/–a/–i/–e** and **quello/–a/–i/–e** may be followed by **qui** (*here*) and **lì** (*there*). **Qui** is used with **questo** and **lì** is used with **quello.**

Quale comperi? *Which one will you buy?*
Quello lì in vetrina. *That one in the window.*
Qual'è la tua casa? *Which one is your house?*
Questa qui a destra. *This one on the right.*

Quello is often followed by **che**, and it means: ***the one who*** or ***the one that***:

La bicicletta che ho comperato è **quella che** *The bicycle I bought is the one*
costava meno delle altre. *that cost less than the others.*

When the pronoun **quello** is followed by **di** (**quello di, quella di, quelli di,** and **quelle di**), it is used to express possession:

I fratelli di Carlo, giocano al calcio, *Carlo's brothers are playing soccer,*
quelli di Giovanni giocano a tennis *__Giovanni's__ play tennis, and*
e **quelli di** Paolo giocano a pallacanestro. *__Paolo's__ play basketball.*

Esercizio 18.8

Translate the following sentences into Italian using the appropriate demonstrative adjectives and pronouns.

1. This is my husband, and these are my children. ____________________
2. These shoes are mine, and those are Isabella's. ____________________

3. Who are those men? ______________________
4. That one is a famous singer, and this one is a writer. ______________________
5. This orchid is white, and that one is purple. ______________________
6. These flowers are fresh, but those are wilted. ______________________
7. These students come from Africa, but those come from Russia.______________________
8. Those dresses are modern, but these are very outdated. ______________________
9. This glass is clean, and that one is smelly and dirty. ______________________
10. That movie is very violent, but this one is very romantic. ______________________

Ciò che (*that, what*) is an invariable demonstrative pronoun. It is used more in writing than in colloquial Italian:

Mi ha detto **ciò che** pensava.	*He told me what he was thinking.*
Ha speso **tutto ciò che** aveva guadagnato.	*He spent all he had earned.*

Esercizio 18.9

Translate the following paragraph into Italian, using **ciò che** *where the demonstrative is needed.*

I don't know what you did yesterday. You told me, but I did not understand what you said. It is difficult to know and to remember what you and your friends did and what you wanted to do. We would like you to write down what you did and where you went. This way, we will not forget, and we will not have to ask you to repeat what you already told us.

____

____

____

____

____

Esercizio 18.10

Fill in the blanks with the appropriate demonstrative pronouns or adjectives.

1. Vorrei un chilo di patate. ________________ (*These*) sono migliori di ________. (*those*)

2. Vorrei anche delle fragole. _____________ (*those*) vicino alle mele sono più mature di _______ (*these*) in prima fila.
3. Per favore mi dia anche due angurie. ______________ (*these here*) sembrano più belle di ____________ (*those*) nella cassetta.
4. Se i pomodori sono maturi, prendo due chili di _____________ (*these*) alla mia sinistra.
5. Se non sono maturi, prendo _____________ (*those*) ancora un po' verdi da insalata.
6. Sì, _____________ (*those*) vanno bene.
7. Da dove vengono le mele? ____________ (*those*) vengono dal Trentino, ma ____________ (*these*) sono appena arrivate dalla Spagna.
8. Quali sono migliori: ______________ (*these*) o _____________ (*those*)?
9. Secondo me _______________ (*these ones here*) sono preferibili a ______________ (*those ones there*).
10. Vorrei un sacchetto di plastica per favore. __________________ (*This one here*) è abbastanza pesante. Me ne occorre uno che sia abbastanza robusto per il peso che devo portare.

Interrogative Pronouns

Interrogative pronouns are used when asking a question. In written Italian there is no special word order for asking a question, and in spoken Italian it is the speaker's tone of voice that determines if the speaker is asking something or not. Interrogative pronouns can be used in direct or indirect questions and for those questions expressing doubt. The following list shows the various interrogative pronouns:

Chi?	*Who?*	Refers only to people, used only in the singular masculine and feminine forms
Di chi?	*Whose?*	Refers to people only
Che cosa?	*What?*	Generally used for things
Quale, quali?	*Which?*	Used for people and things
Quanto/quanti?	*How much/ how many?*	Used for people and things

Chi aspetti?	*Who are you waiting for?*
Di chi è questa giacca?	*Whose jacket is this?*
Che cosa fai per Natale?	*What will you do at Christmas time?*
Quale macchina hai scelto?	*Which car did you choose?*
Quanto costa il tacchino?	*How much does the turkey cost?*

Esercizio 18.11

Translate the following questions into Italian.

1. Who is getting into the car with her sister?

 ____

2. Whose shoes are in the middle of the room?

 ____

3. What do you want the children to do after school?

 ____

4. Which is the team that won the soccer competition?

 ____

5. How much wine do you think your guests will drink?

 ____

6. How many children does your brother have?

 ____

7. Who is the fastest runner of the team?

 ____

8. Which are the sweetest tangerines?

 ____

9. What do you want the cleaning lady to do?

 ____

10. Who is marrying that beautiful fashion model?

 ____

Indefinite Pronouns

Indefinite pronouns are used to express an indefinite quantity or number of people or objects:

Ci sono **molte** persone al cinema.	There are many people at the movies.
Alla festa non ho visto nessuno che conoscevo.	I did not see anybody I knew at the party.

The following list shows some of the most commonly used indefinite pronouns:

alcuni, alcune	*some, any, a few*	poco, poca	*a little*
chiunque	*anyone, anybody*	qualcosa	*something, anything*
gli altri, le altre	*the others*		
l'uno/a . . . l'altro/a	*the one . . . the other*	qualcuno	*someone, somebody*
gli uni . . . gli altri, le une . . . le altre	*some . . . the others, either one*	tanti, tante	*many*
molti, molte	*many*	troppi, troppe	*too many*
molto, molta	*much*	troppo, troppa	*too much*
nessuno, nessuna	*no one, nobody*	tutti, tutte	*everyone*
ognuno, ognuna	*each, everyone*	tutto, tutta	*everything*
parecchi, parecchie	*a lot, several*	un altro, un'altra	*another*
pochi, poche	*a little, a few*	uno, una	*a/any person*

Uno/a is used mostly in the singular and refers exclusively to people. It is often used to generalize. **Uno** refers to a person or any person. English uses the term *someone* or *one.* When used in the impersonal form, **uno** is always used as a masculine pronoun:

Quando **uno** è multilingue può parlare con persone di diverse nazioni. — *When one is multilingual, one can speak with people of different nations.*

Uno/a is also used to refer to a person who is of little importance to the speaker, or when little or nothing at all is known about him/her:

Ho aiutato **una** che non conoscevo. — *I helped someone whom I didn't know.*

C'è **uno** alla porta che ti vuole vendere delle caramelle. — *There is* ***someone*** *at the door who wants to sell you candies.*

Sometimes **uno** is followed by **altro** or **altra.** In this case it can be used in the masculine or feminine form in both singular or plural and the article is placed before it. When used this way, it means *either one*:

Non ho visto nè l'**uno,** nè **l'altro.** — *I didn't see either one.*

Sia **gli uni** che **gli altri** devono adattarsi. — ***Either one*** *has to adapt.*

Ognuno/a (*each, everyone*) is used only in the singular for people or things and will always agree with the noun in gender. **Ognuno di noi/di voi/di loro** means *all* or *everyone of.* It is used with a singular verb:

Ognuno di voi deve pensare al proprio futuro. — *Each one of you has to think about the future.*

Esercizio 18.12

Fill in the blanks with the appropriate forms of the indefinite pronouns.

1. La mamma dice sempre che suo figlio non ha voglia di studiare. Ne ha veramente ___________.
2. Non avere paura. So mantenere un segreto. Non lo dico a ___________________.
3. Non disturbiamolo ha ______________ per la testa.
4. _________________ ha bussato alla porta. Sono andato ad aprire e non c'era _______________.
5. Anch'io sostengo che _________________ contesteranno la decisione del governo.
6. Ha guadagnato ______________ all'estero, ma con il gioco d'azzardo ha perso _______________.
7. ___________________ di voi vuole esprimere la sua opinione, ma _____________ ascolta.
8. C'è un proverbio italiano che dice: "Chi ______________ vuole, nulla stringe."
9. Quali scarpe hai comprato? Nè ______________, nè ______________. Erano __________ piccole.
10. Quanti libri hai letto durante le vacanze? Ne ho letti ________________.

Qualcuno/a or **qualcheduno/a** (*someone, any, anybody*) is used only in the singular, even if it refers to plural nouns. It is used with people and less frequently with objects. When it refers to a plural persons or things, **alcuni/e** and a plural verb can be used:

Mi ha telefonato **qualcuno** che vuole parlare con te.	*I received a call from someone who wants to talk to you.*

Qualcuno is the pronoun equivalent to **qualche.** It is always singular even when used with a plural noun:

Qualcuno di noi verrà ad aiutarti a traslocare.	***One of us*** *(**someone**) will help you to move.*
Qualcuna di voi vuole andare a nuotare?	***Would one of you*** *(**someone**) want to go swimming?*

When **qualcuno** is followed by **altro/a**, the final vowel **–o** must be omitted (**qualcun altro**) but no apostrophe is needed. The apostrophe is needed only when the feminine form **altra** follows **qualcuno** (**qualcun'altra**):

Mario non l'ha visto, **qualcun altro** l'ha visto.	*Mario did not see him, **somebody else** did.*

Chiunque, *anyone, whoever, no matter who,* is invariable, and therefore is the same for the masculine as well as the feminine forms. It refers exclusively to people and is generally followed by a subjunctive verb:

Chiunque venga, non voglio vederlo.	***Whoever** will come, I don't want to see him.*

Esercizio 18.13

Fill in the blanks with the appropriate indefinite pronouns.

1. ______________________ è venuto nel negozio, ma non ha comprato niente.
2. Se sei stanca devi far venire ________________ ad aiutarti.
3. ________________ di voi sa dove sono le forbici?
4. Non mandate la bambina al mercato, mandate ____________________.
5. ____________ voglia portare fuori la spazzatura, mi farà un gran piacere.
6. __________________ di voi potrebbe aiutarmi a muovere il frigorifero?
7. Lei pensa di sapere tutto, ma __________________ ne sa più di lei.
8. Spero che ___________________ mi ceda il posto sull'aereo.
9. Se ______________________ lo incontra, ditegli che vogliamo parlargli.
10. ______________________ voglia aiutarci, ne saremo molto grati.

Niente and **nulla** give origin to many expressions. For example:

buono a niente/nulla	*good for nothing*
cosa da niente	*nothing much*
cosa da nulla	*nothing much*
non fa niente	*it doesn't matter*
per niente	*not at all*

fare finta di niente	*to pretend nothing is happening, going on*
Non ti fidare di quell'uomo, è un **buono a niente**.	*Don't trust that man, he is good for nothing.*
Per fortuna l'incidente era **una cosa da niente**.	*The accident was nothing much.*
Quando la chiamo, **fa finta di niente**.	*When I call her, she pretends nothing is going on.*

Nessuno/a, *no one, nobody, not any,* is used only in the singular form and refers to people and objects.

Nessuno è venuto a scuola.	*Nobody came to school.*

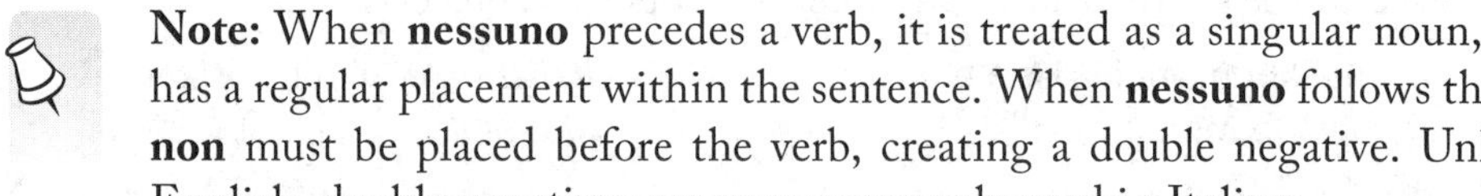

Note: When **nessuno** precedes a verb, it is treated as a singular noun, and it has a regular placement within the sentence. When **nessuno** follows the verb, **non** must be placed before the verb, creating a double negative. Unlike in English, double negatives are very commonly used in Italian:

Nessuno ha visto la partita di calcio.	*Nobody saw the football game.*
Non l'ha vista **nessuno.**	***Nobody** saw it.*

Esercizio 18.14

Translate the following sentences into Italian, using the appropriate indefinite pronoun as needed.

1. Nobody saw or talked to him.

   ____

2. I didn't receive any call from them.

   ____

3. None of her grandchildren go to visit her or call her.

   ____

4. She doesn't hear anything, but she says she hears everything.

   ____

5. Nobody is feeling well today, and nobody wants to eat the dinner that we prepared.

   ____

6. I don't like either one of those girls, but I enjoy their sisters.

   ____

7. It doesn't matter. She will return when she wants to see me.

____

8. Nobody wants to sell their home and move to another city.

____

9. Nobody wants to go swimming, but everybody wants to go to the beach.

____

10. Nobody wants to go to the beach to see the sunset, so I will go by myself.

____

Molto/a, *much*, **poco/a** *a little*, **troppo/a,** *too much*, **parecchio/a,** *a few*, are all used in the singular form and refer to people and objects:

Agli italiani piace la pasta e ne mangiano **molta.**	*Italians like pasta, and they eat a lot of it.*

Tutto/a and **tutti/e** are used in a general sense to mean *everything* and *everyone*. They agree in gender and number with the noun to which they refer:

So **tutto** quello che fanno quando i genitori non sono a casa.	*I know everything they do when the parents are not at home.*
Alla partenza c'erano **tutti.**	*Everybody was at the departure.*

Note: When a form of **tutto** is followed by a number (two, three, etc.), the word **e** (*and*) is always placed between the pronoun and the number:

Studiano l'italiano **tutti e due.**	***Both** are studying Italian.*
Ho imparato a memoria **tutte e due** le poesie.	*I learned **both** poems by heart.*

When using **tutto quanto, tutta quanta** (*every single one*), both words must agree with the noun to which they refer:

Il bambino ha visto **tutti quanti** i cartoni animati.	*The little boy saw every one of the cartoons.*

Esercizio 18.15

Translate the following sentences into Italian.

1. I still have many places I want to see.

____

2. Do you speak many languages? Yes. Do you speak French? Yes, just a little.

____

3. She doesn't have any chairs for the guests.

 ____

4. She works all the time. She doesn't sleep a lot.

 ____

5. You think you know everything that people want to know.

 ____

6. I like many houses, but I think mine is the best.

 ____

7. You will find everything you want in the small store at the corner.

 ____

8. This week everybody attended class and took all the exams.

 ____

9. Everyone is planning a trip this summer, and everybody is very excited.

 ____

10. Nobody is going to climb the mountain because of the snow.

 ____

Alcuno (*some, a few*) is mostly used in the plural and is mostly used with people. **Alcuno** is replaced by **qualcuno** in questions:

Ho bisogno di comprare **alcune** piante.	*I need to buy a few plants.*
Avete visto **qualcuno** che conoscevate alla riunione?	*Did you see someone you knew at the reunion?*

We have already covered how **qualcuno** is used with **altro.** Here are a few more indefinite pronouns that are used with **altro.** They are **nessun altro,** *nobody else,* **qualcos'altro,** *something else,* and **nient'altro,** *nothing else*:

Non è rimasto **nessun altro** allo stadio.	*Nobody else is left at the stadium.*
Vorrei **qualcos'altro** da fare.	*I would like something else to do.*
Non voglio vedere **nessun altro,** e non voglio fare **nient'altro.**	*I don't want to see anybody else and I don't want to do anything else.*

Note that **altro** becomes **gli altri** and **le altre** after **tutti/e** to mean *all the others, everyone else,* but to say *everything else,* **il resto** and not **altro** follows **tutto**:

Tutti gli altri hanno già finito la partita.	***Everyone else*** *has already finished the game.*
Quando c'è l'unità in famiglia, **tutto il resto** non è importante.	*As long as there is unity in the family, nothing else is important.*

Esercizio 18.16

Translate the following sentences into Italian using the appropriate indefinite pronouns.

1. Do you have many coats? No, only a few.

   ____

2. Do you take many pictures when you travel? No, only a few pictures, but many movies.

   ____

3. Each one of you needs to write a thank you letter to the grandparents for the gifts they sent.

   ____

4. Would you like to talk about something else, or do you have more to say?

   ____

5. Would you like to buy something else for the party?

   ____

6. No, thank you. We do not need anything else, but if we do, somebody else can go to get it.

   ____

7. Tomorrow we will leave to go on vacation. Everybody else already left two days ago.

   ____

8. The school is empty. There is no one else inside. Everybody has gone home.

   ____

9. Nobody remembered to put a stamp on the letter. It will certainly return to the sender.

   ____

10. I am still hungry and thirsty. I would like something more to eat and to drink.

    ____

Language Note:

The following chart shows the indefinites used as adjectives and as pronouns.

MASCULINE—SINGULAR	*FEMININE—SINGULAR*	*MASCULINE—PLURAL*	*FEMININE PLURAL*
alcuno	alcuna	alcuni	alcune
altro	altra	altri	altre
certo	certa	certi	certe
ciascuno	ciascuna	ciascuni	ciascune
diverso	diversa	diversi	diverse
molto	molta	molti	molte
nessuno	nessuna		
parecchio	pareccchia	parecchi	parecchie
poco	poca	pochi	poche
tale	tale	tali	tali
tanto	tanta	tanti	tante
troppo	troppa	troppi	troppe
tutto	tutta	tutti	tutte
vario	varia	vari	varie

altro, may signify "**diverso**" ne parleremo un'altro giorno; or "**anteriore**": è successo l'altra settimana (*It happened last week*). As a pronoun it is used in the masculine singular and without an article. It means: altra cosa, altre cose. Desidera **altro?** (*Would you like anything else?*) Posso fare altro per te? (*Can I do anything else for you?*)

certo has different meanings. In the singular it is used with the indefinite article, and it means "**somewhat**"; un quadro **di un certo valore** (*A painting somewhat valuable*). In the plural it means **a few, some**: ho conosciuto **certi** ragazzi molto simpatici (*I met a few very nice boys*).

ciascuno, has the feminine, but not the plural.

diverso, means "**a long**," and it is used in front of the noun. Non ci vediamo da **diverso tempo** (*We have not seen each other for a long* time). If used as a descriptive adjective, it must be placed after the noun. When used as an indefinite adjective, it goes in front of the noun.

tale, in the singular is usually preceded by the article, and it indicates a person who does not want to be identified. C'è **un tale** che ti vuole vedere. (*There is someone who wants to see you*). When used with **quale**, it indicates a similarity with someone: Maria è **tale e quale** suo padre (*Maria looks exactly like her father*).

19

Prepositions

Prepositions link nouns, pronouns, or infinitives to verbs or to other words in a sentence to express time, location, cause, manner, purpose, or possession. To know how and when to use prepositions correctly is not easy in any language, and Italian is no exception. This chapter deals with prepositions used with nouns and pronouns and their most common rules. Verbs followed by a preposition will be covered in a separate section of the book.

Prepositions have a wide variety of uses in Italian, and they have various meanings in different contexts. There are eight simple or basic prepositions in Italian. All of them except **per**, **tra**, and **fra** can form a word with a definite article, becoming prepositions.

The simple prepositions are:

a	*to, in, at*	su	*on, onto*
in	*in, into, at, to*	per	*for*
da	*from, by, at*	con	*with*
di	*of, from*	tra/fra	*among, between*

Simple prepositions combine with the definite articles and look as follows:

PREPOSITION		+ il	+ lo	+ l'	+ la	+ i	+ gli	+ le
a	*to, at*	al	allo	all'	alla	ai	agli	alle
in	*in, to, at, into*	nel	nello	nell'	nella	nei	negli	nelle
da	*from, by, at*	dal	dallo	dall'	dalla	dai	dagli	dalle
di	*of, from*	del	dello	dell'	della	dei	degli	delle
su	*on, onto*	sul	sullo	sull'	sulla	sui	sugli	sulle

The prepositions **con** and **per** used to contract with the article. The forms **col** and **coi** may still be found in written Italian, but **con il** and **con i** are the forms used today.

Note: In and **di** change to **ne** and **de** when they combine with the article to form a combined preposition. We now take a detailed look at the use of each simple preposition.

The Preposition *a*

A and **di** are the most commonly used prepositions in Italian. The preposition **a** connects many verbs to an infinitive complement. In addition, the preposition **a**:

- Expresses location and direction in space:

essere a scuola	*to go to school*
andare a scuola	*to go to school*

- Expresses location and direction with names of cities but not with names of countries, provinces, and large islands:

Arriviamo a Firenze alle otto.	*We will be arriving in Florence at eight o'clock.*
Giovanna abita a Bologna.	*Giovanna lives in Bologna.*

- Expresses location in time:

a mezzogiorno	*at noon*	a ventun anni	*at twenty-one*
a gennaio	*in January*	una volta alla settimana	*once a week*

- Expresses place, position, motion, and direction:

accanto a	*next to, beside*	a nord di	north of
all'entrata	*at the door*	ai piedi di	*at the foot of*
all'uscita	*at the exit*	a sinistra	*on the left*

- Is found with the following expressions:

a buon mercato	*at a good price*	a mani vuote	*empty-handed*
a causa	*because*	a metà	*half, halfway*
a forza di	*by, by means of*	a pagina	*on page*
a letto	*in bed*	a poco a poco	*little by little*
a memoria	*by heart*	a prima vista	*at first sight*
all'aperto	*in the open air, outdoors*	al posto di	*instead of*
		a terra	*on the ground*
all'estero	*abroad*		

- Expresses distance in space and time:

Gioco nel campo a cento metri da qui.	*I play in the field a hundred meters from here*
Bologna è a due ore da Milano.	*Bologna is two hours from Milan.*

- Expresses figurative and notional direction and location:

Domani mando un messaggio a Giovanna. *Tomorrow I will send Giovanna a message.*

- Expresses manners and means:

comprare a rate	*to buy something in installments*	andarci a piedi	*to go there on foot*
vendere all'ingrosso	*to sell wholesale*	cuocere al vapore	*to steam*
vendere al dettaglio	*to sell retail*	bistecca alla fiorentina	*Florentine-style steak*
una barca a motore	*a motorboat*	una camicetta a maniche corte	*a short-sleeved blouse*
una barca a vela	*a sailboat*	una gonna a pieghe	*a pleated skirt*

- Labels measurements:

Il treno va a 300 chilometri **all'ora**.	*The train travels at 300 kilometers an hour.*
Il posto dove lavoro mi paga otto dollari **all'ora**.	*The place where I work pays me $8 an hour.*
Usciamo uno a uno.	*We go out one by one.*
poco a poco	*little by little*

- Combines with other prepositions:

davanti a	*in front of*	vicino a	*near, next to*
dirimpetto a	*facing*	sopra a	*above to, on*

- Is used with nouns deriving from verbs and with some infinitives to replace a subordinate clause:

Ci vediamo **al** tuo arrivo.	*We'll see each other when you get there.*
Al mio ritorno rinnoverò il passaporto.	*When I return, I will renew the passport.*
A sentirlo parlare, sembra molto intelligente.	*When we hear him talk, we think he is very intelligent.*

There are many expressions that use the preposition **a**. Following are some of them:

Manner

a braccia aperte	*open armed*	rimanere a bocca asciutta	*to be left empty-handed*
a ragione	*rightfully*	ad ogni modo	*at any rate*
alla buona	*simply*	calzare a pennello	*fit like a glove*
a mani vuote	*empty-handed*		
a malincuore	*reluctantly*	a rovescio	*inside out*
a metà	*halfway*	a strisce	*striped*
ad ogni costo	*by all means*	a tempo pieno	*full time*
a mano a mano	*little by little*	a tutta velocità	*at full speed*
fatto a mano	*handmade*	a vicenda	*in turn*
a bocca aperta	*openmouthed*	a voce alta	*with a loud voice*
rimanere a bocca aperta	*to be dumbfounded*	a voce bassa	*in a soft voice*

Price and Purpose

a bruciapelo	*point blank*	a prezzo di costo	*at cost*
a buon mercato	*inexpensive*	pagare a peso d'oro	*to pay through the nose for something*
a lungo andare	*in a long run*		
a volontà	*at will*		

Exclamations and Interjections

Alla vostra salute!	*To your health!*	a capo	*new line (used in dictation)*
a proposito	*by the way*	a mio avviso	*in my opinion*
mettere a posto	*to clean up*		

Place

al buio	*in the dark*	a sinistra	*on the left*
a destra	*on the right*		

Time

all'alba	*at dawn*	a cominciare da	*beginning with*
al mattino	*in the morning*	a momenti	*at any moment, sporadically*
alla sera	*in the evening*		
al tramonto	*at sunset*	a ogni morte di papa	*once in a blue moon*
a mezzogiorno	*at noon*		
a mezzanotte	*at midnight*		

Esercizio 19.1

Translate the following sentences into Italian.

1. Will she return home early or late tonight?

____

2. I arrived late at home because of a bad accident on the highway.

____

3. You like it when the children bring you breakfast in bed.

____

4. In school we had to learn poetry by heart.

____

5. I believe in love at first sight.

____

6. On summer nights, we like to eat outdoors on the deck behind our house.

____

7. To get to my house, go straight until you get to the roundabout, then take the first street on the left.

____

8. Little by little she is getting better. When she goes home, her friends will be waiting for her with open arms.

____

9. By all means, I would like to purchase a woolen and handmade sweater when I go to Ireland.

____

10. Next week I will reluctantly leave and go home where the climate is cold, dreary, and depressing.

____

The preposition **a** is also used with the following expressions of time:

a partire da	*from . . . on*	a volte	*at times*
a quest'ora	*at this time, at this hour*	allo stesso tempo	*at the same time*
a un tratto	*all of a sudden*		

Most adverbs and adjectives are followed by the preposition ***a*** **before an infinitive**:

abituato a	*used to*	lento a	*slow to*
attento a	*careful to*	pronto a	*ready to*
bravo a	*good at*	solo a	*only (one) to*
disposto a	*willing to*	ultimo a	*last (one) to*
facile a	*easy to*		

The preposition **a** is used to express time and duration, meaning *until* or *to*:

La palestra è aperta tutti i giorni dal lunedì **al** venerdì.	*The gym is open every day from Monday to Friday.*
I negozi in centro aprono dalle nove alle diciannove e trenta.	*The stores downtown are open from 9 a.m. to 7:30 p.m.*

It is also used to express how many times something is repeated. In English it translates to *per*:

Eric fa la doccia tre volte **al** giorno dopo che finisce di giocare a tennis.	*Eric takes a shower three times* ***per*** *day after he stops playing tennis.*

It is also used to express descriptions:

una coperta **a** fiori	*a flowered blanket*
un gelato alla nocciola	*hazelnut ice cream*
Il mio gelato preferito è il gelato **al**la nocciola.	*My favorite ice cream is the hazelnut-flavored ice cream.*

Esercizio 19.2

Fill in the blanks with the preposition with the necessary expressions preceded or followed by the preposition ***a****.*

1. Non sono abituata _________ andare_________ristorante da sola.
2. Mi hanno ricevuta ____________________, ma ________________ si sono stancati di me. (*with open arms, in a long run*)
3. Non mi chiamano spesso, solo _________________________. (*once in a blue moon*)
4. Per il compleanno di Isabella abbiamo acquistato molti articoli, ma tutti _________________. (*at low cost*)

5. A mio marito non piacciono i vestiti ____________, gli piacciono solo quelli ____________. (*flowery, solid colored*)
6. _____ mano ____ mano che cresce, impara _____ fare la maglia, perchè le piacciono le cose ________________. (*handmade*)
7. La bambina ha voluto comprare un cucciolo ________________, ma non le piace accudirlo. (*by all means*)
8. È molto _____________ scrivere e a leggere. (*slow to*)
9. Mia madre sta sempre _______________ perchè vuole risparmiare elettricità. (*in the dark*)
10. Volevamo andare alla spiaggia ________________, ma non ci siamo svegliati in tempo, così siamo andati solo _____________________. (*at dawn, at sundown*)

The Preposition *in*

The preposition **in** is often used:

- Just as the English preposition ***in***:

Roma è **in** Italia.	*Rome is in Italy.*
Noi viviamo **in** un paese freddo.	*We live in a cold country.*

- To express going or being in a place:

I miei parenti sono **in** campagna.	*My relatives are in the country.*
Loro vogliono andare **in** Sud Africa.	*They want to go to South Africa.*

- To express *by* when used with means and manners:

andare **in** bicicletta	*to go by bicycle*	mangiare **in** fretta	*to eat fast*
andare **in** macchina	*to go by car*	parlare **in** dialetto	*to speak in dialect*
viaggiare **in** aereo	*to go by plane*	finire **in** un baleno	*to finish something in a flash*

- To express quantities:

In quanti venite alla festa?	*How many of you will come to the party?*
Veniamo **in** venti.	*There will be 20 of us.*
Siamo **in** quattro gatti.	*There are just a few of us.*

- To express idiomatic expressions:

farsi **in** quattro per qualcuno	*to bend over backward for someone*

- To express motion within a space:

Passeggiano **in** centro.	*They stroll in the center.*

- To express direction and location with names of countries, provinces, and large islands. When the definite article is used with a geographical name, the contracted form of **in** + article is used before it:

Molti americani lavorano **in** Italia.	*Many Americans work in Italy.*
Vogliono comprare una casa **in** Svizzera.	*They want to buy a home in Switzerland.*
Ai cinesi piace venire a studiare **negli** Stati Uniti.	*Chinese people like to come to study in the United States.*

The preposition **in** is used along with **di** with the material of which something is made of:

il tavolo **in** legno	*a wooden table*
stoviglie **in** acciaio inossidabile	*stainless steel silverware*

- With expressions of time:

arrivare **in** anticipo	*to arrive early*
andare **in** primavera	*to go in spring*

- To express figurative location:

Quella donna è brava **in** tutto.	*That lady is good at everything.*

- To express location in time:

Clara ha venduto cinque case **in** una settimana.	*Clara sold five homes in a week.*
Ci piace andare **in** vacanza in autunno.	*I like to go on vacation in fall.*
In che anno siete venuti in America?	*In what year did you come to America?*

Note: With the definite article before an infinitive, **in** indicates the moment when an action occurs:

Nel leggere le istruzioni ho capito come funziona.	*When I read the directions, I understood how it works.*
Nel guardarla mi sono ricordata di lei.	*When I looked at her, I recognized her.*

The preposition **in** is used in some expressions without the article:

in affitto	*for rent*	in grado di	*capable of*
in alto	*high*	in mezzo alla strada	*in the middle of the road*
in arrivo	*incoming*	in montagna	*in the mountains*
in aumento	*on the increase*	in nessun/ogni luogo	*nowhere, everywhere*
in bianco e nero	*in black and white*	in orario	*on time*
in cambio	*in exchange*	in ordine	*neat*
in campagna	*in the country*	in pericolo	*in danger*
in chiesa	*in church*	in piedi	*standing up*
in città	*in the city*	in piazza	*in the town square*
in corso	*underway*	in realtà	*in reality*
in disordine	*untidy*	in rovina	*in ruins*
in gamba	*smart*		

Other expressions with *in*:

in caso di bisogno	*if necessary*	in quanto a	*as far as*
in caso di necessità	*if necessary*	in altre parole	*in other words*
in confronto a	*compared with*	in piena notte	*in the middle of the night*
in tutto il mondo	*all over the world*		

Esercizio 19.3

Translate the following sentences into English.

1. Non abbiamo problemi in confronto a quelli dei paesi del terzo mondo.

   ____

2. L'autoambulanza è arrivata in un baleno sul luogo dell'incidente.

   ____

3. Il freddo polare è in arrivo negli stati del nord.

   ____

4. È salito su una scala in legno molto traballante.

   ____

5. In piazza, per la festa del paese, eravamo solo in quattro gatti.

   ____

6. Ho lavorato tanto per mettere la casa in ordine.

____

7. È un bravo medico specializzato in medicina dello sport.

____

8. Nella nostra città c'è l'università più grande degli Stati Uniti.

____

9. Quando mi siedo a tavola, mangio sempre di fretta perchè non ho mai molto tempo.

____

10. Ci piace andare al mare, ma preferiamo andare in montagna.

____

The Preposition *di*

The Italian preposition **di** (*of*) conveys the meaning of possession, specification, and definition.

The preposition **di**:

- Indicates origin:

essere **di** Bologna	*to be from Bologna*
i vini **d'**Italia	*the wines of Italy*

- Indicates a topic:

Parliamo spesso **di** politica.	*We often talk about politics.*
Non ha parlato **del** salario.	*He didn't talk about the salary.*

- Indicates possession:

le strade **di** Roma	*the streets of Rome*
la casa **di** Luigi	*Luigi's house*
la borsa **di** Maria	*Maria's purse*

- Indicates cause or reason:

morire **di** fame/sete/sonno	*to be dying of hunger/thirst/sleepiness*
stanco/a **di** guardare la partita	*tired of watching the game*

- Indicates a main ingredient:

il brodo **di** pollo	*chicken broth*
un'insalata **di** pomodoro	*a tomato salad*

- Indicates the material with which something is made:

un vestito **di** lana	*a woolen dress*
un orologio **d'**oro	*a gold watch*
un tavolo **di** vetro	*a glass table*

- Indicates the author, composer, or artist:

La *Divina Commedia* **di** Dante	*Dante's Divine Comedy*
Le poesie **di** Pascoli	*Pascoli's poetry*
La *nona sinfonia* **di** Beethoven	*the Ninth Symphony of Beethoven*

- Is used in time expressions:

di giorno	*during the day*	**di** notte	*at night*
di pomerigggio	*in the afternoon*	**di** rado	*seldom*
di sera	*in the evening*	**di** tanto in tanto	*from time to time*

- Labels measurements:

una maratona **di** dieci chilometri	*a 10K marathon*
una cassa **di** cinque chili	*a five kilogram box*

- Combines with other prepositions:

a causa **di**	*because*	**di** male in peggio	*from bad to worse*
dopo **di**	*after*		
invece **di**	*instead of*	**di** nascosto	*secretly*
prima **di**	*before*	**di** nuovo	*again*
senza **di** (me, te, lui, lei, etc.)	*without (me, you, him, her, etc.)*	**di** solito	*usually*
		di troppo	*in excess, too much*
di cattivo umore	*in a bad humor*		

The following adjectives are always followed by the preposition **di**:

ansioso **di**	*anxious to*	triste **di**	*sad to*
capace **di**	*capable of*	Sono ansioso **di** vedere la partita **di** pallone.	*I am anxious to watch the football game.*
contento **di**	*happy with*		
certo **di**	*certain of*		
felice **di**	*happy to*	È felice **di** vedere tutti i nipoti.	*She is happy to see all the grandchildren.*
sicuro **di**	*sure of*		
stanco **di**	*tired of*		

Di is also used in combination with a definite article to express the partitive *any, some,* or (*one*) *of the:*

Abbiamo comprato **delle** fragole dolcissime.	*We bought some very sweet strawberries.*
Questa è una **delle** squadre di canotaggio che ha vinto la gara.	*This is one of the rowing teams that won the race.*

Esercizio 19.4

Translate the following sentences into Italian.

1. We were happy to be able to go on the trip to South America.

 ____

2. Are you sure to know the entire poem by heart?

 ____

3. In my town it is hot during the day, and it is cold at night.

 ____

4. I am sad to see that you are not reading a lot.

 ____

5. She is wearing a beautiful silk dress.

 ____

6. There are some flowers with a beautiful fragrance and some others with no fragrance.

 ____

7. On Friday, I will go to the market to buy some fruit, some vegetables, and some cheese.

 ____

8. I would like a piece of cheese, a kilogram of bread, and three bottles of sparkling water.

 ____

9. She has gone out secretly. Usually she asks her parents before leaving the house.

 ____

10. I like to read all I can about Michelangelo's *Pietà*.

 ____

Esercizio 19.5

Complete each sentence with the preposition **a** *or* **di**.

1. Oggi le mie amiche sono __________ casa, domani andranno ________ Roma.
2. ___________ solito facciamo un pisolino ______ pomeriggio, ma oggi abbiamo lavorato.
3. Mi piacciono le cose fatte _______ mano e anche i vestiti _________ seta, ma sono costosi.
4. Non conosco bene la signora che vive sopra _____ me, la conosco solo _______ vista.
5. _____ studenti cinesi non piacciono le lezioni _______ inglese. Le trovano troppo difficili.
6. Per il mio compleanno, mio marito mi ha regalato un orologio _______ oro e un anello ______ diamanti.
7. Per arrivare _______ spiaggia devi girare _______ sinistra _______ secondo semaforo e poi girare _______ destra e ______ fine _______ strada, troverai il parcheggio per la macchina.
8. Il marito della mia amica lavora ______ notte e dorme _______ giorno.
9. ______ che colore sono gli occhi di tua sorella?
10. Era in ritardo ed è dovuta andare alla fermata dell'autobus _______ corsa.

The Preposition *da*

The preposition **da** means *from* in English. The following list shows some of the most common uses for **da** in Italian. When **da** expresses movement or origin, it translate as *from, by, to*, and *through a place:*

Vengo **da** Roma.	*I come from Rome.*
Luisa non sta bene, deve andare **dal** dottore.	*Luisa is not feeling well. She needs to go to the doctor.*
La gattina è uscita **dalla** porta di dietro.	*The cat went out through the back door.*

The preposition **da** expresses purpose, intentions, and scope:

Ho comprato un bel vestito **da** sera.	*I bought a nice evening dress.*
La bambina non ha una camicia **da** notte.	*The little girl doesn't have a nightgown.*
La signora ha delle belle tazze **da** tè inglesi.	*The lady has nice English tea cups.*

The preposition **da** is used before an infinitive and after **molto**, **poco**, **troppo**, **qualcosa**, and **niente/nulla**:

Le madri italiane fanno sempre troppo **da** mangiare.	*The Italian mothers always cook too much food.*
Non possiamo andare in spiaggia. Abbiamo troppo **da** fare.	*We cannot go to the beach. We have too much to do.*

The preposition **da** is used to indicate a role or an attitude:

Abbiamo mangiato **da** re.	*We ate like a king.*
Ti ho trattato **da** amico.	*I treated you as a friend.*
È vestito **da** pagliaccio.	*He is dressed as a clown.*

The preposition **da** is also used to express time and age:

Non ci vediamo **da** dieci anni.	*We haven't seen each other for 10 years.*
Conosciamo Luisa **da** molto tempo.	*We have known Luisa for a long time.*

The preposition **da** is used after a noun or an adjective to describe the physical characteristics of a person. English uses *with* for this purpose:

È un ragazzo **dalle** gambe lunghe.	*He is a boy with long legs.*
È un uomo **dai** capelli grigi.	*He is a man with gray hair.*

It is used to express *as* when it is the equivalent of *when*:

Da giovane giocava bene a tennis.	*When he was young, he played tennis well.*
Da piccola avevo paura del buio.	*When I was small, I was afraid of the dark.*

It is used after a noun to describe value, worth, and price/cost of items:

Ho mangiato un gelato **da** cinque euro.	*I ate an ice cream that cost 5 euros.*
Ho comprato una casa **da** pochi soldi.	*I have bought a cheap house.*

Da means *since* or *for* in time expressions when the verb of the sentence is in the present indicative in the imperfect indicative tense:

Vive in America **da** molti anni.	*He has lived in America for many years.*
Non la vedo **da** tanto tempo.	*I have not seen her for a long time.*

When the preposition **da** is used with a disjunctive pronoun such as **me**, **te**, **sè** (*sing.*), **noi**, **voi**, and **sè** (*pl.*) it means *by myself*, *by yourself*, *by himself/herself*, *by ourselves*, *by yourselves*, *by themselves*. The subject of the sentence and the disjunctive pronoun always refers to the same person:

Isabella ha fatto il compito tutto **da sè**.	*Isabella did the homework all by herself.*
Tu hai preparato la cena tutta **da** te.	*You prepared dinner all by yourself.*

- Expresses the agent in passive constructions:

L'acquedotto è stato costruito. **dagli** antichi romani	*The aqueduct was built by the ancient Romans.*
La lettera è stata tradotta **dalla** mia amica.	*The letter was translated by my friend.*

- Indicates the purpose of an infinitive:

Mia madre ha sempre molto **da** fare.	*My mother always has a lot to do.*
Vorrei qualcosa **da** bere.	*I would like something to drink.*
Quando l'ho vista mi è venuto **da** ridere.	*When I saw her, I felt like laughing.*
Al cinema mi è venuto **da** piangere.	*At the movies, I felt like crying.*
Mi era venuto **da** gridare dalla paura.	*I felt like screaming in fear.*

Da is used with the preposition **a** or **in** to express starting and ending points in space and time:

La banca è aperta **dal** lunedì **al** sabato.	*The bank is open from Monday to Saturday.*
Io vado **da** Milano **a** Parigi **in** treno.	*I go from Milan to Paris by train.*

Esercizio 19.6

Translate the following sentences into Italian.

1. She needs three stamps worth 2 euros each.

   ____

2. Sometimes he behaves as a grown-up person; sometimes he behaves as a child.

   ____

3. As a young person, I was afraid of water.

___

4. I am not getting better. I need to go to the doctor.

___

5. I am going to the store. Do you need anything to drink?

___

6. We have a lot to do to get ready to leave for our month-long vacation.

___

7. This train is leaving from the main station.

___

8. They have bought a racing horse.

___

9. Maria has a $2 bill and a 50-cents coin.

___

10. He likes to get dressed as Santa Claus.

___

Esercizio 19.7

Complete the following sentences with the prepositions ***di, da****, or* ***in****, as required.*

1. ________ quando metti gli occhiali per leggere?
2. Giovanna è andata ________ sua madre ad aiutarla a pulire la casa.
3. Ho comprato una pelliccia ________ ermellino.
4. Questo è un vestito ________ quattro soldi.
5. Maria oggi non parla con nessuno, è ______ cattivo umore.
6. Mi piacciono molto le mostre _______ orchidee.
7. I ragazzi si vedono ___________ nascosto.
8. Ho male a un orecchio. Devo andare ________ dottore.
9. Questa è una vita ________ poveretti. Non hanno soldi per fare niente.
10. L'aereo è partito ________ un aeroporto grande ed è arrivato ______ un aeroporto piccolo.

The Preposition *con*

The Italian preposition **con** is used to express *with* when it:

- Conveys being or going *with* someone:

Partono **con** le loro amiche italiane.	*They leave with their Italian girlfriends.*
Roberto ha un appuntamento **con** il dottore.	*Robert has an appointment with the doctor.*

- Conveys description, manner, or means of transportation:

Isabella scrive **con** una matita senza punta.	*Isabella writes with a broken pencil.*
Bisogna avere molta cautela **con** la gente che non si conosce bene.	*One must be very cautious with people one doesn't know well.*
Arrivano stasera **con** l'ultimo aereo.	*They will arrive tonight with the last plane.*

- Means *despite* or *with*:

Con tutto quello che ha studiato, non è stata promossa.	*Despite all the time she has spent studying, she did not pass the exams.*
Con tutta la neve che è caduta, le strade saranno pericolose.	*With all the snow that fell, the roads will be slick.*

- Expresses a characteristic:

la donna **con** i capelli lunghi	*the lady with long hair*
una camera **con** vista sul mare	*a room with a vew of the sea*

- Forms adverbial phrases **of manner** with **nouns**:

con amore	*with love*	con gioia	*with joy*
con cautela	*with caution*	con precisione	*with precision*
con convinzione	*with conviction*	con rabbia	*with anger*
con determinazione	*with determination*	con stupore	*in amazement*
con entusiasmo	*with enthusiasm*	con tristezza	*sadly, with sadness*
con esitazione	*with hesitation*		

Sometime the preposition **con** is combined with the definite article becoming: **col**. This usage is more frequent in spoken language than in written Italian:

Con l'andare del tempo ha dimenticato gli amici.	*With the passing of time, he forgot his friends.*
Ha cominciato **col** parlare della sua vita.	*He started by talking of his life.*

- Is used in comparisons:

Mi sento sempre a confronto **con** gli altri studenti.	*I always feel compared to other students.*
Perchè paragoni la mia vita **con** la tua?	*Why do you compare my life with yours?*

Esercizio 19.8

Translate into Italian the following sentences.

1. Despite all he eats, he doesn't gain weight.
   ____
2. My husband does his job with great caution.
   ____
3. I have an appointment with the dentist.
   ____
4. We are all going together. They are leaving with us.
   ____
5. Gabriella was writing with a red pen.
   ____
6. The man with the long beard was scaring the children.
   ____
7. My friend does everything with enthusiasm.
   ____
8. You will get fat eating so much every day.
   ____
9. She cut the paper with the scissors.
   ____
10. Whom did your cousin marry?
   ____

The Preposition *su*

Su is equivalent to the English *on*. This preposition:

- Expresses location, on or above a surface:

Le posate sono **sul** tavolo.	*The silverware is on the table.*
C'è un ponte molto lungo **sul** lago Michigan.	*There is a very long bridge on lake Michigan.*

- Expresses ***by*** or ***near***:

I nostri amici hanno la casa **sul** lago.	*Our friends have a house on the lake.*
Loro abitano in un villaggio **su** una montagna.	*They live in a village on a mountain.*

- Expresses approximation:

Il parmigiano buono, costa **sui** 20 euro al chilo.	*Good parmesan cheese costs around 20 euros per kilogram.*
Una donna **sulla** sessantina.	*a lady about 60 years old*
Il pacco pesa **sui** cinque chili.	*The package weighs about five kilograms.*

- Expresses manner:

una paio di pantaloni fatti **su** misura	*a pair of pants made to order*
produrre **su** richiesta	*produce on request*

- Is used in common expressions:

dare **sul** (mare, lago, ecc.)	*with a view (of the sea, lake, etc.)*
Su!	*Come on!*
Su e giù	*up and down*

- Expressions with the preposition **su**:

dire **sul** serio	*to talk seriously*
parlare **sul** serio	*be serious*
essere **su** di giri	*to be upset*
uno **su** dieci	*one out of ten*

Su becomes **su di** before a stressed pronoun:

Le persone di questo paesino, sanno tutto **su di** tutti	*People in this small town know everything about everybody.*

Esercizio 19.9

Translate the following sentences into English.

1. Uno studente su venti oggi studia tecnologia.

____

2. Mio figlio non parla mai sul serio.

____

3. Gli impiegati hanno iniziato corsi di ginnastica per dimagrire su richiesta dei dirigenti.

____

4. Il presidente ha autorità sulla popolazione del suo paese.

____

5. I bambini non stanno mai fermi. Vanno sempre su e giù per le scale.

____

6. È una donna pettegola, sa tutto su di tutti.

____

7. Il giovane uomo ha sparato sulla polizia.

____

8. Mi piace andare dalla sarta a farmi fare i vestiti su misura.

____

9. I giornali e le riviste hanno scritto molto su questo incidente.

____

10. I miei nonni contavano sui miei genitori.

____

The Preposition *sotto*

The basic meaning of the preposition **sotto** is *under*:

Il cane è sdraiato **sotto** il tavolo.	*The dog is laying under the table.*
Una rondine ha fatto il nido **sotto** il tetto.	*A swallow built her nest under the roof.*

Sotto as **su** is followed by **di** before a pronoun:

Non voglio lavorare **sotto di** te.	*I don't want to work under you.*

Sotto has figurative uses:

Quando ero giovane mi piaceva uscire **sotto** la pioggia.	*When I was a child, I liked to go out in the rain.*
In gennaio abbiamo sempre temperature **sotto** zero.	*In January, we always have temperatures below zero.*

The Prepositions *fra* and *tra*

The prepositions **tra** and **fra** are generally interchangeable. Their basic meaning is *among* and *between*.

Mi siedo **fra** te e tua figlia.	*I am sitting between you and your daughter.*
Ha tirato la palla **fra** i cespugli.	*He threw the ball in the bushes.*

The prepositions **tra** and **fra** express positions, time, and space. They mean *between*, *in*, *within*, *among*, or *of*. Their meaning is determined by phonetic sound more than by exact rules. So it is preferable to say **tra le foglie** rather than **fra le foglie** (*among the leaves*) or **fra Trento** e **Trieste** rather than **tra Trento** e **Trieste** (*between Trento and Trieste*).

The prepositions **tra** and **fra**:

- Express an interval **of time** or **space**:

Partiremo **fra** le dieci e le undici.	*We will leave between 10 and 11.*
Finirò il libro **fra** due settimane.	*I will finish the book in two weeks' time.*

The prepositions **tra** and **fra** are often followed by **di** before a pronoun:

Ti dico un segreto, ma deve rimanere **fra** di noi.	*I will tell you a secret, but it must remain between us.*
Non c'è più niente **tra** noi.	*There is nothing between us anymore.*

Expressions using **tra** and **fra:**

Penso **fra** me e me.	*I am thinking to myself.*
Che rimanga **fra** di noi.	*Let's keep it between us.*
Che rimanga **tra** me e te.	*Let's keep it between you and me.*
Tra poco vado a dormire.	*I will go to bed shortly.*

The Preposition *per*

The preposition **per** is usually translated in English with *for*. It is used to:

- Express intentions or destinations:

Ha acquistato questa macchina **per** te.	*He bought this car for you.*
Mia mamma ha fatto l'impossibile **per** me e mio fratello.	*My mother did the impossible for me and my brother.*

- Express destination in space and time:

L'autobus parte **per** Chicago alle otto.	*The bus will leave for Chicago at eight.*
I giocattoli sono **per** i bambini poveri.	*The toys are for the poor children.*
La riunione delle insegnanti è fissata **per** lunedì.	*The teachers' meeting is set for Monday.*

- Convey *because of, out of, by means of, for fear of*:

Per la neve, le scuole erano chiuse.	*Because of snow, schools were closed.*
Per paura di non arrivare in tempo è uscito molto presto.	*For fear of not arriving on time, he left very early.*
Mandatemi il documento **per** posta.	*Send me the document via mail.*

- Express motion through space or time:

La strada principale passa **per** il centro.	*The main road goes through downtown.*
Non so che cosa gli passi **per** la testa.	*I don't know what goes through his head.*

- Express location in some phrases:

Non ha un letto, così dorme **per** terra.	*He doesn't have a bed, so he sleeps on the ground.*
Ho perso il mio anello **per** la strada.	*I lost my ring on the street.*

- Express cause:

Si lavora **per** vivere, non si vive **per** lavorare.	*We work to live, not live to work.*
Ammiro tuo padre **per** la sua intelligenza.	*I admire your father for his intelligence.*
L'hanno arrestato **per** possesso d'armi.	*They arrested him for possessing arms.*

- Express time, measure, and distribution:

Ha comprato il vestito **per** trenta dollari.	*She bought the dress for $30.*
Il sessanta **per** cento dei giovani oggi è scontento.	*Sixty percent of young people today are unhappy.*

- Express ***to be about to***:

Stavamo **per** partire quando hanno cancellato il volo.	*We were about to depart when the flight was canceled.*

The preposition **per** is also used in many idiomatic expressions. Here are some of them:

per caso	*by chance*	per conto mio/tuo/suo, ecc.	*as far as I am/you are/etc. concerned*
per errore	*by mistake*	per di più	*in addition*
Per favore!	*Please!*	per farla breve	*to make a long story short*
per esempio	*for example*	per filo e per segno	*to the letter*
per iscritto	*in writing*	giorno per giorno	*day by day*
per legge	*by law*	per mezzo di	*by means of*
per niente	*for no reason*	per modo di dire	*so to speak*
per ora	*for the time being*	per quanto mi riguarda	*as far as I am concerned*
per sbaglio	*by mistake*	prendere lucciole per lanterne	*to misunderstand*
per sempre	*forever*		
Per carità!	*Gosh!*		

Esercizio 19.10

Complete the following sentences with **di**, **a**, **da**, **in**, **con**, **su**, **per**, **tra**, *or* **fra**. *You may need to use the compound prepositions.*

1. ____________ grande vorrei fare la pediatra.
2. Non è uscita. È rimasta __________ casa tutto il giorno.
3. Noi siamo stati _______ Florida ______ due settimane ________ nostro figlio.
4. Le ho chiesto ________ aiutarmi, ma mi ha risposto _________ un rifiuto.
5. Le ho regalato un maglione __________ lana pura fatto _________ mano.
6. Tanti anni fa vivevo _______ Italia, adesso vivo ___________ Stati Uniti.
7. La giovane coppia vive ________ casa _________ i genitori ________ ragazzo.
8. __________ conto nostro, ha sbagliato a non andare _________ Università.
9. Non mangia molto ________ paura __________ ingrassare.
10. Sembra molto giovane, ma è un uomo __________ settantina.

20

Adverbs

Adverbs modify an adjective, a verb, or another adverb. In Italian they usually follow the verb they modify, but they precede the adjectives.

Formation of Adverbs

Adjectives ending in **–o** form the adverb adding **–mente** to the feminine singular. Adverbs ending in **–e** also form the adverb by adding **–mente**. Adverbs do not change number and gender. The suffix **–mente** corresponds to the English suffix *-ly*. Following are a few adjectives and their corresponding adverbs.

ADJECTIVES	ADVERBS
certo, certa (*certain*)	certamente
fortunato, fortunata (*fortunate*)	fortunatamente
lento, lenta (*slow*)	lentamente
silenzioso, silenziosa (*silent*)	silenziosamente
sincero, sincera (*sincere*)	sinceramente
ultimo, ultima (*last*)	ultimamente
dolce (*sweet*)	dolcemente
felice (*happy*)	felicemente

Adjectives ending in **–le** or **–re** preceded by a vowel drop the **–e** and add **–mente** to form the adverb. Some adverbs have forms that differ from the adjectives altogether.

ADJECTIVES	ADVERBS
buono (*good*)	bene (*well*)
cattivo (*bad*)	male (*bad, badly*)
migliore (*better*)	meglio (*better*)
peggiore (*worse*)	peggio (*worse*)

There are some exceptions.

ADJECTIVES	ADVERBS
altro (*other*)	altrimenti (*otherwise*)
benevole (*benevolent, kind*)	benevolmente (*kindly*)
leggero (*light*)	leggermente (*lightly*)
violento (*violent*)	violentemente (*violently*)

Adjectives ending in **–le** or **–re** preceded by a vowel form the adverb by dropping the **–e** before **–mente**. Following are some of them:

ADJECTIVE	ADVERB
fedele (*faithful*)	fedelmente
gentile (*kind*)	gentilmente
probabile (*probable*)	probabilmente
puntuale (*punctual*)	puntualmente
regolare (*regular*)	regolarmente

Adjectives ending in **–e** form the adverb without any change of the base form:

dolce (*sweet*)	dolcemente
intelligente (*intelligent*)	intelligentemente

Adverbs of Time

adesso	*now*	mai	*never*
allora	*then*	oggi	*today*
ancora	*yet*	ora	*now*
appena	*as soon as*	ormai	*already*
dapprima	*at first*	qualche volta	*sometimes*
domani	*tomorrow*	poi	*then*
dopo	*after*	presto	*soon*
fino a	*until*	presto	*early*
frequentemente	*frequently*	raramente	*rarely*
già	*already*	spesso	*often*
ieri	*yesterday*	tardi	*late*
talvolta	*sometimes*	ultimamente	*lately*

A Word About Some Adverbs

Adverbs of time such as **oggi, domani**, and so on, usually precede the verb. **Presto** and **tardi** follow the verb. Adverbs expressing doubt, **forse**, usually precede the verb. **Sicuramente** and **certamente** follow the verb:

Oggi studiamo, perchè abbiamo un esame.	*Today we'll study because we will have an exam.*
Forse non c'è nessuno a casa.	*Maybe nobody is at home.*
Ci vediamo **sicuramente** domani.	*For sure, we will see each other tomorrow.*

In compound tenses, adverbs of time (**oggi**, **ieri**, etc.) and location (**dietro, dove**, etc.) follow the past participle. Some adverbs, such as **affatto, ancora, appena, già, mai**, and **sempre** can also be placed between the auxiliary and the past participle:

Domani partiamo per il Sud America.	*Tomorrow we'll leave for South America.*
L'aspirapolvere è **dietro** alla porta.	*The vacuum cleaner is behind the door.*
Non ha **ancora** spento la luce.	*He has not yet turned off the light.*

Adverbs of Location

qui, qua	*here*	in giro	*around*
li, là	*there*	in fondo	*at the bottom, at the end*
giù	*down*	in cima	*at the top*
su	*up*	sopra	*above*
da qualche parte	*somewhere*	sotto	*below*
da nessuna parte	*nowhere*	davanti	*in front*
dappertutto	*everywhere*	dietro	*behind*
dovunque	*everywhere*	di fronte	*opposite*
vicino	*nearby*	dentro	*inside*
lontano	*far away*	fuori	*outside*

Note: With the adverbs **su** and **giù**, **qua** and **là**, the first consonant of the adverb is doubled in speech and writing: **quassù** (*up here*), **quaggiù** (*down here*), **lassù** (*up here*), **laggiù** (*down there*).

Esercizio 20.1

Reading Comprehension

Complete the sentences below with the adverb in parentheses.

Amici

1. I nostri amici hanno una bellissima villa in campagna con un grande giardino e molti alberi ____________________ la casa. (*behind*)
2. ________________ alla villa ci sono molte piante di tutti i tipi. (*around*)
3. Per arrivare alla villa, bisogna guidare ______________ un viale di cipressi che vanno dalla strada ______________ al piazzale ______________ all'entrata. (*along, until, in front*)
4. Entriamo in casa. ______________ c'è la cucina, la sala da pranzo e un grande soggiorno con mobili molto eleganti. (*below*)
5. ________________ ci sono le camera da letto e accanto a ogni camera c'è un bagno. (*above*)
6. All'ultimo piano c'è l'attico dove sono tenuti gli oggetti che nessuno usa e che sono vecchi. Da _____________ si vede tutta la vallata circostante. (*up there*)
7. ______________ aver visto tutta la casa, andiamo ______________ ad aspettare la proprietaria. (*after, down*)
8. ______________ siamo fuori, vediamo un'altra macchina ______________ ________________ al viale che sta arrivando a grande velocità. (*as soon as, down there, at the end*)
9. La macchina ha alzato molta polvere __________________. (*everywhere*)
10. Questa è una bella casa e __________ potremmo vivere ____________. (*here, in peace*)

Adverbial Expressions with the Prepositions: *a, di, da,* and *in*

in alto	*up high*	in mezzo	*in the middle*
in basso	*down*	in orario	*on time*
in breve	*in short*	in fretta	*hurriedly*
di recente	*recently*	in ritardo	*late*

di solito	*usually*	in un attimo	*in a jiffy*
di certo	*certainly*	in generale	*in general*
a destra	*to the right*	in anticipo	*early, in advance*
a distanza	*from a distance*	in futuro	*in the future*
a lungo	*at length*	in passato	*in the past*
da allora	*since then*	da quando	*since when?*
da quel giorno	*since that day*	da gennaio a settembre	*from January to September*
a cavallo	*on horseback*		
all'improvviso	*suddenly*	a piedi	*by foot*
a rilento	*slowly*	alla fine	*at the end*
al buio	*in the dark*	a maggio	*in May*

Adverbs of Direction

a destra	*to the right*
a sinistra	*to the left*
diritto	*straight ahead*
di fronte	*across*
davanti	*in front*
dietro	*behind*

Esercizio 20.2

Complete the sentences below with the adverb in parentheses.

1. ________________ fioriscono i papaveri. (*in May*)
2. Il vino è ______________ in cantina ____________. (*down, in the dark*)
3. Al gatto piace stare ________________ al fuoco. (*near*)
4. Gli anziani dicono che la vita _____________ era più semplice. (*in the past*)
5. ___________________ è cominciato a piovere forte. (suddenly)
6. È tanto che Denise non vede Carlo, ma si sentono _______________. (*from a distance*)
7. Mio figlio si è sempre mosso ________________. (*slowly*)
8. Non sono mai andata ______________. (*horseback riding*)

9. Lei fa sempre le cose _________________. (*hurriedly*)
10. Le aquile volano e vivono ______________, ______________ alle montagne. (*up there, on top*)

Adverbs ending in *-oni*

Italian has a group of adverbs ending in **–oni**. They usually express positions of the body. Here are the most common:

a bocconi	*face down*
a carponi	*to crawl on all fours*
a cavalcioni	*to sit astride*
a ciondoloni	*dangling*
a gattoni	*to crawl*
a penzoloni	*sitting dangling the legs*
a strasciconi	*to walk dragging the feet*
a tentoni	*to feel one's way around*
a zoppiconi	*to walk with a limp*

21

Stare vs *Essere*

Italian has two verbs that are the equivalent of *to be* in English: **essere** and **stare**. Although there are some rules to help students learn how to use these verbs, there are as many exceptions. The easiest way to know how to use them is to memorize the expressions in which each is used. Following are some guidelines focused on stare.

Uses of *Stare*

stare *to be, to stay*

io **sto**	*I am*	noi **stiamo**	*we are*
tu **stai**	*you are*	voi **state**	*you are*
lui **sta**	*he is*	loro **stanno**	*they are*
lei **sta**	*she is*	loro **stanno**	*they are*
Lei **sta**	*you (sing. form, m/f) are*	loro **stanno**	*they are*

Stare can have various meanings depending on the context, but it generally expresses health, location, and personal opinion about one's appearance. It is also used in the present continuous tense and in some idiomatic expressions:

- **Location**

  When **stare** is used to express location, it implies that the person will stay in place and will not move:

Io sto a casa.	*I am staying at home and will not leave.*
Tu stai a letto.	*You are staying in bed and will stay there.*

This is different than saying:

Io sono a casa.	*I am at home now, but I may leave.*
Io sto a casa.	*I am at home , and I will stay there.*

Note: Sometimes **stare** is used to express that a person lives in a certain place:

Dove **stanno** i tuoi parenti?	*Where do your relatives live?*
I miei parenti **stanno** a Roma.	*My relatives live in Rome.*

- **Health**

Come stai?	*How are you?*
Io sto bene, grazie, ma mio zio sta male.	*I am fine, thank you, but my uncle is feeling bad.*

Note that **stare** is used and not **essere** as in English.

- **Personal opinion about one's appearance**

Il cappotto nuovo le **sta bene.**	*The new overcoat looks good on her.*
La gonna mi piace e mi **sta bene.**	*I like the skirt, and it looks good on me.*

- **Expressions with *stare***

stare attento/a	*to pay attention*	stare zitto/a	*to be quiet*
stare con . . .	*to live with . . .*	stare a cuore	*to matter*
stare fermo/a	*to keep still*	stare in guardia	*to be on guard*
stare fuori	*to be outside*	stare in piedi	*to be standing*
stare seduto/a	*to be sitting*	stare su	*to sit up straight*
stare da solo/a	*to live alone*	stare a pennello	*to fit like a glove*
stare un mese	*to stay for a month*	stare a tavola	*to be at the table*

In estate stanno sempre fuori di casa.	*In summer they always stay outside.*
Mia mamma sta sempre seduta.	*My mother is always sitting.*
Il vestito le sta a pennello.	*The dress fits her like a glove.*

Note: The adjectives that follow **stare** must agree with the subject in gender and number:

La bambina non sta mai ferm**a**.	*The little girl cannot keep still.*
I ragazzi non stanno mai fermi.	*Boys cannot keep still.*

Esercizio 21.1

Complete the sentences with the correct forms of **stare**.

1. Domani io ____________ a casa tutto il giorno.
2. Non ____________ molto bene. Penso di andare a letto.
3. Ho un vestito nuovo e mi ___________ molto bene, mi ________ a pennello.
4. Il bambino non _______ fermo un minuto. Sembra che abbia l'argento vivo addosso.
5. Noi ______________ troppo sedute durante il giorno. Dobbiamo muoverci di più.
6. Quando esci alla sera devi ______________________.
7. Ha una appartamento grande, ma ____________ da solo.
8. In estate è bello _____________ fuori, ma se fa troppo caldo è meglio _____________ in casa.
9. Agli italiani piace _____________ a tavola per molte ore.
10. So chi _____________ in quella casa, ma non ci sono mai entrata.

Present Continuous Tense (or Progressive Tense)

The present continuous tense expresses an action taking place at the exact time of speaking. In Italian it is expressed with the present tense of **stare** + the gerund of the verb. The gerund is formed by adding **–ando** for **–are** verbs (**camminando**), and **–endo** for **–ere** and **–ire** verbs (**leggendo, finendo**). The Italian continuous tense is not used as much as its English counterpart. It is used almost exclusively in the present (**sto andando**), imperfect (**stavo andando**), and future (**starò andando**), present subjunctive (**stia andando**), and imperfect subjunctive (**stessi andando**).

Io **sto camminando**.	*I am walking.*
Tu **stai leggendo**.	*You are reading.*
Lui **sta finendo**.	*He is finishing.*

Note: The gerund is often called the present participle, and it ends in the *–ing* form of the verb. This form is called **gerundio** in Italian, and it is invariable; it never changes for gender or number.

A verb whose stem in the imperfect is different from the infinitive's stem uses the imperfect stem to form the present participle.

INFINITIVE	*IMPERFECT*	*PRESENT PARTICIPLE*
dire *to say*	**dicevo**	**dicendo** *saying*
fare *to make, do*	**facevo**	**facendo** *making, doing*
porre *to place, put*	**ponevo**	**ponendo** *placing, putting*
condurre *to lead*	**conducevo**	**conducendo** *leading*

La bambina **sta dicendo** le preghiere. *The little girl is saying her prayers.*

Carlo **sta facendo** i compiti. *Carlo is doing his homework.*

The future progressive tense expresses probability or conjecture.

Che cosa **starà cercando** nel cassetto? *What do you think she is looking for in the drawer?*

A Word About the Present Progressive Tense

In English the present progressive tense is used to describe what is happening right now as well as what will happen in the future:

She is cleaning the house.

She is cleaning next week.

In Italian, the present progressive can never be used to describe a future action:

Sto pulendo la casa. *I am cleaning the house.* (*now, at this moment*)

Esercizio 21.2

Complete the following sentences with the correct form of the progressive tense of the verb in parentheses.

1. Che cosa (tu) ______________________ così attentamente? (leggere)
2. Io ____________________ le notizie politiche. (leggere)
3. Non ho visto la tua amica perchè ________________________. (lavorare)
4. Bisogna fare silenzio, i bambini________________________. (dormire)
5. Le rose nel giardino ______________________. (fiorire)
6. Le foglie ____________________ e ____________________ la stagione fredda. (cadere, arrivare)
7. La nonna ______________________ molto rapidamente. (invecchiare)
8. Luisa ______________________, ma ha smesso di mangiare ed ora ____________________. (ingrassare, dimagrire)

9. Il giorno ____________________, il sole ________________ e la luna ________________. (finire, tramontare, sorgere)
10. Il clima ________________________ e ____________________ tanti cataclismi. (cambiare, succedere)

Esercizio 21.3

Complete the following sentences with the required form of the present progressive of the verb in parentheses.

1. Lui _________________ una grande sciocchezza e tutti lo _____________. (dire, ascoltare)
2. Luca ________________ perchè ieri sera è andato a letto tardi. (dormire)
3. Devi chiamare più tardi perchè _________________ in questo momento. (uscire)
4. Il bollettino meteorologico ha annunciato che ____________________ un brutto temporale. (arrivare)
5. Io __________________ a casa a piedi perchè ho voglia di camminare. (andare)
6. Che cosa (tu) ___________________? Io _________________ un libro meraviglioso. (fare, leggere)
7. In questo momento ho un caldo terribile e ____________________. (sudare)
8. Luigi ___________________ una giacca nuova per il matrimonio di sua sorella. (mettere)
9. Dove (voi) ______________________? Noi ____________________ in agenzia per prenotare un viaggio in Italia. (andare, andare)
10. Claudia e Maria ______________________ la cena per gli ospiti francesi. (preparare)

Esercizio 21.4

Complete the following sentences with the correct forms of ***stare****, expressions with* ***stare****, and* ***the present continuous*** *where necessary.*

1. Se loro non ___________________ attenti non capiranno la lezione di fisica.
2. In inverno, le persone anziane ___________ sempre in casa.
3. Nelle zone calde, la gente _________________ per godersi l'aria pura.

4. Che cosa fate? Noi ______________________ al mercato a fare spese.
5. Il nonno è al parco e _______________ leggendo il giornale.
6. Oggi Cristina non va a lavorare perchè _______________.
7. Oggi non usciamo, ___________________ in casa ad aspettare la consegna di un pacco.
8. Le giornate _____________________ corte. (*diventare*)
9. Lara si è fatta male a un piede. Deve _________________ immobile per due settimane.
10. La folla si _____________ dirigendo verso il parco.

Reading Comprehension

Il bar

In Italia il bar è un locale dove si bevono principalmente il caffè, gli aperitivi e spesso si possono comprare dei cornetti o delle paste da ingerire con il caffè o con il famoso cappuccino. I bar in Italia sono tantissimi. Ogni città o paese, grande o piccolo, ha il suo bar che la gente frequenta e dove, specialmente gli uomini anziani, socializzano sia di giorno che di sera.

Per gli italiani, il bar è una delle fermate obbligatorie prima di andare al lavoro. Gli italiani devono bere un espresso per iniziare la loro giornata produttiva e poi prenderne un altro durante la pausa, ben meritata, della mattina.

Quando non fa molto freddo, i proprietari del bar mettono i tavolini e gli ombrelloni fuori sul marciapiede e i clienti possono sedersi e mangiare e bere all'aperto e osservare la gente che passa. I clienti possono ordinare un caffè, una bibita o quello che desiderano e sedersi al tavolino dentro o fuori e starci quanto vogliono. Nessuno chiede loro di andarsene.

C'è una regola che si deve osservare, se ci si siede al tavolo e si viene serviti per ciò che si beve o si mangia, si paga un prezzo più alto di quanto si pagherebbe stando in piedi al banco del bar. Di mattina al bar si può fare colazione nello stile italiano che consiste in un caffè o un cappuccino e una brioche frettolosamente degustati.

Oggi nei bar il menu è molto più vasto ed è anche possible pranzare mangiando un panino imbottito con prosciutto e formaggio o vari altri ingredienti, un piatto freddo o caldo a secondo delle preferenze o un trancio di pizza calda. È possible inoltre finire la giornata al bar con un aperitivo accompagnato da vari stuzzichini.

Il bar è un elemento essenziale della vita italiana. È il luogo dove gli amici si incontrano per fare due chiacchiere. È dove gli uomini d'affari discutono e spesso prendono decisioni di lavoro in un ambiente amichevole e lontano dagli scrutini dei colleghi. È dove gli anziani si riuniscono per parlare di politica, per leggere il giornale e non sentirsi soli, dimenticati e inutili alla società.

Nomi

gli anziani	*old people*	**l'ombrellone**	*large sun umbrella*
la bibita	*drink*	**lo scrutinio**	*scrutiny*
la brioche	*sweet roll*	**lo stuzzichino**	*appetizer*
le chiacchiere	*chats*	**il trancio**	*slice*
il marciapiede	*sidewalk*	**gli uomini d'affari**	*business men*

Verbi

consistere	*consist*	**liberare**	*vacate*
discutere	*discuss*	**ingerire**	*ingest*
socializzare	*socialize*	**degustare**	*taste*

Aggettivi

vasto	*large*	**amichevole**	*friendly*
imbottito	*stuffed*	**inutile**	*useless*

Avverbi

frettolosamente	*hastily*

Domande e Risposte

After reading the selection above, answer the following questions in complete sentences in Italian.

1. Che cos'è il bar?

____

____

____

2. Che cosa si fa al bar?

____

____

____

3. Dove sono i tavolini quando fa bel tempo?

____

4. Chi va al bar?

____

____

____

22

Avere and *Fare*

Uses of *Avere*

avere *to have*

io	**ho**	*I have*
tu	**hai**	*you have*
lui, lei	**ha**	*he/she has*
noi	**abbiamo**	*we have*
voi	**avete**	*you have*
loro	**hanno**	*they have*

The **h** in the first third person singular and the third person plural are never pronounced. It is used to distinguish between the verb form and other words with the same pronunciation but different meanings:

Io **ho**	*I have*	Io ho un libro	*I have a book*
o (*with no h*)	*or*	tu **o** lui	*You or him*
lui **ha**	*he has*	lui **ha** il giornale	*He has the newspaper*
a (*with no h*)	*at, to, in*	Noi andiamo **a** casa.	*We go home.*
		Siamo **a** scuola.	*We are in school.*

Avere is often used in Italian, where **essere** would be used in English. When asking or telling one's age, English uses *to be*, and Italian uses *to have*:

Quanti anni **ha** tua figlia?	*How old is your daughter?*
	(How many years does your daughter have?)
Lei **ha** quarant'anni.	*She is 40. (She has 40 years.)*

Other instances when **avere** is used in Italian and **essere** is used in English are:

avere fame	*to be hungry*	**avere caldo**	*to be warm*
avere sete	*to be thirsty*	**avere freddo**	*to be cold*
avere fretta	*to be in a rush*	**avere torto**	*to be wrong*
avere sonno	*to be sleepy*	**avere ragione**	*to be right*
avere paura	*to be afraid*	**avere vergogna**	*to be ashamed*
avere fortuna	*to be lucky*		

Esercizio 22.1

Translate the following short story into Italian.

My name is Giovanna. I am 25 years old. I am very lucky because I have many friends who live near me.

My mother is a very good cook, so my friends like to come to my house. She fixes them the specialties they like. My friends are always hungry and thirsty when they come to my house. She cooks for hours because she is afraid not to have enough food for everybody.

Sometimes my mother is in a hurry because she has many things to do, and she does not have enough time to make the delicacies she likes to make for my friends. In winter when we are cold, she gives us a special Italian hot chocolate and cookies. In summer when we are too warm after we return from the beach, she makes us lemonade. Often, in the evening, she is tired and sleepy, and she cannot wait to go to bed.

____

____

____

____

____

____

____

____

____

____

Verb *Fare (to do, to make)*

The verb **fare** (*to do, to make*) expresses the basic ideas of doing or making something. It derives from the Latin *facere*. There is no distinction in Italian between *to do* and *to make*. *To do the exercises* and *to make a cake* both use **fare**.

Fare does not follow the regular pattern of conjugation with the infinitive stem + endings. It used to be regarded as an irregular **–ere** verb, but today it is considered an irregular **–are** verb:

fare	*to do, to make*
faccio	**facciamo**
fai	**fate**
fa	**fanno**

The verb **fare** is used in many expressions and common idioms.

In relation to the weather:

Che tempo **fa**?	*How is the weather?*
Fa bel tempo.	*The weather is nice.*
Fa brutto tempo.	*The weather is bad.*
In estate **fa** molto caldo.	*In summer it is very hot.*
In inverno **fa** molto freddo.	*In winter it is very cold.*

Fare is also used in many common idioms:

fare il biglietto	*to buy a ticket*
fare la colazione	*to have breakfast*
fare i compiti	*to do homework*
fare di tutto	*to do everything possible*
fare una domanda	*to ask a question*
fare la coda, la fila	*to stand in line, to wait in line*
fare finta (di)	*to pretend*
fare la fotografia	*to take a picture*
fare ginnastica	*to do physical exercises*
fare un giro	*to take a stroll*
fare una gita	*to go on an excursion*
fare male	*to be painful*
fare da mangiare	*to cook*
fare passare	*to let through*
fare una passeggiata	*to take a walk*

fare il pieno (di benzina)	*to fill up the gas tank*
fare presto	*to hurry*
fare alla romana	*to go dutch, to split the check*
fare la spesa	*to go grocery shopping*
fare le spese	*to go shopping*
fare quattro chiacchiere	*to chat*
fare tardi	*to be late*
fare la valigia	*to pack the suitcase*
fare vedere	*to show something to somebody*
fare un viaggio	*to take a trip*
fare visita	*to pay a visit*

Esercizio 22.2

Complete the following sentences with the correct form of the verb **fare**.

1. Le mie amiche questo autunno ______________ un viaggio in Europa.
2. La nonna sta a casa, perchè le ___________ male i piedi.
3. Io non sono molto contenta quando ________ molto caldo.
4. Preferisco l'inverno all'estate anche se __________ molto freddo.
5. So che _________ molti viaggi in posti lontani, ma molto interessanti.
6. Questa sera non esco e ____________ le valige per il mio viaggio.
7. La mia amica __________ i dolci per il festival italiano.
8. So che tua zia ____________ molte fotografie.
9. Ogni sabato ______________ la spesa al supermercato.
10. Silvia e sua mamma ____________ i biglietti per andare a teatro.

Esercizio 22.3

Fill in the empty spaces below with the correct form of **fare**.

1. Ogni mattina io e mio marito __________________ una passeggiata se _________ bel tempo.
2. Noi ________________ una lunga passeggiata nel bosco con il cane.

3. Se __________ bel tempo e non ___________ molto caldo, è bello stare fuori e respirare l'aria pura mattutina.
4. Vediamo sempre delle persone che ____________ un giro prima di andare al lavoro.
5. Quando piove e ____________ freddo, non _____________ la nostra passeggiata.
6. Andiamo in palestra vicino a casa e ______________ ginnastica per una o due ore.
7. Noi _____________ anche lo yoga, perchè _________ bene ai muscoli.
8. Ci piace___________ tutti i tipi di sport.
9. Tutti dicono che fare sport ___________ bene e noi vogliamo stare bene.
10. Sia io che mio marito ______________ del nostro meglio per stare sani e giovanili.

Reading Comprehension

Visita della mia amica Isabella

Questo fine settimana, viene a farmi una breve visita la mia amica Isabella. A lei piace il mare e dato che vivo in una zona balneare viene sempre volentieri. Voglio trascorrere una giornata piacevole e divertente con lei.

Prima faccio benzina poi la vado a prendere alla stazione con la macchina. Una volta arrivata, andremo a fare la spesa per acquistare quello che ci serve per la colazione e se non facciamo troppo tardi, possiamo andare sul lungomare a fare una passeggiata e fare fotografie. Non ho voglia di fare da mangiare perchè fa molto caldo. Preferisco portare Isabella al ristorante vicino alla spiaggia, in un locale che conosco e dove si mangia bene a prezzi modici.

Se il ristorante non è gremito di gente e non dobbiamo aspettare troppo, possiamo sederci nella veranda. Se siamo fortunate e riusciamo ad avere un tavolo in un angolo tranquillo, mentre mangiamo, potremo ammirare lo splendido paesaggio, respirare il profumo inebriante del mare e fare quattro chiacchiere.

Non possiamo fare troppo tardi, perchè Isabella deve partire presto domani mattina, deve riposare e fare colazione perchè il viaggio è lungo. Stiamo al ristorante per molte ore e parliamo del più e del meno. Nessuno ci disturba. Chiediamo il conto e quando ce lo portano decidiamo di fare alla romana.

Nomi

il lungomare	*seafront, esplanade*	**il tramonto**	*sunset*
il paesaggio	*view*	**la veranda**	*porch*
la spiaggia	*beach*		

Verbi

ammirare	*to admire*	**disturbare**	*disturb*
decidere	*to decide*	**sedersi**	*to sit*

Aggettivi

balneare	*seaside*	**piacevole**	*pleasant*
inebriante	*inebriating*	**divertente**	*amusing*
modico	*reasonable, moderate*		

Domande e Risposte

After reading the selection above, answer the questions in Italian.

1. Chi viene a far visita domani?

   ____

2. Perchè non ha voglia di far da mangiare?

   ____

3. Dove vanno anzichè mangiare a casa?

   ____

4. Dove vogliono sedersi e perchè?

   ____

23

The Present Tense of Regular Verbs

The present tense is the equivalent of the English simple present (*I walk*) and the English present continuous tense (*I am singing*).

Di solito in estate **andiamo** in Italia, ma quest'anno **andiamo** in Brasile.

Usually in summer, ***we go*** *to Italy, but this summer* ***we are going*** *to Brazil.*

Conjugations

All Italian verbs belong to the three conjugations, depending on the ending of the infinitive.

To conjugate a verb is to change its infinitive ending to one that agrees with the subject and expresses the time of the action. All infinitives end in **–are**, **–ere**, or **–ire.** Each conjugation has its own set of endings that are added to the stem of the verbs.

verb stem +	infinitive endings =	infinitive
cammin +	**are**	**camminare** (*to walk*)
rispond +	**ere**	**rispondere** (*to answer*)
part +	**ire**	**partire** (*to leave, depart*)

Let's quickly review the endings for the present tense for the three conjugations in Italian.

PERSONAL PRONOUNS	*VERBS ENDING IN* –are	*VERBS ENDING IN* –ere	*VERBS ENDING IN* –ire
	camminare	**rispondere**	**partire**
Io	cammin**o**	rispond**o**	part**o**
Tu	cammin**i**	rispond**i**	part**i**
Lui, lei	cammin**a**	rispond**e**	part**e**
Noi	cammin**iamo**	rispond**iamo**	part**iamo**
Voi	cammin**ate**	rispond**ete**	part**ite**
Loro	cammin**ano**	rispond**ono**	part**ono**

The verbs in the first conjugation, or **–are** group, are all regular except for four of them (we deal with them individually); in the second conjugation or **–ere** group, there are many irregular verbs, as in the **–ire** group.

This means that the stem of the verb changes, but not the endings. Once the endings for each tense are learned, they can be added to any stem regardless of being regular or irregular.

Example: bere (*to drink*) (irregular –**ere** verb) changes the stem to **bev**, but not the endings. So you will have:

bev**o**, bev**i**, bev**e**, bev**iamo**, bev**ete**, bev**ono**

In Italian, it is not necessary to use the subject pronouns in front of the verb, because the endings are all different. If the subject is ambiguous, then using the subject pronoun is helpful.

Asking Questions

There is no special construction to ask questions in Italian. In writing, a question mark is placed at the end of the sentence. In speaking, the pitch of the voice is raised at the end of the sentence.

The subject in a question remains at the beginning of the sentence before the verb, or it can be moved at the end of the sentence:

Giovanna viene con noi?	*Is Giovanna going with us?*
Viene con noi Giovanna?	*Is Giovanna going with us?*

Negative Statements

To make a sentence negative, place **non** immediately before the verb:

Lui **non** cammina tutti i giorni.	*He does not walk every day.*

Useful First Conjugation or *–are* Verbs

abbaiare	*to bark*	**frequentare**	*to attend, frequent*
abbandonare	*to abandon*	**fumare**	*to smoke*
aiutare	*to help*	**girare**	*to turn*
allenare	*to train*	**gridare**	*to shout*
amare	*to love*	**guadagnare**	*to earn*
ammirare	*to admire*	**guardare**	*to look at*
apprezzare	*to appreciate*	**guidare**	*to drive*
arredare	*to furnish*	**imparare**	*to learn*
arrivare	*to arrive*	**indovinare**	*to guess*
ascoltare	*to listen to*	**insegnare**	*to teach*
aspettare	*to wait for*	**invitare**	*to invite*
attraversare	*to cross*	**lavare**	*to wash*
ballare	*to dance*	**lavorare**	*to work*
buttare	*to throw*	**mandare**	*to send*
camminare	*to walk*	**misurare**	*to measure*
cenare	*to have dinner*	**nuotare**	*to swim*
chiamare	*to call*	**ordinare**	*to order*
comprare	*to buy*	**parlare**	*to speak*
consegnare	*to deliver*	**passare**	*to pass, to spend time*
conservare	*to preserve*	**pattinare**	*to skate*
contare	*to count*	**pensare**	*to think*
controllare	*to inspect, check*	**perdonare**	*to forgive*
cucinare	*to cook*	**piantare**	*to plant*
depositare	*to deposit*	**portare**	*to bring, to take*
desiderare	*to wish, desire*	**pranzare**	*to have lunch*
disegnare	*to draw*	**prenotare**	*to reserve*
diventare	*to become*	**preparare**	*to prepare*
domandare	*to ask*	**presentare**	*to present, introduce*
dubitare	*to doubt*	**prestare**	*to loan, lend*
entrare	*to enter*	**provare**	*to try*
evitare	*to avoid*	**raccomandare**	*to recommend*
fermare	*to stop*	**raccontare**	*to narrate*
firmare	*to sign*	**regalare**	*to give as a gift*

respirare	*to breath*	**sperare**	*to hope*
riposare	*to rest*	**spostare**	*to move*
ritornare	*to return*	**stampare**	*to print*
rubare	*to steal*	**suonare**	*to play an instrument*
saltare	*to jump*	**superare**	*to surpass*
salutare	*to greet*	**telefonare**	*to telephone*
scherzare	*to joke*	**tirare**	*to pull*
scusare	*to excuse*	**tornare**	*to return*
sembrare	*to seem*	**trovare**	*to find*
sognare	*to dream*	**vietare**	*to forbid*
sorpassare	*to pass*	**visitare**	*to visit*
sparare	*to shoot*	**volare**	*to fly*
spaventare	*to frighten*	**votare**	*to vote*

First Conjugation Verbs Ending in *–care* and *–gare*

Verbs whose infinitives end in **–care** and **–gare** add an **h** before the endings of the second person singular (**tu**) and the first person plural (**noi**) forms:

giocare *to play* (*a game*)	**pagare** *to pay*
gioco	pago
gioc**hi**	pag**hi**
gioca	paga
gioc**hiamo**	pag**hiamo**
giocate	pagate
giocano	pagano

Here are some of the most useful:

caricare	*to load*	**giocare**	*to play*
cercare	*to look for*	**giudicare**	*to judge*
comunicare	*to communicate*	**imbarcare**	*to board*
dedicare	*to dedicate*	**impiegare**	*to hire*
dimenticare	*to forget*	**interrogare**	*to interrogate*
educare	*to educate*	**investigare**	*to investigate*
fabbricare	*to manufacture*	**leccare**	*to lick*

legare	*to tie*	**pregare**	*to pray*
litigare	*to argue, quarrel*	**pubblicare**	*to publish*
mancare	*to miss, to lack*	**scaricare**	*to unload, download*
masticare	*to chew*	**stancare**	*to get tired*
obbligare	*to force*	**toccare**	*to touch*
pagare	*to pay*	**traslocare**	*to move*
pescare	*to fish*	**zoppicare**	*to limp*

Esercizio 23.1

*Complete the following sentence with the correct form of the –***care** *verbs.*

1. Quando andiamo al mare ________________ le conchiglie sulla spiaggia. (cercare)
2. I ragazzi non ________________ molto con i genitori. (comunicare)
3. Il padre di Carlo ________________ tutto. (dimenticare)
4. Tu ________________ un teatrino per la tua bambina. (fabbricare)
5. Luigi ________________ il cancello della villa. (scavalcare)
6. La professoressa ________________ gli studenti due volte alla settimana. (interrogare)
7. Il suo cane ________________ tutto e tutti. (leccare)
8. Gli agenti segreti ________________ la causa della morte del poliziotto. (investigare)
9. Voi ________________ il mese prossimo nella casa nuova. (traslocare)
10. Noi ________________ le uova di Pasqua nel prato. (cercare)

First Conjugation Verbs Ending in *–ciare*, *–giare*, and *–sciare*

Only one **i** is used in the second person singular (**tu**), and in the first person plural (**noi**), when the present tense endings are added to the stem of verbs ending in **–ciare**, **–giare**, and **–sciare**, both after a single or double **c** and **g** (bac**i**, bac**i**amo; viagg**i**, viagg**i**amo).

Following are some of the most common:

studiare *to study*

studio	studiamo
studi	studiate
studia	studiano

Following are some of the most common verbs ending in **–ciare**, **–giare**, and **–sciare**:

abbracciare	*to hug*	**lanciare**	*to toss*
allacciare	*to tie*	**lasciare**	*to let, leave*
annunciare	*to announce*	**mangiare**	*to eat*
assaggiare	*to taste*	**noleggiare**	*to rent*
cacciare	*to expel, hunt*	**parcheggiare**	*to park*
cominciare	*to start*	**passeggiare**	*to take a walk*
ghiacciare	*to freeze*	**rinunciare**	*to renounce*
incoraggiare	*to encourage*	**rovesciare**	*to spill, knock over*
intrecciare	*to interwine*	**viaggiare**	*to travel*

Verbs not following this patterns are:

avviare *to start*		**sciare** *to ski*	
avvio	avviamo	scio	sciamo
avvii	avviate	scii	sciate
avvia	avviano	scia	sciano

Esercizio 23.2

Complete the following sentences with the correct form of the ***–ciare*** *and* ***–giare*** *verbs.*

1. Se non studi la professoressa ti ____________________. (bocciare)
2. Io non ____________________ mai il cibo che cuocio. (assaggiare)
3. Lui ____________________ le mosche dalla casa. (scacciare)
4. Gli italiani ____________________ anche dove non è permesso. (parcheggiare)
5. In estate io e te ____________________ sul lungomare. (passeggiare)
6. Isabella non ____________________ mai le scarpe. (allacciare)

7. Loro mi ____________________ quando arrivo alla festa. (abbracciare)
8. Non mi piacciono i gatti, ma ____________________ i topi. (scacciare)
9. Erminia non ____________________ mai la nonna da sola in casa. (lasciare)
10. Noi ____________________ in Svizzera. (sciare)

Note: It is not easy to know how to pronounce Italian verbs. The stress or accent, as commonly referred to in Italian, is different from English, making it difficult to know how to read a word. Here are some general rules to help the learner pronounce the verbs correctly:

- The three singular forms and the third person plural forms are stressed on the stem. So we have:

  canto, canti, canta, cantano.

- The first person plural **(noi)** and the second person plural (**voi**) forms are stressed on the endings: **parliamo, parlate.**
- The first three singular forms of the great majority of present-tense Italian verbs are stressed on the first-to-last syllable: **aiuto, capisci, ammira**.
- Many other verbs are stressed on the third-to-last syllable: **prenotano**, **giocano**.

Esercizio 23.3

Complete the following sentences with the correct forms of the present tense of the verbs in parentheses.

1. Il temporale ____________________ il raccolto. (danneggiare)
2. La donna ____________________ a voce alta in biblioteca. (parlare)
3. Noi ____________________ l'arrivo dei nostri parenti. (aspettare)
4. Susanna ____________________ la sua nuova casa. (arredare)
5. Il professore è molto pedante e ____________________ tutta la classe. (annoiare)
6. Lo scoiattolo ____________________ le noccioline sotto terra. (conservare)
7. Gli autisti dei camion ____________________ per molte ore. (guidare)
8. Mio padre ____________________ il documento davanti all'avvocato. (firmare)
9. Le ragazze ____________________ andare fuori di sera con i loro amici. (desiderare)
10. Lucia ____________________ sempre quando parla. (gridare)

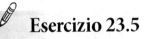

Esercizio 23.4

Answer the questions in the sentences below as shown in the example.

Example: Il mio amico parla con molte persone. E voi? Sì, anche noi parliamo con molte persone.

1. Noi compriamo una casa, firmiamo molti documenti. E voi?

____

2. I vicini cenano sulla veranda. E voi?

____

3. Il gatto rovescia la ciotola del suo cibo. E il cane?

____

4. Loro giocano al tennis tutti i giorni. E voi?

____

5. Lui scia solo in Svizzera. E tu?

____

6. Lei boccia gli studenti che non studiano. E lui?

____

7. Erica passa gli esami con molta facilità. E tu?

____

8. In Italia la gente parcheggia sul marciapiede. E qui?

____

9. Isabella allaccia le scarpe del suo amico. E lei?

____

10. Carlo impara a leggere l'orologio. E tu?

____

Esercizio 23.5

Translate the following sentences using the present tense of the verb suggested in parentheses.

1. They travel a lot with their friends.

____

2. The grandmother hugs all the grandchildren when she comes to visit. (*to hug*)

___

3. We rent a car every time we go to Italy.

___

4. The dogs walk next to the owner.

___

5. The police stops the thief who robbed the bank.

___

6. I listen to the music on the way to work, but you listen to the news.

___

7. I buy the fruit and the vegetables at the open market.

___

8. The doctor needs to communicate with the parents of the small child.

___

9. Nancy's husband drives a very old car because he wants to save money.

___

10. The dressmaker takes the measurements to make the suit for the groom.

___

Language Note:

The verb **giocare**, *to play*, is used when the *meaning* is *to play a game*, *play with toys*, and so on, while **suonare**, which also means *to play*, is used when playing a musical instrument:

Oggi **gioco** a tennis.	*Today I'll play tennis.*
Oggi **suono** il violino.	*Today I'll play the violin.*

Second Conjugation, *–ere* Verbs

Second conjugation or **–ere** verbs follow the patterns of **vedere** *to see.*

vedere

ved**o**	ved**iamo**
ved**i**	ved**ete**
ved**e**	ved**ono**

The stress pattern for **–ere** verbs is the same as the **–are** verbs. The three singular person forms and the third person plural forms are stressed on the stem: **vedo, vedi, vede, vedono**. The first person plural (**noi**) forms, and the second person plural forms (**voi**), are stressed on the endings: **vediamo, vedete**.

Following is a list of commonly used second conjugation verbs:

accendere	*to turn on, light*	**prendere**	*to take*
assumere	*to hire, assume*	**pretendere**	*to demand, claim*
ammettere	*to admit*	**promettere**	*to promise*
apprendere	*to learn*	**rendere**	*to give something back*
attendere	*to attend, wait for*	**resistere**	*to resist*
chiedere	*to ask*	**riassumere**	*to summarize*
chiudere	*to close*	**ricevere**	*to receive*
combattere	*to fight*	**ridere**	*to laugh*
comprendere	*to understand, include*	**ripetere**	*to repeat*
concludere	*to finish, conclude*	**risolvere**	*to solve*
confondere	*to confuse*	**rispondere**	*to answer*
credere	*to believe*	**rompere**	*to break*
descrivere	*to describe*	**scendere**	*to go down (stairs)*
difendere	*to defend*	**scommettere**	*to bet*
discutere	*to discuss*	**scrivere**	*to write*
dividere	*to divide*	**smettere**	*to stop*
esistere	*to exist*	**sopravvivere**	*to survive*
esprimere	*to express*	**sorridere**	*to smile*
includere	*to include*	**spegnere**	*to turn off, put out*
iscrivere	*to register, enroll*	**spendere**	*to spend*
mettere	*to put*	**spremere**	*to squeeze*
muovere	*to move*	**stendere**	*to spread out*
nascondere	*to hide*	**temere**	*to fear*
offendere	*to offend*	**uccidere**	*to kill*
perdere	*to lose*	**vendere**	*to sell*
permettere	*to allow, permit*	**vivere**	*to live*

Second Conjugation Verbs Ending in *–cere* and *–gere*

Verbs in the **–ere** conjugation, whose stems end in **–c** or **–g**, have sound changes in the first person singular forms, and in the third person plural forms.

convincere *to convince*		**piangere** *to cry*	
convin**c**o (*k sound*)	convin**c**iamo (*ch sound*)	pian**g**o (*g sound*)	pian**g**iamo (*j sound*)
convinci (*ch sound*)	convincete (*ch sound*)	piangi (*j sound*)	piangete (*j sound*)
convince (*ch sound*)	convin**c**ono (*k sound*)	piange (*j sound*)	pian**g**ono (*g sound*)

Other irregular **–ere** verbs ending in **–cere** have spelling changes in the stem of the present tense forms:

piacere *to like*	**tacere** *to keep quiet*
piaccio	**taccio**
piaci	**taci**
piace	**tace**
piacciamo (piaciamo)	**tacciamo (taciamo)**
piacete	**tacete**
piacciono	**tacciono**

Compiacere (*to please*), **dispiacere** (*to displease*), and **giacere** (*to lie down*) follow the same pattern as **piacere** and **tacere.**

The pattern is the same when the verb stem ends in **–gg**, as in **leggere** *to read* and **friggere** *to fry.*

le**gg**o (*g sound*)	le**gg**iamo (*j sound*)
le**gg**i (*j sound*)	le**gg**ete (*j sound*)
le**gg**e (*j sound*)	le**gg**ono (*g sound*)

Second Conjugation Verbs Ending in *–gliere* and *–gnere*

cogliere *to gather, pick*		**spegnere** *to turn off, put out*	
col**g**o (*g sound*)	co**gl**iamo (*lly sound*)	spen**g**o (*g sound*)	spe**gn**iamo (*ny sound*)
co**gl**i (*lly sound*)	co**gl**iete (*lly sound*)	spe**gn**i (*ny sound*)	spe**gn**ete (*ny sound*)
co**gl**ie (*lly sound*)	col**g**ono (*g sound*)	spe**gn**e (*ny sound*)	spen**g**ono (*g sound*)

Except for the verbs ending in **–cere**, **–gere**, **–gliere**, and **–gnere**, all second conjugation verbs have regular written forms.

Verbs in *–cere*, *–gere*, *–gliere*, and *–gnere*

Following are some of the most commonly used second conjugation verbs ending in **–cere**, **–gere**, **–gliere**, and **–gnere**:

accogliere	*to receive*	**leggere**	*to read*
aggiungere	*to add*	**piangere**	*to cry*
avvolgere	*to wrap*	**proteggere**	*to protect*
convincere	*to convince*	**pungere**	*to sting*
correggere	*to correct*	**raccogliere**	*to gather, pick up*
crescere	*to grow*	**raggiungere**	*to reach*
dipingere	*to paint*	**rivolgere**	*to address, turn*
dirigere	*to direct, manage*	**scegliere**	*to choose*
distruggere	*to destroy*	**spargere**	*to spread*
eleggere	*to elect*	**spegnere**	*to turn off, put out*
emergere	*to emerge*	**spingere**	*to push*
esigere	*to demand*	**sporgere**	*to lean out*
fingere	*to pretend*	**stringere**	*to grip, tighten*
giungere	*to arrive*	**togliere**	*to remove*
volgere	*to turn toward*		

Esercizio 23.6

Complete the sentences with the correct forms of the verbs suggested in parentheses.

1. Le bombe ____________________ le case. (distruggere)
2. Le piante non ____________________ senza sole. (crescere)
3. Io ________________ che le ragazze puliscano la loro camera. (esigere)
4. Ho paura delle vespe, perchè se mi _______________ devo andare in ospedale. (pungere)
5. Tu non _________________, ma tuo padre _________________ molto bene. (dipingere)
6. L'insegnante _________________ i test degli alunni tutte le settimane. (correggere)
7. La madre _________________ il suo bambino e lo _______________ al petto. (proteggere, stringere)
8. I fiori ____________________ dalla neve. (emergere)
9. Noi __________________ un piatto a tavola per i nostri aamici. (aggiungere)
10. Il dentista mi _______________ due denti del giudizio. (togliere)

Esercizio 23.7

Choose the right verb and complete the sentences with the verb in the required form of the present tense of the verb in parentheses.

1. Luigi ________________ le luci prima di andare a dormire. (spegnere, accendere)
2. Maria e Luisa ________________ la cima della montagna in poche ore di cammino. (raggiungere, esigere)
3. Gli studenti ________________ il problema di matematica. (esigere, risolvere)
4. Il bambino ________________ di dormire quando la mamma entra in camera. (esigere, fingere)
5. I ragazzi ________________ i graffiti su tutti i muri della città. (scegliere, dipingere)
6. Non lo ________________ di andare al cinema con loro. (giungere, convincere)
7. I loro amici li ________________ con grande entusismo. (accogliere, proteggere)
8. Non ________________ le scarpe quando entrano in casa. (togliere, crescere)
9. Fra due anni gli americani ________________ un nuovo presidente. (scegliere, eleggere)
10. I genitori moderni non ________________ troppo dai figli. (esigere)

Modal Verbs

Potere (*to be able to, can*), Volere (*to want*), Dovere (*to have to, must*)

Modal verbs are helping verbs, so called because they help the infinitive that usually follows, to give them a sense of possibility, will, and necessity or obligation.

INFINITIVE	*PRESENT*	*INFINITIVE*	*PRESENT*	*INFINITIVE*	*PRESENT*
potere	posso	**dovere**	devo	**volere**	voglio
	puoi		devi		vuoi
	può		deve		vuole
	possiamo		dobbiamo		vogliamo
	potete		dovete		volete
	possono		devono		vogliono

Potere, *to be able*, *can*, *may*, expresses an idea of possibility, and it can be used by itself or followed by an infinitive. Very often, **potere** is used to ask questions:

Puoi venire ad aiutarmi a spostare il tavolo? *Could you come to help me move the table?*

No, non posso. *No, I cannot. (impossibility)*

Potere can be used to ask for something in a kind way:

Posso avere un bicchiere d'acqua per favore? *Can I have a glass of water?*

Potere is used to ask for permission to do something:

Posso usare la tua giacca questa sera? *May I use your jacket tonight?*

Volere *to want*, can be used by itself or followed by an infinitive:

Voglio un caffè. *I want a cup of coffee.*

Volere followed by an infinitive expresses a wish:

Voglio vivere in cima a una montagna! *I want to live on top of a mountain!*

Volere can be used in **negative sentences**:

Non vogliono dire niente. *They do not want to say anything.*

Volere can be used to ask questions:

Volete bere un bicchiere di vino? *Do you want a glass of wine?*

Let's take a look at the difference between **potere** and **volere**:

Vuoi venire al cinema con me oggi? *Do you want to go to the movies with me today?*

Puoi venire al cinema con me oggi? *Can you go to the movies with me today?*

In the first question, there is the willingness to go. In the second question, there is the possibility to go to the movies.

Dovere can be used by itself or followed by an infinitive:

Ti devo dei soldi. *I owe you some money.*

Mi devi restituire dei soldi. *You have to return me some money.*

Dovere can be followed by an infinitive, expressing necessity:

Devo fare la spesa al supermercato. *I have to go grocery shopping at the supermarket.*

Dovere can express an obligation:

Dobbiamo rispettare le leggi. *We have to respect the law.*

Dovere can be used to give suggestions:

Se vuoi dimagrire, devi fare più movimento. *If you want to lose weight, you have to move more.*

Sapere also is a modal when it is followed by an infinitive, and it means ***to be able to***, ***to know how to do something***.

INFINITIVE	PRESENT
sapere	so
	sai
	sa
	sappiamo
	sapete
	sanno

Sapere used by itself means ***to know something***:

Sapete che ore sono? *Do you know what time it is?*

Sapere followed by an infinitive means ***to be able to***:

Annamaria sa cucinare molto bene. *Annamaria knows how to cook very well.*

Io non so nuotare. *I don't know how to swim.*

Esercizio 23.8

Choose the correct verb to complete the sentences below.

1. Mi dispiace, ma non ________________ rimanere questa sera. (io-dovere, potere)
2. Stasera ________________ tornare a casa presto. (tu-potere, dovere)
3. Voi ____________________ bere una birra o un bicchiere di vino? (volere, dovere)
4. Se tu _______________ passare l'esame, devi studiare di più. (volere, potere)
5. Stasera io non ______________ uscire, perchè io ______________ lavorare. (dovere, potere, volere, dovere)

6. Se Maria è malata, _______________ andare dal dottore. (volere, dovere)
7. Noi _______________ fare presto, siamo in ritardo. (volere, dovere)
8. In questa classe, tu non _______________ fumare. (potere, volere)
9. Ho freddo, voi _______________ aprire la finestra? (potere, volere)
10. Tu _____________ parlare bene il francese? (volere, sapere)

Language Note:

Italian has two verbs that mean *to know*. **Sapere** is used to express **knowing how to do something**: **So sciare** (*I know how to ski*). **Sapere** is also used before all clauses. **Conoscere** means *to be familiar with*. It is used with a direct object:

Sai dove ho messo le chiavi?	*Do you know where I put the keys?*
Sapete se avete passato l'esame?	*Do you know if you passed the exam?*
Conosci quella bella ragazza?	*Do you know that beautiful girl?*

Expressions with **sapere**:

sapere il fatto proprio	*to know who is what*
saperla lunga	*to know a lot about something*
saperci fare	*to be good at something*
sapere ascoltare	*to be a good listener*
Buono a sapersi!	*That is good to know!*
Senza saperlo	*unknowingly*

Expressions with **conoscere**:

Conoscere mezzo mondo	*to know a lot of people*
Conoscersi di vista	*to know someone not very well*
Conoscere i propri polli	*to know someone very well*
Conoscere tempi difficili	*to go through a hard time*

Conjugation of –*ire* Verbs

The verbs ending with **–ire (third conjugation)** are divided into two groups: the ones that insert **–isc** between the stem and the ending in the first three singular persons, and the third person plural forms and the ones that do not. For this purpose, we will classify them into two groups. The first group does not insert **–isc**, and the second group does.

-ire Verbs Group I

partire *to leave, depart*

part**o**	part**iamo**
part**i**	part**ite**
part**e**	part**ono**

Note: These verbs conjugate exactly as the –**ere** verbs in the present tense, except for the **voi** forms that end in –**ite**, not –**ete**. Following is a list of the most commonly used –**ire** verbs in Group I (without –**isc**):

aprire	*to open*	**inseguire**	*to chase*
avvertire	*to notify, warn*	**investire**	*to run over, hit, invest*
bollire	*to boil*	**partire**	*to depart, leave*
coprire	*to cover*	**riempire**	*to fill*
convertire	*to convert*	**scoprire**	*to discover, uncover*
cucire	*to sew*	**seguire**	*to follow*
divertire	*to have fun*	**sentire**	*to hear, listen, feel*
dormire	*to sleep*	**soffrire**	*to suffer*
fuggire	*to flee*	**vestire**	*to dress*

Esercizio 23.9

Complete the following sentences with the verbs in parentheses in the required forms of the present tense.

1. In inverno, non ____________________ la finestra perchè fa freddo. (*noi-aprire*)
2. La cuoca dice: "Quando l'acqua _______________, buttate giù la pasta" (*bollire*)
3. Il soldato ferito __________________ il dottore delle sue ferite. (*lui-avvertire*)
4. Quando lo scoiattolo vede il gatto, ____________________ a grande velocità. (*fuggire*)
5. Il poliziotto ________________ il ladro. (*inseguire*)
6. Quando non ho molto da fare, ________________ le notizie alla TV. (*seguire*)
7. Gli esploratori _______________ sempre qualche posto nuovo. (*scoprire*)

8. Maria ________________ le piante per proteggerle dal gelo. (*coprire*)
9. Il mio amico ______________ quando il suo cane è ammalato. (*soffrire*)
10. In estate, molti __________________ nel primo pomeriggio perchè fa troppo caldo. (*dormire*)

Group II Verbs in *–isc*

Following are some of the most commonly used **–ire** verbs in Group II (with **–isc**):

abolire	*to abolish*	**impallidire**	*to turn pale*
aderire	*to adhere*	**impartire**	*to give*
agire	*to act*	**impazzire**	*to go crazy*
approfondire	*to deepen*	**impedire**	*to obstruct*
arrossire	*to blush*	**ingelosire**	*to become jealous*
arrugginire	*to rust*	**inghiottire**	*to swallow*
capire	*to understand*	**intimidire**	*to intimidate*
colpire	*to hit, strike*	**istruire**	*to instruct*
condire	*to season*	**nutrire**	*to feed, nourish*
contribuire	*to contribute*	**obbedire**	*to obey*
costruire	*to build*	**preferire**	*to prefer*
digerire	*to digest*	**proibire**	*to forbid*
dimagrire	*to lose weight*	**pulire**	*to clean*
diminuire	*to diminish*	**punire**	*to punish*
distribuire	*to distribute*	**reagire**	*to react*
disubbidire	*to disobey*	**restituire**	*to give back*
esaurire	*to exhaust*	**riunire**	*to gather, meet*
fallire	*to fail*	**sbalordire**	*to astonish*
favorire	*to favor*	**spedire**	*to send, mail, ship*
ferire	*to wound*	**stabilire**	*to establish, set*
fiorire	*to bloom*	**starnutire**	*to sneeze*
fornire	*to supply*	**stupire**	*to amaze*
garantire	*to guarantee*	**suggerire**	*to suggest*
gestire	*to manage*	**tossire**	*to cough*
gradire	*to like*	**tradire**	*to betray*
guarire	*to heal*	**trasferire**	*to transfer*

Esercizio 23.10

*Complete the following sentences using the **–isc** verbs suggested in parentheses.*

1. Il cane non ________________ e scappa nel giardino del vicino. (obbedire)
2. Io ________________ l'insalata con l'olio e l'aceto. (condire)
3. Mio padre mi ________________ di stare fuori fino a tardi alla sera. (proibire)
4. Lisa ______________ perchè fa molta ginnastica. (dimagrire)
5. In primavera gli alberi da frutta ______________ (fiorire) e sono molto belli.
6. Il vecchio signore non mangia molto perchè non ______________ bene. (digerire)
7. Se sto troppo al sole la mia pelle ________________. (arrossire)
8. Il meccanico ________________ di aver riparato la mia macchina. (garantire)
9. Alla mattina quando faccio colazione, ________________ una tazza di caffè caldo. (gradire)
10. Tutti gli anni ______________ i regali natalizi ai nostri parenti. (spedire)

Uses of the Present Tense

The Italian present tense can express future time, especially when there is an adverb or expression in the sentence that refers to future happenings. English often uses the present progressive in these instances:

Domani **partiamo** per le ferie con la famiglia.	*Tomorrow we'll leave for vacation with the family.*

The Italian present tense can express an action that started in the past but continues in the present. English uses *have been doing*, *going*, *working*, and so on, for this meaning. The time expression in Italian is preceded by **da**:

Da quanto tempo lavori in questa Ditta?	*How long have you been working for this company?*
Ci lavoro **da** tre anni.	*I have been working there for three years.*
Da quanti anni vivi in Italia?	*How long have you been living in Italy?*
Ci vivo **da** quindici anni.	*I have been living there for 15 years.*

Esercizio 23.11

Complete the following sentences with the time expression **da** *and the verbs suggested in parentheses.*

1. Io lavoro in questa Ditta _________ tre mesi, ma domani _____________ lavoro. (cambiare)
2. Mi piace conoscere lingue straniere. Studio l'italiano _______ tre anni e il francese _____ due mesi.
3. Non vedo la mia amica _________ cinque anni, ma in ottobre ___________ a visitarla. (andare)
4. Scrivo questo libro ________ sei mesi e _____________ di finirlo per la fine dell'anno. (sperare)
5. Lui gioca al tennis _______ molti anni.
6. Sua moglie non _____________ più ____________ tanto tempo. (giocare)
7. Lei ___________ a scuola tutti i giorni ___________ qualche anno. (venire)
8. Non ____________ mia figlia __________ due anni. (io-vedere)
9. La mia nipotina ___________ a scuola _________ due anni. (andare)
10. Il padre di nostra nipote ________ ammalato ________ molti anni. (essere)

24

The Imperfect Tense

The imperfect tense is one of the most regular tenses in the Italian language. There are very few irregular imperfect verbs. This tense is formed by adding the imperfect endings to the stem, plus the typical vowel before the infinitive ending **–re** (**a**, **e**, **i**). All conjugations use the same endings which are as follows:

–vo	–vamo
–vi	–vate
–va	–vano

Regular Verbs in the Imperfect

Following are some sample conjugations of the regular imperfect tense. The stress falls on the vowel before the ending (**a**, **e**, **i**) in the first, second, third person singular, and the third person plural forms, and on the vowel of the ending in the first and second person plural forms.

RICORDARE **TO REMEMBER**		***DARE*** **TO GIVE**	
io ricordavo	noi ricordavamo	io davo	noi davamo
tu ricordavi	voi ricordavate	tu davi	voi davate
lui, lei ricordava	loro ricordavano	lui, lei dava	loro davano

AVERE **TO HAVE**		***SAPERE*** **TO KNOW**	
io avevo	noi avevamo	io sapevo	noi sapevamo
tu avevi	voi avevate	tu sapevi	voi sapevate
lui, lei aveva	loro avevano	lui, lei sapeva	loro sapevano

APRIRE TO OPEN		*CAPIRE* TO UNDERSTAND	
io aprivo	noi aprivamo	io capivo	noi capivamo
tu aprivi	voi aprivate	tu capivi	voi capivate
lui, lei apriva	loro aprivano	lui, lei capiva	loro capivano

Note: The verbs **fare**, **dire**, **bere**, **produrre**, and **essere** take their stems for the imperfect tense from the Latin infinitives. These verbs add the imperfect endings to **fac-** (for **fare**), **dic-** (for **dire**), **bev-** (for **bere**), **produc-** (for **produrre**), **pon-**(for **porre**), and **er-**(for **essere**). They become:

Irregular Verbs in the Imperfect

BERE TO DRINK		*DIRE* TO SAY, TELL	
io bevevo	noi bevevamo	io dicevo	noi dicevamo
tu bevevi	voi bevevate	tu dicevi	voi dicevate
lui, lei beveva	loro bevevano	lui, lei diceva	loro dicevano

ESSERE TO BE		*FARE* TO DO, MAKE	
io ero	noi eravamo	io facevo	noi facevamo
tu eri	voi eravate	tu facevi	voi facevate
lui, lei era	loro erano	lui, lei faceva	loro facevano

PORRE TO PUT		*PRODURRE* TO PRODUCE	
io ponevo	noi ponevamo	io producevo	noi producevamo
tu ponevi	voi ponevate	tu producevi	voi producevate
lui, lei poneva	loro ponevano	lui, lei produceva	loro producevano

Uses of the Imperfect

The imperfect tense expresses actions in the past that are not seen as completed. It indicates past situations or habitual and repeated actions in the past. It is used to express a narration, a situation, a background, or a continuous action in the past. It also is used to express age, time, and weather in the past. Size, color, and personal qualities in the past are also expressed with the imperfect. Finally, ongoing actions in the past with the preposition **da** use the imperfect.

Esercizio 24.1

Complete the following sentences using the imperfect tense forms of the verbs in parentheses, as required.

1. La pioggia ______________ e tutto ___________ bagnato. (cadere, essere)
2. Noi ______________ andare in campagna, ma non ______________ dove andare. (volere, sapere)
3. Il sole non ___________________ e non ________________ molto. (splendere, scaldare)
4. Di solito in inverno ________________ molto freddo e ___________ sempre molto. (fare, nevicare)
5. La fabbrica di mio fratello ______________ mattonelle di marmo. (produrre)
6. La vecchia signora non ______________ mai perchè non ______________ sete. (bere, sentire)
7. ____________ tardi, non c'____________ nessuno per la strada e noi __________ paura. (essere, essere, avere)
8. La centrale elettrica ________________ l'energia elettrica per tutta la città e dintorni. (produrre)
9. Agli antichi romani ______________ combattere e conquistare terre straniere. (piacere)

Reading Comprehension

Anna va in Italia a studiare l'italiano

L'estate scorsa, Anna andò in Italia a perfezionarsi in italiano. Si iscrisse a una scuola per stranieri a Roma, e prese in affitto una camera, presso una famiglia italiana, che abitava vicino alla scuola. Scriveva spesso ai suoi genitori. Nella prima lettera Anna scrisse che Roma le piaceva molto e che la famiglia presso cui abitava era molto simpatica e tutti erano molto gentili con lei. Nella seconda lettera disse che le lezioni erano molto difficili e che purtroppo nella sua classe c'erano molti americani e che parlava quasi sempre l'inglese.

Anna non si scoraggiò. Passò qualche settimana e le cose cambiarono. In una lettera successiva, Anna scrisse che cominciava a parlare l'italiano abbastanza bene e che aveva diversi amici italiani con cui usciva dopo le lezioni per recarsi o al ristorante o in pizzeria.

Nelle ultime lettere scriveva che le piaceva molto Roma, ma aveva molta nostalgia della famiglia e che voleva ritornare a casa il più presto possible. Finita l'estate, Anna ritornò in America. Parlò a tutti gli amici delle sue esperienze. Era molto fiera di avere imparato l'italiano. Disse che sperava in futuro di ritornare in Italia.

Quando qualcuno chiedeva ad Anna se voleva continuare a studiare l'italiano, lei disse che senz'altro voleva continuare a perfezionarsi in quella bella lingua e che sperava di conoscere degli italiani per poter usare quello che aveva imparato. Studiando a Roma, Anna si era resa conto che imparare nuove lingue, apriva la mente e gli occhi su un mondo nuovo di cui prima non ne aveva la minima idea.

Verbi

cambiare	*to change*	**perfezionarsi**	*to perfect oneself*
frequentare	*to attend*	**recarsi**	*to go*
iscriversi	*to register*	**scoraggiarsi**	*to be discouraged*

Nomi

l'affitto	*rent*	**la nostalgia**	*nostalgia*
la lingua	*language*	**lo straniero**	*foreigner*
la mente	*mind*		

Aggettivi

simpatico	*pleasant*
successivo	*following*
fiero	*proud*

Domande e Risposte

After reading the story, answer the questions with complete sentences in Italian.

1. Perchè va in Italia Anna?

____

2. In quale città va?

____

3. Che cosa scrive ai suoi genitori nelle prime lettere?

____

4. Che cosa scrive nelle settimane successive?

____

5. Come si sente per aver imparato l'italiano e che cosa vuole fare in futuro?

____

____

25

The Present Perfect Tense

In English, the present perfect is translated with either the simple past or the present perfect:

Ho parlato con il direttore. — *I spoke with the director.*

Ho parlato con il direttore. — *I have spoken with the director.*

The present perfect tense is used to describe actions and events that happened in the recent past. The verb is frequently preceded or followed by expressions of time, such as **ieri, la settimana scorsa, sabato scorso, un mese fa, un'ora fa**, and so on. This is one of the most used tenses in Italian.

Formation of the Present Perfect

The present perfect is formed by using the present tense of the auxiliary **avere** and **essere** + the past participle of the verb showing the action.

When **avere** is used, the past participle does not agree in gender and number with the subject. The present perfect of transitive verbs is formed by using the auxiliary **avere**. The present perfect tense for intransitive verbs, verbs of motion, or state of being is formed by using **essere**. In these cases, the past participle must agree in gender and number with the subject.

Note: Transitive verbs are verbs that take a direct object. The present perfect is formed with the auxiliary **avere** + the past participle of the verb:

Io **ho mangiato** la carne (**la carne** being the object). — *I ate meat.*

Tu **hai visto** tua figlia (**tua figlia** is the object). — *You saw your daughter.*

Intransitive verbs are verbs that **do not** take a direct object. The present perfect for these verbs is formed by the present of the auxiliary **essere** + the past participle of the verb.

When **essere** is used, the past participle agrees in gender and number with the subject:

Ieri **sono andato** in chiesa.	*I went to church yesterday.*
Siamo ritornati a casa tardi.	*We returned home late.*

Formation of the Past Participle

In Italian, the regular past participle ends in **–to**. It is formed by adding **–to** to the stem of the verb. This is preceded by the characteristic vowel of each conjugation: **–a-** for **–are** verbs, **–u-** for **–ere** verbs, **–i-** for **–ire** verbs.

INFINITIVE	*PAST PARTICIPLE*	*MEANING*
cantare	cant**ato**	*sung*
vendere	vend**uto**	*sold*
sentire	sent**ito**	*heard*

Most **–are** verbs have a regular past participle. One exception is **fare**. Its past participle is **fatto**.

-*Ere* Verbs with Irregular Past Participles

There are many **–ere** verbs that have irregular past participle. We are going to take a look at some of them.

The suffix **–to** of the participle is added to the stem of the verb without adding the characteristic vowel **–u** used for regular **–ere** verbs in the past participle. The stem is at times modified. The most common irregular past participles are listed below:

INFINITIVE	*PAST PARTICIPLE*	*MEANING*
accogliere	**accolto**	*received*
aggiungere	**aggiunto**	*added*
chiedere	**chiesto**	*asked for*
chiudere	**chiuso**	*closed*
comprendere	**compreso**	*understood*
confondere	**confuso**	*confused*
conoscere	**conosciuto**	*known*

correggere	**corretto**	*correct*
dipingere	**dipinto**	*painted*
dividere	**diviso**	*divided*
eleggere	**eletto**	*elected*
friggere	**fritto**	*fried*
leggere	**letto**	*read*
mettere	**messo**	*put*
nascere	**nato**	*born*
nascondere	**nascosto**	*hidden*
perdere	**perso**	*lost*
prendere	**preso**	*taken*
pretendere	**preteso**	*demanded*
piangere	**pianto**	*cried*
porgere	**porto**	*given, handed*
promettere	**promesso**	*promised*
proteggere	**protetto**	*protected*
pungere	**punto**	*stung, pricked*
raccogliere	**raccolto**	*collected, picked up*
riassumere	**riassunto**	*summarized*
rimanere	**rimasto**	*remained*
risolvere	**risolto**	*solved*
rispondere	**risposto**	*answered*
rompere	**rotto**	*broken*
scegliere	**scelto**	*chosen*
scendere	**sceso**	*descended*
scrivere	**scritto**	*written*
spegnere	**spento**	*put out, shut off, extinguished*
spendere	**speso**	*spent*
spingere	**spinto**	*pushed*
vedere	**visto**	*seen*
vincere	**vinto**	*won*
vivere	**vissuto**	*lived*

Esercizio 25.1

Complete the following sentence with the correct form of the present perfect of the verb in parentheses.

1. Ho ______________ i fiori e un'ape mi ____________________.
   (raccogliere, pungere)

2. La mia amica non _____ ancora _____________ al mio messaggio elettronico. (rispondere)
3. Non so se io ______________ la luce e se ______________ le finestre e la porta. (spegnere, chiudere)
4. Loro __________________ molti soldi per restaurare la casa al lago. (spendere)
5. C'è un cattivo odore in casa perchè io __________________ tutto il giorno. (friggere)
6. Con tutte le sue chiacchiere _____________________ tutti. (confondere)
7. Carla non mi _______________ i soldi perchè ___________________ dove li _______________. (dare, dimenticare, nascondere)
8. Il ladro ________________ i vetri delle finestre e ____________________ tanti oggetti elettronici. (rompere, rubare)
9. Il popolo americano _________________ un nuovo Presidente. (eleggere)
10. Maria __________________ in Germania per tanti anni, ma non ________________ la lingua tedesca. (vivere, imparare)

Esercizio 25.2

Complete the following sentences with the correct form of the present perfect of the verb in parentheses.

1. Io e Roberto ______________________ una macchina. (noleggiare)
2. Noi ___________________ di fare un bel viaggio in varie regioni italiane. (decidere)
3. La gente _________________ le vacanze per tutto l'inverno. In primavera ___________________ un albergo e _________________ la prenotazione presso l'agenzia di viaggi. (sognare, cercare, fare)
4. Giovanna non può andare in casa perchè ___________________ le chiavi sulla scrivania in ufficio. (lasciare)
5. Mio marito ________________ a tennis, ma _________________ tutte le partite. (giocare, perdere)
6. La squadra di calcio _________________ un nuovo allenatore e ___________________ a vincere tutte le partite. (scegliere, cominciare)
7. Noi __________________ la mostra di pittura della tua amica, ma non ___________________ nessun quadro. (ammirare, comprare)

8. Io ____________________ un pacco a Eric e l'____________________ in due giorni. (spedire, ricevere)
9. I nostri amici ____________________ una casa enorme e ____________________ anche la piscina. (costruire, mettere)
10. La professoressa ____________________ la lezione e gli studenti non l'____________________. (spiegare, capire)

Other Notable –ere Verb Irregularities

-ere verbs whose stems end in **–r** form the past participle in **–so** (correre, cor**so** *run*; occorrere, occor**so**, *needed*; soccorrere, soccor**so**, *helped*).

-**ere** verbs whose stems end in **–rd** drop the **–d** before the ending **–so** (ardere, arso, *burned;* mordere, mors**o**, *bitten*; perdere, pers**o**; *lost*).

Several **–ere** verbs whose stem ends in **–tt** form the past participle in **–sso.**

Mettere and its compounds follow this rule. Following are some of them:

INFINITIVE	PAST PARTICIPLE	MEANING
mettere	**messo**	*put*
ammettere	**ammesso**	*admit*
commettere	**commesso**	*committed*
omettere	**omesso**	*omitted*
permettere	**permesso**	*permitted*
promettere	**promesso**	*promised*
scommettere	**scommesso**	*bet*
smettere	**smesso**	*stopped*

Connettere and its compounds form the past participle in the same way as the verbs above. Here are some of the most common:

connettere	**connesso**	*connected*
sconnettere	**sconnesso**	*disconnected*

Muovere and **scuotere** and their compounds follow the same pattern:

INFINITIVE	PAST PARTICIPLE	MEANING
muovere	**mosso**	*moved*
commuovere	**commosso**	*moved (emotionally)*
rimuovere	**rimosso**	*removed*
scuotere	**scosso**	*shaken*
riscuotere	**riscosso**	*collected*

–Ere verbs with the stem **–sist-** form the past participle by adding **–ito** to the stem.

INFINITIVE	*PAST PARTICIPLE*	*MEANING*
consistere	**consistito**	*consisted*
esistere	**esistito**	*existed*
resistere	**resistito**	*resisted*

Esercizio 25.3

Complete the sentences below with the correct forms of the verbs in parentheses.

1. Ieri noi ____________________ un film di guerra e ci ______________ molto ________________. (vedere, commuovere)
2. La nonna ________________ in banca e ________________ la sua pensione. (andare, riscuotere)
3. Lui ____________________ che ________________. (ammettere, sbagliare)
4. Io __________________ di andare subito a casa quando ________________ di lavorare. (promettere, finire)
5. Quell'uomo __________________ molti errori in gioventù, ma crescendo ________________ tenore di vita. (commettere, cambiare)
6. I prigionieri ________________ per molte miglia e __________________ alla fame e alla sete. (camminare, resistere)
7. Questa mattina Luigi __________________ una tavola e si è fatto male alla schiena. (muovere)
8. La mia classe di italiano ____________________ il congiuntivo, ma non l'________________. (studiare, capire)
9. I nostri amici __________________ una gita e ________________ le corse dei cavalli. (fare, vedere)
10. ________________ brutto tempo tutta l'estate. (fare)

Irregular Past Participle of *–ire* Verbs

Several **–ire** verbs form their past participle like **–ere** verbs (**venire**, *to come* changes to **venuto** in the past participle). Some **–ire** verbs form the past participle in **–to** (some have a change of stem), others form the past participle in **–so**.

INFINITIVE	*PAST PARTICIPLE*	*MEANING*
aprire	**aperto**	*opened*
coprire	**coperto**	*covered*
morire	**morto**	*died*
offrire	**offerto**	*offered*
soffrire	**sofferto**	*suffered*
apparire	**apparso**	*appeared*
comparire	**comparso**	*appeared (showed up)*

The Present Perfect with *avere*

PARLARE TO SPEAK		*VENDERE* TO SELL	
ho parlato	abbiamo parlato	ho venduto	abbiamo venduto
hai parlato	avete parlato	hai venduto	avete venduto
ha parlato	hanno parlato	ha venduto	hanno venduto

SPEDIRE TO SEND		*CHIUDERE* TO CLOSE	
ho spedito	abbiamo spedito	ho chiuso	abbiamo chiuso
hai spedito	avete spedito	hai chiuso	avete chiuso
ha spedito	hanno spedito	ha chiuso	hanno chiuso

The present perfect with **avere** is used to depict several consecutive and completed actions in the past:

Ho preso la laurea in psicologia tanti. anni fa. — *I graduated in psychology many years ago.*

Ho conosciuto mio marito in Africa. — *I met my husband in Africa.*

Note: Transitive verbs are verbs such as **mangiare**, **comprare**, **capire**, and so on that take a direct object. They use **avere** in compound tenses.

The Present Perfect with *essere*

Intransitive verbs do not take a direct object, and they use **essere** in compound tenses. They are typically verbs of motion (**venire**, **andare**, **partire**, etc.) or state of being (**stare**, **essere**). The past participle must agree in gender and number with the subject. Some exceptions of verbs that are intransitive but take **avere** in the present perfect are **viaggiare**, **camminare**, **dormire**, **ridere**, **nuotare**, **passeggiare**, **sciare**, **marciare**, and so on. These verbs indicate a certain type of movement (**ho viaggiato, hai camminato, ha dormito, abbiamo riso, avete sciato, hanno marciato**, etc.).

The verbs **correre** and **volare** use **avere** as the auxiliary verb when neither the starting nor the ending point is stated.

Ieri **ho corso** per due ore.	*Yesterday I ran for two hours.*
Sono corsa a casa perchè dovevo studiare.	*I ran home because I had to study.*
Luisa non **ha** mai **volato**.	*Luisa has never flown.*
Luisa **è** volata per terra.	*Luisa fell on the floor.*

Some verbs form the present perfect with **avere** when they are followed by a direct object or by the preposition **di** or **a** + the infinitive. Otherwise, they form it with **essere**. In these cases, the meaning of the verb changes:

Sono andata in banca e **ho cambiato** dei soldi.	*I went to the bank and exchanged some money.*
Isabella **è** molto **cambiata**.	*Isabella has changed a lot.*
Hai finito i compiti?	*Did you finish the homework?*
È finito il film?	*Is the movie over?*
Hai cominciato a studiare il cinese?	*Did you start studying Chinese?*
Lo spettacolo **è** già **cominciato**.	*The show is already started.*

The auxiliary **essere** is used with **dovere, potere, volere**, when they are followed by the infinitive of a verb that forms the present perfect tense with **essere**. Otherwise, use **avere** to form the present perfect.

Siamo dovuti partire (**partire** uses **essere** to form the present perfect) presto.	*We had to leave early.*
Sono potuti rimanere da mio fratello per due settimane.	*They could stay at my brother's for two weeks.*
Abbiamo voluto parlare (**parlare** uses **avere** to form the present perfect) con il direttore.	*We wanted to speak with the director.*

The auxiliary **essere** is used with impersonal verbs:

accadere	*to happen*	**dispiacere**	*to regret*
bastare	*to be enough*	**piacere**	*to please, like*
capitare	*to happen*	**sembrare**	*to seem*
costare	*to cost*	**succedere**	*to happen*

È bastato studiare per passare l'esame.	*It was enough to study to pass the tests.*
È capitato un brutto incidente.	*A bad accident happened.*

All reflexive verbs use **essere** in the present perfect tense:

Mi sono svegliata tardi.	*I woke up late.*

Esercizio 25.4

Complete the following sentences with the correct form of the present perfect with avere or essere as necessary.

1. Che cosa vi ____________________ ieri sera? (capitare)
2. Vi ____________________ per due ore e poi ____________________ a casa. (aspettare, andare)
3. Quando ____________________ gli esami di maturità Erica? (finire)
4. Le ferie ____________________ che cosa (voi) ____________________? (finire, fare)
5. Noi ____________________ al mare, ma ____________________ tutti i giorni. (andare, piovere)
6. Io ____________________ in montagna, ma il villaggio dove ______________, ______________ molto. (andare, soggiornare, cambiare)
7. Lucia ____________________ nel grande magazzino e ____________________ il vestito che ____________________ due giorni fa. (entrare, cambiare, comprare)
8. Il nostro viaggio in Europa ____________________ molto anche se non ____________________ quasi niente. (costare, comprare)
9. Tu ____________________ a casa perchè volevi vedere la partita di tennis. (correre)
10. Il gelato del bambino ______________ per terra e lui ______________ tanto. (finire, piangere)

Note: A Word on the Compound Tenses

Transitive verbs are verbs such as **mangiare**, **comprare**, **capire**, and so on, that take a direct object, and they use **avere** in compound tenses.

Intransitive verbs do not take a direct object, and they use **essere** in compound tenses. They are typically verbs of motion (**venire**, **andare**, **partire**, etc.)

or state of being (**stare**, **essere**). The past participle must agree in gender and number with the subject. Some exceptions are **viaggiare**, **camminare**, **dormire**, **ridere**, **nuotare**, **passeggiare**, **sciare**, **marciare**, and so on, that are intransitive but take **avere** in compound tenses (**ho viaggiato**, **hai camminato**, **ha dormito**, **abbiamo riso**, **avete sciato**, **hanno marciato**).

The verbs **correre** and **volare** use **avere** as the auxiliary verb when neither the starting nor the ending point is stated:

Ieri **ho corso** per due ore.	*Yesterday I ran for two hours.*
Sono corsa a casa perchè dovevo studiare.	*I ran home because I had to study.*
Luisa non **ha** mai **volato**.	*Luisa has never flown.*
Luisa **è** volata per terra.	*Luisa flew on the floor.*

Reading Comprehension

La vendemmia

In autunno, uno degli eventi e delle sagre più particolari in Italia, è quello della vendemmia o raccolta dell'uva. È il momento in cui la campagna come per miracolo, prende un aspetto magico e mistico di ricchezza e abbondanza. Le viti cambiano colore e i vigneti appaiono dorati. I grappoli d'uva sono maturi e trasparenti e sembrano invitare la gente all'assaggio di quel nettare misterioso che la natura ci dona ogni anno. C'è molta trepidazione e aspettativa nell'aria per i preparativi alla vendemmia e alla produzione del nuovo vino. Inizialmente tutta l'uva è verde, ma poi piano piano in agosto, alcuni grappoli rimangono verdi e vengono usati per il vino bianco e altri prendono un ricco color porpora e vengono usati per il vino nero.

L'uva ha bisogno sia di pioggia che di sole, ma quando è in fase di maturazione il sole è il fattore più importante per bloccare lo zucchero che dà il gusto più o meno dolce al vino. I grappoli d'uva, un tempo, venivano raccolti a mano con molta delicatezza scegliendoli anche in base alla maturazione e alla qualità degli acini. Erano messi in mastelli e pigiati con i piedi nudi.

Era un lavoro faticoso, ma anche una grande festa per tutti i partecipanti. Oggi a causa della mancanza di manodopera, l'uva viene raccolta con macchine speciali e la cernita non è cosi accurata come in passato. I grappoli, vengono poi messi in grossi contenitori, caricati su trattori e portati alle cantine sociali, o cooperative, dove vengono pigiati con presse automatiche. Il mosto ottenuto da tale pigiatura viene purificato e corretto con sostanze che ne regolano l'acidità e lo zucchero, e poi viene raccolto in grandi tini, o botti, a fermentare. La fermentazione può durare da uno a dieci giorni e durante questo processo lo zucchero contenuto nel mosto si trasforma gradualmente in alcol.

Se il mosto non viene fatto fermentare ed è filtrato e separato dalle bucce dell'uva che sono anche chiamate vinacce, il vino che si ottiene è bianco e va bevuto entro tre anni dalla data della vendemmia dopo che è stato filtrato e travasato. Il vino rosso si ottiene lasciando fermentare il mosto anche con le bucce, i semi, e i raspi (rami) che rilasciano il tipico color rosso e i tannini del vino e deve invecchiare per un periodo più esteso del bianco. I vini italiani sono fra i più conosciuti e apprezzati nel mondo, ma forse il più famoso è il Chianti, proveniente dalla regione Toscana.

Nomi

l'acino	*acinus, grape*	**il mastello**	*tub*
l'aspettativa	*expectation*	**il gusto**	*taste*
l'aspetto	*look*	**il vigneto**	*vineyard*
la buccia	*skin*	**la vinaccia**	*remains of grapes*
il grappolo	*bunch*	**il nettare**	*nectar*
la manodopera	*manpower*	**la cernita**	*picking, selection*
il mosto	*stum*	**il tino**	*tub*
il raspo	*grape stalk*	**l'invecchiamento**	*aging*
la vendemmia	*harvest*	**la vite**	*vine*

Verbi

apparire	*to appear*	**prendere**	*to take*
imbottigliare	*to bottle*	**regolare**	*to regulate*
invecchiare	*to age*	**travasare**	*to decant*
pigiare	*to crush*		

Aggettivi

mistico/a	*mystic*	**accurato/a**	*taken care*
dorato/a	*golden*		

Domande e risposte

After carefully reading the story, answer the questions with full sentences in Italian.

1. Che cos'è la vendemmia?

 ____

2. Di che cosa necessita l'uva per maturare?

 ____

3. Come estraevano il vino un tempo?

 ____

4. Come si ottiene il vino bianco?

 ____

5. Come si ottiene il vino rosso?

 ____

6. Entro quanto tempo va bevuto il vino bianco?

 ____

7. Qual'è il vino italiano più famoso all'estero?

 ____

8. Quale vino preferisci? Il rosso o il bianco?

 ____

26

Negatives

Negative Expressions

You already know how to make a sentence negative by placing **non** in front of the first verb in a sentence:

Io cammino.	*I walk.*
Io **non** cammino.	*I don't walk.*
Io **non** posso camminare.	*I can't walk.*

There are words that help make sentences negative:

affatto	*at all*	per niente	*at all*
giammai	*never*	nessuno	*no one, nobody*
mai	*never*	niente	*nothing*
neanche, neppure, nemmeno	*not even*	per niente	*at all*

Italian, unlike English, often uses a double negative:

Non c'è **nessuno**. *There is no one.*

In forming a negative sentence with more than one negative word, **non** precedes the verb and the second negative follows it. Here are some examples:

Non ci penso **affatto** a comprare una macchina nuova.	*I am not thinking at all about buying a car.*
Lei **non** va **mai** in palestra.	*She never goes to the gym.*
Non la vedo **giammai**.	*I never see her.*
Non penso a **niente** quando viaggio.	*I don't think about a thing when I travel.*

- Both **mai** and **giammai** can also precede the verb. In this case, **non** is not used. **Mai** is used more frequently than **giammai** before the verb.
- **Neanche**, **neppure**, and **nemmeno** are interchangeable.
- **Nessuno** is the only negative expression that is an adjective; thus, it has to agree in gender and number with the noun it modifies.
- **Nessuno** is shortened to **nessun** before a masculine noun that starts with a consonant other than **z**, or **s +** a consonant, or a vowel. **Nessuno** is not used in the plural.

Giovanni, **mai** si mette la giacca.	*Giovanni never wears a jacket.*
Maria **non** sa **nemmeno** una parola di italiano.	*Maria doesn't even know one word of Italian.*
Io **non** dormo **neppure** due ore alla notte.	*I don't even sleep two hours at night.*
Lui **non** sa **neppure** dove abita la sua ragazza.	*He doesn't even know where his girlfriend lives.*
Non c'è **nessuna** casa in vendita vicino a noi.	*There are no houses for sale near us.*
Quel ragazzo **non** mi piace **per niente.**	*I don't like that young man at all.*

Esercizio 26.1

Translate the following sentences into Italian using the double negative.

1. I don't like her at all. ____________________
2. She never wants to go to school. ____________________
3. Her mother stays in the house, and she doesn't see anybody. ____________________
4. I don't even have a penny to buy coffee. ____________________
5. She has studied Italian for many years, but she doesn't even know one word. ____________________
6. She never calls me, and she never comes to visit me. ____________________
7. They don't want even to try skiing. ____________________
8. I never want to go horseback riding. ____________________

9. There is not even a drop of water in the desert. ______________
10. I did not like the movie at all. ______________________________

More Negative Expressions

non . . . nè . . . nè . . .	*neither . . . nor*
non . . . più di . . .	*not more than*
non . . . più	*no longer*
quasi mai	*almost never, hardly at all*
adesso no	*not now*
Non riesco **nè** a mangiare, **nè** a parlare. bene	*I can't eat or speak well.*
Non mi ci vogliono **più di** sei ore per arrivare da mio figlio	*It doesn't take me more than six hours to get to my son's.*
Isabella **non** vuole **più** dormire al pomeriggio.	*Isabella doesn't want to nap anymore in the afternoon.*
Non la vedo **quasi mai**, perchè deve studiare.	*I almost never see her because she has to study.*
Adesso no, non faccio in tempo a comprare il biglietto.	*Right now, I don't have time to buy the ticket.*

Note: In Italian, unlike English, the more negatives you use, the more negative the statement becomes, and the stronger the statement is:

Nessuno mi ha **mai** detto **niente**.	*Nobody has ever said anything to me.*
Non ho **mai** chiesto l'aiuto di **nessuno**.	*I never asked for anybody's help.*

Esercizio 26.2

Rewrite the following sentences in the negative.

1. Lara finisce sempre i compiti estivi.

   ____

2. Per Natale, vanno tutti al parco dei divertimenti.

   ____

3. Io lo vedo spesso al supermercato.

   ____

4. Mangio sia uva che pesche.

____

5. La mia casa è grande e luminosa.

____

6. Mi piace sia l'inverno che l'estate.

____

7. Noi vogliamo ancora viaggiare e vedere posti nuovi.

____

8. La mia vita è molto interessante.

____

9. Sono andata in centro e ho visto tante persone.

____

10. Io cammino almeno sei kilometri durante il giorno.

____

Mica and *Affatto*

There are a couple of words used a lot in spoken and written Italian to emphasize a negative statement. They are **mica** and **affatto. Mica** is used more in spoken Italian, while **affatto** is used for both spoken and written.

They are often interchangeable:

Non sono **mica** stanco. Possiamo continuare.	*I am not at all tired. We can go on.*
Or: Non sono **affatto** stanco. Possiamo continuare.	*I am not at all tired. We can go on.*

Mica replaces **non** before a verb, but it indicates a stronger feeling:

Mica ci vengono a trovare.	*They don't come to visit us at all.*

Mica often means *by chance,* in questions.

Sai mica **dove sono le mie ciabatte?**	*Do you by chance know where are my slippers?*

The expression **mica tanto** means ***not really, not so much.***

Avete mangiato bene al ristorante? **Mica tanto.**	*Did you eat well at the restaurant? Not really.*

Affatto is used in the same way as **mica**, but **mica** cannot be used with **niente**:

Ha studiato molto, ma non è **affatto** pronta per l'esame.	*She studied a lot, but she is not ready at all for the exam.*
Ha studiato molto, ma non è **mica** pronta per l'esame.	*She studied a lot, but she is not ready at all for the exam.*

Niente affatto means, *not at all, nothing at all*:

Il ricamo è **niente affatto** bello.	*The embroidery is not well done at all.*
Questa stoffa è **niente affatto** cara.	*This material is not expensive at all.*

The Use of *Nessun altro*

Very often, Italian **altro** is used for the English **else**.

nessun altro	*no one else*
nient'altro	*nothing else*
qualcun altro	*someone else, anyone else*
qualcos'altro	*something else*
da nessun'altra parte	*nowhere else*
da qualche altra parte	*somewhere else*

Nessun altro può entrare.	*No one else can come in.*
Hai parlato con **nessun altro**?	*Did you speak with anyone else?*
Non c'è **nient'altro** da fare.	*There is nothing else one can do.*
Vorrei mangiare qu**alcos'altro.**	*I would like to eat something else.*
Non ha guardato da **nessun'altra parte.**	*He did not look anywhere else.*
Penso che andremo **da qualche altra parte.**	*I think we will go somewhere else.*

Other Indefinite Expressions

che cos'altro?	*what else?*
chi altro?	*who else?*
senz'altro	*of course, certainly*

Expressions with *Niente*

niente affatto	*not at all*
Non fa niente.	*It doesn't matter.*
da niente	*unimportant, insignificant*
non per niente	*for good reason*

fare qualcosa per niente	*do something for nothing, without results*
niente di meno	*no one less than*
Non sono **niente affatto** soddisfatto della situazione.	*I am not satisfied at all with the situation.*
Non è importante. È una cosa **da niente**.	*It is not important. It is an insignificant thing.*
Dobbiamo sempre pagarlo. Non fa niente **per niente**.	*We always have to pay him. He never does something for nothing.*

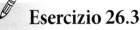

Esercizio 26.3

Rewrite the following sentences in the negative.

EXAMPLE: Luisa mangia tutto. *Luisa non mangia niente.*

1. Loro vanno sempre in piscina durante l'estate.
____
2. I miei amici vedono tutti i film stranieri.
____
3. Ha tante cose da dirmi.
____
4. Io arrivo sempre in ritardo agli appuntamenti.
____
5. Ho tutti gli ingredienti per fare la torta.
____
6. Faccio sempre un pisolino il pomeriggio.
____
7. Voi andate sempre a letto tardi la sera.
____
8. Mi piacciono molto i film di fantascienza.
____
9. Penso che la tua vita sia movimentata e interessante.
____
10. I gattini vogliono giocare e dormire.
____

The Past Progressive Tense

The past progressive tense expresses a past action or actions that were in progress in the past, or were occurring in the past. They are equivalent to the English past progressive tense.

Gli uomini **stavano lavorando** per finire il lavoro prima della pioggia.	*The men were working to finish the job before it rained.*
I ragazzi **stavano pulendo** la loro camera.	*The boys were cleaning their room.*

Formation of the Past Progressive Tense

The past progressive tense is a compound tense. It is formed by conjugating **stare** in the imperfect and adding the gerund of the main verb. It is also called the imperfect continuous or past gerund:

Io stavo studiando.	*I was studying.*
Tu stavi dormendo.	*You were sleeping.*
Lui stava lavorando.	*He was working.*
Lei stava cucendo.	*She was sewing.*
Noi stavamo parlando.	*We were talking.*
Voi stavate guidando.	*You were driving.*
Loro stavano pulendo.	*They were cleaning.*

Uses of the Past Progressive Tense

The past progressive tense is used with actions or events going on in the past. Following are some examples:

Io stavo attraversando la strada, quando ho visto arrivare una macchina.	*I was crossing the road when I saw a car coming.*
Lei stava parlando con noi al telefono, quando sono arrivati i suoi amici.	*She was talking with us on the telephone when her friends arrived.*
Noi stavamo cenando, quando è andata via la luce e non avevamo le candele.	*We were having dinner when the electricity went off, and we did not have any candles.*
Tuo figlio stava migliorando piano piano, quando all'improvviso è peggiorato.	*Your son's health was improving little by little when all of a sudden he got worse.*

Verbs that generally are not used in the gerund form in the past progressive tense are **essere**, **stare**, **potere**, **sapere**, **avere**, **volere**, and **dovere**.

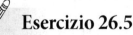

Esercizio 26.4

Complete the following sentences with the correct form of the past progressive of the verbs in parentheses.

1. Gli spazzini ____________________ le strade. (spazzare)
2. Gli operai ____________________ i fili della corrente elettrica. (riparare)
3. Ho letto sul giornale che i soldati ____________________ per aiutare i malati in Africa. (partire)
4. Io ____________________ ma mi sono attaccata al braccio di mio marito. (cadere)
5. Che cosa (voi) ____________________ ieri sera quando vi ho telefonato? (fare)
6. Dove (lei) ____________________ quando l'ho vista uscire di casa così presto? (andare)
7. Lei ____________________ all'aereoporto per prendere l'aereo per l'Italia. (andare)
8. Mia nipote ____________________ una lunga lettera a suo padre. (scrivere)
9. Che cosa ____________________ di noi la tua amica? (pensare)
10. Il meccanico ____________________ la mia macchina, ma era tardi e non ha finito. (riparare)

Esercizio 26.5

Translate the following sentences into Italian, using the past progressive tense.

1. My husband was traveling when the water faucet broke.

   ____

2. The dog was barking because the owners were not at home.

   ____

3. I was going to the movies, but I left the money at home.

   ____

4. They were departing, but their flight was canceled.

   ____

5. The students were listening to the professor very carefully.

___

6. You were sleeping when she got up and made herself breakfast.

___

7. We were sleeping on the train when we arrived at the station.

___

8. I was working very hard to get ready for the trip.

___

9. We were going to the theater, but I felt sick.

___

10. What were you doing? I was singing in the shower.

___

Esercizio 26.6

Complete the following sentences with the past progressive tense with the verb suggested in parentheses.

1. Carla ___ un regalo per il compleanno della figlia. (cercare)
2. Laura ___ i suoi parenti a pranzo, ma erano già in ritardo. (aspettare)
3. Giorgio ___ un nuovo libro e ___ di finirlo prima del suo viaggio. (scrivere, sperare)
4. Luigi ___ la facoltà di architettura all'Università di Padova. (frequentare)
5. Noi ___ a trovare Claudia, ma aveva cambiato casa. (andare)
6. Che cosa ___ Claudio quando abbiamo chiamato? (fare)
7. Lui ___ i biglietti per lo spettacolo di domenica. (comprare)
8. Io ___ e tu mi hai interrotto. (parlare)
9. Loro ___, ma li ho fermati alla stazione. (partire)
10. Voi ___ una lettera per la zia della mia amica. (tradurre)

27

Direct Object Pronouns

Transitive Verbs and the Direct Object Pronouns

A direct object receives the action of the verb directly, and it can be a person or a thing. Verbs that take the direct object are called transitive verbs. The object pronouns are used to avoid repetition, but one has to know what the object is before using them, or it is impossible to know what one is saying:

*I write **the book**.*

*I see **the girl**.*

Direct object pronouns in Italian precede the verb except for the present participle, the infinitive, and some imperative forms when the direct object is attached to the verb. Object pronouns in Italian are never stressed.

Here are the Italian direct object pronouns:

Third person	lo/la/La	li/le/Le
	Io ascolto la musica	*I listen to the music.*

The object pronoun for **musica** is **la**. After you know what you are listening to, you can replace "la musica" with the object pronoun:

la ascolto (l'ascolto)	*I listen to it.*
Cerco la palla.	*I am looking for the ball.*
La *cerco.*	*I am looking for it.*
Nessuno capisce Giovanni.	*No one understands Giovanni.*
Nessuno ***lo*** *capisce.*	*No one understands him.*
Gli studenti non sanno le regole di grammatica.	*The students do not know the grammar rules.*
Gli studenti non ***le*** sanno.	*The students do not know them.*

The direct object pronoun can be placed in either of two positions in a sentence. It can be placed directly before the first verb, or it can be attached to the infinitive after dropping the final **–e** of the infinitive. In either case, the meaning does not change:

Giovanni vuole vedere Maria.	*Giovanni wants to see Maria.*
Giovanni **la vuole** vedere.	*Giovanni wants to see her.*
Giovanni vuole **vederla**.	*Giovanni wants to see her.*

To make a sentence negative, **non** is placed before the direct object pronoun:

Non la compro.	*I don't buy it.*
Non lo mangio.	*I don't eat it.*

When the direct object is attached to the infinitive, **non** is placed in front of the first verb:

Non voglio studiarla.	*I don't want to study it.*
Non devo portarla.	*I don't have to bring it.*

Keep in mind that the direct object pronoun does not need any clarification. It is clear that **lo** refers only to a masculine person or thing, and it can only mean *him*; **la** can only mean *her*; **li** can only mean *them*, masculine plural; and finally, **le** can only mean *them*, feminine plural.

In compound tenses, the past participle must agree in gender and number with the **lo, la, li, le** forms:

Ieri ho comprato il giornale.	Ieri **l'**ho comprato.

Agreement with the other forms (**mi, ti, ci, vi**) is optional:

Maria, **ti** ha chiamato Gianni?	No, non **mi** ha chiamat**a**.

Notice the elision of the pronoun in front of a noun starting with a vowel in the singular form. This is not true for plural pronouns:

Ieri ho comprato i giornali.	Ieri **li** ho comprat**i**.

Esercizio 27.1

Complete the following sentences with the correct forms of the direct object pronoun.

1. Paola __________ visita tutte le settimane. (loro)
2. Ho visto il fratello di lui, ma non _________ ricordo. (lui)
3. I nostri amici vogliono che andiamo a ____________________. (visitare loro)

4. Sai dov'è tua sorella? Voglio ____________________ per due minuti. (vedere lei)
5. Io invito i miei amici a cena. ________________ invito raramente perchè abitano lontano them. (loro)
6. Oggi vado in centro e compro due libri. __________ compro in libreria. (them)
7. I ragazzi si lavano, si vestono e la mamma prepara la colazione e ____________ saluta quando vanno a scuola. (them)
8. A che ora dobbiamo incontrare il professore? ______ dobbiamo incontrare alle 15:00. (him)
9. Loro leggono molte riviste. ________ leggi anche tu? No, non ______ leggo, preferisco guardare la televisione. (them, Ithem)
10. Scrivo una lettera e ________ spedisco domani. (it)

Esercizio 27.2

Complete the following sentences with the correct form of the direct object pronoun.

1. Quando vado in Italia faccio molte fotografie. Quando ritorno dall'Italia _______ stampo e _______ mostro a tutti gli amici.
2. I miei zii e cugini partono domani mattina e _______ voglio salutare perchè non _______ vedrò per tanto tempo.
3. Preferite la pasta o la carne? Preferiamo la pasta. ________ mangiamo tutti i giorni e la carne _________ mangiamo alla sera.
4. Claudia telefona a suo padre. ________ chiama ogni sera prima di andare a coricarsi.
5. Io non conosco la strada per andare a casa sua, ma mio marito _______ conosce bene.
6. Gianni ha chiamato tutti gli amici. _______ ha chiamati ieri sera tardi.
7. Maria ha comprato la rivista? Sì, ____ ha comprata ritornando a casa dal lavoro.
8. Hai visto Teresa? Sì, ____ ho vista al supermercato.
9. Erica ha ricevuto i voti degli esami? Sì, ____________________ la settimana scorsa.
10. Hai comprato le scarpe nuove? No, non _________ ho comprate perchè non ________ ho trovate.

The agreement of the object pronoun and the past participle in compound tenses applies also to the reflexive verbs. In front of the direct object forms, **lo, la, li, le,** the reflexive forms **mi, ti, ci, vi** become **me, te, ce, ve,** respectively:

Isabella si è messa le scarpe.	Isabella **se le** è messe.
Ieri mi sono fatta la doccia.	**Me la** sono fatt**a** **ieri**.

Direct object pronouns also have tonic forms (**me, te, sè, noi, voi, loro**). These are used to avoid ambiguity and confusion, and are used for emphasis. They are also used after prepositions and adverbs such as **con**, **anche**, **solo**, and **per**.

Esercizio 27.3

Rewrite the following sentences with the correct form of the reflexive object pronouns as shown in the example.

Example: Sabato si compra le scarpe nuove.
Se le compra sabato.

1. Silvia si taglia i capelli. ____________________
2. Laura e Paola si comprano un abito nuovo domani. ____________________
3. Quando finiamo di sciare ci togliamo subito gli scarponi. ____________________
4. Diana vuole fumarsi una sigaretta sul balcone. ____________________
5. Diana si è fumata una sigaretta di nascosto. ____________________
6. Noi beviamo una birra dopo il lavoro. ____________________
7. Mi sono letta la lettera tutto d'un fiato. ____________________
8. Vi ricordate l'indirizzo della casa di Maurizio? ____________________
9. Mi sono comprato un bel cappotto. ____________________
10. Ci siamo cotti una frittata deliziosa. ____________________

Pronomi oggetto diretto (tonici)

me	*me*	**noi**	*us*
te	*you* (fam. sing.)	**voi**	*you* (fam. pol. pl.)
lui, lei	*him, her*	**loro**	*them*
Lei	*you* (m. and f. pl.)	**Loro**	*you* (m. and f. pl.)

Maria **mi** chiama tutte le mattine.	Maria chiama **me** tutte le mattine (non **te**).
Maria calls me every morning.	*Maria calls me every morning (not you).*

Luigi **ti** invita ad andare a una festa.	Luigi invita **solo te** alla festa.
Luigi invites you to the party.	*Luigi invites only you to the party.*

Esercizio 27.4

Complete the following sentences with the direct object pronoun.

1. Vengo a visitar ________ (her) e visito anche __________ (you).
2. Abbiamo scelto ______ (you) per questo lavoro, perchè sei molto competente.
3. Non mi piace quella ragazza, per questo se invitate _______ (her) io sto a casa.
4. Non ho mai conosciuto una persona gentile come ___________ (you).
5. Non ascoltar ______ (her). Ti racconta tante frottole. Ascolta ____________ (me).
6. Arturo mangia gli spaghetti tutti i giorni. _____ mangia con la salsa di pomodoro (them).
7. Arturo ha mangiato il pesce tutti i giorni. _______ ha mangiato fritto e alla griglia (it).
8. Ho portato solo ______ alla festa. Tuo fratello _______ porto la prossima volta (you, him).
9. Io e __________ formiamo veramente una bella coppia (you).
10. So che non ________ conosci bene, ma io conosco ________ (me, you).

The Indirect Object Pronoun

The indirect object pronoun replaces indirect objects. In general, they answer the questions *to whom*, *for whom*. In Italian, indirect object nouns are connected to the verb by the preposition **a**:

Scrivo una lettera **a mia figlia**.	*I write a letter to my daughter.*

The indirect object pronouns are:

SINGULAR		*PLURAL*	
mi	**(a me)**	**ci**	**(a noi)**
ti	**(a te)**	**vi**	**(a voi)**
gli, le, Le	**(a lui, a lei, a Lei)**	**loro (gli), Loro (a loro, a Loro)**	

The indirect object pronouns usually come before the verb:

Riccardo, che cosa **ti ho detto**?	*Riccardo, what did I tell you?*
Erica, che cosa **mi hai portato?**	*Erica, what did you bring me?*

With the imperative, indirect object pronouns may form one word:

Quando arrivi, **scrivimi**.	*When you arrive, write me.*
Portateci due caffè, per favore!	*Bring us two coffees, please!*

With the infinitive and the gerund, the indirect pronouns may form one word, but they may also precede the verb form:

Puoi **darmi** quella sedia, per favore?	*Could you give me that chair?*

but also

Mi puoi dare quella sedia?

With the verb **fare** + the infinitive, the indirect object pronouns precede the verb **fare**. When **fare** is in the infinitive, or gerund, the indirect object pronoun can be attached to **fare** or may precede the main verb:

Voglio **far lavare** il cappotto di Erica.

Voglio **farle lavare** il cappotto.

Le voglio far lavare il cappotto.

The indirect object pronoun is used with all the verbs that are followed by the preposition **a**, especially verbs such as **parlare, telefonare, dire, domandare, chiedere, rispondere,** etc.

Very often, the indirect object pronouns are used with the following verbs, mostly in the third person singular and third person plural (also sometimes used with the other forms):

bastare a qualcuno	*to be enough for someone*
convenire a qualcuno	*to be worth to someone, to be wise*
dispiacere a qualcuno	*to displease*
fare piacere a qualcuno	*to be pleasing to someone*
interessare a qualcuno	*to be of interest to someone*
sembrare a qualcuno	*to seem*
servire a qualcuno	*it is needed by someone*

Gli basta poco per essere felice.	*He doesn't need much to be happy.*
Non **ti conviene** fare il furbo con me.	*It is not wise for you to be smart with me.*
Le tue idee non **dispiacciono al** capo.	*Your ideas are pleasing the boss.*
Ti sembra bello quello che ha detto?	*Does it seem nice what he said?*
Vi servono dei bicchieri per la festa?	*Do you need some glasses for the party?*

It is possible to use the verbs mentioned above as follows:

Se non **ti bastiamo,** andiamo via.	*If we are not enough for you, we'll leave.*
Da quando **ti interesso**?	*How long have I been interesting to you?*
Io non **le piaccio**.	*He doesn't like me.*
Paola, **mi sembri** molto stanca.	*Paola, you seem very tired to me.*

The verb **andare**, used exclusively in the third person singular + the indirect object pronoun acquires a special meaning of feeling like, wishing for something, and so on:

Ti va una birra? Sì, **mi va,** se è molto fredda.	*Would you like a beer? Yes, if it is very cold.*
Se non **vi va** di andare a teatro, . state a casa	*If you do not like to go to the theater, stay at home.*
Le vongole non **gli vanno**.	*He doesn't like clams.*
Signora, **le va** di insegnarci a ricamare?	*Madam, would you like to teach us to embroider?*

Esercizio 27.5

Select and circle the correct form of the indirect object pronoun in the following sentences.

1. Giovanni è una persona molto attiva, non (A) gli piace (B) le piace (C) si piace perdere tempo.
2. Alla televisione guardo solo i programmi Italiani. I notiziari non (A) mi interessa (B) mi interessano (C) mi interesso.
3. Il regalo che avete fatto ai vostri genitori (A) vi farà (B) gli faranno (C) gli farà molto piacere.
4. Mia figlia è arrivata a casa tardi. Lo so perchè (A) le ho telefonate (B) le ho telefonato (C) gli sono telefonato.
5. La proposta di lavoro che ho ricevuto è molto interessante, ma devo ancora valutare se (A) mi conviene (B) gli conviene, (C) si conviene accettare.
6. È tardi, non posso rimanere a cena, (A) mi dispiaccio (B) mi dispiacciono (C) mi dispiace, ma devo andare a casa a finire di studiare.

7. Mi hanno detto che Carlo non si sente bene e sono venuta a (A) fargli visita (B) gli fare visita (C) farci visita.
8. Loro vogliono comprare una casa, ma per farlo (A) si servono (B) gli serve (C) gli servono molti soldi.
9. Silvia abita molto vicino alla sua scuola. Per arrivare a casa (A) ci basta (B) le bastano (C) si basta pochi minuti.
10. So che (A) le dispiace (B) ci dispiace (C) si dispiace che sua mamma parte.

Esercizio 27.6

Complete the sentences with the indirect object pronoun as necessary.

1. Ciao Carlo. ______ va di venire con me a visitare Carolina?
2. Pensavo di andare a trovare la nostra amica Giulia perchè è influenzata.
3. _____ dispiace molto.
4. Pensi che _____ serva qualcosa?
5. Abita vicino a me. Posso portar _____ della frutta o una minestra calda.
6. Anch'io voglio andar _____ a trovare e portar _____ qualche cosa da mangiare.
7. Se _____ fa piacere, possiamo andare assieme.
8. Forse è meglio se _____ telefoniamo e ______ chiediamo se possiamo andare.
9. Possiamo anche chieder _____ a che ora preferisce che andiamo.
10. Certo, se vuoi _____ chiamo io.

Several verbs that take the direct object in English take the indirect object in Italian. Following are some of the most commonly used ones:

chiedere a qualcuno	*to ask someone*
disobbedire a qualcuno	*to disobey someone*
domandare a	*to ask someone*
insegnare a	*to teach someone*
obbedire a	*to obey someone*
pagare a	*to pay someone*
piacere a	*to be pleasing to someone*
rispondere a	*to answer someone*
scrivere a	*to write someone*
telefonare a	*to phone someone*

28

The Pronouns *Ci* and *Vi* and *Ne*

Pronouns *Ci* and *Vi*

The Italian object pronouns **ci** and **vi**, are used a lot and are very useful. Initially they are quite intimidating, but once understood, their meaning and how to use them are quite easy to use correctly. **Ci** is used more than **vi**. They replace prepositional phrases of location. They are identical in form to the first and the second person plural object pronouns, but context clarifies if they are used as direct objects, indirect objects, or pronouns of location. They are referred to as "locative pronouns," and they replace a prepositional phrase consisting of the prepositions **a, in, su,** + location. Some examples are:

al bar	*at the bar*	**al cinema**	*at the movies*
a Roma	*to Rome*	**in Italia**	*in Italy*
sul tetto	*on the roof*	**in trattoria**	*in the restaurant*

Sei mai andato in quel bar? — *Have you ever been in that bar?*
No, non **ci** sono mai andato. — *No, I have never been there.*

I miei amici vanno allo stadio. — *My friends are going to the stadium.*
Io non **ci vado**. — *I am not.*

When referring to a location, **ci** is often used with verbs such as **andare**, **essere**, **rimanere**, **stare**, and **venire**:

Siamo andati al ristorante e **ci** siamo rimasti per molte ore. — *We went to the restaurant, and we stayed there for many hours.*

Ci has many different uses quite different from English and is rather confusing to students of Italian. In the following pages, some of these uses will be shown.

Ci can take the place of a phrase introduced by **a** + the infinitive of verbs such as **credere, pensare, provare, rinunciare**, and **riuscire**:

Riesci a correre per un'ora?	*Are you able to run for an hour?*
No, non **ci** riesco, ma preferisco camminare.	*No, I am not able, but I prefer walking.*

Ci is attached to the same verb forms to which object and reflexive pronouns are attached. It changes to **ce** before the direct object pronouns **lo, la, li, le**, and before **ne**. (**ne** will be covered in the next chapter.)

Hai messo la macchina nel garage?	Sì, l'ho messa nel garage.
Sì, **ce l'**ho messa.	

Ci does not change form when it follows other pronouns:

Ti trovi bene in Italia?	Sì, mi **ci** trovo molto bene.

Ci, like a direct object pronoun, can precede a conjugated verb or attach to an infinitive. When **ci** is attached to the infinitive, the infinitive's final **–e** is dropped. **Ci** precedes the formal forms of the imperative but attaches to the **tu, noi**, and **voi** forms:

Non ho mai provato a fare la torta di mele.	*I have never tried to make an apple pie.*
Prova**ci**! Non è difficile farla.	*Try it! It is not hard to make it.*

Ci precedes the third person reflexive pronoun singular or plural:

Paola si trova bene in Italia?	Si, **ci si** trova bene.
Gli studenti si trovano bene in Italia?	Si, **ci si** trovano bene.

Ci has an idiomatic function with a few verbs: **vederci** and **sentirci** which translate as *to be able to see*, *to be able to hear*; **pensarci**, *to think about*; and **crederci**, *to believe in*:

Senza occhiali non **ci vedo**. Puoi leggermi il menù?	*Without glasses I cannot see. Can you read me the menu?*
Devo parlare ad alta voce perchè non **ci sente** bene.	*I have to speak loudly because he can't hear well.*
Io **credo** in Dio. E tu **ci credi**?	*I believe in God. What about you?*
Sì, **ci credo**.	*Yes, I believe.*

The verbs **volerci** and **metterci** both mean *to take time*, but they are not interchangeable. **Volerci** is impersonal, and it is used only in the third person singular and plural. **Metterci** is conjugated in all forms and agrees with the subject:

Ci vuole molto tempo per scrivere un libro.	*It takes a long time to write a book.*
Ci vogliono molti volontari per lavorare al Festival italiano.	*Many people are needed to work at the Italian festival.*
Ci mettiamo sei ore di macchina per arrivare da nostro figlio.	*It takes us six hours by car to get to our son's house.*

Other verbs that are used idiomatically with **ci** are:

cascarci *to fall for, to be tricked*

tenerci *to be important for someone*

contarci *to count on something*

avercela (con) *to have it in for (someone)*

Vieni alla festa a casa nostra? **Ci tengo**.	*Will you come to the party at my house? It is important to me.*
Non credo di **farcela**, ma ci provo.	*I don't think I can make it, but I will try.*
Pietro **ce l'ha** con me perchè non l'ho chiamato ieri sera.	*Pietro is mad at me because I did not call him last night.*

Ci replaces the construction **da** + *place*, which relates the idea of *at, to someone's place*:

Domani vado dal dottore.	*I am going to the doctor's tomorrow.*
Ci vado domani.	*I will go tomorrow.*

Esercizio 28.1

*Rewrite the following sentences using the verbs and **ci** in place of the words written in cursive.*

1. *Sono necessarie* due ore di aereo per andare in Florida. (volerci)

   ____

2. Accendi la luce. *Non posso vedere niente.*

   ____

3. Quel ristorante è caro e non è buono. Non *voglio andare lì*.

   ____

4. *È molto importante per me* che tu venga a casa mia per la mia festa.

____

5. *Non posso sentire bene.* Puoi ripetere quello che hai detto?

____

6. Ho troppe cose da fare *non riesco a fare* tutto.

____

7. *Riesci* a cucinare tutti i giorni?

____

8. Sei mai stato in Florida? Si, *sono andato lì* l'anno scorso.

____

9. Vieni da noi questa estate? Non sono sicura se *posso venire*.

____

10. Quanto tempo sei stato in montagna? *Sono stato lì* due mesi.

____

Esercizio 28.2

*Answer the questions using the pronoun **ci**.*

1. Vuoi imparare a lavorare ai ferri? Sì, ____________________. (provarci)
2. Sei arrabbiato con tuo fratello? Sì, ________________________. (avercela)
3. Perchè usi gli occhiali? Perchè ___________________________. (vederci)
4. Volete venire con noi a teatro domenica? Forse, ______________________. (pensarci)
5. Pensate spesso a vostra figlia? Sì, ____________________________. (pensarci)
6. Loro vanno alla partita tutti i sabati. E voi ______________________? (andarci)
7. Credete ai fantasmi? No, non ____________________________. (crederci)
8. Devo alzare il volume della TV perchè lui non ___________________. (sentirci)

9. ________________ molti ingredienti per fare la torta natalizia. (volerci)
10. Ai vostri vicini piace venire a casa vostra? Non credo perchè non ________________ mai (venirci).

Esercizio 28.3

Complete the following sentences with the pronoun ***ci*** or **ce**.

1. Per andare a casa _______ abbiamo messo molte ore a causa di un incidente.
2. È un test molto difficile, non _______ capisco niente.
3. Laura segue molto la moda, invece Veronica non _____ tiene affatto.
4. Tutte le favole che ______ raccontavano quando earvamo piccoli, cominciavano con le parole "____" c'era una volta.
5. Chiara, Giorgio ha detto che _______ accompagna lui a casa perchè è troppo tardi.
6. Ti trovi bene in Italia? Sì, mi ______ trovo abbastanza bene.
7. Domani vado dal medico. E tu quando _____ vai?
8. ____ erano molte persone al ristorante questa sera. Di solito ______ poca gente.
9. Hai vinto al casinò? No, ma _______ ho rinunciato perchè non volevo sprecare soldi.
10. Ti aspetto a casa mia. Io e la mia famiglia ________ teniamo molto.

Pronoun *Ne*

The pronoun **ne** can also be intimidating until it is understood. It can replace an indefinite article or a partitive article + noun. It conveys the meaning of *some of it*, *some of them*. **Ne** also can replace nouns after words of quantity such as **molto**, **tanto**, **poco**, and **alcuni/alcune**, as well as nouns after numbers. It can refer to people and things. To stress the *some*, you must use **alcuni/ alcune** with the count nouns, ***e un po' di*** with non count nouns:

Vuoi del pollo? Sì, **ne voglio.** (unstressed)	Vuoi del pollo? Sì, **ne** voglio **un po'**. (stressed)
Would you like some chicken? Yes, I would like some.	*Would you like some chicken? Yes, I do like some.*

Vuoi delle patate? Sì, **ne** voglio. (unstressed)	Vuoi delle patate? Sì, **ne** voglio **alcune.** (stressed)
Would you like some potatoes? Yes, I would like some.	*Would you like some potatoes? Yes. I do like some.*

Ne also replaces numerical and indefinite expressions, in which case it means *of it*, *of them*. The numerical or indefinite modifier of the noun in the expression is retained:

Voglio comprare tre **vestiti**.	*I want to buy three dresses.*
Ne voglio comprare **tre**.	*I want to buy three.*
Ne voglio **tre**.	*I want three of them.*

Ne can replace **di** + *person/thing*, in which case it means *of*, *about*:

Lei parla sempre **della nipote**.	*She always speaks about her granddaughter.*
Lei **ne** parla sempre.	*She always speaks about her.*

Ne can be attached to the same verb forms to which objects and reflexive pronouns are attached:

Prendi**ne un po'**.	*Take some.*

In compound tenses, the past participle agrees in gender and number with the noun that **ne** replaces.

If **ne** replaces **di** + *a person or a thing*, there is no agreement:

Ho mangiato **molte lasagne**. **Ne ho** mangiat**e** molte.	*I ate a lot of lasagna. I ate a lot of it.*
Ho bevuto **molta acqua**. **Ne** ho bevut**a** molta.	*I drank a lot of water.*
Ho parlato di politica tutta la sera.	*I spoke of politics all night long.*
Ne ho parlato tutta la sera.	*I spoke all night long about it.*

If **tutto** is used in the sentence, **ne** cannot replace it, because **tutto** does not convey a partitive notion. In this case the direct object pronoun is used:

Ho mangiato **tutte** le fragole.	*I ate all the strawberries.*
Le ho mangiate tutte.	*I ate all of them.*

Ne can be used in combination with object and reflexive pronouns, including the impersonal **si**:

Gli ho dato tanti soldi. **Gliene** ho dati tanti.	*I gave him a lot of money. I gave him a lot of it.*

Esercizio 28.4

Rewrite the sentences below and substitute the words written in cursive with the pronoun **ne**. *Follow the example.*

EXAMPLE: Oggi ho scritto *tre lettere ai miei parenti.*
Oggi ne ho scritte tre.

1. Ho letto solo *due riviste.* ______________________________
2. Abbiamo comprato *3 kg. di mele.* ______________________________
3. Che cosa pensi *del Presidente*? ______________________________
4. Quanta *pasta ha cucinato* tua madre? ______________________________
5. Quanti *pasticcini hai mangiato*? ______________________________
6. *Abbiamo comprato* molte *riviste.* ______________________________
7. Il doganiere *chiede un documento.* ______________________________
8. Chi *si occupa dell'organizzazione*? ______________________________
9. Quante *sigarette fumi*? ______________________________
10. Quante *sigarette hai fumato*? ______________________________

Esercizio 28.5

Complete the following sentences with the pronouns **ci** *and* **ne** *or* **ce ne** *as necessary.*

1. Quante ore ________ vogliono per arrivare a casa di tuo figlio?
2. ________ vogliono sei ore in macchina, ma ________ vogliono solo due in aereo.
3. Che ________ dici di iniziare il pranzo con un antipasto di calamari?
4. ________ penso perchè non mi piacciono molto i calamari.
5. Questa minestra è troppo salata. Devi metter ________ meno sale.
6. È vero, ________ metto sempre troppo.
7. Per fortuna abbiamo trovato un taxi che ________ ha portato all'aereoporto.
8. ________ erano pochi, perchè i mezzi pubblici erano in sciopero.
9. ________ abbiamo chiamati tre, ma avevamo troppe valige e non si sono fermati.
10. Secondo me questa ragazza non è così brutta come dicono, tu che ______ pensi?

29

Combined Pronouns and Their Use

In sentences where there are direct and indirect object pronouns, it is possible to combine them. When indirect and direct object pronouns are combined, the indirect object precedes the direct object. The indirect object pronouns change their endings from **–i** to **–e** to ease their pronunciation. The indirect object pronouns **mi**, **ti**, **gli**, **ci**, **vi**, and **gli** become **me**, **te**, **glie**, **ce**, **ve**, **glie** when combined with the direct object pronouns and they look as follows:

me lo	me la	me li	me le
te lo	te la	te li	te le
glielo	gliela	glieli	gliele
ce lo	ce la	ce li	ce le
ve lo	ve la	ve li	ve le
glielo	gliela	glieli	gliele

They are written as two words, except for **glielo**, **gliela**, **gliele**, **glieli** that are written as one word. **Glie** in modern Italian is used for the third person singular and plural, masculine and feminine:

Porto subito il caffè a mio marito.	*I am taking the coffee to my husband right away.*
Gli porto subito **il caffè**.	*I am taking him the coffee right away.*
Glielo porto subito.	*I am taking it to her right away.*

In negative sentences, the word **non** goes directly before the direct and indirect pronoun combination:

Io porto **le chiavi** a Giovanna.	*I bring the keys to Giovanna*
Gliele porto.	*I bring them to her.*

Giovanni ti dice la verità.	*Giovanni tells you the truth.*
Giovanni **te la** dice.	*Giovanni tells it to you.*

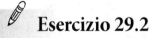

Esercizio 29.1

Rewrite the following sentences substituting the noun with a direct and an indirect object pronoun combination.

1. Quando ritorno a casa chiamo Pietro e gli do la notizia.

   ____

2. Dobbiamo comprare la macchina a nostro figlio.

   ____

3. Ho visto Olga e mi ha raccontato tutto sul suo viaggio.

   ____

4. Loro la chiamano e raccontano la loro storia.

   ____

5. L'idraulico è venuto e mi ha riparato il mangiarifiuti.

   ____

6. Ho promesso alle mie amiche che manderò loro una cartolina dall'Italia.

   ____

7. Ho detto tante volte a Giovanna che desidero vederla e portarle il cibo.

   ____

8. Io esco, faccio la spesa e la porto ai nonni.

   ____

9. Elena mi ha mostrato i quadri che ha dipinto.

   ____

10. Devo raccontare la storia della mia vita al direttore.

    ____

Esercizio 29.2

In the following sentences, replace nouns and names with the direct and indirect object combined pronouns.

Example: I will give the wedding gift to my friend at the party.
Darò il regalo di nozze al mio amico alla festa.
Glielo do alla festa.

1. Lei scrive una lettera a sua figlia oggi. ______________________
2. Io faccio la fotografia a tutti gli ospiti. ______________________
3. Lei prepara la cena a suo marito. ______________________
4. Roberta mi mostra il suo quadro. ______________________
5. Io racconto una storia a Isabella. ______________________
6. Voi mandate un pacco a noi per Natale. ______________________
7. Io vi mando un regalo prima di partire. ______________________
8. Giovanna ci canta una bella canzone. ______________________
9. Noi compriamo una nuova macchina a nostro figlio. ______________
10. Vi imprestiamo la macchina, ma dovete stare attenti. ______________

Combined Pronouns with the Imperative, the Infinitive, and the Gerund

When the verb is in the imperative (second person singular and plural), the infinitive, or the gerund, the double pronouns are attached to the verb:

Compra**melo**!	*Buy it for me!*
Comprando**melo** mi fai felice.	*By buying it, you make me happy.*
Penso di comprar**melo**.	*I think I will buy it.*

When we use the strong forms of the indirect object pronouns, only the direct object pronoun is attached to the verb:

Compra**lo a lui**.	*Buy it for him.*
Comprando**lo a lui**, risparmi molto.	*By buying it for him, you save a lot.*
Se pensi di comprar**lo a lui** sarà felice.	*If you think of buying it for him, he will be happy.*

Esercizio 29.3

In the following sentences, replace the noun that forms the direct object and attach it to the verb while expressing the indirect object pronoun with a strong form.

1. Manda la lettera a Carla! ______________________
2. Imprestate il vostro dizionario a Paola! ______________________
3. Porta il telecomando alla nonna. ______________________
4. Offrite un caffè agli ospiti. ______________________

5. Mandando la lettera alla tua amica, la fai felice. ____________________
6. Leggi il libro alle bambine. ____________________
7. Offri un pezzo di torrone ai bambini. ____________________
8. Compra una palla piccola ai bambini. ____________________
9. Mostra le posate nuove alla tua amica. ____________________
10. Portate il telefono in camera alla nonna. ____________________

____

Esercizio 29.4

In the following sentences, replace the nouns or the names in Italian with double pronouns, attaching them to the infinitive, the gerund, or the imperative.

1. Dando le informazioni a Luisa, l'hai aiutata molto. ____________________
2. Restituisci il libro a Giovanna? ____________________
3. Pensano di spedire il pacco a Isabella? ____________________
4. Comprando i biglietti per il cinema ci avete fatto un grande regalo.

   ____
5. Porti il caffè a letto a tuo marito tutti i giorni? ____________________
6. Portando il caffè a lui tutte le mattine lo svegli. ____________________
7. Offri un cioccolatino a tua sorella! ____________________
8. Porta il caffè al tuo amico! ____________________
9. Quando esco di casa do le chiavi alla portinaia. ____________________
10. Dobbiamo lasciare le chiavi ai ragazzi quando usciamo. ____________________

Double Pronouns with the Negative Form of the Imperative

With the negative form of the imperative, double pronouns can be either attached to the verb or placed between the negation **non** and the verb:

Non comprar**mela**!	*Don't buy it for me!*
Non comprate**cele**!	*Don't buy them for us!*
Non me la comprare!	*Don't buy it for me!*
Non ce la comprare!	*Don't buy it for us!*
Non comprar**cele**!	*Don't buy them for us!*

Esercizio 29.5

Translate the following sentences, putting the double pronouns in front of the verb or attaching them to the end.

1. Don't wear the new shoes in the rain! Don't wear them! ______________
____
2. I don't need a new coat. Don't buy it for me! ______________
____
3. Don't bring the new CD to us! Don't bring it to us! ______________
____
4. Don't make Italian coffee for him. Don't make it for him! ______________
____
5. Tell us your story! Don't tell it to us! ______________
____
6. Don't show me your new dress! Don't show it to me! ______________
____
7. Don't serve the dinner to us! Don't serve it to us! ______________
____
8. Don't bring us the side dish! ______________
____

   Don't open the book! Don't open it for me!______________
____
9. Don't write the letter to them! Don't write it to them!______________
____

Double Pronouns with Compound Tenses

With the present perfect or any other compound tense, the double pronouns are placed before the verb form, and this form will be coordinated with the gender and number of the pronoun. It does not matter if the auxiliary preceding the past participle in the compound tenses is **essere** or **avere**:

Ci ha comprato **la pianta**.	**Ce l(la)'**ha comprat**a**.
He bought us the plant.	*He bought it for us.*
Mi ha comprato **i panini**.	**Me li** ha comprat**i**.
He bought me the bread rolls.	*He bought them for me.*

With the present progressive, the double pronouns can either be placed before the verb form or attached to the gerund. Remember that the gerund is invariable. The ending, does not change:

Ci sta comprando il gelato. *He is buying us an ice cream.*	**Ce lo** sta comprando. (or Sta comprandocelo.) *He is buying it for us.*

The same goes for the past infinitive. The double pronouns can be attached to the infinitive:

Dice di **aver detto la verità** a sua mamma. *He says he told the truth to his mother.*	Dice di **avergliela detta**. *He says he told it to her.*

Esercizio 29.6

In the following sentences, replace the simple present tense with the present progressive and the nouns with double pronouns placed in front of the verb form and then after the gerund.

1. Dai la penna a tua sorella. ______________________________

   ____
2. Racconta una storia a Lisa. ______________________________

   ____
3. Preparano la minestra per te. ______________________________

   ____
4. Suggeriamo il ristorante agli amici. ______________________________

   ____
5. Maria pianta i fiori per la nonna. ______________________________

   ____
6. Voi portate le foglie autunnali alla maestra. ______________________________

   ____
7. Io preparo la festa per mia figlia. ______________________________

   ____
8. Lui compra un anello a sua moglie. ______________________________

   ____
9. La professoressa spiega il congiuntivo agli studenti. ______________________________

   ____
10. Diamo le direzioni ai turisti. ______________________________

    ____

Esercizio 29.7

Translate the following sentences using the double pronouns placing them before the verb suggested in parentheses. (Remember that the past participle must be coordinated with the gender of the direct pronoun when it precedes the verb.)

1. I mailed the pictures to him. ________________________________
______ (spedire)
2. You bought Isabella the new dresses. ________________________________
________ (comprare)
3. He gave her the book. ________________________________
_________ (dare)
4. My husband wrote the letters to me. ________________________________
_________ (scrivere)
5. Her dad built her a playhouse. ________________________________
__________ (costruire)
6. I gave the homework to the students. ________________________________
_________ (dare)
7. I forgave their mistakes. ________________________________
________ (perdonare)
8. She returned the book to me. ________________________________
_________ (restituire)
9. I cleaned your grandmother's house. ________________________________
_________ (pulire)
10. She ironed the shirts for her husband. ________________________________
__________ (stirare)

Double Pronouns with Modal Verbs

With the modal verbs **dovere** (*must*, *have to*), **potere** (*to be able*, *may*, *can*), and **volere** (to want) used as modifiers of another verb in the infinitive, the double pronoun can either be attached to the infinitive or placed before the verb form:

Posso cucinare la cena per tutti voi.	*I can cook dinner for everybody.*
Posso cucinar**vela**.	*I can cook it for you.*
Ve la posso cucinare.	*I can cook it for you*

Deve portare i biscotti alla sua amica.	*She has to take the cookies to her friend.*
Deve portar**glieli**.	*She has to take them to her.*
Glieli deve portare.	*She has to take them to her.*
Vogliamo mandare le cartoline ai nonni.	*We want to send the postcards to the grandparents.*
Vogliamo mandar**gliele**.	*We want to send them to them.*
Gliele vogliamo mandare.	*We want to send them to them.*

Esercizio 29.8

In the following sentences, replace the noun or the name with the correct form of the double pronouns attached to the infinitive.

1. Devo raccontare la mia storia ai miei nipoti. ____________________
2. Vuole mandare il passaporto al Consolato. ____________________
3. Vuole regalare un anello a sua moglie. ____________________
4. Posso levarmi la giacca? ____________________
5. Dobbiamo dire a te e a tua sorella di essere puntuali. ____________________
6. Potete portare l'orologio a Giovanni? ____________________
7. I miei figli vogliono comprare una televisione nuova a me e a mio marito. ____________________
8. Il padre deve mettere la giacca a Isabella. ____________________
9. Io voglio comprare il giornale a te e a tua zia. ____________________
10. Noi possiamo comprare la pizza per tutti noi. ____________________

Esercizio 29.9

Using the same sentences, place the double pronouns before the verb forms.

1. Devo raccontare la mia vita ai miei nipoti.
2. Vuole mandare il passaporto al Consolato.
3. Vuole regalare un anello a sua moglie.
4. Posso levarmi la giacca?
5. Dobbiamo dire a te e a tua sorella di essere puntuali.
6. Potete portare l'orologio a Giovanni?
7. I nostri figli vogliono comprare una televisione nuova a me e mio marito.
8. Il padre deve mettere la giacca a Isabella.
9. Io voglio comprare il giornale a te e a tua zia.
10. Possiamo comprare la pizza per tutti noi.

Esercizio 29.10

Answer the questions in the affirmative, using the double pronouns attached to the verb in the infinitive.

1. Volete pagare il viaggio di Erica?
2. Dovete vendere la casa ai vostri figli?
3. Puoi regalare una sciarpa alla mamma?
4. Vuoi cantare la canzone a Isabella quando la metti a letto?
5. Dobbiamo scaricare il programma per Luigi?
6. Volete stampare il biglietto di Lucia?
7. Devi chiudere il conto in banca di Lara?
8. Vuoi portare il regalo alla tua nipotina?
9. Devono portare il passaporto a Eric?
10. Può aprire le finestre nella casa di Cristina?

30

Verbs with Pronouns

The Present Perfect with Modal Verbs

When the first verb in verbal expressions is one of the modal verbs, **dovere, volere,** and **potere**, and the second verb is a reflexive, the auxiliary verb **essere** is used to form the present perfect. In these cases, the reflexive pronoun usually precedes the form of **essere**, and the past participle of **dovere, volere,** and **potere** agree in gender and **number** with the subject of the sentence.

Anna **si è dovuta** far operare d'urgenza.	*Anna had to have an emergency surgery.*
Non **mi sono potuta** lavare i capelli.	*I couldn't wash my hair.*
Non **ci siamo volute** fermare in albergo.	*We did not want to stop at the hotel.*

Esercizio 30.1

Change the following sentences into the present perfect using the modal verb suggested in parentheses and the reflexive form of the verb. Follow the example.

Example: Paola non si alza presto. (dovere)
Paola non si è dovuta alzare presto.

1. Isabella non si sporca il vestito. (volere)

____

2. Gli studenti si preparano per l'esame. (dovere)

____

3. La nonna non si cura della sua salute. (volere)

____

4. Il nonno Giovanni non si avvia senza bastone. (potere)

____

5. Erica si mette a studiare con diligenza. (dovere)

____

6. Teresa non si iscrive al corso di inglese. (volere)

____

7. Giorgio e Luisa si mettono in viaggio. (volere)

____

8. Maria non si lamenta del suo lavoro. (dovere)

____

9. I turisti si preparano per il viaggio. (potere)

____

10. Le signore non si bagnano i capelli. (volere)

____

The Imperative of Reflexive Verbs

In affirmative command forms for the second person singular (**tu**), the first person plural (**noi**), and the second person plural (**voi**), the reflexive pronoun follows the verb and is attached to it:

Alzati.	*Get up.*	**Fermatevi.**	*Stop.*
Riposiamoci.	*Let's rest.*		

In the negative command forms for the second person singular (**tu**), the first person plural (**noi**), and the second person plural (**voi**), the reflexive pronoun may precede or follow the verb:

Non ti stancare.	*Don't get tired.*
Non stancarti.	
Non ci arrabbiamo.	*Let's not get mad.*
Non arrabbiamoci.	
Non vi sporcate.	*Don't get dirty.*
Non sporcatevi.	

In the formal commands **Lei** and **Loro,** the reflexive pronoun always precedes the verb in the affirmative as well as the negative:

Si accomodi. Non si preoccupi.	*Make yourself comfortable. Don't worry.*
Si accomodino. Non si preoccupino.	*Make yourself comfortable. Don't worry.*

Esercizo 30.2

Change the following sentences from the infinitive to the negative imperative as shown in the example.

Example: Non lamentarsi
Non ti lamentare. Non lamentarti.

1. Non impazientirsi con le persone che non imparano. (tu)

   ____

   ____

2. Non rattristarsi se siete lontani dai nipoti. (voi)

   ____

   ____

3. Non bagnarsi quando piove. (tu)

   ____

   ____

4. Non dimenticarsi di prendere le chiavi. (noi)

   ____

   ____

5. Non fidarsi di nessuno. (voi)

   ____

   ____

6. Non preoccuparsi se non puoi venire. (tu)

   ____

   ____

31

The Future

The future tense expresses an action that will take place in the near or distant future. Italian uses only one word to express the future, while English uses *will* or *shall* + the infinitive of a verb. The future tense of regular verbs in Italian is formed by dropping the final **–a**, **–e**, **or –i** of the infinitive and adding the future endings.

The Future Tense of Regular Verbs

The future tense is used to express a supposition, a probability, or an approximation. To form the regular conjugation of the future tense, replace the final **–e** of the infinitive with **–ò**, **–ai**, **–à**, **–emo**, **–ete**, **–anno**.

In **–are** verbs, the **–a-** of the infinitive changes to **–e-**. All regular verbs follow this pattern for the future tense:

Infinitive	**Future**
parlare	parl**e**rò
	parl**e**rai
	parl**e**rà
	parl**e**remo
	parl**e**rete
	parl**e**ranno

Io parl**e**rò meno in classe.	*I will speak less in class.*
Tu cant**e**rai con il coro.	*You will sing with the choir.*
Lui cammin**e**rà per due ore.	*He will walk for two hours.*
Noi studi**e**remo l'italiano.	*We will study Italian.*
Voi torn**e**rete dall'Italia tra tre settimane.	*You will return from Italy in three weeks.*
Loro parleranno con l'insegnante.	*They will speak with the teacher.*

The future tense of regular **–are**, **–ere**, **–ire** verbs is formed as follows.

CANTARE	TO SING	*VENDERE*	TO SELL
canter**ò**	cant**eremo**	vend**erò**	vend**eremo**
cant**erai**	cant**erete**	vend**erai**	vend**erete**
cant**erà**	cant**eranno**	vend**erà**	vend**eranno**

FINIRE	TO FINISH
finir**ò**	**finiremo**
finir**ai**	finir**ete**
finir**à**	finir**anno**

NOTE: In colloquial Italian, a future action is often expressed using the present tense instead of the future. This is especially true when either the context or the sentence makes it clear that the action is going to happen in the future, but it is sure that it is going to happen:

Domani vado in chiesa con mia sorella.	*Tomorrow I will go to church with my sister.*
Domani andrò in chiesa con mia sorella.	*Tomorrow I will go to church with my sister.*

The future tense is preferred when a dependent clause referring to an action taking place in the near future is introduced by **se** *if*, **quando** *when*, or **appena** *as soon as*:

Leggeremo, quando avremo tempo.	*We will read when we have time.*
Viaggeremo, se avremo i soldi.	*We will travel if we have the money.*

Stem Changes in the Future Tense

Verbs like **pregare** *to pray* and **cercare** *to search, to look for* add an **–h** in the future tense to preserve the hard sound of the infinitive. In the present tense, the **–h** is used only in the first singular and the first plural person; in the future tense it is used for all the persons.

PREGARE	TO PRAY	*CERCARE*	TO SEARCH, TO LOOK FOR
io preg**h**erò	noi preg**h**eremo	io cerc**h**erò	noi cerc**h**eremo
tu preg**h**erai	voi preg**h**erete	tu cerc**h**erai	voi cerc**h**erete
lui preg**h**erà	loro preg**h**eranno	lui cerc**h**erà	loro cerc**h**eranno

Other verbs that follow the same pattern include:

giocare	*to play*	**legare**	*to tie*
giudicare	*to judge*	**litigare**	*to quarrel*
imbarcare	*to board*	**obbligare**	*to oblige*
imbiancare	*to paint a wall*	**pagare**	*to pay*

Tu ti imbarcherai su una nave molto grande.	*You will board a very large ship.*
Loro mi obbligheranno a fumare.	*They will force me to smoke.*

Verbs such as **cominciare** *to start* and **mangiare** *to eat* drop the **–i-** before adding the future tense endings.

COMINCIARE	TO START	*MANGIARE*	TO EAT
io comincerò	noi cominceremo	io mangerò	noi mangeremo
tu comincerai	voi comincerete	tu mangerai	voi mangerete
lui comincerà	loro cominceranno	lui mangerà	loro mangeranno

Other verbs that follow the same pattern in the future include:

abbracciare	*to hug*	**bruciare**	*to burn*
assaggiare	*to taste*	**combaciare**	*to match*
baciare	*to kiss*	**viaggiare**	*to travel*

Io abbraccerò la mia nipotina.	*I will hug my little granddaughter.*
Noi assaggeremo molti tipi di cibo alla festa.	*We will taste many different types of food at the party.*

The Future Tense of Irregular Verbs

There are many other verbs that have irregular stems in the future tense. The endings are the same for irregular verbs as those used for the regular verbs. Some of the most common irregular verbs in the future include the following:

INFINITIVE	*FUTURE STEM*	*CONJUGATION*
andare, *to go*	**andr-**	andrò, andrai, andrà, etc.
avere, *to have*	**avr-**	avrò, avrai, avrà, etc.
bere, *to drink*	**berr-**	berrò, berrai, berrà, etc.
dare, *to give*	**dar-**	darò, darai, darà, etc.
dovere, *to have to*	**dovr-**	dovrò, dovrai, dovrà, etc.
essere, *to be*	**sar-**	sarò, sarai, sarà, etc.
fare, *to do, to make*	**far-**	faro, farai, farà, etc.
potere, *to be able*	**potr-**	potrò, potrai, potrà, etc.
sapere, *to know*	**sapr-**	saprò, saprai, saprà, etc.
tenere, *to keep*	**terr-**	terrò, terrai, terrà, etc.
vedere, *to see*	**vedr-**	vedrò, vedrai, vedrà, etc.
venire, *to come*	**verr-**	verrò, verrai, verrà, etc.
vivere, *to live*	**vivr-**	vivrò, vivrai, vivrà, etc.

Daremo il libro ai ragazzi domani. — *Tomorrow we will give the book to the boys.*

Saremo molto contenti se verrai. — *We will be very happy if you will come.*

Voi sarete molto stanche domani. — *You will be very tired tomorrow.*

Esercizio 31.1

Translate the following sentences into Italian using the future tense.

1. I will need some medicine because I have heartburn.

   ____

2. She will eat at the restaurant, and she will sleep at the hotel.

   ____

3. Erica will visit her friend after she is done studying.

   ____

4. You will win the race, if you practice a lot.

____

5. We will talk on the phone, and we will decide where to meet.

____

6. I will keep my friend's dog, and I will take good care of it.

____

7. They will be able to cross the ocean in a week.

____

8. You (pl.) will take a taxi, and then you will go to the station.

____

9. Luca will study in Italy, and he will come home only for the holidays.

____

10. Giovanna and Claire will have to lower the price for a haircut, or they will lose all their clients.

____

____

Esercizio 31.2

Complete the following sentences with the correct form of the future tense of the verb in parentheses.

1. Noi ____________________ dall'Italia sabato prossimo. (partire)
2. Giuditta ________________ molti libri polizieschi e li ________________ alle sue amiche. (comprare, suggerire)
3. Alla festa le signore ________________ di moda e gli uomini ________________ del calcio. (parlare, discutere)
4. Io ________________ in casa tutta la mattina e ti ________________ per un caffè. (stare, aspettare)
5. La prossima estate tu non ________________ al mare, così non ________________ tua nuora. (andare, vedere)
6. Quando voi ________________ alla stazione ________________ prendere un taxi per venire a casa nostra, dove noi vi ________________ con ansia. (essere, dovere, aspettare)

7. Questo fine settimana, noi ____________________ poco tempo per studiare l'italiano perchè ______________________ a fare una gita in montagna. (avere, andare)

8. Se ritorniamo presto, noi ____________________ in un agriturismo in campagna, dove ________________ in un ristorante molto rinomato. (andare, cenare)

9. A causa della crisi economica, gli italiani ____________________ poco per le vacanze e i regali natalizi. (spendere)

10. I genitori di Luisa ____________________ fra due settimane e ____________________ due mesi a casa della loro figlia. (arrivare, stare)

Expressing the Future Using the Present Tense

The present tense is often used when there is another element in the sentence that indicates future time:

Maria viene domani.	*Mary will come tomorrow.*
Luigi fa gli esami in luglio.	*Luigi will take the exams in July.*

The present tense is also used instead of the future tense when asking for instructions:

Giro a destra o a sinistra?	*Shall I turn right or left?*

The present tense, not the future, is used when you are asking for things. These are not actions that take place in the future:

Mi presti la penna, per favore?	*Will you loan me a pen please?*
Mi chiami quando hai tempo?	*Will you call me, when you have time?*
Gli compri una camicia?	*Will you buy him a shirt?*

Expressing Doubt or Probability in the Present

Probability or doubt in Italian is expressed with the future, while in English it is expressed with the present:

Che ore saranno?	*I wonder what time it is.*
Saranno le tre.	*It is probably three o'clock.*
Dove saranno i bambini?	*I wonder where the children are.*
Saranno già a letto.	*They are already in bed.*
Quanti anni avrà quella signora?	*How old is that lady?*

Esercizio 31.3

Complete the following sentences with the future tense or the present indicative as required.

1. Io ti ________________ la penna se ne hai bisogno. (imprestare)
2. Ti ______________ appena ________________ dal lavoro. (chiamare, ritornare)
3. Mi ________________ quando ritorni a casa? Io ________________ parlarti. (chiamare, dovere)
4. Mi hanno detto che ________________ l'anno prossimo. (sposarsi)
5. Giovanna ________________ tutti i parenti e loro hanno detto che ________________ senz'altro. (invitare, venire)
6. Isabella ________________ sei anni il nove aprile. (compiere)
7. Se non __________ attenta a dove cammina, ______________ e ________________ male. (stare, cadere, farsi)
8. Quante persone ci sono in quella casa? Ce ne ________________ una decina. (essere)
9. Quanti anni ________________ quella signora? Ne ______________ circa ottanta. (avere, avere)
10. Domani ________________ al concerto con la nostra famiglia e quando ________________, ________________ al ristorante. (andare, uscire, cenare)

The Future Perfect Tense

In Italian, as in English, the future perfect tense refers to an action that will be completed in the future before another action occurs or that it will happen at some time in the future.

Formation of the Future Perfect Tense

The future perfect tense is a compound tense. It is formed by the conjugated **avere** or **essere** in the future and followed by the past participle of the main verb. (Remember that when **essere** is used, the past participle agrees in gender and number with the subject.)

Io avrò mangiato.	*I will have eaten.*
Tu avrai parlato.	*You will have spoken.*
Lui/lei avrà letto.	*He/she will have read.*
Noi avremo camminato.	*We will have walked.*
Voi avrete comprato.	*You will have bought.*
Loro avranno pulito.	*They will have cleaned.*

Io sarò andato/a.	*I will have gone.*
Tu sarai ritornato/a.	*You will have returned.*
Lui/lei sarà entrato/a.	*He/she will have entered.*
Noi saremo scesi/e.	*We will have come down.*
Voi sarete partiti/e.	*You will have left.*
Loro saranno arrivati/e.	*You will have arrived.*

Uses of the Future Perfect Tense

The future perfect tense expresses an action that will have taken place by a certain time in the future:

Erica avrà finito l'esame venerdì.	*Erica will have finished the exams by Friday.*
Io avrò letto il libro quando ci riuniremo la prossima settimana.	*I will have read the book by the time we will meet next week.*
Lui sarà ritornato dal suo viaggio in oriente quando inizieremo il nuovo corso.	*He will have returned from the Orient when we will start the new class.*

Esercizio 31.4

Translate the following sentences into English.

1. Quando ci incontreremo, avrò già comprato il biglietto per andare a vedere la partita di pallone.

 ____

 ____

2. Avremo capito che non vale la pena di punirli.

 ____

3. Fra un mese, avremo vissuto in questa casa per venti anni.

____

4. Avrai finito di viaggiare quando cominceranno i lavori di ristrutturazione e arriveranno tutti i parenti?

____

5. Sarete stanche dopo che avrete ballato per tutta la sera oppure potrete andare a casa e fare le valigie?

____

____

6. In Agosto, mia nipote avrà vissuto a Chicago per due anni.

____

7. I nostri amici avranno discusso per molte ore l'esito delle elezioni quando arriveranno i risultati.

____

____

8. La banca avrà rimborsato a mia figlia i soldi rubati mentre era in vacanza.

____

9. Le giornate sembreranno più corte quando avrannno tolto l'ora legale.

____

10. Quando avremo pagato tutti i debiti, riusciremo a dormire meglio.

____

Reading Comprehension

I ponti di Roma e Venezia

Il fiume è il cuore di una città, e il cuore di Roma è il fiume Tevere, uno dei fiumi storici più famosi nel mondo. Roma, capitale d'Italia e soprannominata Città Eterna, si stende lungo le rive del fiume Tevere, attraversandolo con tredici ponti.

I Romani sono stati i più famosi e i primi costruttori di ponti e acquedotti. Purtroppo è impossibile stabilire la data e l'origine della costruzione del primo ponte. Il materiale è lo stesso usato anche nei palazzi, negli archi, nelle colonne, nelle fondamenta e nei punti di congiungimento. Si dice che Roma in passato, abbia avuto almeno novecento ponti, alcuni fatti di pietra e altri di legno, ma oggigiorno, pochi sono ancora in esistenza.

I più famosi sono: il Ponte Sant'Angelo, il Ponte Sisto e il Ponte Vittorio Emanuele III. Quando l'imperatore Adriano costruì la sua monumentale tomba Castel Sant'Angelo, decise di darne accesso costruendo un ponte sopra il fiume Tevere, decorato con otto colonne, quattro in ogni lato e su ciascuna mise una splendida statua. Castel Sant'Angelo ha l'onore di essere ritenuto il più bel ponte di Roma. Altri ponti romani sono: il Ponte Sisto, che consiste di quattro archi ed è famoso perchè è il primo ponte costruito oltre mille anni dopo la caduta dell'impero romano. Un tempo era l'equivalente del Ponte Vecchio a Firenze, dovuto al fatto che entrambi erano affiancati da negozi e venditori ambulanti che, in un secondo tempo, a Roma vennero scacciati perchè ne disturbavano la bellezza.

Un altro ponte famoso è il Ponte Vittorio Emanuele III, completato nel 1911 per il cinquantesimo anniversario dell'unificazione d'Italia e ha decorazioni che rappresentano l'Italia Unita, la Libertà, la Fedeltà e la Sconfitta dell'Oppressione. I ponti romani non sono però paragonabili in bellezza a quelli veneziani. Il più famoso dei quali è il Ponte del Rialto. La leggenda dice che amore eterno e felicità sono garantiti a due amanti che andando in gondola al tramonto si baciano mentre passano sotto il ponte del Rialto.

Un altro ponte molto ben conosciuto è il Ponte dei Sospiri che unisce il palazzo dei Dogi alle Nuove Prigioni. All'origine del suo romantico nome cè una leggenda secondo la quale i prigionieri che attraversavano il ponte prima di entrare nelle prigioni dove sarebbero stati rinchiusi per sempre, gettavano un ultimo sguardo alla città di Venezia e alla sua laguna attraverso le piccole finestrelle del ponte, e lasciavano andare un respiro profondo, rimpiangendo la libertà che stavano per perdere.

Nomi

l'accesso	*access*	**l'onore**	*honor*
l'arco	*arch*	**l'oppressione**	*oppression*
la caduta	*fall*	**il ponte**	*bridge*
il costruttore	*builder*	**la riva**	*banks (of a river)*
il congiungimento	*connection*	**la sconfitta**	*defeat*
la decorazione	*decoration*	**il sospiro**	*sigh*
le finestrelle	*small windows*	**il tramonto**	*sunset*
le fondamenta	*foundation*	**l'unificazione**	*unification*
la leggenda	*legend*	**il venditore**	*seller*

Verbi

attraversare	*to cross*	**costruire**	*to build*
baciarsi	*to kiss one another*	**mettere**	*to put*
completare	*to complete*	**rappresentare**	*to represent*
considerare	*to consider*	**soprannominare**	*to nickname*
consistere	*to consist*		

Aggettivi

splendido/a	*splendid*	**monumentale**	*monumental*
ambulante	*traveling*	**paragonabile**	*comparable*

Avverbi

almeno	*at least*	**lungo**	*along*

Domande e Risposte

After reading the story above, answer the following questions in complete sentences.

1. Come si chiama il fiume che attraversa Roma e che cosa rappresentano i fiumi per le città?

   ____

2. Quali sono i ponti più importanti di Roma?

   ____

   ____

3. Di quali materiali sono fatti i ponti romani?

   ____

4. Perchè è importante il Ponte Sant'Angelo? Per chi era stato costruito?

   ____

   ____

   ____

5. A che cosa è dovuta l'importanza del Ponte Sisto?

   ____

   ____

   ____

6. Quando fu completato il Ponte Vittorio Emanuele III? In quale occasione e che cosa rappresenta?

   ____

   ____

   ____

   ____

7. In quale altra città si trovano ponti famosi?

   ____

8. Che cosa dice la leggenda del Ponte di Rialto?

   ____

   ____

   ____

   ____

9. Perchè il Ponte dei Sospiri è stato chiamato così?

   ____

   ____

   ____

32

The Conditional

The conditional tense is used to describe actions that are uncertain in the future. Unlike the future tense that expresses certainty in the future, the conditional expresses an action that would happen if another condition were present. The conditional has two tenses: present conditional and past conditional. The present conditional is a simple tense, which means it does not have a helping verb.

Formation of the Conditional Tense

Most verbs are regular in the conditional tense. If verbs are irregular in the future, they are irregular in the conditional. To form the conditional, use the infinitive as the stem and add the conditional endings to the infinitive after omitting the final **–e**. For **–are** verbs, the **–a-** of the infinitive changes to **–e-**, as it does in the future tense.

All conditional forms are stressed on the first **–e-** of the ending: **parlerebbero**, leggerebbero.

CANTARE	TO SING	*VENDERE*	TO SELL
canter**ei**	canter**emmo**	vender**ei**	vender**emmo**
canter**esti**	canter**este**	vender**esti**	vender**este**
canter**ebbe**	canter**ebbero**	vender**ebbe**	vender**ebbero**

CAPIRE	TO UNDERSTAND
capir**ei**	capir**emmo**
capir**esti**	capir**este**
capir**ebbe**	capir**ebbero**

Verbs with Irregular Conditional Stems

Verbs with irregular future tense stems have the same stems in the conditional tense.

Verbs Whose Infinitives End in *–care, –gare, –ciare, –ciare*

CERCARE	TO LOOK FOR	*COMINCIARE*	TO START
cercherei	cercheremmo	comincerei	cominceremmo
cercheresti	cerchereste	cominceresti	comincereste
cercherebbe	cercherebbero	comincerebbe	comincerebbero

GIOCARE	TO PLAY	*IMPIEGARE*	TO EMPLOY
giocherei	giocheremmo	impiegherei	impiegheremmo
giocheresti	giochereste	impiegheresti	impieghereste
giocherebbe	giocherebbero	impiegherebbe	impiegherebbero

INDICARE	TO POINT OUT	*NOLEGGIARE*	TO RENT, TO HIRE
indicherei	indicheremmo	noleggerei	noleggeremmo
indicheresti	indichereste	noleggeresti	noleggereste
indicherebbe	indicherebbero	noleggerebbe	noleggerebbero

OBBLIGARE	TO FORCE	*PAGARE*	TO PAY
obbligherei	obbligheremmo	pagherei	pagheremmo
obbligheresti	obblighereste	pagheresti	paghereste
obbligherebbe	obbligherebbero	pagherebbe	pagherebbero

PESCARE	TO FISH	*RINUNCIARE*	TO REFUSE
pescherei	pescheremmo	rinuncerei	rinunceremmo
pescheresti	peschereste	rinunceresti	rinuncereste
pescherebbe	pescherebbero	rinuncerebbe	rinuncerebbero

TOCCARE	TO TOUCH	*VIAGGIARE*	TO TRAVEL
toccherei	toccheremmo	viaggerei	viaggeremmo
toccheresti	tocchereste	viaggeresti	viaggereste
toccherebbe	toccherebbero	viaggerebbe	viaggerebbero

–are Verbs That Keep or Drop the *–a-* of the Infinitive

ANDARE	TO GO	*DARE*	TO GIVE
andrei	andremmo	darei	daremmo
andresti	andreste	daresti	dareste
andrebbe	andrebbero	darebbe	darebbero

FARE	TO DO, MAKE	*STARE*	TO STAY
farei	faremmo	starei	staremmo
faresti	fareste	staresti	stareste
farebbe	farebbero	starebbe	starebbero

–ere Verbs That Drop the *–e-* of the Infinitive

AVERE	TO HAVE	*CADERE*	TO FALL
avrei	avremmo	cadrei	cadremmo
avresti	avreste	cadresti	cadreste
avrebbe	avrebbero	cadrebbe	cadrebbero

DOVERE	TO HAVE TO, OUGHT, SHOULD	*GODERE*	TO ENJOY
dovrei	dovremmo	godrei	godremmo
dovresti	dovreste	godresti	godreste
dovrebbe	dovrebbero	godrebbe	godrebbero

POTERE	TO BE ABLE, CAN	*SAPERE*	TO KNOW
potrei	potremmo	saprei	sapremmo
potresti	potreste	sapresti	saprebbe
potrebbe	potrebbero	saprebbe	saprebbero

VEDERE	TO SEE	*VIVERE*	TO LIVE
vedrei	vedremmo	vivrei	vivremmo
vedresti	vedreste	vivresti	vivreste
vedrebbe	vedrebbero	vivrebbe	vivrebbero

–are- Verbs That Have *–rr-* in the Stem

BERE	TO DRINK	*RIMANERE*	TO REMAIN
berrei	berremmo	rimarrei	rimarremmo
berresti	berreste	rimarresti	rimarreste
berrebbe	berrebbero	rimarrebbe	rimarrebbero

SUPPORRE	SUPPOSE	*TENERE*	TO KEEP
supporrei	supporremmo	terrei	terremmo
supporresti	supporreste	terresti	terreste
supporrebbe	supporrebbero	terrebbe	terrebbero

Uses of the Conditional Tense

The conditional tense expresses what would happen if something else occurred or if another condition existed. It is most commonly used in a combination of two sentences where the *if clause* is in the imperfect subjunctive. (The imperfect subjunctive will be extensively covered in the next unit.) The conditional is used to soften statements and requests, especially when the verbs **volere**, **potere**, and **dovere** are used:

Che cosa **vorrebbe** mangiare?	*What would you like to eat?*
Potresti darmi un passaggio?	*Could you give me a lift?*
Non **dovreste** gettare le carte per terra.	*You shouldn't throw papers on the ground.*

Esercizio 32.1

Change the following sentences from the present to the conditional to soften the requests.

1. Voglio un caffè e un cornetto alla crema.

   ____

2. Devi lavare il pavimento.

   ____

3. Deve smettere di fumare.

   ____

4. Maria deve compilare il modulo e firmarlo.

   ____

5. Puoi mettere in ordine la tua camera?

   ____

6. Potete parlare più piano?

   ____

7. Posso dare la tua penna a Isabella.

   ____

8. Possiamo usare la tua macchina.

____

9. Dovete ritornare a casa presto.

____

10. Noi vogliamo spegnere la luce.

____

Esercizio 32.2

Complete the following sentences with the correct conditional form of the verb in parentheses.

1. Io _______________ il tema, ma non ho tempo. (finire)
2. Tu _______________ questo film, ma l'hai già visto. (guardare)
3. Che cosa _______________ fare questa sera? (voi-volere)
4. Quanto tu mi _______________ per questo armadio? (dare)
5. Io _______________ che cosa fare se il bambino non ascolta. (sapere)
6. Dove _______________ se non c'è nessuno a casa? (voi-andare)
7. Come _______________ finire i compiti se non ritorna la luce? (tu-potere)
8. Vi _______________ bere una cioccolata calda. (piacere)
9. I bambini _______________ i genitori, ma non li vedono mai. (ascoltare)
10. La vita _______________ essere meno difficile, ma la gente la complica molto. (potere)

Reflexive, Indirect, and Direct Object Pronouns in the Conditional

The reflexive, indirect, and direct object pronouns have two possible positions when used with the conditional tense:

- Object pronouns can be placed directly before the conjugated verb.
- Object pronouns can be attached to an infinitive if one is used in the sentence.

Io ti impresterei la mia bicicletta, ma ha le gomme bucate.	*I would loan you my bike, but it has flat tires.*
Io vorrei imprestartela, ma ha le gomme bucate.	*I would loan it to you, but it has flat tires.*

Esercizio 32.3

Rewrite the following sentences in the conditional tense.

1. Io la ascolto ma non mi piace quello che dice. ____________________
2. Tu vai al cinema con gli amici. ____________________
3. Lei da il cibo alle oche, ma è proibito. ____________________
4. Venite a casa mia per la festa del mio compleanno? ____________________
5. Devi portare i fiori a tua sorella. ____________________
6. Vuoi portare dei fiori alla nonna? ____________________
7. I bambini possono guardare la televisione. ____________________
8. Noi veniamo se ci chiamate. ____________________
9. Io non le dico niente. ____________________
10. Vai da sola o con tuo marito? ____________________

Esercizio 32.4

Use the conditional to express your wishes and those of the people you know.

1. A me piace studiare le lingue straniere.

   ____

2. I nostri genitori preferiscono tenerci sempre in casa con loro.

   ____

3. Ai tuoi amici piace viaggiare in posti nuovi ed esotici.

   ____

4. Mio fratello desidera trovare una brava moglie.

   ____

5. I loro vicini preferiscono non avere bambini in casa loro.

   ____

6. Noi desideriamo parlare con il direttore della banca.

   ____

7. La mia professoressa preferisce parlare sempre in italiano.

   ____

8. La nostra casa è fredda, ma noi alziamo la temperatura.

____

9. A noi piace molto vivere in Italia.

____

10. Loro preferiscono la polenta alla pasta.

____

Esercizio 32.5

For fun, a group of friends tells what kinds of jobs they would like to do. Each one of them has to say what job each would choose. Fill in the blanks with the present conditional of the verb in parentheses.

1. Maria: Mi _______________(1) (like) fare la pittrice. Io _______________ (2) (paint) dei bellissimi quadri. Io _______________(3) (vivere) in una mansarda con delle grandi finestre. Io ____________ (4) (volere) una terrazza con tanti fiori e con un bel panorama. Io _________(5) (volere) essere famosissima. Il mio genere favorito di pittura ___________(6) (essere) i paesaggi in collina, i cipressi e i campi di papaveri.
2. Luca: A me _______________(7) (piacere) fare lo scrittore. Io _________________(8) (scrivere) dei romanzi gialli complicatissimi. Il protagonista _________________(9) (essere) un poliziotto privato. Le storie _____________________(10) (svolgersi) in luoghi esotici e su isole remote. Io _________________(11) (scrivere) sempre delle storie romantiche e le ____________________ (12) (finire) sempre bene. Il poliziotto _________________ (13) (prendere) l'assassino, lo __________________(14) (mettere) in prigione e lui __________________ (15) (andare) a riposare su una delle isole di cui ha scritto.
3. Marco: A me __________________(16) (piacere) fare il pilota di aerei di linea. Io _______________(17) (viaggiare) sempre e __________________(18) (visitare) tanti paesi vicini e lontani. Io _____________(19) (essere) molto felice. ________________(20) (comprare) un aereo per me e per la mia famiglia. In questo modo _______________(21) (avere) la possibilità di andare in paesi remoti dove ci __________________(22) (godere) una vita privata e intima dopo lo stress della vita giornaliera.

4. Silvia: A me ______________(23) (piacere) essere una brava ballerina. Io ____________(24) (essere) sempre sui giornali con le mie storie di successo. __________________(25) (abitare) in una casa molto grande con una bella piscina circondata da alberi e fiori di tanti colori e tipi. ____________________ (26) (girare) il mondo con altri ballerini e __________________(27) (conoscere) molte culture diverse e __________________(28) (studiare) molte lingue straniere.
5. Gianni: Io __________________(29) (scegliere) di fare il politico. Io __________________(30) (volere) fare una carriera politica di responsabilità e raggiungendo l'età pensionabile ______________(31) (volere) essere ricordato come una persona onesta, piena di compassione e generosa.

The Conditional Perfect

The conditional perfect tense, the equivalent of English past conditional, consists of the conditional of the auxiliary verb **avere** or **essere** plus the past participle. The perfect conditional is used to express an action that would have taken place but did not. *I would have written you, but I did not have your address,* for example.

Formation of the Conditional Perfect Tense

The conditional perfect tense is a compound tense. To form this tense, conjugate the auxiliary verb **avere** or **essere** in the conditional tense and follow it with the past participle of the main verb:

Io avrei mangiato.	*I would have eaten.*
Tu avresti studiato.	*You would have studied.*
Lui avrebbe pianto.	*He would have cried.*
Noi avremmo cantato.	*We would have sung.*
Voi avreste lavorato.	*You would have worked.*
Loro avrebbero viaggiato.	*They would have traveled.*
Io sarei andato/a.	*I would have gone.*
Tu saresti partito/a.	*You would have left.*
Lui /lei sarebbe ritornato/a.	*He/she would have returned.*
Noi saremmo usciti/e.	*We would have gone out.*
Voi sareste nati/e.	*You would have been born.*
Loro sarebbero caduti/e.	*They would have fallen.*

capire

avrei capito	avremmo capito
avresti capito	avreste capito
avrebbe capito	avrebbero capito

arrivare

sarei arrivato/a	saremmo arrivati/e
saresti arrivato/a	sareste arrivati/e
sarebbe arrivato/a	sarebbero arrivati/e

alzarsi

mi sarei alzato/a	ci saremmo alzati/e
ti saresti alzato/a	vi sareste alzati/e
si sarebbe alzato/a	si sarebbero alzati/e

The conditional perfect tense, which is used to refer to an event or an action that would have occurred but did not, is often followed by the English *but*:

Sarei rimasta, ma non mi piaceva l'albergo.	*I would have stayed, but I did not like the hotel.*

The reflexive, direct, and indirect object pronouns precede the verb form. The object pronouns are never attached to the past participle:

Io ti avrei chiamato, ma non avevo il tuo numero di telefono.	*I would have called you, but I did not have your phone number.*

The conditional perfect tense may also express speculation or conjecture in the past:

Una persona onesta avrebbe portato alla polizia il portafoglio che ha trovato per la strada.	*An honest person would have taken to the police the wallet he found in the street.*

Esercizio 32.6

Change the following sentences from the indicative into the correct perfect conditional forms.

1. La ragazza ha accettato un appuntamento con una persona che non conosceva.

   ____

2. Mario e Nadia hanno portato il loro bambino in aereo quando era piccolo.

   ____

3. Gabriele ha comprato una macchina nuova.

____

4. La vita in Italia era molto caotica.

____

5. La ragazza ha speso tutti i soldi per cose inutili.

______________________________.

6. Sapevo che venivano tutti alla festa.

____

7. La polizia ha segnalato i problemi dopo la partita.

____

8. Hanno pubblicato la notizia sul giornale.

____

9. Le giornate si sono già accorciate.

____

10. Ha cambiato casa lo scorso mese.

____

Sequence of Tenses in Indirect Speech

After verbs that express saying, knowing, and thinking with the present tense in the main clause, a future tense in the dependent clause usually follows:

So che porteranno un buon dolce.	*I know they will bring a nice dessert.*
Dicono che questo sarà un inverno molto freddo.	*They say this winter will be very cold.*

If the verb in the main clause is in the past, the future tense changes to the conditional in English but to the conditional perfect in Italian:

Sapevo che avrebbero portato un buon dolce.	*I knew they would have brought a good dessert.*
Ho saputo che la sua casa sarebbe. stata molto grande.	*I found out that his house would be very large.*

Esercizio 32.7

Change the present into present perfect and the future into past conditional.

1. Avvisano che cancelleranno il volo a causa del tempo.

____

2. Luisa promette che dimagrirà.

3. La professoressa dice che mi aiuterà a capire la matematica.

4. Luisa conferma che comprerà le scarpe.

5. Erica dice che farà tutti gli esami nel primo trimestre.

6. I nonni dicono che si trasferiranno vicino al figlio.

7. Roberto taglia l'albero che danneggerà le fondamenta esterne della casa.

8. Io compro le piante che sopravviveranno l'inverno.

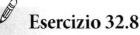

Esercizio 32.8

Rewrite the following sentences changing the verbs from the present conditional to the past conditional.

1. Vorrei andare a sciare con una comitiva della scuola.

2. Desidereremmo uscire presto dal lavoro.

3. Il nonno mangerebbe volentieri una fetta di torta.

4. Ci piacerebbe cantare e recitare.

5. Dovresti parlare con il tuo capo.

6. Preferirebbe guardare un film alla TV.

7. Noi dormiremmo bene anche in tenda.

8. Voi comprereste una macchina nuova.

33

The Present Subjunctive

So far you have studied the present tense in the indicative mood, which is the most frequently used mood in Italian. This chapter introduces the present subjunctive, which is used much more in Italian than in English.

The present subjunctive is never used independently and is usually preceded by a main clause connected by **che**: main clause + **che** + dependent clause:

Io credo **che** loro vadano in Irlanda.	*I think they are going to Ireland.*

You will often find the subjunctive is needed after the following sentence elements:

Certain verbs
Certain expressions
Certain impersonal expressions
Certain conjunctions
Certain dependent adjective clauses

Formation of the Present Subjunctive

Keep the following rules in mind when you are using the present subjunctive in Italian:

- The present subjunctive is formed by adding the required subjunctive endings to the stem of the verb.
- Verbs that are irregular in the present indicative are also irregular in the present subjunctive.
- To create the subjunctive mood, the **–o** of the present tense conjugation in the first person singular (**io** form) is replaced by the endings of the present subjunctive.

–are Verbs in the Present Subjunctive

In order to conjugate both regular and irregular **–are** verbs in the present subjunctive, start with the **io** form of the present indicative. Drop the **–o** and add to the stem the endings for the present subjunctive (**–i**, **–i**, **–i**, **–iamo**, **–iate**, **–ino**).

INFINITIVE	**io** *FORM*	*PRESENT SUBJUNCTIVE*	
camminare	io cammino	io cammini	noi camminiamo
		tu cammini	voi camminiate
		lui/lei cammini	loro camminino
contare	io conto	io conti	noi contiamo
		tu conti	voi contiate
		lui/lei conti	loro contino
parlare	io parlo	io parli	noi parliamo
		tu parli	voi parliate
		lui/lei parli	loro parlino
ricordare	io ricordo	io ricordi	noi ricordiamo
		tu ricordi	voi ricordiate
		lui/lei ricordi	loro ricordino

–care and *–gare*

Verbs ending in **–care** and **–gare** add an **–h–** before the final ending to all forms of the present subjunctive.

INFINITIVE	**io** *FORM*	*PRESENT SUBJUNCTIVE*	
buscare	io busco	io buschi	noi buschiamo
		tu buschi	voi buschiate
		lui/lei buschi	loro buschino
giocare	gioco	io giochi	noi giochiamo
		tu giochi	voi giochiate
		lui/lei giochi	loro giochino
impiegare	impiego	io impieghi	noi impieghiamo
		tu impieghi	voi impieghiate
		lui/lei impieghi	loro impieghimo
legare	lego	io leghi	noi leghiamo
		tu leghi	voi leghiate
		lui/lei leghi	loro leghino

pagare	pago	io paghi	noi paghiamo
		tu paghi	voi paghiate
		lui/lei paghi	loro paghino
toccare	tocco	io tocchi	noi tocchiamo
		tu tocchi	voi tocchiate
		lui/lei tocchi	loro tocchino

–*ere* and –*ire* Verbs in the Present Subjunctive

In order to conjugate both the regular and the irregular **–ere** and the **–ire** verbs in the present subjunctive, drop the **–o** from the first person singular of the present indicative, and add **–a**, **–a**, **–a**, **–iamo**, **–iate**, **–ano** to the stem.

–*ere* Verbs

INFINITIVE	io *FORM*	*PRESENT SUBJUNCTIVE*	
chiedere	io chiedo	io chieda	noi chiediamo
		tu chieda	voi chiediate
		lui/lei chieda	loro chiedano
chiudere	io chiudo	io chiuda	noi chiudiamo
		tu chiuda	voi chiudiate
		lui/lei chiuda	loro chiudano
vedere	io vedo	io veda	noi vediamo
		tu veda	voi vediate
		lui/lai veda	loro vedano
vincere	io vinco	io vinca	noi vinciamo
		tu vinca	voi vinciate
		lui/lei vinca	loro vincano

–*ire* Verbs in the Present Subjunctive

INFINITIVE	io *FORM*	*PRESENT SUBJUNCTIVE*	
aprire	io apro	io apra	noi apriamo
		tu apra	voi apriate
		lui/lei apra	loro aprano
dormire	io dormo	io dorma	noi dormiamo
		tu dorma	voi dormiate
		lui/lei dorma	loro dormano

sentire	io sento	io senta	noi sentiamo
		tu senta	voi sentiate
		lui/lei senta	loro sentano
soffrire	io soffro	io soffra	noi soffriamo
		tu soffra	voi soffriate
		lui/lei soffra	loro soffrano

–*isc* Verbs in the Present Subjunctive

–ire verbs that add **–isc** to the present indicative also add **–isc** in the present subjunctive.

INFINITIVE	io *FORM*	*PRESENT SUBJUNCTIVE*	
capire	io capisco	io capisca	noi capiamo
		tu capisca	voi capiate
		lui/lei capisca	loro capiscano
finire	io finisco	io finisca	noi finiamo
		tu finisca	voi finiate
		lui/lei finisca	loro finiscano
preferire	io preferisco	io preferisca	noi preferiamo
		tu preferisca	voi preferiate
		lui/lei preferisca	loro preferiscano

–*ere* and –*ire* Verbs with –*g*- and –*c*- in the *io* Form

In the present subjunctive, some **–ere** and **–ire** verbs carry the irregularity of the first person singular through the conjugation, except for the first person plural or the **noi** form and the second person plural or the **voi** form. No **–are** verbs have these irregularities.

INFINITIVE	io *FORM*	*PRESENT SUBJUNCTIVE*	
conoscere	io conosco	io conosca	noi conosciamo
		tu conosca	voi conosciate
		lui/lei conosca	loro conoscano
dire	dico	io dica	noi diciamo
		tu dica	voi diciate
		lui/lei dica	loro dicano

porre	pongo	io ponga	noi poniamo
		tu ponga	voi poniate
		lui/lei ponga	loro pongano
rimanere	rimango	io rimanga	noi rimaniamo
		tu rimanga	voi rimaniate
		lui/lei rimanga	loro rimangano
salire	salgo	io salga	noi saliamo
		tu salga	voi saliate
		lui/lei salga	loro salgano
tenere	tengo	io tenga	noi teniamo
		tu tenga	voi teniate
		lui/lei tenga	loro tengano
venire	vengo	io venga	noi veniamo
		tu venga	voi veniate
		lui/lei venga	loro vengano

Irregular Verbs in the Subjunctive

There are only five verbs that have the present subjunctive that are not formed from the first person singular or the **io** form. This is why they are considered irregular.

INFINITIVE	**io** *FORM*	*PRESENT SUBJUNCTIVE*	
avere	ho	io abbia	noi abbiamo
		tu abbia	voi abbiate
		lui/lei abbia	loro abbiano
dare	do	io dia	noi diamo
		tu dia	voi diate
		lui/lei dia	loro diano
essere	sono	io sia	noi siamo
		tu sia	voi siate
		lui/lei sia	loro siano
sapere	so	io sappia	noi sappiamo
		tu sappia	voi sappiate
		lui/lei sappia	loro sappiano
stare	sto	io stia	noi stiamo
		tu stia	voi stiate
		lui/lei stia	loro stiano

Uses of the Present Subjunctive

The subjunctive is not a tense but a mood that expresses wishes, doubts, thoughts, and what is possible, rather than what is certain. The present subjunctive in a dependent clause is introduced by **che** and followed by the present tense in the main clause. The use of the subjunctive or the indicative is regulated by the meaning of the verb in the sentence.

If we want to announce an event, the indicative is used:

Sostengo che **è** colpa sua.	*I maintain that it is his fault.*

If we want to announce a possible or probable event, the subjunctive will be used. The dependent clause is always introduced by **che** with conjugated verbs:

Credo **che sia** colpa sua.	*I believe it is his fault.*

In the formal written or spoken forms, there is a tendency to use the subjunctive, while in informal usage, the indicative is more frequently used:

Penso che **sia** colpa Sua. (formal)	*I think it is your fault.*
Penso che è colpa tua. (informal)	*I think it is your fault.*

While the indicative is often used, the subjunctive is preferable:

Penso che **sia** colpa tua.	*I think it is your fault.*

To help you choose between the subjunctive or the indicative, remember that verbs expressing a will, a wish, a request, an opinion, a prayer, a fear, and a doubt require the use of the subjunctive.

Some of these verbs are:

accettare	*to accept*
attendere	*to wait for*
augurare	*to wish for*
chiedere	*to ask*
credere	*to believe*
desiderare	*to wish*
disporre	*to have at one's disposal, manage*
domandare	*to ask*
dubitare	*to doubt*
esigere	*to require, expect*
supporre	*to imagine, suppose*
immaginare	*to imagine*
lasciare	*to let*
negare	*to negate, deny*
ordinare	*to order*
permettere	*to allow*
preferire	*to prefer*
pregare	*to pray, beg*
ritenere	*to believe, to assume*
sospettare	*to suspect*
sperare	*to hope*
temere	*to fear*

Esercizio 33.1

Complete the following sentences with the correct form of the subjunctive of the verbs in parentheses.

1. Accetto che lei ________________ quel ragazzo anche se non mi piace. (sposare)
2. Maria aspetta che voi ________________ la scuola per andare in vacanza. (finire)
3. Tu chiedi che loro non ____________________ troppo rumore il pomeriggio e la sera tardi. (fare)
4. Io lascio che loro mi ____________________ prima di andare a visitarli. (chiamare)
5. Chiediamo che lui gentilmente ________________ l'orchestra per le persone anziane. (dirigere)
6. Il generale ordina che la squadra di soldati si ___________________ a combattere. (preparare)
7. Il nostro amico dispone che noi _________________ l'aereo e andiamo in albergo con il taxi. (prendere)
8. La nonna prega che il figlio _________________ la nipotina a visitarla. (portare)
9. Ritenete che _____________ meglio arrivare in treno o in macchina? (essere)
10. Le maestre esigono che Isabella non _______________ con le sue amiche a scuola durante il giorno. (parlare)

Esercizio 33.2

Select the sentence with the correct form of the subjunctive.

1a. Mario ha detto che non è stato lui a rompere il vetro.

1b. Mario ha detto che non sia stato lui a rompere il vetro.

2a. Desidero che voi studiate e vi laureate presto.

2b. Desidero che voi studiate e vi laureiate presto.

3a. Giorgio ammette che mi mentite.

3b. Giorgio ammette che voi mi mentiate.

4a. Maria non mi ha detto che lei deve fare un esame importante.

4b. Maria non mi ha detto che lei debba fare un esame importante.

5a. I miei colleghi chiedono che io alleno la squadra di tennis.

5b. I miei colleghi chiedono che io alleni la squadra di tennis.

6a. I ragazzi fanno molto chiasso quando sono in piscina.

6b. I ragazzi facciano molto chiasso quando sono in piscina.

7a. Il bambino finge di dormire quando la mamma entra nella sua camera.

7b. Il bambino finge che dorma quando la mamma entra nella sua camera.

8a. Non avere paura che lui ti dimentica se non ti vede tutti i giorni.

8b. Non avere paura che lui ti dimentichi se non ti vede tutti i giorni.

9a. Immagino che voi sognate di andare a fare un safari in Africa quando avrete i soldi.

9b. Immagino che voi sogniate di andare a fare un safari in Africa quando avrete i soldi.

10a. Temiamo che voi vogliate lasciare il lavoro e andare in giro per il mondo.

10b. Temiamo che voi volete lasciare il lavoro e andare in giro per il mondo.

The indicative and not the subjunctive is used with the verbs expressing judgment or perception. Following are some of these verbs:

accorgersi	*to realize*	**percepire**	*to receive, perceive*
affermare	*to declare*	**promettere**	*to promise*
confermare	*to confirm*	**ricordare**	*to remember*
constatare	*to realize*	**riflettere**	*to reflect*
dichiarare	*to declare*	**rispondere**	*to respond*
dimostrare	*to demonstrate*	**scoprire**	*to discover*
dire	*to tell, say*	**scrivere**	*to write*
giurare	*to swear*	**sentire**	*to hear*
insegnare	*to teach*	**sostenere**	*to claim, support*
intuire	*to sense, perceive*	**udire**	*to hear*
notare	*to note*	**vedere**	*to see*

A few verbs require the subjunctive or the indicative depending on how they are used.

Ammettere (*to admit*) requires the indicative when it is used in the sense of recognizing:

Ammettete che vi siete addormentati tardi.	*Admit that you fell asleep late.*
Ammetti che non ti piace giocare d'azzardo.	*Admit that you do not like to gamble.*

Ammettere takes the subjunctive when it means *to concede*, *to allow*, and so on.

Ammettiamo che tu non voglia **studiare,** che cosa vuoi fare?	*Let's suppose that you do not want to study, what do you want to do?*
Ammetti che lui non ti **parli** mai, come sai tante cose di lui?	*Let's allow that he doesn't speak a lot to you, how do you know so much about him?*

Take a careful look at the specific uses of the present subjunctive.

After Certain Impersonal Expressions

A sentence or question may consist of a main clause and a dependent clause connected by the conjunction **che**. The following sentence consists of a main clause and a dependent clause in the indicative mood:

Main clause	Lei vede
Dependent clause	che tu parli con me.

If the main clause has an impersonal expression, such as **è possible**, the dependent clause has to be in the subjunctive:

È possibile che io **venga**.	*It is possible that I may come.*

Following are some commonly used impersonal expressions:

è assurdo che . . .	*It is absurd that . . . .*
basta che . . .	*It is enough that . . .*
bisogna che . . .	*It is necessary that . . .*
è bene che . . .	*It is good that . . .*
è difficile che . . .	*It is difficult that . . .*
è giusto che . . .	*It is right that . . .*
è importante che . . .	*It is important that . . .*
è impossibile che . . .	*It is impossible that . . .*

è male che . . .	*It is bad that . . .*
è meglio che . . .	*It is better that . . .*
è necessario che . . .	*It is necessary that . . .*
è opportuno che . . .	*It is opportune that . . .*
è peccato che . . .	*It is a pity that . . .*
è possibile che . . .	*It is possible that . . .*
è probabile che . . .	*It is probable that . . .*
è raro che . . .	*It is rare that . . .*
è urgente che . . .	*It is urgent that . . .*
non importa che . . .	*It isn't important that . . .*

È meglio che **tu stia a casa** se non stai bene.	*It is better that you stay at home if you do not feel well.*
È peccato che **sia venuta** la brina.	*It is a shame that we had frost.*

Impersonal expressions are followed by an infinitive instead of the subjunctive if the subject is not expressed.

È necessario che **tu chiuda** tutte le finestre prima che **tu esca**.	*It is necessary that you close all windows before you go out.*
È necessario **chiudere** tutte le finestre prima di uscire.	*It is necessary to close all the windows before going out.*

When the impersonal expressions imply certainty, the indicative is used instead of the subjunctive in the dependent clause. The expressions that require the indicative are:

è certo che . . .	*It is certain that . . .*
è chiaro che . . .	*It is clear that . . .*
è evidente che . . .	*It is evident that . . .*
è ovvio . . .	*It is obvious that . . .*

Esercizio 33.3

Complete the following sentences with the correct form of the verbs in parentheses.

1. È probabile che domani ________________ un temporale. (venire)
2. È necessario che lui ________________ bene il professore. (ascoltare)
3. È possible che voi non ________________ a vendere tutto alla festa. (riuscire)

4. È difficile che noi _______________ a sciare questo inverno. (andare)
5. È un peccato che le giornate ____________________ così in fretta. (accorciarsi)
6. È raro che le nostre amiche ___________________ a trovarci al mare. (venire)
7. È assurdo che i bambini nelle elementari ______________ tanti compiti dopo la scuola. (avere)
8. È urgente che lei _________________. (dimagrire)
9. Io l'aspetto, basta che ____________ puntuale. (essere)
10. È difficile che voi _________________ parlare al telefono con lei. (potere)

The subjunctive is used after certain verbs.

Verbs Expressing Wishes or Preferences

Verbs expressing wishes in the main clause have the subjunctive in the subordinate clause. The subject in the main clause must be different from the subject in the dependent clause:

desiderare	*to desire, to want, to wish for*
preferire	*to prefer*
volere	*to want*

If the main verb of a sentence contains one of the verbs above, such as **volere,** the dependent clause has to use the subjunctive:

Tu desideri che io **parli** con il direttore.	*You wish that I speak with the director.*

If there is only one subject for the two verbs in a sentence, there is neither a dependent clause nor a subjunctive clause:

Io voglio **dormire**.	*I want to sleep.*
Dobbiamo **scrivere** la lettera.	*We have to write the letter.*
Voi preferite **guardare** la TV.	*You prefer to watch the television.*

Here is a sentence with a main clause and a subordinate clause in the indicative:

Main Clause	Lucia sa
Dependent Clause	che noi non parliamo l'inglese.

Verbs Expressing Hope, Happiness, Sadness, Regrets, or Fear

Verbs that express hope, happiness, sadness, regrets, or fear will use the subjunctive in the dependent clause when there is a change of subject:

avere paura	*to be afraid*	**piacere a uno**	*to be pleasing*
dispiacere	*to regret*	**rallegrarsi**	*to be glad*
essere contento/a	*to be happy*	**sperare**	*to hope*
essere triste	*to be sad*	**temere**	*to fear*

Abbiamo paura che il dottore lo mandi in ospedale.	*We are afraid the doctor will put him in the hospital.*
Mi dispiace che tu non **venga** alla festa.	*I am sorry that you will not come to the party.*
Siete contenti che lui **si laurei**?	*Are you happy that he is graduating?*
Speri che noi **veniamo a** visitarti?	*Do you hope that we will come to visit you?*

If the subject is the same for the two verbs in the sentence, the second verb will remain in the infinitive:

Lisa è contenta di vedere le sue cugine.	*Lisa is happy to see her cousins.*
Lei non ha paura di volare.	*She is not afraid of flying.*

Verbs Expressing Doubt, Emotion, or Opinion

Verbs that express doubt, emotion, or opinion will use the subjunctive in the dependent clause when there is a change of subject in the dependent clause.

Some of these verbs are:

credere	*to believe*	**pensare**	*to think*
immaginare	*to imagine*	**dubitare**	*to doubt*
avere paura	*to be afraid*	**essere contento/a**	*to be happy*
essere commosso	*to be moved*	**temere che . . .**	*to be afraid that . . .*
essere convinto	*to be convinced*	**non mi spiego che . . .**	*I am bewildered that . . .*

Many expressions of emotion consist of a third person singular verb and a direct to indirect object pronoun. The third person object pronouns may be replaced by other pronouns:

Gli piace che . . .	*He likes that . . .*
Gli dispiace che . . .	*He regrets that . . .*
Gli fa pena . . .	*He feels sorry that . . .*
Gli fa schifo . . .	*He is disgusted that . . .*
Lo sorprende . . .	*He is surprised that . . .*
Lo stupisce . . .	*He is surprised/astonished that . . .*

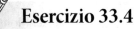

Esercizio 33.4

Complete the following sentences with the correct form of the present subjunctive from the verbs in parentheses.

1. Abbiamo paura che lei ________________ male al suo capo e ___________ licenziata. (rispondere, venire)
2. Il papà è contento che sua figlia _______________ un buon lavoro. (avere)
3. Alla mamma dispiace che sua figlia _________ in un paese lontano e che non può vederla spesso. (vivere)
4. I ragazzi si rallegrano che il loro fratello più piccolo _______________ l'Università in pochi anni e che ______________ una buona sistemazione. (finire, trovare)
5. Mi dispiace che tu ______________ andare via così presto. (dovere)
6. Mi dispiace di ______________ andare via, ma domani mi devo alzare molto presto. (dovere)
7. Non ho comprato il biglietto della lotteria pechè so di ______________. (perdere)
8. Io temo che tu ___________________ le chiavi di casa e che tu _________________ stare fuori di casa ad aspettare che qualcuno _________________ la serratura. (perdere, dovere, rompere)
9. Pensiamo che __________ ora che tu e tuo fratello _______________ a guadagnarvi la vita. (essere, cominciare)
10. Siete contenti che lei ___________ all'estero oppure volete che ______________ a casa? (studiare, ritornare)

Esercizio 33.5

Complete the following sentences with the present subjunctive form of the verb in parentheses.

1. Lui è commosso che loro gli ________________ così di frequente. (scrivere)
2. È normale che voi ________________ in vacanza in Italia perchè volete vedere la famiglia. (andare)
3. Siamo contenti che ________________ viaggiare e non ____________ paura di volare. (potere, avere)
4. È logico che ______________ paura di nuotare se siete nell'acqua fonda e non avete il salvagente. (avere)
5. Al mio amico fa schifo che noi ________________ i molluschi fritti. (mangiare)
6. Non mi spiego che lei non ______________ mai i compiti. (finire)
7. La stupisce che voi ______________ in America e non ______________ ritornare in Italia. (studiare, volere)
8. Vi fa pena che lui non ______________ indumenti per cambiarsi e non ______________ fare la doccia perchè non ha casa. (possedere, potere)
9. Ci sorprende che Erica non ______________ a fare l'Università in America. (venire)
10. Ho paura che le ragazze ________________ e ______________ tardi alla festa. (perdersi, arrivare)

Verbs Expressing Orders, Requests, or Advice

Verbs expressing orders, requests, or advice in the main clause require the subjunctive in the dependent clause:

chiedere	*to ask*	**ordinare**	*to order*
consigliare	*to advise*	**permettere**	*to allow, permit*
dire	*to tell, say*	**insistere**	*to insist*
lasciare	*to let*	**proibire**	*to prohibit*
suggerire	*to suggest*		

Io suggerisco che tu stia attenta alle lusinghe della gente.	*I suggest that you pay attention to flattery.*
Lascia che loro pensino a sè stessi.	*Let them think for themselves.*
Io proibisco che loro usino il cellulare a tavola.	*I don't want them to use the cellular phone at dinner.*
Insiste che voi mettiate la giacca e la cravatta.	*She insists that you wear a jacket and a tie.*

Lasciare, **permettere**, **proibire**, and **ordinare** can be used with the subjunctive or the infinitive. In the latter, the indirect pronoun precedes the verb:

Permetto che tu tenga le scarpe in casa.	*I allow you to keep the shoes in the house.*
Ti permetto **di tenere** le scarpe in casa.	*I allow you to keep the shoes on in the house.*
Proibisco che **fumino** in casa.	*I prohibit them from smoking in the house.*
Gli proibisco di **fumare** in casa.	*I prohibit them from smoking in the house.*
Ordino che portino il vino a casa mia.	*I order them to bring the wine to my house.*
Gli ordino di **portare** il vino a casa mia.	*I order them to bring the wine to my house.*
Lascio che **vadano** alla festa.	*I let them go to the party.*
Li **lascio** andare alla festa.	*I let them go to the party.*

Note: When **dire** is used to give an order, the subjunctive is required in the dependent clause:

Gli **dico** che stia attento.	*I tell him to be careful.*
Le dice che **vada e stia** a letto.	*She tells her to go and stay in bed.*

Esercizio 33.6

Complete the sentences with the correct form of the present subjunctive of the verbs in parentheses.

1. Volete che ________________ a Mario di venire a casa? (dire)
2. Speriamo che lui ______________________ l'orchestra. (dirigere)

3. Noi crediamo che la vita __________ corta e che dobbiamo aiutare la gente meno fortunata di noi. (essere)
4. Io dubito che gli UFO ____________________ e che ____________________ sulla terra a nostra insaputa. (esistere, venire)
5. Mi rattristo che loro non ____________________ che è pericoloso guidare la macchina e parlare al telefono. (capire)
6. Il dottore non vuole che mio marito ________________ a tennis. (giocare)
7. Mi rattrista che tu non _____________ più sciare a causa dell'incidente al ginocchio. (potere)
8. Noi speriamo che _________________ un viaggio tranquillo e che vi _________________. (fare, riposare)
9. È meglio che ____________________ a casa fino a quando sapete se siete ancora contagiosi. (stare)
10. Mi permette che io _______________ solo due sere alla settimana perchè devo studiare. (uscire)

Esercizio 33.7

Change the sentences from the indicative tense to the subjunctive mood, using the verbs in parentheses to introduce and make the sentences subjunctive.

Example: So che il bambino dorme già tutta la notte.
Penso che il bambino dorma tutta la notte.

1. Erica studia giorno e notte. ____________________________________ ___________. (credere)
2. La mamma di Silvia parte per l'Italia domani. ______________________ ____. (credere)
3. Sono sicuro che loro vincono anche questa settimana. _______________ ____. (dubitare)
4. Noi sappiamo che alla mamma piacciono le rose rosse. ______________ ____. (immaginare)
5. La storia della sua vita è molto interesssante. ______________________ ____. (pensare)

6. Sappiamo che a Eric piace la macchina nuova. ______________________

____. (pensare)

7. Venite a casa nostra a cena. ______________________________

____. (credere-io)

8. Il volo per l'Europa è stato cancellato. ____________________

________. (dubitare-tu)

9. Loro hanno una vita molto avventurosa. ____________________

____. (desiderare-lei)

10. Sappiamo che la scuola cancella la lezione di italiano a causa dello sciopero dei trasporti pubblici.______________________________

____. (desiderare-voi)

The Present Subjunctive After Certain Conjunctions

The subjunctive form immediately follows one of the following conjunctions when the main clause has a different subject from the dependent clause:

a condizione che	*provided that*	a patto che	*provided that*
affinchè	*in order that*	fino a quando	*until*
benchè	*although, even if*	malgrado	*although, in spite of*
così che	*so that*	nel caso che	*in case*
dopo che	*after*	prima che	*before*
finchè	*until*	senza che	*without*
nonostante	*although*	per paura che	*for fear that*
qualora	*if, in case*	sebbene	*although*
seppure	*even if*	perchè	*so that, in order that*

Here is a sentence where there is only one subject:

Lei studia **prima di giocare**. *She studies before playing.*

In the following examples, there are two subjects connected by the conjunction **che**:

Lei fa il bagno prima che lo **faccia lui**. *She takes a bath before him.*

If there is only one subject in the sentence, an infinitive follows the conjunction:

Lui lavora **per mangiare.**	*He works (in order) to eat.*
Luisa cammina **senza guardare**.	*Luisa walks without looking.*

Some conjunctions of time require the subjunctive, whether there is one subject or two subjects:

a meno che	*unless*
allorchè	*when, if*
purchè	*as long as*

Note: Affinchè is more formal than **perchè**.

When **perchè** means *because*, it is followed by the indicative.

Dopo che (*after*) is followed by the indicative.

The conjunction **anche se** (*although*) is common in everyday language, and it is followed by the indicative.

Note: Also note the use of the subjunctive after **che** (*whether*):

Che loro **prendano** la patente o no, guiderà mio marito.	*Whether they get the driver's license or not, my husband will drive.*
Che tuoni, **piova o che ci sia il sole**, giocheremo a football.	*Whether it will thunder, will rain, or is sunny, we will play football.*

Esercizio 33.8

Complete the following sentences with the correct conjunction.

1. Ti aspetto tu non vieni ______________. Non ho fretta ______________ io abbia tante cose da fare. (*until, although*).
2. ____________________ tu arrivi, andiamo al mercato ________________ compriamo la frutta e la verdura fresca. (*as soon as, so that*)
3. Lei parte ______________ lui non lo sappia e dice che ti telefona _______________ tu non ti preoccupi. (*even if, as soon as*)
4. Ti chiamiamo la prossima settimana, ________________ tu non ci scriva. (*unless*)

5. Recitiamo la preghiera ______________________ la nostra nipotina ____________________ a dormire. (*before, go*)
6. Ti regalo i miei anelli ______________________ siano molto preziosi. (*even if*)
7. La chiamiamo ______________________ lei non risponda mai. (*although*)
8. Gli mando i soldi __________________ lui possa comprare i regali per i bambini. (*in order*)
9. Puoi andarla a prendere e portarla al parco __________________ riesca a fare movimento dopo la scuola. (*so that*)
10. Giovanni finisce il suo lavoro, __________________ le condizioni in fabbrica siano brutte (*although*)

In Certain Dependent Adjective Clauses

In Italian, the subjunctive mood is used in the dependent clause if the object or person in the main clause is indefinite or nonexistent. In the following sentences, the object and person described in the main clause are not known:

Cerco **una casa** che **sia** bella e grande.	*I am looking for a house that is nice and large.*
Conosci **qualcuno** che **sappia** riparare il tetto?	*Do you know someone who knows how to fix roofs?*

After the expression *per quanto*

Per quanto **io cerchi di** spiegarle la matematica, lei non la capisce.	*No matter how much I try to explain math to her, she does not understand it.*
Per quanto lavoriate, avete ancora molti debiti da pagare.	*No matter how much you work, you still have lots of debt to pay.*

After *benchè*

Benchè sia freddo, girano con le maniche corte.	*Although it is cold, they go around with short sleeves.*
Benchè ci sia il sole, la temperatura è bassa.	*Although it is sunny, the temperature outside is cold.*

After compounds of *–unque*

Chiunque vada in una casa giapponese deve togliersi le scarpe.	*Whoever goes in a Japanese house has to take off his or her shoes.*
Dovunque Camille vada, il cane la segue.	*Wherever Camille goes, the dog follows her.*
Qualunque cosa lei dica, va bene.	*Whatever she does, it is fine.*

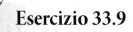

Esercizio 33.9

Change the order of the words in order to use the subjunctive as shown in the example.

Example: Rosanna non vuole venire.
Sua figlia è dispiaciuta.
La figlia di Rosanna è dispiaciuta che sua madre non voglia venire.

1. La mamma non è in casa. È strano. ______________________________
2. Lei non vuole fare le lasagne. Mi dispiace. ______________________________
____
3. La professoressa non vuole dargli un bel voto. Mi dispiace. ______________
____
4. Il padre di mio nonno non sa leggere o scrivere. Che peccato. ____________
____
5. Marcello non riesce a trovare un nuovo lavoro. Sono sorpresa. ___________
____
6. La macchina è rotta. Devo portarla dal meccanico. Che brutta cosa. _____
____
7. Riccardo non vuole studiare. È assurdo. ______________________________
____
8. Giorgio vuole sempre giocare a tennis. Sono sorpresa. __________________
____

9. Gli amici vengono a farci visita. Siamo contenti. ____________________

____

10. Lucia non vuole venire a casa mia con i bambini. Voglio. ____________

____

Esercizio 33.10

Translate the following sentences into Italian using the correct form of the subjunctive.

1. I am waiting for them to give me an answer.

____

2. It could be that he is wrong.

____

3. It is better that you turn off the light.

____

4. It seems to me they will not be able to finish on time.

____

5. I can't wait for you to leave me alone.

____

6. I don't want you to ring the doorbell because the children are sleeping.

____

7. She doesn't know that man.

____

8. I don't understand why he is so rude with everybody.

____

9. We hope the boy doesn't hurt himself when he goes climbing.

____

10. It is useless for you to tell me that you want to find a new job, unless you look for one.

____

____

Esercizio 33.11

Conjugate the infinitives with the present subjunctive.

1. Mi innervosisce che lui non (rendersi) ____________________ conto della situazione.
2. È strano che non (farsi) ____________________ vivo a meno che non lo chiamiamo noi.
3. Il mio cane fa tutto quello che gli dico io senza che io (dovere) ______________ chiamarlo due volte.
4. Mi stupisce che voi non (capire) ________________ una cosa così semplice e non (volere) ____________________ imparare.
5. Credo che lei (riuscire) ____________________ a mettersi d'accordo dopo tante discussioni, ma ho paura di sbagliarmi.
6. Non voglio che tu (dire) ____________________ cosi tante parolacce. Non sembra che tu (essere) __________________ una persona fine se parli così.
7. Non credi che (essere) ________ necessario che io (andare) ______________ dal dottore?
8. Bisogna che tu (studiare) __________________ di più e che (imparare) __________________ tutte le regole della strada a memoria.
9. È necessario che voi (studiare) __________________ molto per fare l'esame di guida in Italia.
10. Vogliono che io (andare) __________________ da loro e che io (spiegare) come stanno veramente le cose.

34

The Present Perfect Subjunctive

The present perfect subjunctive mood (*congiuntivo passato*) refers to the recent past. Like all subjunctive moods, the present perfect subjunctive is used in the same types of subordinate clauses as the present subjunctive. The main clause must have a verb or an expression that calls for the use of the subjunctive mood in the dependent clause. The verb in the main clause is usually in the present tense.

Observe the following sentences:

Penso che **arrivino** tardi.	*I think they will arrive late.*
Penso che **siano arrivati** tardi.	*I think they arrived late.*
Non credo che la ragazza **studi** molto.	*I don't think the girl will study a lot.*
Non credo che la ragazza **abbia studiato** molto.	*I don't think the girl studied a lot.*
Spero che la **ricordiate**.	*I hope you will remember her.*
Spero che l'**abbiate ricordata**.	*I hope you remembered her.*
Siamo felici che tu lo **conosca**.	*We are happy that you know him.*
Siamo felici che tu l'**abbia conosciuto**.	*We are happy that you met him.*

Formation of the Present Perfect Subjunctive

The present perfect subjunctive is a compound verb form. To form the present perfect subjunctive, conjugate the present subjunctive of the helping verb **avere** or **essere** as needed, and follow it with the past participle of the main verb. Keep in mind that if the helping verb is **essere**, the past participle agrees in gender and number with the subject.

parlare	**andare**
che (io) abbia parlato	che (io) sia andato/a
che (tu) abbia parlato	che (tu) sia andato/a
che (lui) abbia parlato	che (lui) sia andato
che (lei) abbia parlato	che (lei) sia andata
che (noi) abbiamo parlato	che (noi) siamo andati/e
che (voi) abbiate parlato	che (voi) siate andati/e
che (loro) abbiano parlato	che (loro) siano andati/e

The forms of the present perfect subjunctive of **avere** and **essere** are as follows:

che (io) abbia avuto	che (io) sia stato/a
che (tu) abbia avuto	che (tu) sia stato/a
che (lui) abbia avuto	che (lui) sia stato
che (lei) abbia avuto	che (lei) sia stata
che (noi) abbiamo avuto	che (noi) siamo stati/e
che (voi) abbiate avuto	che (voi) siate stati/e
che (loro) abbiano avuto	che (loro) siano stati/e

Uses of the Present Perfect Subjunctive

The present perfect subjunctive indicates that the action of the dependent clause happened before the action of the main clause, and it is used in the same type of dependent clause as the present subjunctive. The verb of the main clause is usually in the present tense. The most common use is the present indicative in the main clause and the present perfect subjunctive in the dependent clause. As with the present subjunctive, the past subjunctive is also used after expressions of doubt, emotion, and wishing, and after impersonal expressions:

Io spero che lei **abbia capito** la lezione.	*I hope that she understood the lesson.*
Dubiti che lui **abbia vinto** la partita.	*You doubt that he won the match.*
Siamo contenti che lui **abbia trovato** un lavoro.	*We are happy that he found a job.*
È probabile che lei **sia arrivata** tardi.	*It is possible that she arrived late.*

Note: The English translation of the dependent clause is the same, whether the Italian verb is in the indicative or the subjunctive mood.

The main clause is in the present; the dependent clause is in present perfect subjunctive:

Sono contento che Giorgio **abbia finito** gli esami.	*I am happy that Giorgio has finished the exams.*
Natalie spera che i professori **abbiano guardato** la sua domanda di ammissione.	*Natalie hopes that the professors looked at her application.*
Conosci qualcuno che **abbia vissuto** in Sud America?	*Do you know anybody who has lived in South America?*
Mi rallegro che tu **abbia trovato** un buon lavoro.	*I am glad that you found a good job.*

The past subjunctive is also used when expressing a past action that has taken place before the action of the main verb. Observe the use of the subjunctive in the following sentences. The past subjunctive is the equivalent of the present perfect in the indicative mood:

Present subjunctive	Spero che tuo fratello **stia** bene.	*I hope that your brother is well.*
Present perfect subjunctive	Spero che tuo fratello **sia stato** bene.	*I hope that your brother was well.*
Present perfect	Sappiamo che **avete fatto** un viaggio.	*We know that you took a trip.*
Present perfect subjunctive	Pensiamo che **abbiate fatto** un viaggio.	*We think that you took a trip.*

Esercizio 34.1

Fill in the blanks with the past subjunctive of the verbs in parentheses.

1. Dubito che tu ____________________ la macchina in Italia. (guidare)
2. Dubito che tua sorella ______________________ l'offerta di lavoro. (accettare)
3. Penso che loro _____________________ all'opera domenica scorsa. (andare)
4. Credo che tu non ___________________ l'opera domenica scorsa. (ascoltare)

5. Siamo contenti che tu ________________ al cinema con lui. (andare)
6. Crediamo che i nostri amici ___________________ la loro casa. (vendere)
7. È probabile che voi _____________________ troppi regali per Natale. (comperare)
8. Dubito che Isabella __________________ il regalo. (dimenticare)
9. È probabile che a te non _________________ la crociera. (piacere)
10. Penso che loro _________________ con il primo treno. (partire)

Esercizio 34.2

Fill in the blanks with the present perfect or the past subjunctive of the verbs in parentheses.

1. È ovvio che loro ___________________ l'italiano a scuola. (studiare)
2. Penso che loro _____________________ l'italiano a scuola. (studiare)
3. Lei è sicura che voi __________________ la luce prima di uscire. (spegnere)
4. Credo che lei _________________ le finestre. (aprire)
5. Maria sa che Carlo non ______ ancora ______________. (ritornare)
6. Credi che la sua vita ________________ molto difficile? (essere)
7. So che la sua vita ________________ molto difficile. (essere)
8. Giovanni non sa dove Luisa _________________ la chiave. (nascondere)
9. Giovanni pensa che Luisa ____________________ la chiave. (nascondere)
10. Mi sembra che le giornate si __________________. (accorciarsi)

35

The Imperfect Subjunctive

Formation of the Imperfect Subjunctive

The imperfect subjunctive mood expresses past actions. It is used after certain verbs, after impersonal expressions, and after conjunctions. The imperfect subjunctive in Italian is fairly easy to form. Most verbs are regular in this tense. The imperfect subjunctive of all regular verbs and almost all the irregular verbs is formed by adding the endings **–ssi**, **–ssi**, **–sse**, **–ssimo**, **–ste**, and **–ssero** to the first person singular of the imperfect indicative, dropping the final **–vo**:

Infinitive	**cantare**	**vedere**	**finire**	**dormire**
Imperfect indicative	**cantavo**	**vedevo**	**finivo**	**dormivo**
Imperfect stem	**canta-**	**vede-**	**fini-**	**dormi-**
Imperfect subjunctive	canta**ssi**	vede**ssi**	fini**ssi**	dormi**ssi**
	canta**ssi**	vede**ssi**	fini**ssi**	dormi**ssi**
	canta**sse**	vede**sse**	fini**sse**	dormi**sse**
	canta**ssimo**	vede**ssimo**	fini**ssimo**	dormi**ssimo**
	cant**aste**	vede**ste**	fini**ste**	dormi**ste**
	canta**ssero**	vede**ssero**	fini**ssero**	dormi**ssero**

Maria voleva che noi **andassimo** a visitarla. — *Maria wanted us to go to visit her.*

Maria vorrebbe che noi la **chiamassimo**. — *Maria would like us to call her.*

The verbs **bere, dire**, and **fare** form the imperfect subjunctive from the same stem as the imperfect indicative:

Infinitive	**bere**	**dire**	**fare**
Imperfect indicative	**bevevo**	**dicevo**	**facevo**
Imperfect stem	**beve-**	**dice-**	**face-**
Imperfect subjunctive	beve**ssi**	dice**ssi**	face**ssi**
	beve**ssi**	dice**ssi**	face**ssi**
	beve**sse**	dice**sse**	face**sse**
	beve**ssimo**	dice**ssimo**	face**ssimo**
	beve**ste**	dice**ste**	face**ste**
	beve**ssero**	dice**ssero**	face**ssero**

Speravo che **bevessero** del buon vino. *I was hoping they would drink good wine.*

Voleva che io **dicessi** la verità. *He wanted me to tell the truth.*

Credevi che **facesse** molto freddo. *You believed it was very cold.*

The verbs **dare, essere**, and **stare** have irregular stems in the imperfect subjunctive, but the endings are the same as those of regular verbs.

DARE	*ESSERE*	*STARE*
dessi	fossi	stessi
dessi	fossi	stessi
desse	fosse	stesse
dessimo	fossimo	stessimo
deste	foste	steste
dessero	fossero	stessero

Pensavo che Luigi **stesse** con sua madre. *I thought Luigi stayed with his mother.*

Non credevo che **fosse** così buio. *I didn't think it was so dark.*

Era probabile che loro **dessero** gli esami. *It was possible that they would take the tests.*

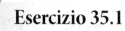

Esercizio 35.1

Complete the following sentences with the imperfect subjunctive of the verbs in parentheses.

1. Credevo che loro ________________ presto. (tornare)
2. Volevo che voi mi ________________ appena arrivati a casa. (chiamare)

3. Aspettavo che lei ________________ con il primo treno. (arrivare)
4. Sembrava che le bambine mi ________________. (ascoltare)
5. Vorrei che tu mi ________________ e mi ________________ le notizie. (telefonare, dare)
6. Speravo che i miei fratelli mi ________________ a spostare l'armadio. (aiutare)
7. Pensavo che a Roberto non ________________ i tortellini. (piacere)
8. Non sapevo che tu ________________ un dottore. (essere)
9. Non sapevamo che anche le tue amiche ________________ in Italia. (vivere)
10. Volevo che Luisa ________________ e ________________ di più. (lavorare, guadagnare)

Esercizio 35.2

Complete the following sentences with the imperfect subjunctive of the verbs in parentheses.

1. Pensavo che gli italiani ________________ molto aperti verso gli stranieri. (essere)
2. Credevo che gli italiani ________________ pochi soldi e ________ poveri, ma non è così. (avere, essere)
3. Non immaginavo che in Italia si ________________ così bene e così tanto. (mangiare)
4. Mi piace la musica italiana e io pensavo che ________________ anche ai giovani italiani. (piacere)
5. Volevo che gli studenti ________________ delle domande al nuovo studente americano. (fare)
6. Speravo che lei mi ________________ alcune cose della realtà italiana. (spiegare)
7. Quando ero in Italia, volevo che mi ________________ perchè volevo parlare meglio. (correggere)
8. Credevo che gli italiani ________________ molto, ma non mangiano mai fra i pasti. (mangiare)
9. Preferivo che mi ________________ pagare, ma non vogliono ascoltarmi. (lasciare)
10. Speravo che il tuo amico ci ________________ della cultura italiana. (parlare)

Esercizio 35.3

Complete the following sentences with the imperfect subjunctive of the verbs in parentheses.

1. Era probabile che loro _______________ bene perchè c'era il padre. (comportarsi)
2. Speravo che tu _______________ di finire i compiti. (ricordarsi)
3. Eravamo molto contenti che le cose gli _______________ così bene. (andare)
4. Era necessario che lei _______________ il medico per farsi dare una medicina. (chiamare)
5. Aspettavo che lei _______________, ma invano. (telefonare)
6. Immaginavo che Erica _______________ bene per l'esame. (prepararsi)
7. Era impossibile che lei _______________ da sola, perchè era sempre con amici. (ritornare)
8. Mi dispiaceva che lui non _______________ un buon lavoro. (trovare)
9. Pensavo che voi _______________ presto per fare ginnastica. (alzarsi)
10. Speravamo che voi _______________ bene l'italiano. (imparare)

Use of the Imperfect Subjunctive in Subordinate Clauses

The Sequence of Tenses

The imperfect subjunctive is used in the same types of subordinate clauses as the present subjunctive. The imperfect subjunctive is used when the verb of the main clause is in the past tense, such as in present perfect, preterit, imperfect, past perfect, or conditional.

Observe the following pairs of sentences.

PRESENT INDICATIVE	*PRESENT SUBJUNCTIVE*
Voglio che loro	**vadano** in centro a comprare il libro.

IMPERFECT INDICATIVE	*IMPERFECT SUBJUNCTIVE*
Volevo loro	**andassero** in centro a comprare il libro.

PRESENT INDICATIVE	*PRESENT SUBJUNCTIVE*
Desideriamo una casa che	**abbia** molto spazio.

IMPERFECT INDICATIVE	*IMPERFECT SUBJUNCTIVE*
Desideravamo una casa che	**avesse** molto spazio.

PRESENT INDICATIVE	*PRESENT SUBJUNCTIVE*
È impossible che	**troviate** la strada in campagna.

IMPERFECT INDICATIVE	*IMPERFECT SUBJUNCTIVE*
Era impossible che	**trovaste** la strada in campagna.

PRESENT INDICATIVE	*PRESENT SUBJUNCTIVE*
Proibisce che	**si mangi** sul divano.

PRESENT PERFECT INDICATIVE	*IMPERFECT SUBJUNCTIVE*
Ha proibito che	**si mangiasse** sul divano.

FUTURE INDICATIVE	*PRESENT SUBJUNCTIVE*
Penserà che	io non **voglia** venire da lei.

PRESENT CONDITIONAL	*IMPERFECT SUBJUNCTIVE*
Penserebbe che	io non **volessi** venire da lei.

Esercizio 35.4

Rewrite the following sentences changing them from the present indicative to the imperfect subjunctive.

1. Speriamo che voi veniate da noi questa estate.

   ____

2. Riccardo desidera che gli portiamo la farina per i pancakes.

   ____

3. Gabriella vuole che io vada a fare le compere natalizie con lei.

   ____

4. Credo che non ci sia abbastanza tempo per andare al museo.

____

5. Sembra impossibile che si possa fare la prenotazione al ristorante.

____

6. È impossibile che possiamo prendere il traghetto.

____

7. È possible che ci aspettino.

____

8. Spero che voi cambiate idea.

____

9. Lucia desidera che andiamo a cena da lei.

____

10. Mi sembra che le giornate passino troppo velocemente.

____

Esercizio 35.5

Complete the following sentences by putting the verb in parentheses into the imperfect subjunctive.

1. Mia madre vorrebbe che io ______________ di più. (mangiare)
2. I suoi genitori vorrebbero che lui li ______________ più spesso. (andare a trovare)
3. Mia nonna vorrebbe che noi la ______________ a fare la spesa. (accompagnare)
4. Mia sorella pensava che io non ______________ niente da fare. (avere)
5. Sua nipote vorrebbe che noi ______________ alla sua cerimonia di laurea. (andare)
6. Credevo che prima di uscire tu ______________ tutti. (salutare)
7. Tuo fratello vorrebbe che io gli ______________ la mia macchina. (prestare)
8. Mio marito vorrebbe che io ______________ la lista delle spese. (fare)
9. I nostri nipoti vorrebbero che noi li ______________ a sciare. (portare)
10. Le nostre nipoti vorrebbero che noi ______________ in Italia più a lungo. (stare)

Esercizio 35.6

Pietro and Giorgio are speaking about a concert. Complete the sentences with the imperfect subjunctive of the verbs in parentheses.

1. Pietro: Giorgio volevo che tu mi ______________ come è stato il concerto ieri sera. (dire)
2. Giorgio: Eravamo lontanissimi dal palco e non si sentiva niente. Poi c'era molta confusione. E tu perchè non sei venuto? Pensavamo che tu ______________. (venire)
3. Pietro: Non sono venuto perchè immaginavo che ci ______________ molta gente e che non si ______________ nulla. E poi ero stanchissimo e ho deciso che era meglio che io ______________ a dormire. (venire, sentire, andare)
4. Giorgio: Era impossibile che noi ______________ a trovare un posto vicino al palco. Quando siamo arrivati c'era già moltissima gente e il cancello d'entrata era già aperto da più di due ore. (riuscire)
5. Pietro: Bisognava ______________ di casa molto prima. (uscire)
6. Giorgio: Non è stata colpa mia. Era previsto che ______________ i cancelli alle otto e invece li hanno aperti in anticipo perchè c'era già una gran folla davanti all'entrata. (aprire)
7. Pietro: Pensate che sia meglio ascoltare la musica con i CD o preferite andare in mezzo alla gente?
8. Giorgio: Io direi che ______________ molto meglio andare fra la folla, ma sedersi vicino al palco. (essere)
9. Pietro: Che cosa avreste dovuto fare per ottenere dei buoni biglietti?
10. Giorgio: Penso che ______________ meglio contattare un'agenzia per ______________ i biglietti per non dover aspettare in fila. (essere, prendere)

Esercizio 35.7

Alberto and Paolo are meeting, and they are talking about school. Complete the following sentences with the imperfect subjunctive of the verbs in parentheses

1. Alberto: Come è andato l'esame?
2. Paolo: Malissimo. Mi hanno bocciato.
3. Alberto: Bisognava che tu ______________ di più. (studiare)

4. Paolo: Sono stato sfortunato. I professori volevano che gli ___________ di un argomento che non avevo studiato. (parlare)

5. Alberto: Peccato! Speravo tanto che tu ___________________ un buon voto! (ricevere)

6. Paolo: Bisogna che io chieda al professore che mi faccia rifare l'esame.

7. Alberto: Speravo che tu ti ___________________ quello che abbiamo studiato assieme. (ricordare)

8. Paolo: Pensavo che il professore mi ___________ delle domande facili. (dare)

9. Alberto: Sarebbe bene che tu _________________ tutti i capitoli studiati. (ripassare)

10. Paolo: Bisognerebbe che tu mi ________________ per vedere se sono abbastanza preparato per il prossimo esame. (ascoltare)

The Imperfect Subjunctive After Certain Verbs

Review the verbs that cause the subjunctive mood in a dependent clause, especially the verbs that express wishes and preferences; hope, regret, and emotion; and order and uncertainty. These verbs in the main clause will be followed by a verb in the subjunctive mood in the dependent clause. If the main clause is in the preterit or the conditional, the dependent clause will be in the imperfect subjunctive:

Preterit

Io **chiesi** che tu **cantassi**.	*I asked that you sing.*
La mia amica **fu** felice che la **andassi a trovare**.	*My friend was happy that I visited her.*
Tuo fratello **chiese** che tu gli **scrivessi**.	*Your brother asked that you write to him.*

Imperfect

Lei **sperava** che tu **avessi** tempo.	*She hoped that you had time.*
Speravamo che lei **facesse** le lasagne.	*We hoped she would make lasagna.*

Conditional

Il padre **vorrebbe** che suo figlio **giocasse** a calcio tutte le settimane.	*The father would want his son to play soccer every week.*
Preferirei che lui non **bevesse**.	*I would prefer that he not drink.*

Conditional Sentences

A conditional sentence consists of two clauses: one beginning with **se** (*if*) that expresses a condition and a main clause that expresses the result. There are several types of conditions. We consider two of them.

Condition That May Happen

Italian uses different patterns to express conditions that could possibly happen. These conditional sentences consist of two clauses: one beginning with **se** and a main clause. Either clause may come first.

The *Se* Clause

The *Se* Clause in the Present; the Main Clause in the Future

Se **vieni**, ti **aspetterò**.	*If you come, I will wait for you.*
Li **accompagnerò** se **vanno** a scuola.	*I will take them, if they go to school.*
Se **vuoi**, **potremo** andare al cinema.	*If you want, we could go to the movies.*

Both Clauses in the Present

This construction is mostly used in spoken Italian:

Se **uscite**, **vengo** con voi.	*If you go out, I'll go with you.*
Se non **sai** dov'è la sua casa, te lo **dico** io.	*If you do not know where the house is, I will tell you.*

Both Clauses in the Future

Se **uscirai**, **verrò** con te.	*If you go, I will go with you.*
Se non **saprai** dov'è la sua casa, te lo **dirò** io.	*If you do not know where his house is, I will tell you.*

Conditions Contrary to the Fact

If the factual occurrence is in the present tense, what is contrary to the fact is structured as follows: the **se** clause is in the imperfect subjunctive, and the main clause is in the conditional:

Fact:	Fa freddo. Staremo in casa.	*It is cold. We will stay at home.*
Conditional sentence:	Se **non facesse freddo**, **non staremmo** in casa.	*If it were not cold, we would not stay at home.*
Fact:	Non **studia**, **non passa** gli esami.	*He doesn't study, so he does not pass the exams.*
Conditional sentence:	Se lui **studiasse**, **passerebbe** gli esami.	*If he studied, he would pass the exams.*

Esercizio 35.8

Rewrite the following sentences by using the present in the **se** *clause and the present or the future in the main clause. (Write both forms.)*

Example: Se sabato non nevicare, noi andare alla partita di football.
Se sabato non nevica, andiamo alla partita di football.
Se sabato non nevica, andremo alla partita di football.

1. Se domenica (io) svegliarsi presto, vado in chiesa.

 ____

 ____

2. Se ci essere abbastanza neve, noi andare a sciare.

 ____

 ____

3. Se sabato sera voi essere liberi, voi potere andare al ristorante con noi.

 ____

 ____

4. Se lunedì noi avere tempo, (noi) preparare la lezione di italiano.

 ____

 ____

5. Se mercoledì non (io) essere stanco, (io) andare in palestra.

 ____

 ____

6. Se tu non avere molti compiti, (tu) potere andare a giocare a tennis.

 ____

 ____

7. Se Marcello trovare un lavoro, la famiglia spostarsi in un altra città.

____

____

8. Se domani non piovere, (io) lavare la macchina.

____

____

Esercizio 35.9

Complete the following sentences with the imperfect subjunctive of the verbs in parentheses.

1. Se non ________________ io potrei andare a lavorare. (nevicare)
2. Se tu ________________ viaggiare, andresti in Italia. (potere)
3. Se l'azienda non ________________ io sarei molto contenta. (fallire)
4. Se tuo fratello ________________ di più, la sua famiglia starebbe meglio. (lavorare)
5. Se noi ________________ meno durante le feste, non ingrasseremmo tanto. (mangiare)
6. Se Luisa ________________ in Italia, la porterei in tante città. (venire)
7. Se ________________ nuotare, comprerei una barca. (sapere)
8. Se non ________________ molto freddo, andrei a fare una passeggiata. (essere)
9. Se ________________ un giardino, pianterei molti fiori. (avere)
10. Se le giornate ________________ più lunghe, non verrebbe buio così presto. (essere)

Reading Comprehension

Il carnevale

Il carnevale è un periodo molto particolare dell'anno. Il carnevale ha inizio subito dopo la celebrazione dell'Epifania e termina il martedì grasso, giorno che precede l'inizio della quaresima, il periodo di penitenza che dura quaranta giorni immediatamente precedenti la Pasqua. In alcune città come Milano, il carnevale non inizia nello stesso giorno delle altre parti d'Italia, il mercoledì, anche chiamato mercoledì delle ceneri perchè i preti mettono le ceneri sulla fronte dei credenti, ma inizia il sabato successivo, e la quaresima inizia la domenica.

Il carnevale ha origini molto antiche. Sembra risalga alle tradizioni con cui si salutava con grandi feste e banchetti, il passaggio dall'inverno alla primavera. La parola "carnevale" deriva dal latino "carnem levare" che significa abolire la carne che era sempre inclusa nei banchetti che si facevano subito prima del periodo di digiuno della quaresima. Da qui nasce la tradizione obbligatoria di sostituire il pesce alla carne il mercoledì e il venerdì durante la quaresima. Questa è una regola che venne poi abolita o meglio resa facoltativa dalla Chiesa cattolica negli anni '60.

Il carnevale è caratterizzato dall'uso delle maschere. Questo risale a tempi antichissimi, quando gli stregoni si adornavano di piume e si coprivano il viso con maschere dipinte e dall'aspetto pauroso per impaurire e allontanare gli spiriti cattivi. Durante il carnevale tutto è lecito, anche gli scherzi molto crudeli devono essere accettati con spirito. Infatti c'è un detto: "a carnevale ogni scherzo vale".

Un tempo, i festeggiamenti univano giovani e vecchi, ricchi e poveri, nobili e plebei che all'infuori del carnevale vivevano lontani uno dall'altro. L'uso delle maschere nascondeva l'identità delle persone che potevano agire come volevano. Tutto era accettato. Così il ricco celato dalla maschera pretendeva di essere un uomo comune e il povero dimenticava il suo stato, e pretendeva di essere potente e aperto a dare giudizi spesso offensivi.

Altra caratteristica del carnevale sono i coriandoli, che sono ritagli di carta colorata che vengono gettati sulle persone per la strada durante le feste. I coriandoli in alcuni paesi sono chiamati confetti, che un tempo erano delle palline di gesso. L'uso dei coriandoli di carta, iniziò quando un cittadino non avendo soldi per comprare i confetti di gesso, ritagliò dei pezzetti di carta. Questo ebbe un grande successo e in poco tempo, i coriandoli sostituirono i confetti, ma il nome "confetti" è usato ancora oggi.

Anche nella gastronomia ci sono molte tradizioni tipiche del carnevale. Ogni regione vanta ricette gastronomiche molto antiche, specialmente fra i dolci. I tipici dolci del carnevale sono prevalentemente i fritti. Ogni parte d'Italia ha le sue ricette molto vecchie, molto simili fra loro e nello stesso tempo uniche della regione di provenienza. A carnevale è tradizione travestirsi e ogni regione d'Italia ha la sua maschera che ha un nome e un aspetto diverso da regione a regione. Così si trova Pulcinella in Campania, Arlecchino in Lombardia, Pantalone nel Veneto e il dottor Balanzone in Emilia-Romagna.

In Italia i festeggiamenti più famosi del carnevale sono a Venezia, dove si possono ammirare straordinari costumi e maschere, a Ivrea nel Piemonte dove si può assistere alla spettacolare battaglia delle arance, dove centinaia di migliaia di arance vengono buttate adosso alla gente. Il carnevale di Viareggio invece è famoso per i suoi carri allegorici che rappresentano in modo ironico la vita politica e sociale italiana. Partecipare a un carnevale italiano, è sicuramente un'esperienza molto divertente, unica ed educativa nello stesso tempo. La gente dimentica le preoccupazioni della vita giornaliera e apprende anche un lato nuovo delle tradizioni culturali italiane.

Verbi

abolire	*to abolish*	**osservare**	*to observe*
adornare	*to adorn*	**precedere**	*to precede*
assistere	*to assist*	**pretendere**	*to fake*
buttare	*to throw*	**risolvere**	*to resolve*
coprire	*to cover*	**sostituire**	*to replace*
durare	*to last*	**terminare**	*to finish*
mostrare	*to show*	**travestirsi**	*to disguise*
nascondere	*to hide*	**vantare**	*to boast*

Nomi

l'aspetto	*aspect, look*	**la penitenza**	*penitence*
il banchetto	*banquet*	**la piuma**	*feathers*
la battaglia	*battle*	**il plebeo**	*plebeian*
il carro	*cart*	**la preoccupazione**	*worry*
il coriandolo	*confetti*	**la ricetta**	*recipe*
il digiuno	*fast*	**il rito**	*rite*
il festeggiamento	*celebration*	**lo scherzo**	*joke*
il fritto	*fried*	**lo stregone**	*sorcerer*

Aggettivi

alcune	*a few*	**grasso**	*fat*
allegorico	*allegoric*	**offensivo**	*offensive*
ambrosiano	*ambrosian*	**pauroso**	*scary*
celato	*hidden*	**potente**	*powerful*
facoltativo	*optional*	**successivo**	*successive*

Avverbi

addosso	*on*	**prevalentemente**	*prevalently*
immediatamente	*immediately*	**subito**	*right away*

Domande e Risposte

After carefully reading the selection, answer the following questions in complete sentences in Italian.

1. Che cos'è il carnevale?

2. Quando inizia e finisce il carnevale?

3. Perchè la gente usava le maschere?

4. Come si chiamano le maschere delle varie regioni?

5. Che cosa si butta alla gente durante i festeggiamenti?

6. Quali sono i carnevali più famosi in Italia e perchè?

7. Che tipo di cibo è tradizionale del carnevale?

36

Past Perfect Subjunctive

Formation of the Past Perfect Subjunctive

The Italian past perfect subjunctive (**il congiuntivo trapassato**) consists of the imperfect subjunctive of the auxiliary verb **avere** or **essere** plus the past participle:

PRESENT INDICATIVE	*PERFECT SUBJUNCTIVE*	*IMPERFECT INDICATIVE*	*PAST PERFECT SUBJUNCTIVE*
Credo che Giovanni	sia arrivato	Credevo che	Giovanni fosse arrivato

The past perfect subjunctive is used when the action of the verb in the dependent clause happened before the action of the verb in the main clause, which is expressed in the past tense. The dependent clause is expressed in the subjunctive or in the conditional:

Non sapevo che lei **stesse** a casa.	*I didn't know she would stay at home.*
Non sapevo che lei **fosse stata** a casa.	*I didn't know she had stayed at home.*
Speravo che lei non **cadesse.**	*I hoped she wouldn't fall.*
Speravo che lei non **fosse caduta**.	*I hoped she had not fallen.*
Eri sorpreso che non **venissero**?	*You were surprised that they would not come?*
Eri sorpreso che non **fossero venuti**?	*You were surprised that they had not come?*
Temevate che le **comprassero** la bicicletta.	*You were afraid that they would buy her a bicycle.*
Temevano che le **avessero comprato** la bicicletta.	*They were afraid that they had bought her the bicycle.*

The following chart shows the conjugations of the past perfect subjunctive for the three verb types using the auxiliary **avere** and **essere**.

che io	avessi studiato	avessi scritto	fossi partito/a
che tu	avessi studiato	avessi scritto	fossi partito/a
che lui/lei	avesse studiato	avesse scritto	fosse partito/a
che noi	avessimo studiato	avessimo scritto	fossimo partiti/e
che voi	aveste studiato	aveste scritto	foste partiti/e
che loro	avessero studiato	avessero scritto	fossero partiti/e

Esercizio 36.1

Fill in the blanks with the past perfect subjunctive of the verbs in parentheses using the auxiliary **essere** *or* **avere**.

1. Io ero sorpreso che tu ________________ una casa così grande. (comprare)
2. Eravamo contenti che tu ________________ quel film. (dirigere)
3. Sembrava che loro ________________ ma non era così. (capire)
4. Avrebbe preferito che lui glielo ________________. (dire)
5. Ci stupivamo che nessuno ________________. (venire)
6. Ci stupivamo che nessuno ________________ la loro casa. (acquistare)
7. Eravamo contenti che l'esame ________________ bene. (andare)
8. Temevi che lei ________________ l'autobus. (perdere)
9. Lei non sapeva che io ____________ già ____________. (partire)
10. Tu non credevi che io ____________ appena ____________. (arrivare)

After Certain Verbs

Certain verbs cause the use of the subjunctive in a dependent clause. If the verb in the main clause is in the past (imperfect, present perfect, or preterit), the past perfect subjunctive may have to be used:

Io **speravo** che tu non **avessi lasciato** a casa le chiavi della macchina.	*I hoped that you had not left the car keys at home.*

Eravamo molto contenti che tua figlia **avesse fatto** un buon viaggio.	*We were very happy that your daughter had a good trip.*
La bambina **aveva paura** che sua madre **fosse andata** via senza di lei.	*The little girl was afraid that her mother had left without her.*

After Certain Impersonal Expressions

Era possible che la nonna non **avesse dormito** bene durante la notte.	*It was possible that the grandmother had not slept well during the night.*
Era importante che io **avessi conosciuto** i parenti di mio marito.	*It was important that I had met my husband's relatives.*

After Exclamations Like *Magari*

This exclamation expresses a wish that may never have materialized:

Magari tu **fossi guarita**! (*but you didn't*)	*If only you had recovered!*
Magari l'**avessi visto!** (*but I didn't*)	*If only I had seen him!*

After the Verb *Desiderare*

Maria **desiderava** che le sue amiche non avessero **bevuto** tutto il vino.	*Maria wished that her friends had not drunk all her wine.*
Io **desideravo** che tutte le mie amiche non mi **avessero lasciata** sola sul treno.	*I wished that all my friends had not left me alone on the train.*

Esercizio 36.2

Two friends talk about the opening of an art show. Fill in the spaces with the required forms of the verbs in parentheses.

CARLA: Perchè non ____________________(1) (venire) sabato pomeriggio all'inaugurazione della mostra d'arte? Ci ____________________(2) (dare) appuntamento alle 16,00 in Piazza della Signoria per andare tutti insieme e tu non c'____________________(3) (essere).

PAOLA: Io ____________________(4) (arrivare) in ritardo e in piazza non c' ______________(5) (essere) più nessuno.

CARLA: Immaginavo che tu non ________________________(6) (svegliarsi) in tempo o che non ________________________(7) (capire) bene l'ora e il luogo dell'appuntamento. Luigi pensava che ti ________________________(8) (dimenticarsi).

PAOLA: No, io ______________ solamente ______________________(9) (dimenticare) di caricare la sveglia. Dato che non mi ______________________ (10) (aspettare), io ________________________(11) (provare) a chiamarvi sul telefonino, ma nessuno ______________________ (12) (rispondere). Così ______________________(13) (io-ritornare) a casa.

CARLA: In effetti, la strada è un po' complicata, ma tu ________________(14) (potere) chiedere a qualcuno e te lo ______________________(15) (dire).

PAOLA: Non avevo l'indirizzo. Nessuno me lo __________________ (16) (dare).

CARLA: Davvero? Ma l'indirizzo era sull'invito! Pensavo che Giovanni l' ______________________(17) (dare) anche a te.

PAOLA: Spero che Giovanni non ________________________(18) (offendersi). Ci teneva tanto che tutti noi ________________________(19) (andare) alla mostra! Mi ______________________ (20) (dispiacere) se lui ________________________ (21) (offendersi).

CARLA: Non ti preoccupare, Giovanni ti conosce e sa che sei sempre in ritardo!

PAOLA: Ad ogni modo, mi ______________________ (22) (piacere) andare un altro giorno con tutti voi.

Se Clause and the Past Perfect Subjunctive

To express a contrary-to-fact statement in the past, the past perfect subjunctive is used in the **se** clause, and the past conditional is used in the main clause. The conditional is used only in the main clause and never in the **se** clause. The present subjunctive is never used after **se**. Only the imperfect or the past perfect subjunctive is used:

Fact	Io ti ho aspettato. Tu non sei arrivato.	*I waited for you. You did not arrive.*
Conditional Sentence	Io ti **avrei aspettato**, se tu **fossi arrivato**.	*I would have waited for you if you had arrived.*
Fact	Lei ha studiato danza classica. Non ha trovato lavoro.	*She studied classical dance. She did not find a job.*
Conditional Sentence	Lei **avrebbe trovato** un lavoro, se non **avesse studiato** danza classica.	*She would have found a job if she had not studied classical dance.*

The past perfect subjunctive is used after **come se** to express an action that occurred before the action of the main clause:

Lui ci vuole dare consigli sulla salute **come se avesse studiato** medicina.	*He wants to give us suggestions on health as if he had studied medicine.*
Lei raccontava quello che era successo **come se avesse visto** l'incidente.	*She was telling what had happened as if she has seen the accident.*

Se + the imperfect subjunctive is used in exclamations to express wishes that may never materialize:

Se sapessi parlare il cinese!	*If only I could speak Chinese!*
Se potessi parlargli ancora una volta!	*If I could speak to him one more time!*

Esercizio 36.3

Translate the following sentences in Italian using the past perfect subjunctive.

1. It was impossible that the team had lost.

   ____

2. I had hoped that he had not forgotten me.

   ____

3. He had hoped that I had forgiven him.

   ____

4. We thought that you had caught the flu from the children.

   ____

5. It was the most horrifying movie that I had ever seen.

   ____

6. You hoped that I had learned the songs.

   ____

7. I thought that you had started a new business.

   ____

8. She doubted that you had recognized her.

   ____

9. We wished that you had sold the house.

____

10. They were thinking that she had returned home from the cruise.

____

Esercizio 36.4

Fill in the blanks with the appropriate forms of the verbs in parentheses.

1. Traslocheremmo in un'altra città se ____________________ (avere) un buon lavoro.
2. Leggerei di più se ________________ (potere) trovare dei libri interessanti.
3. Loro comprerebbero un'altra casa se _______________ (potere) vendere quella in cui vivono.
4. Maria gli scriverebbe se ________________ (avere) l'indirizzo.
5. Giuseppe comprerebbe una macchina nuova se ne _______________ (avere) bisogno.
6. Io andrei al cinema se ci ____________ (essere) qualche cosa di bello da vedere.
7. Prenderebbero un caffè se ne ______________ (avere) voglia.
8. Luisa e Giovanni parlerebbero con voi se ____________ (essere) a casa.
9. Mangerei i broccoli se mi _________________. (piacere)
10. Christian sarebbe sindaco se gli _______________ la politica. (piacere)

Esercizio 36.5

Translate the following sentences into Italian. These sentences include a contrary-to-fact ***se clause****.*

EXAMPLE: *We would have slept for many hours if the room had been dark.*
Avremmo dormito per molte ore se la camera fosse stata buia.

1. *We would have gone on a cruise if I had not been afraid of the water.*

____

2. *You would have eaten the fruit if it had been ripe.*

____

3. *She would have laughed if the joke had been funny.*

____

4. *The doctor would have told the patient the truth about his illness if he had wanted to know.*

____

5. *Marisa would have come to the party if she had received the invitation from Mario.*

____

6. *The students would have learned if they had listened to the teacher's explanation.*

____

7. *The women would have played cards if they had had enough people to play.*

____

8. *My life would have been easier if I had had a maid to clean the house.*

____

9. *Luisa would have been happy if she had learned how to ski when she was young.*

____

10. *You and your husband would have returned to that restaurant if the food had been good.*

____

If the hypothesis is real with the **se** clause, the indicative is used:

Se vengo, te lo faccio sapere.	*If I come, I will let you know.*
Se voglio andare a teatro, te lo faccio sapere.	*If I can go to the theater, I will let you know.*

Esercizio 36.6

Change the following sentences from reality to possibility and finally to contrary-to-fact as shown in the example.

Example: Se mi sento bene, vengo alla festa. (fact)
Se mi sentissi bene, verrei alla festa. (possibility)
Se mi fossi sentito bene, sarei venuto alla festa. (contrary-to-fact)

1. Se studi, passi gli esami.

____

____

2. Se non mangio troppo, non ingrasso.

____

____

3. Se lui torna a casa presto, giochiamo a tennis.

____

____

4. Se non dormo, mi sento stanco.

____

____

5. Se non togli le scarpe, sporchi il pavimento.

____

____

6. Se fa freddo, abbiamo bisogno del riscaldamento.

____

____

7. Se la casa è finita, traslochiamo.

____

____

8. Se Isabella viene, ci telefona.

____

____

9. Se hai una bella voce, tu canti.

____

____

10. Se fa caldo, accendiamo l'aria condizionata.

____

____

Sequence of Tenses with the Subjunctive Mood

PRESENT AND FUTURE		*PRESENT SUBJUNCTIVE*
Present indicative	tu speri	che la tua amica ti chiami.
Present progressive	stai sperando	che la tua amica ti chiami.
Imperative	spera	che la tua amica chiami!

If the verb in the main clause is in the present or future, the verb in the dependent clause can be in the present perfect subjunctive, depending on the meaning you want to express.

PRESENT AND FUTURE		*PRESENT PERFECT SUBJUNCTIVE*
Present indicative	io spero	che Mario abbia chiamato.
Present progressive	sto sperando	che Carlo abbia chiamato.
Imperative	(tu) spera	che lui ti abbia cercato.

If the verb in the main clause is in the past or conditional, the verb in the dependent clause can be in the imperfect subjunctive.

PAST AND CONDITIONAL		*IMPERFECT SUBJUNCTIVE*
Imperfect	lui insisteva	che lei cantasse.
Past perfect	avevo insistito	che la ragazza cantasse.
Past progressive	stava insistendo	che lui rimanesse a cena.
Conditional	io insisterei	che lei rimanesse a cena.
Past conditional	io avrei insistito	che lei rimanesse a cena.

If the verb in the main clause is in the imperfect, preterit, or conditional, the verb in the dependent clause can be in the past perfect subjunctive.

PAST AND CONDITIONAL		*PAST PERFECT SUBJUNCTIVE*
Imperfect	lui insisteva	che la ragazza avesse spento il cellulare.
Past perfect	tu avevi insistito	che la ragazza avesse spento il cellulare.
Perfect conditional	Lei avrebbe insistito	che la ragazza avesse spento il cellulare.

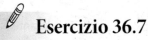

Esercizio 36.7

Complete the following sentences with the correct form of the present subjunctive of the verb in parentheses. The verb in the main clause is expressed in the present.

1. Spero che voi ____________ bene. (stare)

2. Tu credi che lui ________________ alla sua famiglia. (pensare)
3. Il cuoco spera che ti ________________ le pietanze che lui ti ha preparato. (piacere)
4. È impossibile che noi ________________ tutto di tutti. (sapere)
5. Deduciamo che l'operaio non ________________ abbastanza. (guadagnare)
6. Spero che Alda ________________ in fretta dall'operazione. (riprendersi)
7. Pensi che lei ________________ i capelli? (tingersi)
8. Credete che le scarpe italiane ________________ troppo care? (essere)
9. È possible che voi li ________________. (conoscere)
10. Lui insiste che io ________________ a letto presto. (andare)

Esercizio 36.8

Complete the following sentences with the correct imperfect subjunctive form of the verb in parentheses. The verb in the main clause is in the present perfect.

1. Ho chiesto al cameriere che mi ________________ il conto. (portare)
2. Abbiamo pensato che i ladri ________________ entrare in casa dal balcone. (potere)
3. Ho voluto che voi ________________ molti libri da leggere. (avere)
4. Avete insistito che loro ________________ le scarpe prima di entrare in casa. (togliere)
5. Loro hanno insistito che noi ________________ a dormire a casa loro. (rimanere)
6. Tu hai sperato che lei ________________ in te. (credere)
7. Le mogli dei marinai hanno sperato che i loro mariti ________________ sani e salvi. (ritornare)
8. Ho creduto che i tuoi figli ________________ aiutarti nei momenti difficili. (potere)
9. Abbiamo sperato che la tua famiglia ________________ da noi durante l'estate. (venire)
10. Hai insistito che loro ________________ il latino, e ora vuoi che smettano di studiarlo. (studiare)

Esercizio 36.9

Complete the following sentences with the correct imperfect subjunctive form of the verb in parentheses. The verb in the main clause is in the imperfect.

1. Io speravo che la mia amica __________________. (migliorare)
2. Speravo che tu non __________________ così presto. (partire)
3. Credevi che loro __________________ l'antifurto in casa. (usare)
4. Aveva paura che lui __________________ dalle scale. (cadere)
5. Non volevano che tu __________________ troppo. (mangiare)
6. Insisteva perchè noi __________________ le vitamine. (prendere)
7. Era impossibile che tu __________________ il loro nome. (ricordare)
8. Eravamo contenti che la nonna __________________ bene. (stare)
9. Lei sperava che le __________________ la spesa a casa. (portare)
10. Le chiedevo sempre che __________________ vicino a me. (sedersi)

Esercizio 36.10

Complete the following sentences with the correct form of the imperfect subjunctive of the verb in parentheses. The verb in the main clause is in the conditional.

1. Sarebbe possible che le tue amiche __________________ alla tua festa di compleanno? (venire)
2. Sarebbe molto triste se la squadra di football __________________ la partita. (perdere)
3. Noi viaggeremmo di più se __________________ il tempo. (avere)
4. Sarebbe necessario che noi __________________ due valigie nuove. (comprare)
5. Penseresti che io __________________ venire in villeggiatura con te, ma non è vero. (volere)
6. La tua vita sarebbe molto più semplice se tu non __________________ sempre nuove idee. (avere)
7. Ci piacerebbe che lei __________________ con l'insegnante di sua figlia. (parlare)
8. Vorremmo che tu __________________ delle persone nuove. (incontrare)
9. Vorremmo che tu __________________ delle nuove amicizie. (fare)
10. Sarebbe molto bello se tu __________________ tenore di vita. (cambiare)

Esercizio 36.11

Complete the following sentences with the correct form of the past subjunctive of the verb in parentheses. The verb in the main clause is in the present.

1. Penso che lei ______________________ tutti i compiti degli studenti. (correggere)
2. Pensiamo che loro ____________________ tutti i loro libri. (spedire)
3. È impossibile che lei _____________________ tutta la cena da sola. (preparare)
4. È incredibile che tu _____________________ di fare gli auguri a Lisa. (dimenticare)
5. Speriamo che tu non _____________________ l'occasione di trovare un buon lavoro. (perdere)
6. Non so dove tu ______________________ le chiavi della macchina. (mettere)
7. Sperano che voi ________________________ a casa quando pioveva. (correre)
8. Credo che loro __________________________ una bella casa con un giardino spazioso. (comperare)
9. È probabile che i turisti __________________________ quando hanno visitato Roma. (stancarsi)
10. Non crede che Luisa _____________________ la lezione di fisica. (capire)

Esercizio 36.12

Complete the following sentences with the past perfect subjunctive. The verb in the main clause is in the imperfect.

1. Supponevo che loro _______________________ già tutti i regali di Natale. (comprare)
2. Era possible che loro non _______________________ biglietti economici per il loro viaggio. (trovare)
3. Marina sperava che suo fratello le ___________________________ portato l'impermebile. (portare)
4. Credevo che tutti i suoi figli le ____________________________ la colazione a letto. (portare)

5. È strano che tu non ________________________ di leggere il libro di storia. (avere voglia)
6. È un vero peccato che la gente ______________________ male quello che lui ha detto. (interpretare)
7. Lei pensava che tutti i loro antenati ____________________ dalla Scozia. (venire)
8. Mi sembrava che il gattino ______________________ dalla sua gabbia. (uscire)
9. Non ci piaceva che loro non ci ______________________. (aspettare)
10. I ragazzi erano ancora al mare. Pensavo che ______________________. (ritornare)

Esercizio 36.13

Complete the following sentences with the past perfect subjunctive. The verb in the main sentences is in the imperfect or the preterit.

1. Si stupirono che mi ______________________ così disponibile dato che ho pochissimo tempo. (dimostrarsi)
2. Sembrava che loro ______________________ una decisione, ma cambiarono idea. (prendere)
3. Credevamo che tu ____________________ a teatro con le tue amiche. (andare)
4. Ero molto contenta che ti ____________________ due settimane di ferie. (concedere)
5. Pensavo che voi ____________________ a imparare il congiuntivo, ma non era vero. (riuscire)
6. Aspettò che gli ____________________ quasi tutti i denti per andare dal dentista. (cadere)
7. Mi dispiacque che lei si ____________________ per le mie parole. (offendere)
8. Mi innervosiva il fatto che lei non ____________________ conto della situazione. (rendersi)
9. Era strano che loro non ______________________ la sera prima. (chiamare)
10. Mi meravigliai che voi non ______________________ una cosa così semplice. (capire)

Esercizio 36.14

Complete the following sentences with the past conditional. The verb in the main sentences is in the imperfect.

1. Dubitavo che mi ________________ lavorare durante le feste. (fare)
2. Pensavo che tu le ________________ una mano a preparare la cena di Natale. (dare)
3. Credevo che i miei zii ci ____________________ allo zoo per vedere le luci. (portare)
4. Anche noi pensavamo che una volta o l'altra li ____________________. (espatriare)
5. Si diceva che Maria __________________ Marco. (sposare)
6. Sembrava che tutti _____________________ via per le vacanze invernali. (andare)
7. Ho apprezzato molto il fatto che lui mi ___________________ a traslocare. (aiutare)
8. Pensavo che voi __________________ a posto la cucina prima dell'arrivo degli ospiti. (mettere)
9. Lei dubitava che il marito l'________________ al suo arrivo in Europa. (chiamare)
10. Tutti pensavano che il bambino cieco non ________________ suonare il piano. (potere)

37

Special Construction and the Passive

Fare and Its Uses

The use of **fare** + the infinitive is common in Italian and corresponds to the English *to have something done* or *to make/have someone do (make) something.* Direct and indirect object pronouns precede **fare** except when it is in the infinitive or is conjugated in the familiar forms of the imperative:

La bambina **non fa dormire** molto la mamma.	*The girl* ***is not allowing*** *her mother* ***to sleep*** *a lot.*
Desidero **far pulire** i vetri delle finestre.	*I wish* ***to have*** *the windows* ***cleaned.***
Desidero **farli pulire**	*I wish* ***to have*** *them* ***cleaned.***

If there is only one object, it is the direct object:

La faccio vedere dal dottore.	*I* ***will make*** *her* ***see*** *the doctor.*
Fallo sedere!	***Make him sit!***

When the person who completes the action and the action completed are expressed in a sentence, the result of the action is the direct object, and the person doing the action is the indirect object:

Faccio comprare la frutta **da mia figlia**.	***I am having*** *my daughter buy the fruit.*
Gliela **faccio comprare**.	***I am having*** *her* ***buy it.***

Sometimes, to clarify ambiguity, the preposition **a** preceding the noun of the doer is replaced with **da**.

The infinitive of **fare** may follow the conjugated verb:

Lei **fa mandare** il giornale da Silvia a Paola.	*She is having the newspaper sent to Paola by Silvia.*
Lui **fa fare** un tavolo dal falegname.	*He is having the carpenter make him a table.*

Common in Italian is the expression **farsi + fare**, or the infinitive of another verb. The doer of the action is preceded by the preposition **da**:

Mi sono fatta fare un vestito dalla sarta.	*I had the dressmaker **make** me a dress.*
Mi sono fatta vedere dal dottore.	*I **had** the doctor **check me**.*

Lasciare and Its Uses

When the verb **lasciare** is followed by an infinitive, it means *to let*, *permit*, or *allow*. It is used in the same way as **fare** + infinitive. Verbs of perception such as *seeing*, *watching*, and *hearing* follow the same rule:

Lasciate passare la signora.	***Let** the lady **go by!***
Lascia stare!	***Let** it **be**.*
Carla non mi **lascia giocare** con la sua bambola.	*Carla doesn't **let** me **play** with her doll.*
I miei genitori non mi **lasciano andare** alla festa.	*My parents won't **allow** me **to go** to the party.*
Sento cadere uno spillo.	*I **hear** a needle **drop**.*
Abbiamo visto partire la nave!	*We **saw** the ship **leave!***

Lasciare may also be followed by **che** + the subjunctive:

Perchè non lo **lasci andare** a scuola in bicicletta?	*Why don't you let him go to school by bike?*
Perchè non **lasci che** lei **esca** con il suo ragazzo?	*Why don't you let her go out with her boyfriend?*

A relative clause with **che** gives the option of replacing the infinitive after a verb of perception:

L'ho vista **giocare** a tennis.	*I saw her **play** tennis.*
L'ho vista **che giocava** a tennis.	*I saw her **play** tennis.*

Metterci and *Volerci*

The expressions formed by **metterci** (**mettere + ci**) and **volerci** (**volere + ci**) are used with reference to time needed to do something or go somewhere.

If the subject is clear, **metterci** is used. If it is not clearly expressed, **volerci** is used:

Quante ore di macchina **ci vogliono** per andare da tuo figlio?	*How many hours by car **are needed** to go to your son's house?*
Giuseppe, quanto tempo **ci metti** per finire i compiti?	*Giuseppe, how long **does it take you** to finish your schoolwork?*

Esercizio 37.1

Translate the following sentences into Italian.

1. You saw her go to work early this morning.

   ____

2. My grandmother made me learn how to knit.

   ____

3. Every time I visit them, they make me look at the videos of the children when they were small.

   ____

4. We started the car even if it was very cold.

   ____

5. She has the dressmaker make her a skirt.

   ____

6. I had the doctor check my ankle.

   ____

7. How long will it take to receive a letter from Italy?

   ____

8. When I was young, it didn't take me very long to fix dinner.

   ____

9. Let the firefly out of the jar!

   ____

10. Let her speak and laugh with her friends!

    ____

The Passive Voice

In the active voice studied so far, the subject performs the action. In the passive voice, the subject receives the action.

ACTIVE VOICE	*PASSIVE VOICE*
Luisa **mangia** la pasta.	La pasta **è mangiata** da Luisa.
Luisa eats pasta.	*Pasta **is eaten** by Luisa.*

The passive in Italian is formed with the verb **essere** and the past participle of the action verb. The passive voice of any transitive verb is formed with the conjugated form of the auxiliary **essere** + the past participle of the verb, followed by the preposition **da**, if the agent is expressed. The agent does not always have to be expressed.

I soldi che erano in banca **sono stati rubati** dai ladri.	*The money that was in the bank has been stolen by the robbers.* (The agent is expressed.)
I soldi **sono stati rubati**.	*The money **has been stolen**.* (The agent is not expressed.)

Verbs Other Than *Essere* That Express the Passive

Venire is often used in place of **essere**. Either verb can be used without changing the meaning of the sentence. **Venire** is generally used to express carrying out an action, while **essere** is used to express a state of being:

La nuova Ferrari **venne/fu ammirata** da tutto il mondo.	*The new Ferrari **was admired** by the entire world.*
Il tetto della vostra casa **verrà riparato** la prossima settimana.	*The roof of your home will be fixed next week.* (action)
Il pavimento **è lavato**.	*The floor **is washed**.* (state of being)

Esercizio 37.2

Answer the questions in the following exercise using the passive voice of the verb suggested in parentheses.

1. Quando è stato mandato il conto delle tasse? (ieri)

____

2. Quando è stato pagato il conto del dentista? (il mese scorso)

____

3. Dove sono state fatte queste fotografie? (al mare)

___

4. Dove sono stati venduti i libri? (al mercato)

___

5. Da chi sono state scelte le tende? (mia sorella)

___

6. In che anno è stata comprata questa casa? (1994)

___

7. Perchè sono stati tagliati gli alberi a casa di Silvia? (ammalati)

___

8. Da chi è stato pubblicato il tuo libro? (una grande casa editrice)

___

9. A che ora sono stati avvisati i tuoi figli che la scuola era chiusa? (sei di mattina)

___

10. Dove è stata pulita la tua pelliccia? (centro)

___

The infinitive that follows a modal verb must be put in the passive:

Il biglietto aereo **deve essere comprato** il più presto possibile.	*The plane ticket* ***must be bought*** *as soon as possible.*
La macchina **può essere pagata** a rate.	*The car* ***can be paid*** *in installments.*

Rimanere and **restare** are often used in place of **essere** when the past participle that follows it describes emotion, such as **meravigliato**, **deluso**, **stupito**, **sorpreso**, **chiuso**, and **aperto**:

Siamo rimasti molto stupiti quando abbiamo saputo che Lisa non aveva passato l'esame.	***We were*** *very* ***surprised*** *when we heard that Lisa had not passed the exams.*
La strada **resterà chiusa** tutto l'anno.	*The road* ***will remain closed*** *all year long.*

Esercizio 37.3

Complete the following sentences using the passive voice.

1. Il contratto dovrà ______________________ prima della fine del mese. (firmare)
2. Il biglietto aereo ______________________ se il viaggio ______________________. (rimborsare, cancellare)
3. Il centro commerciale ______________________ prima dell'autunno. (aprire)
4. Le medicine devono ______________________ tre volte al giorno. (prendere)
5. Le medicine ______________________ tre volte al giorno. (prendere)
6. Il libro poliziesco ______________________ da tutta la classe. (leggere)
7. La sua vita ______________________. (sprecare)
8. Noi ______________________ stupiti dalla sua bellezza. (rimanere)
9. Noi ______________________ delusi dal film di guerra. (rimanere)
10. L'avviso di matrimonio deve ______________________ fuori dalla chiesa per tre mesi. (appendere)

Andare often replaces **essere** with verbs such as **perdere**, **smarrire**, and **sprecare**. Sometimes, **andare** is used in place of **dovere + essere** when conveying a sense of necessity:

La verdura **va sprecata** perchè i bambini non la vogliono mangiare.	*The vegetables are wasted because the children don't want to eat them.*
Tutti i quadri **sono stati danneggiati** a causa dell'alluvione.	*All the paintings* ***were damaged*** *during the flood.*
Tutti i quadri **sono andati smarriti** durante la guerra.	*All the paintings* ***were lost*** *during the war.*
Va ricordato che non si può correre in piscina.	***It must be remembered*** *that one cannot run at the pool.*

Esercizio 37.4

Translate the following sentences into Italian using the appropriate form of the verb in the passive voice.

1. My purse was stolen from the car.

   ____

2. A lot of time is wasted every day by watching the TV.

   ____

3. Her friend had an accident, and she was taken to the emergency room.

   ____

4. All the leftovers from the restaurants are distributed to the poor.

   ____

5. It must be kept in mind that one cannot kill more than one deer while hunting.

   ____

6. The small birds, too, have to be remembered in winter.

   ____

7. The garage door has to be closed day and night.

   ____

8. The wood was carried and burned in the backyard.

   ____

9. It must be remembered to lock all windows and doors.

   ____

10. The key was lost, and he could not get into the house.

    ____

Alternative to the Passive Voice

In Italian, the passive voice is used more in written language than in spoken language where a few alternative ways are preferred. **Si** is used to express the idea of *one*, *you*, *we*, and *they*:

Si dice che domani verrà una burrasca di neve e di pioggia mista a ghiaccio.	*It is said that tomorrow there will be a big snowstorm with snow and freezing rain.*

The *Si* Passivante

A common way to avoid using the passive in Italian is to use the passive **si** + the third person singular or plural of the verb:

Dove **si trova** la biblioteca?	*Where is the library? (Where does one find the library?)*
Si parla spagnolo in Florida?	*Is Spanish spoken in Florida?*

Esercizio 37.5

Complete the following sentences with the passive voice of the verb suggested in parentheses.

1. Oggi si ________________ la polenta con il brasato. (mangiare)
2. Dove si ________________ il teatro? (trovare)
3. La strada ________________ a causa del maltempo su tutta la penisola. (bloccare)
4. Il mese prossimo si ____________ in gita con tutta la scuola. (andare)
5. Si ____________ abbattere il muro perchè è tutto sgretolato. (dovere)
6. Nella scuola superiore si ________________ tante materie interessanti, ma difficili. (studiare)
7. Vorrei sapere dove si ________________ i libri di testo usati. (comprare)
8. Fuori tutto è calmo e silenzioso; non si ________________ nessun rumore. (sentire)
9. Si ____________ che questa sia l'ultima nevicata dell'inverno. (sperare)
10. Se andiamo allo zoo, si ____________ gli squali nell'acquario. (vedere)

38

Conjunctions and Verbs with Prepositions

Conjunctions are a fundamental element of any language. They are used to connect two or more words in a sentence. In Italian, they are invariable and are classified as: **simple conjunctions** (**e**, **o**, **ma**, etc.) or **compound conjunctions** formed by more than one word (**oppure**: **o** + **pure**, **neanche**: **nè** + **anche**).

Functions of Conjunctions in Italian

Italian conjunctions have different functions:

They can connect sentences: **e**, **o**, **anche**, **oppure**, **infatti**, **per esempio**, **nè**, **d'altra parte**, and so on.

They can give additional information: **ma**, **però**, **eppure**, **anzi**, **invece**, **tuttavia**, **in realtà**, **piuttosto**, and so on.

They can indicate the moment when something happens or the succession of events: **poi**, **dopo che**, **alla fine**, **in breve**, **innanzi tutto**, **allo stesso tempo**, and so on. These are followed by the indicative:

Vado al lavoro poi, vado dal parrucchiere.	*I go to work, and then I go to the hairdresser.*

They can indicate the cause and the reason for an action: **così**, **allora**, **per questo motivo**, **perciò**, **pertanto**, **dunque**, **poichè**, **giacchè**, **perchè**, **poichè**, and so on:

Poichè tu sai tutto, chiama tuo fratello e diglielo.	*Since you know everything, call your brother and tell him.*

The conjunctions are classified as coordinating, which means that they connect subjects, adjectives, and adverbs (**e**, **o**, etc.), or subordinating. Subordinating conjunctions connect a dependent clause to another clause, and they clarify, modify, and complete its meaning (Vengo da te **perchè** mi hai chiamato).

Most Commonly Used Conjunctions

Following is a list of the most commonly used conjunctions, indicating if they are indicative, subjunctive, or infinitive. Keep in mind that this is only a partial list of conjunctions.

Note: The conjunction **e** changes to **ed** in front of a word that starts with the same vowel.

Lucia è bella e snella **ed** Elena è bassa e grassa.	*Lucia is tall and thin, and Elena is short and fat.*

Conjunctions expressing:

- **Cause**, are followed by the indicative: **perché**, **siccome**, **visto che**, **dato che**, **giacché**, **poiché**, **ecc.**

  Sono rimasto a casa perché non stavo bene.

  Visto che non stavo bene, non sono uscito.

  Poiché non stavo bene, non sono uscito.

- Conjunctions expressing **finality** are followed by a subjunctive: **affinché**, **cosicché**, **perché**, **ecc.**

  Apro le finestre perché entri l'aria fresca.

  Chiudo a chiave la macchina affinché nessuno porti via la borsa.

- **per** is followed by the infinitive:

  Andiamo al mercato per fare la spesa.

Successive conjunctions may be followed by the indicative or by the infinitive:

- **Cosicché**, **tanto che**, **così tanto che**, **in modo che**, **ecc**. are followed by the indicative.
- **Così da**, **tanto da**, **così tanto da**, **in modo da**, **ecc** are followed by the infinitive:

  Devo lavorare così tanto che sono stanca morta.

  Studio tanto da farmi venire il mal di testa.

Conjunctions that are **time related** are mostly followed by the indicative except for **prima che** that requires the subjunctive: **quando**, **dopo che**, **una volta che**, **mentre**, **appena**, **non appena**, **finché (non) prima di**, **ecc**

Prima che tu vada a insegnare, fai le copie per la lezione.

Prima di uscire controlla che le finestre siano chiuse.

Dopo che hai controllato se le finestre sono chiuse, puoi uscire.

Most **conditional** conjunctions are followed by the subjunctive: **semmai, qualora, purché, a patto che, a condizione che, nel caso che, nel caso in cui, ecc.**

A patto che loro passino gli esami, gli pago la vacanza al mare.

Qualora non ci sia nessuno a casa, lascia il documento vicino alla porta.

Se can be followed by the subjunctive or the indicative:

Se vieni mi fai un gran piacere.

Se tu venissi, potremmo andare al parco assieme.

Esercizio 38.1

Complete the following sentences with the conjunction suggested in parentheses.

1. ________________ fosse luglio, faceva freddo. (*although*)
2. Le ho contattate ______________ rispondano a qualche domanda. (*so that*)
3. Sono arrivati in orario __________________ nell'autostrada ci fosse molto traffico. (*although*)
4. Vi aspetto ________________ non siate molto in ritardo. (*provided that*)
5. Siete i benvenuti ________________ vogliate passare qualche giorno con noi al mare. (*if*)
6. Abbiamo visitato tanti posti __________________ l'Australia. (*except*)
7. ____________ dovendo fare economia, non rinuncerò al mio viaggio in Italia. (*even*)
8. _________________ tu vada in classe, passa dall'ufficio del Preside. (*before*)
9. Io _________ i miei fratelli andremo a fare un viaggio in oriente. (*and*)
10. Mio marito è andato dal dentista __________ gli ha tolto due denti. (*and*)

In Italian, many verbs and expressions are followed by a preposition. Following are the most commonly used expressions with the various prepositions.

Verbs and Expressions Followed by the Preposition *a*

The preposition **a** is used before a noun or a pronoun with the following verbs:

assistere a	*to attend, to assist*	**credere a**	*to believe in*
assomigliare a	*to resemble*	**dare da mangiare a**	*to feed*

dare fastidio a	*to bother*	**fare torto a**	*to do something wrong to someone*
dare la caccia a	*to chase, to hunt*	**giocare a**	*to play a game*
dare noia a	*to bother*	**interessarsi a**	*to be interested in*
dare retta a	*to listen to*	**partecipare a**	*to participate in*
dare torto a	*to blame*	**pensare a**	*to think about*
dare un calcio a	*to kick*	**raccomandarsi a**	*to ask favors of*
dare un pugno a	*to punch*	**ricordare a**	*to remind*
fare attenzione a	*to pay attention*	**rinunciare a**	*to give up*
fare bene (male) a	*to be good (bad) for someone*	**servire a**	*to be good for*
fare piacere a	*to please*	**stringere la mano a**	*to shake hands with*
far vedere a	*to show*	**tenere a**	*to care about*
fare visita a	*to pay a visit*		
fare un regalo a	*to give a present*		

Before an infinitive, the preposition **a** is used with the following verbs:

abituarsi a	*to get used to*	**insegnare a**	*to teach*
affrettarsi a	*to hurry*	**invitare a**	*to invite*
aiutare a	*to help*	**mandare a**	*to send*
cominciare a	*to begin*	**obbligare a**	*to force, oblige*
continuare a	*to continue*	**pensare a**	*to think about*
convincere a	*to convince*	**persuadere a**	*to convince*
costringere a	*to force, to compel*	**prepararsi a**	*to prepare*
decidersi a	*to decide*	**provare a**	*to try*
divertirsi a	*to have fun*	**rinunciare a**	*to give up*
fare meglio a	*to be better off*	**riprendere a**	*to resume*
fare presto a	*to be fast to*	**riuscire a**	*to succeed*
imparare a	*to learn*	**sbrigarsi a**	*to hurry*
incoraggiare a	*to encourage*	**servire a**	*to be useful to*

With verbs of movement, use **a** with the following:

andare a	*to go*	**passare a**	*to stop to*
correre a	*to run*	**tornare a**	*to return*
fermarsi a	*to stop*	**venire a**	*to come*

Esercizio 38.2

Translate the following sentences into Italian.

1. They hurry to eat when they return from school.

 ____

2. She helped her friend to tie her shoes.

 ____

3. The little girl believes in fairies.

 ____

4. He kicked his sister in the shin.

 ____

5. They like to play bridge every night of the week.

 ____

6. I have to remind him to take out the garbage.

 ____

7. They invited all their friends to the graduation party.

 ____

8. It is very important to encourage the children to be independent.

 ____

9. The father taught his little daughter to ride the bike.

 ____

10. I do not succeed in understanding her because she speaks too fast.

 ____

11. We like to go to the movies in the afternoon.

 ____

12. Before coming home, they stop at the market to buy some food.

 ____

13. In winter, we have a lot of fun watching the birds feed outside our windows.

 ____

14. Silvia and Giorgio are going to visit their parents in Italy.

 ____

15. They gave up trying to open the door.

 ____

Verbs and Expressions Followed by the Preposition *di*

Many verbs and expressions are followed by the preposition **di**. Following are the most commonly used verbs followed by **di**:

Before a noun or a pronoun:

accorgersi di	*to notice*	**nutrirsi di**	*to feed on*
avere bisogno di	*to need*	**occuparsi di**	*to take care*
avere paura di	*to be afraid*	**pensare di**	*to think about*
dimenticarsi di	*to forget*	**preoccuparsi di**	*to worry about*
fidarsi di	*to trust*	**ricordarsi di**	*to remember*
innamorarsi di	*to fall in love*	**ridere di**	*to laugh at*
interessarsi di	*to be interested in*	**soffrire di**	*to suffer from*
lamentarsi di	*to complain*	**trattare di**	*to deal with*
meravigliarsi	*to be surprised*	**vivere di**	*to live on*

Before an infinitive:

accettare di	*to accept*	**finire di**	*to finish*
ammettere di	*to admit*	**ordinare di**	*to order*
aspettare di	*to wait*	**pensare di**	*to think about*
augurare di	*to wish*	**permettere di**	*to permit*
avere bisogno di	*to need*	**pregare di**	*to beg*
cercare di	*to try*	**proibire di**	*to prohibit*
chiedere di	*to ask*	**promettere di**	*to promise*
confessare di	*to confess*	**proporre di**	*to propose*
consigliare di	*to advise*	**ringraziare di**	*to thank*
contare di	*to plan*	**sapere di**	*to know*
credere di	*to believe*	**smettere di**	*to stop*
decidere di	*to decide*	**sperare di**	*to hope*
dimenticare di	*to forget*	**tentare di**	*to attempt*
dubitare di	*to doubt*	**vietare di**	*to avoid*
fingere di	*to pretend*		

Esercizio 38.3

Translate the following sentences into Italian.

1. I need to buy more paper and a new black-and-white cartridge to print the book.

   ____

2. I am afraid of swimming in deep water.

   ____

3. That girl complains about everything and everybody.

   ____

4. She believes she will get the scholarship for college.

   ____

5. I doubt I will have time to go out to lunch this week.

   ____

6. They try to be on time for the appointment at the bank.

   ____

7. She promises not to smoke when she is out with her friends.

   ____

8. When Cristina suffers with migraines, she cannot go to work.

   ____

9. We will ask to use their small cabin at the lake.

   ____

10. The waitress laughs about everything and everybody.

    ____

11. You have to promise me that you will stop to see me when you are in town.

    ____

12. I don't know what the wild animals live on during the winter.

    ____

13. Isabella likes to know about everything.

    ____

14. I have to call her to thank her about the flowers she sent me.

    ____

15. Maria thinks about going to Italy to attend an immersion class in Italian.

    ____

Verbs Followed by the Preposition *su*

Following are some of the most common verbs followed by the preposition **su**:

contare su	*to count on*	**riflettere su**	*to reflect on*
giurare su	*to swear on*	**scommettere su**	*to bet on*

Verbs Followed Directly by the Infinitive

Some commonly used verbs are followed directly by the infinitive of a verb:

amare	*to love*	**piacere**	*to like*
desiderare	*to wish*	**potere**	*to be able*
dovere	*to have to, must*	**preferire**	*to prefer*
fare	*to make, do*	**sapere**	*to know how*
lasciare	*to allow, let*	**volere**	*to want*

Impersonal Verbs

The following verbs, also called impersonal, are used in the third person singular or the third person plural:

basta	*it is enough*	**bisogna**	*it is necessary*
pare	*it seems*		

Esercizio 38.4

Translate the following sentences into Italian.

1. They always count on him to take care of electronic repairs.

   ____

2. One must not run at the pool.

   ____

3. I like to reflect on the facts of life.

   ____

4. They wish to travel all over the world.

   ____

5. I absolutely have to stay at home and finish the book.

   ____

6. If they want to make a cake, I will help them.

___

7. I let him go to Italy with his friends.

___

8. That is enough talking. Now you have to concentrate on your work.

___

9. I like to live a good life.

___

10. Stop biting your nails.

___

11. They forgot to pay the bill.

___

12. She used to give violin lessons.

___

13. Call us before you come.

___

14. I'm starting to speak Italian well.

___

15. She likes to cook, and she cooks well.

___

Reading Comprehension

La musica italiana

Finire questo libro e non parlare della musica italiana è come lasciare un'opera incompiuta. La musica è un po' come la poesia, è nata con l'uomo. Quando il nostro animo è pervaso da forte commozione, il primo desiderio è quello di cantare. Ed è così che gli italiani pensano che l'Italia sia la terra della musica. Sono orgogliosi dell'eredità musicale del loro paese.

La musica italiana è conosciuta in tutto il mondo. Fin dal dopo guerra le canzoni italiane e specialmente quelle di Napoli, hanno oltrepassato i confini e hanno raggiunto tutti gli angoli del mondo con le loro note melodiche. I cantautori italiani sono conosciuti e ascoltati in molti paesi. Non solo la musica leggera è molto ben conosciuta, ma anche quella classica e quella operistica. Oggi, arriva molta musica straniera in Italia perchè i giovani vogliono dimostrare di apprezzare e di conoscere la musica americana a scapito di quella italiana.

Chi non ha sentito le sinfonie di Vivaldi, le opere di Verdi, Puccini, Donizzetti, ecc.? Chi non conosce la voce sonora e meravigliosamente penetrante che apparteneva a Pavarotti, a Caruso e a Beniamino Gigli? Questi sono tesori difficilmente reperibili in altre parti fuori dall'Italia e gli italiani ne sono molto orgogliosi. Oserei dire che l'Italia è musica, la lingua italiana è musica, per cui studiandola e parlandola bene è come interpretare e trasportare il suono melodico di questa sinfonia chiamata "lingua italiana" in tutto il mondo.

Nomi

l'angolo	*corner*	**il desiderio**	*wish, desire*
la commozione	*emotion*	**la musica leggera**	*light music (popular music)*
il cantautore	*singer-music writer*	**il tesoro**	*treasure*
il confine	*border*		

Verbi

pervadere	*to permeate*	**oltrepassare**	*to go beyond*

Aggettivi

melodico	*melodic*	**penetrante**	*penetrating*
orgogliosi	*proud*	**sonoro**	*melodic*

Espressioni

a scapito	*to the detriment of*

Domande e Risposte

After reading the selection, answer the questions in Italian with full sentences.

1. Che cosa si vuole fare quando si è felici?

____

____

2. Quale musica preferisci? Quella leggera, quella sinfonica o quella operistica?

____

____

____

3. Hai mai visto un'opera? Che cosa ne pensi?

____

____

____

____

Answer Key

Chapter 1 Nouns, Articles, and Descriptive Adjectives

1.1 1. casa 2. ragazzo 3. zaino 4. scuola 5. specchio 6. penna 7. giornale 8. sapone 9. pane 10. ciliegia 11. fico 12. sale

1.2 1. lettere 2. pere 3. stelle 4. sport 5. lezioni 6. vini 7. alberi 8. musiche 9. sali 10. canzoni 11. altalene 12. fiori 13. dee 14. amiche 15. amici 16. film

1.3 1. un, una 2. un', un 3. uno, una 4. uno, una 5. una, un 6. un, una 7. uno, un 8. un, una 9. un, un' 10. uno, un 11. uno, una 12. un, un'

1.4 1. l'(lo) 2. la 3. l'(la) 4. lo 5. il 6. l'(la) 7. la 8. la 9. la 10. il 11. il 12. l'(la) 13. la 14. lo 15. il 16. il 17. il 18. la 19. il 20. lo

1.5 1. gli 2. le 3. gli 4. i 5. i 6. le 7. le 8. le 9. gli 10. i 11. le 12. le 13. le 14. le 15. i 16. i 17. i 18. le 19. i 20. i

1.6 1. the book 2. the house 3. the flowers 4. the wine 5. the brother 6. the coffee 7. the train 8. the dentist 9. the window 10. the apple tree 11. the planes 12. the lessons 13. the goose 14. the legs 15. the throat 16. a lesson 17. an idea 18. a friend 19. a child 20. a girlfriend 21. a car 22. a plane

1.7 1. lo, uno 2. lo, uno 3. l' (lo), un 4. il, un 5. la, una 6. l'(lo), un 7. la, una 8. il, un 9. lo, uno 10. un, l'(lo) 11. la, una 12. il, un 13. il, un 14. la, una 15. l'(la), un'(una) 16. l'(la), un'(una) 17. l'(la), un'(una) 18. la, una 19. lo, uno 20. lo, uno

1.8 1. carina 2. difficile 3. profumato 4. bianco 5. fragile 6. piccolo 7. nuova 8. pulito 9. caro 10. fantastico 11. magra 12. povero 13. verde 14. interessante 15. vecchio 16. verde 17. piccolo 18. grande 19. bianca 20. freddo

1.9 1. le lampade nuove 2. gli amici intelligenti 3. i gatti neri 4. i ragazzi giovani 5. le rose bianche 6. i vestiti gialli 7. i giorni meravigliosi 8. le automobili moderne 9. le ragazze eleganti 10. i libri vecchi 11. le torte deliziose 12. le famiglie ricche

1.10 1. l'erba verde 2. le nuvole bianche 3. la canzone nuova 4. l'oca grassa 5. il cane piccolo 6. le scarpe care 7. il cibo eccellente 8. il bambino triste 9. i bambini felici 10. l'uomo forte 11. la casa grande 12. l'amico sincero

1.11 1. Mi piacciono le scarpe rosse. 2. Questo libro è nuovo. 3. Loro hanno genitori molto vecchi. 4. Lei è la mia cara amica. 5. Lei è una brava pittrice. 6. Ha una piccola ferita sulla testa. 7. Lei è l'unica regina. 8. Lui è il suo unico figlio. 9. Lei è l'unica donna in questa casa. 10. È un uomo diverso. 11. Cè un povero uomo nel parco. 12. Il Presidente è un bravo uomo.

Chapter 2 Subject Pronouns, *Essere*, and *Stare*

2.1 1. sto (health) 2. sta (location) 3. sta (location) 4. sta (location) 5. stanno (health) 6. state (location) 7. stai (location) 8. sta (personal opinion about appearance) 9. stanno (location) 10. sta (health) 11. sta (personal opinion about appearance) 12. stiamo (location)

2.2 1. è (description) 2. sono (profession) 3. sono (point of origin) 4. è (description) 5. siamo (identification) 6. è (material) 7. sono (point of origin) 8. sono (description) 9. è (description) 10. è (location) 11. è (physical status) 12. è (description) 13. è (location) 14. siete (description) 15. è (date)

2.3 1. sono (nationality) 2. è (physical status) 3. sta (health) 4. è (description) 5. sta (location) 6. siamo (mood) 7. sta (health) 8. è (location) 9. è (description) 10. è (description) 11. siete (point of origin) 12. sta (location) 13. siamo (location) 14. sta (location) 15. è (location)

2.4 1. Non sto molto bene. 2. È a casa. 3. Sì, sta ancora a Napoli. 4. No, non è facile. 5. Sì, vogliamo stare in casa. 6. Siamo molto stanchi. 7. No, è lontano. 8. La mia amica sta in Italia. 9. Stiamo due settimane. 10. È di Roma.

2.5 1. Siamo amici. 2. Il mio amico è in Cina. 3. La sua amica è in Italia per tre settimane. 4. Gli animali sono allo zoo. 5. I bambini stanno al parco per tre ore. 6. L'Italia è in Europa. 7. Suo marito è un architetto. 8. Lo zio Marco è in piscina. 9. Lo zio Marco sta in piscina tutto il giorno. 10. Il cibo è delizioso. 11. Il cane è marrone. 12. Il cane sta in casa. 13. Mia nonna è in ospedale. 14. Lei non sta molto bene.

2.6 1. state 2. stiamo 3. siamo 4. è 5. sono 6. è 7. sono 8. sono 9. stiamo

Chapter 3 *C'è* and *ci sono*, Interrogative Words, and the Calendar

3.1 1. Ci sono due cani nel giardino. 2. Ci sono tre grandi aeroporti. 3. Ci sono dieci studenti in classe. 4. Ci sono due musei vicino a casa mia. 5. Ci sono molte piante in casa. 6. Ci sono due macchine nel garage. 7. Ci sono tre gatti neri. 8. Ci sono molte parole difficili nel libro. 9. Ci sono due frasi che non capisco. 10. Ci sono le tue quattro amiche. 11. Non ci sono due italiani qui. 12. Non ci sono tre finestre.

3.2 1. Ecco il bar! 2. Ecco il giornale! 3. Ecco il supermercato! 4. Ecco la pizza! 5. Ecco il gelato! 6. Ecco il bicchiere! 7. Ecco l'orologio! 8. Ecco l'ospedale! 9. Ecco la televisione! 10. Ecco lo zoo! 11. Ecco lo scoiattolo! 12. Ecco la pianta!

3.3 1. There is a plant in the house. 2. There are many stars in the sky. 3. There are many chairs in your house. 4. Today it is sunny (there is the sun). 5. There is no telephone. 6. Here is your sister! 7. Here is the telephone! 8. Here is Mother! 9. How is the restaurant? 10. How is the bread? 11. How beautiful is the song! 12. How big is the universe!

3.4 1. Com'è buono questo vino! 2. Come sono buoni questi gelati! 3. Come sono belle queste fotografie! 4. Com'è interessante questo libro! 5. Com'è bionda questa bambina! 6. Com'è piccola questa casa! 7. Com'è forte questo caffè! 8. Come sono deliziosi questi panini! 9. Com'è grande questo aereo! 10. Com'è brava questa studentessa! 11. Com'è veloce questa macchina! 12. Com'è fredda questa birra!

3.5 1. dove 2. dove 3. quanta 4. chi 5. quale 6. quanto 7. come 8. quando 9. perchè 10. di chi 11. quanti 12. quanti 13. quanti 14. come

3.6 1. Mia zia non sta molto bene. 2. Vicino a casa mia. 3. È di mio fratello. 4. Io sono americana. 5. No, non ci sono cani a casa mia. 6. Sto davanti alla TV. 7. C'é mio marito. 8. Si, ci sono ancora le foglie sugli alberi. 9. No, ci sono poche persone alla festa. 10. Lavoro molto. 11. Ti sta bene. 12. Ci sono 15 persone.

3.7 1. In 2. Di 3. Con 4. Di 5. In 6. Con

3.8 1. Lunedì vado a visitare Luisa. 2. Venerdì è il mio giorno favorito della settimana. 3. Vado a scuola il mercoledì. 4. Andiamo al cinema il sabato sera. 5. Vediamo i nostri genitori ogni domenica. 6. La domenica andiamo in chiesa. 7. Ogni venerdì sto a casa dal lavoro. 8. Giovedì siamo con i nostri figli. 9. Il venerdì lei pulisce la casa. 10. Il sabato andiamo a teatro o al ristorante. 11. Mercoledì vedo la mia amica Mary. 12. Lisa gioca al pallavolo martedì pomeriggio.

3.9 1. Che giorno è oggi? 2. Oggi è martedì. 3. Gennaio è un mese freddo. 4. In maggio ci sono molti fiori. 5. Il compleanno di mia mamma è il tredici maggio. 6. In luglio e in agosto fa molto caldo. 7. Il mese di ottobre è in autunno. 8. Viaggiamo in marzo e in settembre. 9. Le scuole in Italia cominciano il quindici settembre. 10. La primavera e l'autunno sono le mie stagioni preferite. 11. Mi sveglio presto alla mattina. 12. La sera, guardo la televisione.

3.10A 1. the faithful dog 2. the clean shirt 3. the high price 4. the new car 5. the moving opera 6. the low building 7. the clean beach 8. the big bus 9. the fast plane 10. the fantastic day

3.10B 1. la bella pianta 2. la strada pericolosa 3. il mese corto 4. la bella spiaggia 5. l'uomo orgoglioso 6. la bambina cieca 7. il bambino affettuoso 8. la donna bassa 9. il libro divertente 10. il cane amichevole

3.11 Answers will vary.

3.12 1. è 2. c'è 3. ci sono 4. stai 5. stiamo 6. sta 7. sta 8. ci sono 9. ci sono, ci sono 10. state 11. stiamo 12. è 13. ci sono 14. è 15. ci sono 16. sta

Chapter 4 Numbers, Time, and Dates

4.1 1. sette 2. trentun 3. trecentosessantacinque 4. cinquantadue 5. tremila 6. duecentotrentacinque 7. venti 8. trecentoottantasette 9. milleduecento 10. settecentoottantacinque

4.2 1. primo 2. secondo 3. quinta 4. seconda 5. quinto 6. terza 7. ottava 8. quindicesimo 9. trentaseiesimo 10. sedicesimo 11. decimo 12. dodicesimo 13. decima

4.3 1. ventesimo secolo 2. dodicesimo 3. seconda 4. quindicesimo secolo 5. diciottesimo secolo 6. tredicesimo secolo 7. diciannovesimo secolo 8. ventesimo secolo 9. ventunesimo secolo 10. diciottesimo secolo

4.4 1. mercoledì, ventitrè, gennaio 2. sabato 3. ventisette, novembre 4. lunedì 5. domenica 6. quattordici, marzo 7. venerdì 8. febbraio, ventinove

4.5 1. Sono le undici. 2. Sono le tredici. 3. Io pranzo alle dodici. 4. Vado a lavorare alle otto (di mattina). 5. È mezzanotte. 6. La banca apre alle otto e trenta. 7. I negozi chiudono alle diciannove e trenta. 8. Ceniamo alle venti e trenta. 9. Esco alle sei e trenta. 10. Gioco la partita di football alle undici. 11. Pranzo a mezzogiorno. 12. Sono le tredici.

4.6 1. È l'una e venti. 2. Sono le quattro e trenta di pomeriggio. 3. Sono le nove e un quarto (e quindici). 4. Sono le sei in punto. 5. Sono le due e quarantacinque di pomeriggio. 6. Sono le otto di mattina. 7. Sono le tre di pomeriggio. 8. Sono le dodici esatte.

Chapter 5 Regular Verbs

5.1 1. nuota 2. ritornano 3. camminiamo 4. abitano 5. aspetta 6. nuotano 7. domanda 8. arrivano 9. domanda 10. riposo 11. ascoltano 12. ordini 13. comprate 14. lavorate 15. entri 16. aspettate

5.2 1. chiudo 2. chiedi 3. crede 4. legge 5. perdiamo 6. piangete 7. ripetono 8. scrive 9. vende 10. viviamo 11. perdi 12. vende 13. vivono 14. risponde 15. rompe 16. rispondiamo

5.3 1. apro 2. copri 3. offre 4. dorme 5. partiamo 6. scoprono 7. seguite 8. sentono 9. servono 10. veste 11. dormono 12. partite 13. apri 14. ascoltate

5.4 1. pulisco 2. preferisci 3. capiscono 4. spediamo 5. costruiscono 6. preferiscono 7. preferisce 8. finisci 9. costruite 10. ubbidisci 11. capiscono 12. finiamo 13. restituisco 14. impedisci

5.5 1. chiama 2. dovete 3. prende 4. prendono 5. passare 6. prendiamo 7. chiamano 8. passate 9. prendiamo, passiamo 10. chiamare

Chapter 6 Irregular Verbs

6.1 1. vado 2. stai 3. dà 4. andate 5. faccio 6. vanno 7. vanno 8. stanno 9. danno 10. faccio 11. va 12. stiamo

6.2 1. fare una passeggiata 2. fare la spesa 3. fare il pieno 4. faccio colazione 5. fare i biglietti 6. facciamo un viaggio 7. fare presto 8. fare la fila (coda) 9. fanno i compiti 10. fare ginnastica 11. fanno finta 12. faccio da mangiare

6.3 1. paghiamo 2. comincio 3. mangi 4. cerca 5. lascia 6. studi 7. paghi 8. comincia 9. avvii 10. strisciano 11. taglia 12. pigli

6.4 1. sa, sa 2. devo (debbo) 3. devi 4. puoi 5. vuole 6. vogliono 7. deve 8. vogliamo 9. devono (debbono) 10. devo (debbo)

6.5 1. Non so il tuo nome. 2. Tu conosci i miei genitori. 3. Tu sai suonare molto bene il piano. 4. Lei conosce bene Parigi. 5. Lei sa parlare il francese. 6. Loro sanno il suo nome. 7. Io non conosco i tuoi amici. 8. Claudia conosce un bravo dottore. 9. Loro non sanno che io sono qui. 10. Non conoscono un ristorante pulito in questo villaggio. 11. Lui conosce Roma molto bene. 12. Lei sa che c'è molto traffico a Roma. 13. Noi sappiamo che sei felice. 14. Voi conoscete molte persone.

6.6 1. Pietro ha sempre fretta. 2. Ho freddo. Ho bisogno di una coperta. 3. Hai sonno. Vai a letto. 4. Lui ha molta sete. Vuole un bicchiere di acqua. 5. Lei ha voglia di un gelato. 6. Abbiamo paura del buio. 7. Hanno molta fortuna. 8. Avete bisogno di andare al supermercato. 9. Ho caldo. Ho bisogno di fare un bagno. 10. Non aspettarmi se hai fretta.

6.7 1. ho 2. ha 3. abbiamo 4. hanno, hai 5. hai, ha 6. avete 7. hanno 8. avete 9. hanno 10. ha

6.8 1. Dico la verità. 2. Diciamo una storia. 3. Vengo a casa con te. 4. Vieni a visitare Maria presto. 5. Il postino viene tardi oggi. 6. I fiori muoiono con il freddo. 7. I soldati muoiono in guerra. 8. Appaiono dal buio. 9. Io appaio all'improvviso. 10. Lei sale la scale. 11. Escono tardi. 12. Oggi, la gente non muore di tubercolosi.

6.9 1. vengono, escono, ritornano 2. vanno, giocano 3. vado 4. sappiamo 5. suoni, preferisci 6. dormono 7. siamo 8. spiega, capiamo, dice 9. dimentico 10. incontriamo, ricorda 11. vanno, hanno, fanno 12. sento, vengono 13. vado 14. pranzi, pranziamo

Chapter 7 *Andare* and the Future

7.1 1. vanno 2. vado 3. va 4. andiamo 5. andate 6. vanno 7. vanno 8. andate

7.2 1. vado; I am going to visit my grandmother. 2. vai; You are going to eat at your friends for Easter. 3. lui va; He goes to speak to the director. 4. andiamo; We are going to visit Rome by bus. 5. andate; You are going to the library to get the books. 6. vanno; They are going to ski in the mountains during the holidays. 7. andate; You are going to eat at the restaurant. 8. vanno; They are going to plant the flowers in the garden. 9. andate; You are going to see the new movie. 10. vai; Are you going to the movies this evening?

7.3 1. Berrò acqua in bottiglia. 2. Andrai dal dottore. 3. (Lei) mangerà al ristorante. 4. (Lui) riposerà tutto il pomeriggio. 5. Erica visiterà la sua amica domami. 6. Parleremo al telefono. 7. Andrete con la nave. 8. Aspetteremo il treno. 9. Lucia studierà in Italia. 10. Scriverò il libro di grammatica. 11. (Lei) suonerà il violino. 12. Marco pagherà il conto.

7.4 1. partiremo 2. leggeremo 3. noleggerà 4. parlerete 5. arriveranno 6. starai 7. starò 8. andrai 9. venderà 10. arriverete 11. studieremo 12. ceneremo

7.5 1. useranno 2. cambierà 3. firmeranno 4. spiegherò 5. fermerà 6. celebreremo 7. ripasserà 8. guiderà 9. pitturerai 10. preparerete

7.6 1. Io so che lei studia molto. 2. Per chi è la domanda? 3. La risposta è per Maria. 4. Il libro che mi occorre è in macchina. 5. Il cappotto è per l'inverno. 6. Noi sappiamo che per vedere la partita dobbiamo andare al bar. 7. Giulia studia medicina per fare la pediatra. 8. Avete una camera per due persone? 9. Per vivere qui, abbiamo bisogno di molti soldi. 10. So che a voi piace molto viaggiare.

7.7 1. vado 2. parliamo 3. ascoltate 4. chiudi 5. cucina 6. lavorate 7. prenotiamo 8. fa 9. volete 10. finiscono 11. vedranno 12. pulisce 13. abiterà 14. usciamo 15. perdete 16. vivete 17. bevete 18. sento

7.8 1. spalla 2. occhi 3. collo 4. dita 5. polmoni 6. cuore 7. denti 8. gomito 9. gambe 10. ginocchia 11. piedi 12. cervello 13. sangue 14. cuore

7.9 1. genitori 2. fratelli 3. sorella 4. figlio 5. mamma 6. nipote 7. cugina 8. suocera 9. suocero 10. zii 11. genero 12. sorelle, fratello 13. zia, zie 14. cugina 15. nonno 16. nonna

7.10 1. per 2. che 3. per 4. che 5. che 6. che 7. per 8. per 9. che, per 10. da 11. che 12. che, per

Chapter 8 Adjectives and Adverbs

8.1 1. il mio 2. le tue 3. i tuoi 4. le tue 5. il suo 6. la sua 7. il nostro 8. la nostra 9. le vostre 10. i loro 11. il mio 12. le tue 13. i nostri 14. la mia 15. il tuo 16. il loro 17. tua 18. la mia 19. il suo 20. le nostre

8.2 1. Sua sorella è in Italia. 2. La sua casa è molto grande. 3. Le loro amiche sono molto gentili. 4. Le sue macchine sono tutte antiche. 5. I suoi bambini non si comportano bene. 6. Il mio amico perde sempre il portafoglio. 7. I suoi libri sono molto difficili da leggere. 8. Le sue parole sono molto gentili. 9. Suo fratello è molto bello. 10. Le sue ragioni sembrano incomprensibili. 11. Non ho visto il suo nuovo anello di diamanti. 12. I loro nonni sono molto vecchi, ma molto attivi.

8.3 1. Questa macchina è nuova. 2. Questo computer è veloce. 3. Questa mattina gioco al tennis. 4. Quel giardino ha molti fiori. 5. Queste ragazze sono molto felici. 6. Questi ragazzi sono intelligenti. 7. Quella casa è di mio fratello. 8. Quel piano è vecchio. 9. Quegli alberi sono alti. 10. Quei libri sono cari. 11. Quello zaino è pesante. 12. Questo negozio ha molte cose. 13. Questi negozi sono pieni di gente. 14. Quei fiori sono molto profumati.

8.4 1. Il vino è francese. 2. L'opera è italiana. 3. La signora è messicana. 4. La seta è cinese. 5. I suoi antenati sono scozzesi. 6. Il marito di Maria è indiano. 7. I turisti sono tedeschi. 8. La studentessa è svedese. 9. la mia cara amica è messicana. 10. La bandiera è brasiliana. 11. La sua automobile è giapponese. 12. Il nuovo aereo è americano.

8.5 1. bel 2. buon 3. giovane 4. vera 5. caro 6. begli 7. brava 8. generoso 9. bravi 10. buoni 11. brutte 12. educate 13. belle 14. intelligenti 15. belle

8.6 1. molto 2. molti 3. molta 4. molti 5. altra 6. molte 7. tutte 8. poca, molta 9. tutte 10. tutti 11. prossimo 12. ultima 13. ultimi 14. l'ultima 15. primi 16. pochi

8.7 1. più, della 2. più, delle 3. più, della 4. meno, degli 5. meno, dei 6. tanta, quanto 7. tanto, quanto 8. meno, del 9. tanto, quanto 10. meno, della 11. tanto, quanto 12. più, che 13. più, che 14. meno, che 15. più, della 16. più, delle 17. tanto, quanto 18. meno, del 19. più, di 20. tanto, quanto

8.8 1. Gli sport sono importantissimi nella vita dei giovani. 2. La mia casa è nuovissima. 3. Questa novella è interessantissima. 4. Ho due cani piccolissimi. 5. Questi sono uomini molto importanti. 6. Sono donne importantissime. 7. Loro sono le persone più importanti qui. 8. Alla sera sono stanchissima. 9. Io sono molto stanca ogni sera. 10. Questo pasto è eccellente. 11. Quando il cane è entrato era bagnato fradicio. 12. Dopo la partita i giocatori erano stanchi morti. 13. Il gelato italiano è il migliore di tutti. 14. L'aereo è molto pieno. 15. Il profumo francese è il migliore di tutti. 16. I laghi americani sono enormi.

8.9 1. infinito 2. immenso 3. magnifici 4. enormi 5. meravigliose 6. eccellenti 7. colossali 8. incantevoli 9. divina 10. eterna

8.10 1. Ti chiamerò certamente quando arrivo. 2. La folla era silenziosa dopo la partita. 3. Aspettiamo silenziosamente. 4. Loro sono molto fortunate. 5. Mia mamma è gentile. 6. Mi parla gentilmente. 7. Il cibo è cattivo. 8. Lui si sente male. 9. Lei vive felicemente. 10. Lei è felice.

8.11 1. sempre 2. mai 3. sempre 4. troppo 5. bene 6. ancora 7. adesso 8. dietro 9. dappertutto 10. indietro 11. adesso 12. molto 13. sotto 14. oggi 15. molto, molto

8.12 1. quasi 2. sicuro 3. come 4. assieme 5. approssimativamente 6. sempre 7. cosi 8. a destra, poi, a sinistra 9. sempre, assieme 10. in alto 11. appena 12. quasi 13. un poco 14. neppure

8.13 1. Ogni anno per Natale cuciniamo e mangiamo troppo. 2. Erica perde sempre la sciarpa. 3. Impariamo molto nella classe di italiano. 4. Ascoltiamo le solite vecchie canzoni ogni giorno in macchina. 5. L'uomo cammina velocemente. 6. I giovani mangiano molto. 7. Oggi spero di andare al museo. 8. Suo fratello piange sempre quando vede un film triste. 9. La tua cartolina è appena arrivata. 10. Lei parla molto gentilmente. 11. Loro parlano troppo velocemente. 12. Oggi il bambino non sta bene. 13. Se vai a sinistra, troverai il museo. 14. Quasi ogni giorno arrivo tardi al lavoro.

Chapter 9 Negatives and Prepositions

9.1 1. No, non vedo nessuno. 2. No, non le ascolta mai. 3. No, non parla con nessuno. 4. No, non hanno molti figli. 5. No, non studiamo sempre. 6. No, non viaggio con le mie amiche. 7. No, non ho nessuna idea. 8. No, non penso a nessuno.

9.2 1. Non studio mai il sabato. 2. Non vedo mai il tramonto. 3. Non viene nessuno. 4. Questo programma non è mai interessante. 5. Non vogliono mai giocare. 6. La ragazza non è mai pronta. 7. Non ho mai visto quella commedia. 8. Non mi sveglio mai presto alla mattina. 9. Il treno non arriva mai in orario. 10. Non mangio nè pane nè formaggio. 11. Non ho niente da mangiare. 12. Non compro niente per nessuno. 13. Loro non sciano mai in inverno.

9.3 1. per 2. per 3. per caso 4. per favore 5. per conto mio 6. per caso 7. per caso 8. per 9. per 10. per 11. per 12. per 13. per 14. per adesso

9.4 1. La scuola è accanto al teatro. 2. L'autobus si ferma davanti alla scuola. 3. Lui si siede dietro di me. 4. La chiesa è dietro al museo. 5. Chiamami, prima di venire. 6. La mia casa è vicino all'autostrada. 7. Il teatro è di fronte al parco. 8. Siamo vicino alla scuola. 9. Giochiamo ogni giorno dopo la scuola. 10. Per me è un gran sacrificio non parlare. 11. I fiori sono gelati per il freddo. 12. Per guidare la macchina, è necessario avere la patente.

9.5 1. Don't go against the wall. 2. During the lesson, it is necessary to turn off the cell phone. 3. I will stay here until tomorrow. 4. There are no discussions between us. 5. According to them, the earth is not being abused. 6. We are going toward the house. 7. I work every day except for Saturday and Sunday. 8. Except for you and I, everybody else talks too much. 9. The birds are on the roof. 10. They are one against the other. 11. The deer sleeps in the bushes. 12. We'll go to the end of the road.

9.6 1. per 2. di 3. per ora 4. dopo 5. con 6. per 7. lontano 8. vicino a 9. per 10. per

9.7 Answers will vary.

9.8 1. parla, studia 2. va 3. fai 4. suona, suona 5. finisce 6. usciamo 7. state 8. stirare, cucinare 9. sono 10. vengono 11. dai 12. vanno 13. può 14. brillano 15. faccio 16. piace

9.9 1. dobbiamo 2. leggono, prima, di 3. invece di, andate, a 4. vuole, per 5. visitiamo, veniamo 6. per, per 7. vado, per la prima volta 8. abitiamo, vicino 9. lontana dal 10. per adesso 11. per, preferisce, in 12. per conto mio

9.10 1. quinta 2. prima di, due 3. arrivo, alle dodici e trenta 4. terza 5. non . . . mai, prima di 6. fino alle dieci di mattina 7. tardi 8. più strette 9. migliore 10. più vecchia 11. peggiore 12. più alto del 13. moltissimo 14. nessun

9.11 1. Mia nipote compie sedici anni la prossima settimana. 2. La lezione comincia alle sette. Dobbiamo arrivare in orario. 3. Devo camminare ogni giorno per essere in forma. 4. Quella casa è molto vecchia. È molto più vecchia di quella accanto. 5. Luigi è molto intelligente. 6. Lisa e Kyria sono brave bambine. 7. In questa casa a nessuno piace cucinare. 8. Lisa deve prendere lezioni di guida per poter guidare. 9. Io ho paura di andare dal dentista. 10. La mia amica passa molto tempo nei negozi, ma non compra mai niente. 11. Adesso devo andare a comprare i regali per i bambini. 12. Elena e sua sorella mangiano più che i ragazzi. 13. Devi studiare l'italiano tutti i giorni per poterlo parlare. 14. Quanti uragani ci sono in Florida ogni anno?

9.12 1. to live 2. to turn on 3. to accept 4. to accompany 5. to shorten 6. to attend 7. to raise (to get someone up) 8. to admire 9. to go 10. to appear 11. to applaud 12. to open 13. to arrive 14. to listen 15. to leave 16. to agree 17. to absorb 18. to wait 19. to have 20. to start 21. to drink 22. to need to 23. to walk 24. to sing 25. to understand 26. to have supper, dinner 27. to look for 28. to call 29. to ask 30. to close 31. to start 32. to fill in (a document) 33. to buy 34. to cost 35. to build 36. to believe 37. to give 38. to lose weight 39. to paint 40. to tell 41. to become 42. to ask 43. to sleep 44. must; ought to 45. to enter 46. to be 47. to avoid 48. to do; make 49. to stop 50. to finish 51. to fix (an appointment) 52. to play 53. to turn 54. to earn 55. to look at 56. to prevent 57. to meet 58. to swallow 59. to start 60. to wash 61. to work 62. to read 63. to eat 64. to lie 65. to put 66. to die 67. to be born 68. to swim 69. to feed 70. to order 71. to pay 72. to leave 73. to pass by; to spend (time) 74. to lose 75. to like 76. to cry 77. to be able 78. to have lunch 79. to prefer 80. to prepare 81. to clean 82. to return 83. to receive 84. to laugh 85. to repeat 86. to answer 87. to break 88. to know 89. to discover 90. to write 91. to follow 92. to hear 93. to serve 94. to send, ship 95. to turn off 96. to sneeze 97. to iron 98. to rub 99. to play 100. to wake up 101. to cut 102. to cough 103. to study 104. to obey 105. to go out 106. to see 107. to sell 108. to come 109. to travel 110. to live 111. to fly 112. to want

Chapter 10 The Indirect Object

10.1 Pronunciation exercise only.

10.2 1. mi/a me piace 2. mi/a me piace 3. ti/a te piacciono 4. vi/a voi non piacciono 5. gli/a lui piace 6. gli/a lui piace 7. le/a lei piacciono 8. le/a lei piace 9. ci/a noi piace 10. ci/a noi piacciono 11. vi/a voi piace 12. vi/a voi piacciono 13. gli/a loro piace 14. a loro . . . piacciono 15. a . . . piace 16. a . . . piacciono 17. ai . . . piace 18. a . . . piacciono 19. gli/a loro piace 20. ai . . . piacciono

10.3 1. gli/a lui 2. ti/a te 3. mi/a me 4. gli/a loro 5. ci/a noi 6. mi/a me 7. ai miei 8. agli 9. ti/a te 10. vi/a voi 11. gli/a loro 12. mi/a me

10.4 1. Mi piacciono le sue piante. 2. Ti piacciono i programmi. 3. A loro piacciono i meloni. 4. Le affascinano gli strumenti musicali. 5. Gli interessano i giornali. 6. Le dolgono le gambe. 7. Ci servono i bicchieri. 8. I panini vi bastano. 9. A loro occorrono le palle. 10. Mi interessano i musei.

10.5 1. I like to watch the movie. 2. I have a headache. 3. He needs a glass. 4. Why don't you like skiing? 5. Tropical fish fascinate us. 6. Daily news interests you. 7. Are they interested in going shopping? 8. Mario doesn't like to drive in fog. 9. Erica needs a pencil. 10. Nothing ever happens here. 11. Everybody needs a computer. 12. Young people like modern music. 13. Young people like new songs. 14. They like to travel.

10.6 Answers will vary.

10.7 1. gli 2. gli 3. le 4. gli 5. le 6. gli 7. le 8. gli 9. le 10. le 11. mi 12. ti 13. le 14. ci 15. mi 16. ti

10.8 1. mi vuole dare 2. mi vuole comprare 3. mi vuole dare 4. ci vuole chiamare 5. vi vuole insegnare 6. ci può insegnare 7. vi può insegnare 8. ci deve portare 9. gli vogliono chiedere 10. mi vuole comprare

10.9 1. vuole dirmi 2. vogliamo vendergli 3. vuole imprestarle 4. deve scriverle 5. deve preparargli 6. voglio mandarti 7. volete imprestarmi

10.10 1. vuole insegnarci/ci vuole insegnare 2. ti dò 3. ti scriviamo 4. vuoi mandarmi/mi vuoi mandare 5. voglio comprargli/gli voglio comprare

10.11 1. Could you tell me why you don't want to go with us? 2. My friend has to lend me four chairs. 3. Lucia wants to give him a small glass of liquor. 4. I am very interested in learning how to play the piano. 5. The doctor wants to talk to me. 6. I am sending a gift to the children. 7. I want to send a gift. 8. I don't feel like talking to him. 9. I have to call her. 10. The professor asks him a question. 11. Did you call Giovanni? Yes, I called him. 12. I want to call her as soon as I can. 13. Maria doesn't like coffee, but she likes cappuccino. 14. The waiter brings her a bottle of mineral water. 15. I have to tell her that she reads very well.

10.12 1. Sì, mi piace questa lezione. 2. Sì, mi piace andare al mare. 3. No, non gli piace andare a ballare. 4. No, ma devi portarle un regalo. 5. Sì, gli mando un invito. 6. Sì, voglio farle una sorpresa. 7. Sì, voglio scrivergli una lettera. 8. Sì, gliel'ho detto. 9. Sì, voglio imprestarglielo. 10. Sì, ti voglio fare una domanda. 11. Sì, glielo dico. 12. Sì, me li devi imprestare. 13. No, non voglio che tu mi insegni a dipingere. 14. No, non mi piace cucinare.

10.13 1. Le dà un anello di diamanti ogni anno. 2. Luisa non mi dice mai niente. 3. Le impresteremo i nostri libri. 4. Ti porto il vino se tu mi porti la birra. 5. Ti voglio portare la pasta.

6. Lui le vuole dire molte cose. 7. Quando risponderai alla mia lettera? 8. I compiti mi sembrano molto difficili. 9. Amo i miei figli. 10. Ti dico che il treno è in orario. 11. Perchè non rispondi alle mie domande? 12. Maria mi dice che vuole andare a Venezia. 13. Maria vuole dirmi dove vuole andare. 14. Devo prepararmi. 15. La bambina assomiglia a suo padre.

Chapter 11 The Direct Object

11.1 1. bacia suo marito 2. chiama la sua amica 3. raccogliamo i fiori 4. guardo 5. ascoltiamo l'insegnante 6. aiuti la zia 7. porta una tazza di tè 8. invita gli amici 9. ascolta l'insegnante 10. invita tutti i suoi amici 11. aspettiamo 12. conoscete bene 13. vede molti uccelli 14. aiuta la vecchia signora 15. accompagna i bambini 16. ascoltano la predica

11.2 1. lo aspetta 2. lo ricordo 3. lo vedo 4. la conosci 5. la ama 6. visitarli 7. la ascoltano 8. li ascoltate 9. la bacia 10. la penso 11. lo invito 12. lo so 13. li accompagniamo 14. la conosciamo 15. aiutarlo 16. voglio vederla

11.3 1. The boy appears to be sick. We need to help him. 2. When you see her, you have to hug her. 3. Maria is late all the time, and we are not going to wait for her anymore. 4. We call our parents to tell them that we are going to visit them. 5. I want to invite Mario and Nadia for dinner. I will call them this evening.

11.4 1. le metto, le vedo 2. vuole pulirla 3. posso usarla, la vendo 4. devo portare 5. voglio leggerli 6. dobbiamo comprarli, dobbiamo spedirli 7. studiarla, capirla 8. lo prende 9. voglio leggerlo 10. li voglio invitare

11.5 1. la conosco 2. la vedi 3. li compra 4. la 5. gli 6. li 7. gli, gli 8. lo capisci 9. invitarlo, portarlo 10. le scrivo, la trova 11. mi parli, ti capisco 12. mi chiede, darle 13. le compro, le vuole, le fanno male 14. mi chiama, mi trova 15. la sente, gli 16. gli mandiamo 17. gli, gli 18. le 19. le 20. li

11.6 Answers will vary.

11.7 1. Lisa aspetta i suoi fratelli che arrivano sempre in ritardo. 2. Andiamo al cinema ogni settimana. Ci piace andare al cinema. 3. I verbi italiani sono difficili, ma li studiamo e li impariamo. 4. Vuoi accompagnarlo alla partita di football? Non gli piace andare da solo. 5. Quando lui la vede, la abbraccia, la bacia e le parla per molto tempo. 6. Gli chiedo quanto costa il biglietto, ma lui non lo sa. 7. Mangiano sempre la pizza. Io non la mangio perchè non mi piace. 8. A loro piace la spiaggia. A me non piace perchè è troppo affollata. 9. Ha un costume da bagno nuovo, ma non lo mette mai. 10. Le parli sempre? La vedi spesso?

Chapter 12 Reflexive Verbs

12.1 1. si sveglia 2. si abituano 3. mi sveglio 4. ci divertiamo 5. si chiama 6. sedervi 7. prepararsi 8. mi addormento 9. ti dimentichi 10. riposarmi

12.2 1. si mette 2. fermarci 3. mi spavento 4. mi preoccupo 5. si alzano 6. truccarsi 7. mi spazzolo 8. si fa 9. mi rilasso 10. si ferma 11. mi rallegro 12. si spaventa 13. mettersi 14. si pettinano

12.3 1. comincio 2. si rende conto 3. si brucia 4. si ricorda 5. mi fido 6. si burla 7. si sente bene 8. ricordarti 9. si mette 10. si lamentano 11. si brucia 12. ci rendiamo conto 13. ti lamenti 14. ci incontriamo 15. si incontrano 16. mi fido

12.4 1. si sveglia 2. si veste 3. si sveste 4. si fa la doccia 5. si fa la barba 6. si prepara 7. si salutano 8. si incontra 9. si siedono 10. si scambiano 11. si annoia 12. si chiede 13. radunarsi

Chapter 13 The Preterit and the Present Perfect Tenses

13.1 1. cantò 2. chiudemmo 3. andarono 4. lavorai 5. andasti 6. vendeste 7. ricevette 8. ripeté 9. diede 10. facemmo 11. andammo 12. pensaste 13. ricordai 14. viaggiarono 15. finì 16. stemmo

13.2 1. Ascoltai la radio. 2. Perchè ritornasti tardi? 3. Andai a visitare il museo. 4. Tu lavorasti sempre. 5. Non camminai molto. 6. Ogni giorno ascoltai le notizie italiane. 7. Maria non dormì molto bene. 8. Il concerto cominciò alle otto.

13.3 1. studiai 2. andai, noleggiai 3. telefonai, trovai 4. arrivò 5. comprammo 6. pensaste 7. giocarono 8. vide 9. preferirono 10. finisti 11. capimmo 12. telefonaste 13. visitarono 14. parlò

13.4 1. Io mangiai bene. 2. Tu venisti a casa presto. 3. Lei visitò Milano. 4. Carlo chiese la ricetta per il dolce. 5. Luigi lesse il libro. 6. Monica mi portò un regalo. 7. Lei pregò sempre. 8. Noi stemmo a casa. 9. Voi viaggiaste in treno. 10. Loro temerono (temettero) il freddo. 11. Io vidi il mare. 12. La guerra distrusse tutto. 13. La vita fu difficile. 14. Diedi l'acqua agli assetati.

13.5 1. stetti 2. fummo 3. stette 4. fu 5. stette 6. furono 7. fu 8. stette 9. stettero 10. fu

13.6 1. cadde 2. vidi 3. ricevemmo 4. visse 5. entraste 6. chiesero 7. ricevetti 8. facesti 9. bevve (bevette) 10. chiuse 11. vinse 12. perse 13. dicesti 14. persi

13.7 1. ho viaggiato 2. hai cantato 3. ha giocato 4. abbiamo ordinato 5. hanno letto 6. abbiamo mangiato 7. ha suonato 8. ha visto 9. hanno imparato 10. hanno comprato 11. hanno acceso 12. abbiamo spento 13. ha vinto 14. ha bevuto 15. ho fatto

13.8 1. Ho letto molti libri. 2. Li ho letti. 3. Abbiamo comprato molte uova. 4. Le abbiamo comprate. 5. Tu li hai visti. 6. Tu non ci hai visti. 7. Lei ha chiamato i suoi amici. 8. Li ha chiamati. 9. Tu hai aspettato la tua famiglia. 10. Tu l'hai aspettata. 11. Ho comprato un orologio nuovo. 12. L'ho comprato dal gioielliere.

13.9 1. Io sono ritornata a letto perchè fa freddo. 2. Le ragazze sono venute a casa mia. 3. I parenti sono arrivati con il treno. 4. Ho portato la mia amica all'aeroporto. 5. Michele è andato in Perù. 6. Noi siamo andati alla festa. 7. L'aereo non è partito. 8. Sono venuti a vedere il neonato. 9. Siamo ritornati a casa tardi. 10. Lei ha studiato medicina. 11. La nonna ha camminato con il bastone. 12. La mia gioventù è stata bella.

13.10 1. È successo un incidente sull'autostrada. 2. Perchè non sono potuti venire? 3. Non sono potuti venire perchè i bambini erano ammalati. 4. Si sono svegliati tardi e sono arrivati tardi al lavoro. 5. Ieri, è nevicato in Colorado. 6. Il gatto è salito sul tetto. 7. Il cibo è stato sufficiente per tutti. 8. Questa casa è costata molto. 9. Si è vestita in fretta. 10. È stata a casa perchè la sua macchina è rotta.

Chapter 14 The Imperfect Tense

14.1 1. Di solito andavo a letto tardi. 2. Tu andavi spesso in Italia. 3. Il sabato mattina mi piaceva dormire. 4. Vedevamo di frequente i nostri amici. 5. Ogni giorno dovevamo fare i compiti. 6. Mangiavate sempre la pasta. 7. Loro non sapevano parlare l'italiano. 8. Di solito facevano tante fotografie ai bambini. 9. Lei parlava spesso con i suoi genitori. 10. Di tanto in tanto, la chiamavo al telefono. 11. I bambini dicevano sempre la verità. 12. Di solito bevevo molta acqua.

14.2 1. Ieri pioveva. 2. Che tempo faceva in Italia? 3. C'era il sole e faceva caldo. 4. Era nuvoloso da una settimana. 5. La madre dormiva e i bambini giocavano. 6. Faceva la doccia tutte le mattine. 7. Carlo mi chiamava spesso. 8. Di solito, la domenica pomeriggio andavamo a camminare nel parco. 9. Vedevo le oche tutte le sere. 10. Io studiavo e mia sorella giocava. 11. Che ora era quando sei ritorna to a casa? 12. In passato, facevano l'olio d'oliva. 13. I bambini mangiavano solo pesce. 14. Il treno partiva tutti i giorni alle nove. 15. Non erano stanchi, avevano solo fame. 16. Tua madre era molto ambiziosa.

14.3 1. I bambini volevano andare al parco. 2. Lo sapevo. 3. Che cosa dicesti a Franco? 4. Mangiavamo quando entrasti. 5. Perchè lo chiamasti? 6. Perchè lo chiamavi? 7. Dove andasti ieri? 8. Dove andava quando lo vidi? 9. Lei ebbe un incidente. 10. Lei aveva spesso degli incidenti di macchina. 11. Le desti la buona notizia? 12. Le portavi delle buone notizie.

14.4 1. La settimana scorsa sono andato al lago. 2. Andavo al lago. 3. Hai incontrato i tuoi amici a Roma. 4. Incontravi i tuoi amici a Roma. 5. Tu hai spento la televisione perchè io studiavo. 6. Quando sei venuto a casa, loro dormivano. 7. Era in ospedale per dieci giorni. 8. È andato in ospedale la settimana scorsa. 9. Ha portato i bambini allo zoo. 10. Portava i bambini allo zoo ogni estate. 11. Ho perso il mio ombrello. 12. Mi dimenticavo sempre l'ombrello a casa.

14.5 1. Sciavo ogni inverno. 2. Ho sciato molto. 3. Sei andato in Africa con i tuoi genitori. 4. Tu andavi in Africa per lavoro. 5. Mi hanno scritto una lunga lettera. 6. Mi scrivevano delle lunghe lettere. 7. Dirigeva l'orchestra. 8. Ha diretto l'orchestra per dieci anni. 9. Ieri sera è andato a letto tardi. 10. Andava a letto tardi ogni sera. 11. Ha cucinato per tutta la famiglia. 12. Cucinava per tutta la famiglia ogni domenica.

14.6 1. eri, ho telefonato, telefonai 2. eravamo, è venuto, venne 3. dormivano, ha bussato, bussò 4. guardava, è arrivata, arrivò 5. dovevamo, abbiamo trovato, trovammo 6. erano, sono venuti, vennero 7. aveva, è cominciato, cominciò 8. faceva, ha vinto, vinse 9. avevo, sono stata, stetti 10. speravo, sono svegliato, svegliai, ho deciso, decisi 11. avete comprato, compraste, volevate 12. siamo usciti, uscimmo, abbiamo visto 13. ha comprato, comprò, costavano 14. funzionava, ha riparato, riparò 15. guardavano, sono andate, andarono 16. eravate, siete andati, andaste

14.7 1. I would like to have a coffee. Will you make it for me? 2. Roberto bought me a sweater. He bought it for my birthday. 3. I need coloring pencils. I want to buy them myself. 4. I make breakfast. I make it every morning. 5. I would like to buy the skis. I will buy them after the holidays. 6. The mailman has my letters. He will bring them to me tomorrow. 7. We needed some oranges. I went to buy them. 8. He doesn't want to bring me salad. He doesn't want to bring it to me.

14.8 1. Maria doesn't bring you wine. Giovanni will bring it to you. 2. I want to give you a plant. I want to give it to you. 3. You are waiting for the bill. I hope the waiter brings it quickly. 4. I want to buy you a bicycle. I'll bring it to your house. 5. Maria reads many newspapers. When she has finished reading them, I will lend them to you. 6. We will send you postcards from Europe. We'll send them to you from Rome. 7. We can rent some videos. We will rent them for you. 8. Has Maria told you to go to her house for dinner? Yes, she told me yesterday. 9. I wanted to tell you to come to my house at 8:00 P.M. I wanted to tell you yesterday. 10. I read you the book. I read it to you.

14.9 1. te lo 2. glielo 3. gliela 4. glielo 5. glielo 6. me le 7. te la 8. gliela 9. glieli 10. gliela 11. te lo 12. fargliele 13. me la 14. ti, te la 15. me lo 16. glielo

14.10 1. Te l'ho detto ieri. 2. Ho dato un computer a mia nipote. Gliel'ho dato. 3. Le darò la notizia quando viene. 4. Tua zia vuole che tu le legga l'articolo. 5. Non vuoi leggergliela. 6. Giovanni gli ha imprestato la macchina. Gliel'ha imprestata. 7. Maria ha letto un buon libro e me l'ha dato da leggere. 8. Gli voleva dare il violino. 9. Gli voleva mandare il regalo. 10. Il dottore ci ha dato le medicine. 11. Il dottore ce le ha date. 12. Il dottore ci voleva dare le medicine. 13. Il dottore voleva darcele. 14. Abbiamo dato molti giocattoli ai bambini. 15. Glieli abbiamo dati. 16. Non volevamo darglieli. 17. Dopo averle fatto visita, sono andati al ristorante. 18. Le chiederò di andare con me. 19. Le dirai di farlo. 20. Glielo dirai oggi quando la vedi.

14.11 1. glieli ha dati. 2. glielo abbiamo chiesto 3. lavarsele 4. glielo 5. leggerglielo 6. truccarsi 7. la spala 8. se li comprano 9. se l'è 10. comprarglielo 11. non se la lavano 12. se li lavano

14.12 1. She liked the cake, and she ate it all. 2. They were asking themselves why their friends were not coming to see them. 3. They were asking themselves often. 4. They ate the whole pizza. They ate it all. 5. I have to ask him at what time he will come. I'll ask him by phone. 6. They buy the newspaper and read it all. 7. She has not gotten her driver's license yet. She will get it in two months. 8. She bought herself a car and she paid for it all herself. 9. The boys found a cat. They took it home. 10. I didn't expect you to come. I really didn't expect it.

14.13 1. to acquire 2. to arrange 3. to attract 4. to be enough 5. to fall 6. to search 7. to conclude 8. to contradict 9. to enjoy 10. to draw 11. to distract 12. to destroy 13. to imitate 14. to influence 15. to allure 16. to liquidate 17. to chew 18. to think 19. to fish 20. to put 21. to prevent 22. to publish 23. to laugh 24. to repeat 25. to choose 26. to discover 27. to push 28. to dust 29. to happen 30. to beg 31. to undersell 32. to translate 33. to roam 34. to vote

Chapter 15 Nouns, Descriptive Adjectives, and Pronouns

15.1 1. a tavola 2. tavolo 3. tavolo 4. mattine 5. tavolo 6. tavolo 7. mattina 8. mattina, tavolo. 9. tavola 10. tavola

15.2 1. generali 2. infermieri 3. distributori 4. asparagi 5. padroni 6. panieri 7. conti 8. leoni 9. leonesse 10. navi

15.3 1. cameriere 2. padrona 3. infermiera 4. leonessa 5. parrucchiera 6. camerieri 7. chiavi 8. bottoni 9. cameriera 10. canzone

15.4 1. amici 2. laghi 3. asparagi 4. bachi 5. attrici 6. scrittrici 7. fichi 8. figli 9. vizi 10. zii

15.5 1. artriti 2. programmi 3. palloni 4. musicisti 5. fantasmi 6. scrittori 7. pirati 8. corruzioni 9. musiciste 10. atlete

15.6 1. alberghi 2. campi 3. amici 4. orsi 5. laghi 6. nomi 7. lavori 8. gatti 9. film 10. programmi

15.7 1. classi 2. amiche **3.** piogge 4. tartarughe 5. anime 6. stazioni 7. valigie 8. abitudini 9. foto 10. città

15.8 1. ciglia 2. computer 3. ginocchia 4. uova 5. boia 6. virtù 7. crisi 9. dei 9. buoi 10. ali

15.9 1. farmacie 2. camicie 3. piogge 4. spiagge 5. docce 6. acacie

Chapter 16 Definite and Indefinite Articles

16.1 1. la 2. il 3. il 4. il 5. i 6. il 7. gli 8. il 9. l' (lo) 10. il, la

16.2 1. La mia scuola è lontana. 2. Il padre di Luigi è ammalato. 3. Lunedì i negozi saranno chiusi. 4. Vado a fare le compere con mia cognata. 5. Quando ritorno a casa da scuola, chiamo tua zia. 6. Vittorio Emanuele Primo Re d'Italia, era molto basso. 7. Andranno in Australia per un matrimonio. 8. In Cile ci sono molti terremoti. 9. Il Nilo è un fiume molto lungo. 10. La Torre di Pisa è una costante attrazione turistica.

16.3 1. di 2. da 3. da 4. in 5. da 6. in 7. senza la 8. pietà 9. di 10. senza

16.4 1. della 2. alle 3. della 4. sul 5. al 6. nel, della 7. per la 8. fra la 9. nello dell' 10. all'

16.5 1. della 2. delle 3. della, delle, dei, degli 4. dei, delle, degli 5. dei 6. delle, dei 7. dello 8. dei 9. delle 10. degli

Chapter 17 Descriptive Adjectives

17.1 1. sporca 2. rosa 3. faticosi 4. piacevole 5. bello, romantico 6.vuoto 7. vuoti 8. stretta 9. ripida 10. fragili

17.2 1. verde smeraldo 2. verde bottiglia 3. rosso fuoco 4. bianco panna 5. verde militare 6. marrone 7. rosa, viola, amaranto 8. vietnamita 9. egoista 10. batteriologiche

17.3 1. La ragazza arrogante 2. La maglia sporca 3. La lingua italiana 4. La cioccolata amara 5. La zia brasiliana 6. Una città tranquilla 7. Una Chiesa famosa 8. Una sorella bionda 9. Una partita faticosa 10. Una sciarpa rossa

17.4 1. I formaggi cremosi 2. I vestiti eleganti 3. Gli impermeabili bagnati 4. Le gonne marroni 5. La tragedia romana 6. I profumi francesi 7. Le città caotiche 8. Le uova fresche 9. Gli specchi rotti 10. Le automobili moderne

17.5 1. azzurro 2. ghiacciato 3. cinesi 4. chiacchierona 5. scientifico 6. sportive 7. rotto 8. pulita 9. linguistico, straniere 10. nuove

17.6 1. Questa è un'occasione unica per te. 2. Questo è l'unico spettacolo che possiamo vedere insieme. 3. Diverse persone vogliono studiare l'italiano, ma c'è solo una classe ed è piena. 4. Vivo in un piccolo quartiere in una città caotica. 5. È difficile sentire vere notizie alla televisione. 6. Gli unici a venire furono i miei genitori. 7. Era l'unica occasione che avevo di viaggiare. 8. In Brasile si possono trovare delle pietre vere per poco prezzo. 9. Gli unici amici che ho, sono italiani. 10. Sto scrivendo un nuovo libro.

17.7 1. Un buon amico 2. Una gran casa 3. Un buon pianoforte 4. Un buon fratello 5. Un bel ragazzo 6. Una buon'idea 7. Un gran uomo 8. San Francesco 9. Una bell' amica 10. Un bel concerto.

17.8 1. bella 2. bello 3. belle 4. bello 5. begli 6. bei 7. bei 8. bello 9. bella, bella 10. Begli, belle

17.9 1. molto 2. molti 3. pochi 4. molte 5. altra 6. tutte 7. molti, molte 8. pochi 9. tutti 10. altri

17.10 1. Si lamenta sempre perchè ha molto lavoro. 2. A non molte persone piacciono l'inverno e la neve. 3. Quest'anno non abbiamo visto molti passerotti venire a mangiare il nostro mangime. 4. Vedo molti studenti del Liceo fumare alla mattina presto. 5. Lei ha molta paura quando deve camminare da sola alla sera. 6. In Italia tutti gli studenti del Liceo devono fare un esame molto difficile al quinto anno. 7. Le giornate in autunno sono molto belle. I colori alla mattina, sono incantevoli. 8. Questo è un film lungo. 9. I vengo nella tua bella casa e tu mi mostrerai il giardino dove hai molti fiori esotici. 10. Molte giovani ragazze hanno bei capelli lunghi.

17.11 1. prossimo 2. prossimo 3. ultimi 4. ultima 5. ultima 6. prossimo 7. ultimo 8. ultima 9. prossimi 10. prossima

17.12 1. penetrante, nauseante 2. spiacevole 3. aspra, acida 4. squisita 5. scroscio (n.) 6. dura, grinzosa 7. viscida 8. salato, dolce 9. ripugnante 10. piccanti

17.13 1. tanto . . . quanto 2. più . . . di 3. più . . . dell' 4. che 5. meno . . . di 6. che 7. meno . . . che 8. più . . . che 9. meno . . . di 10. tanti . . . quanti

17.14 1. più . . . di 2. più regolarmente 3. più gentilmente 4. tanto . . . quanto 5. tanto . . . quanto 6. più . . . che **7.** più . . . di 8. meno . . . di 9. tanto . . . quanto 10. tanto . . . quanto

17.15 1. Silvia è più magra di Maria. Maria è meno magra di Silvia. 2. Erica è più studiosa di Lara. Lara è meno studiosa di Erica. 3. Bologna è più pulita di Roma. Roma è meno pulita di Bologna. 4. Lia è più ambiziosa di Gloria. Gloria è meno ambiziosa di Lia. 5. La tigre è più feroce del leone. Il leone è meno feroce della tigre. 6. Matteo è più affamato di Mario. Mario è meno affamato di Matteo. 7. La sorella di Marco è più irrequieta a scuola di Marco. Marco è meno irrequieto della sorella

17.16 1. molto intelligente . . . molto testardo 2. molto pericolosa (pericolosissima) 3. molto bella (bellissima) 4. molto caro (carissimo) 5. molto profonda (profondissima), molto fredda (freddissima) 6. molto vecchio (vecchissimo) 7. straricco 8. molto veloce (velocissimo) 9. molto difficile (difficilissima) 10. molto timida

17.17 1. super affollata 2. strapieno 3. super affollato 4. straricca 5. strapiena 6. super noiose 7. ultra conservativo 8. ultra liberale 9. maggior parte 10. conosciutissimo

17.18 1. nuovissima 2. altissimo 3. facilissimo, difficilissimo 4. moltissima 5. bravissima 6. velocissimo 7. caldissime 8. altissimo 9. lunghissimo, noiosissimo 10. normalissima

17.19 1. navigabile 2. porpora 3. monumentale 4. in montagna 5. favorevole 6. occhialuto, peloso 7. ferroviario 8. mortale 9. parigina 10. provinciale

17.20 1. mie, mie 2. proprie 3. mie 4. sue 5. miei 6. mia, tua 7. tuoi 8. mia, tua 9. mia, miei 10. nostra

Chapter 18 Possessive Pronouns

18.1 1. mio, vostro 2. la tua 3. mia 4. nostro 5. le nostre 6. mie 7. le mia 8. la sua 9. vostro 10. loro

18.2 1. sua 2. miei 3. tua, miei 4. nostri 5. mio, tue 6. nostre, vostre 7. suoi 8. tuo 9. suo, suoi 10. miei, tuoi

18.3 1. Voglio vedere la partita che si giocherà fra due settimane. 2. Mi piacciono i ristoranti che hanno cibo italiano. 3. Uso il computer che mi hanno regalato i miei genitori. 4. Mio marito va dal barbiere che ha il negozio sulla strada principale del paese. 5. Leggo le riviste che trattano di moda e di politica. 6. Preferisco il professore che insegna spagnolo e tedesco. 7. Voglio comprare la casa che è vicina al fiume. 8. Voglio conoscere la coppia che si è sposata due mesi fa. 9. Mi piace la casa che ha un giardino spazioso e una grande piscina. 10. Voglio comprare le piante che hanno tanti fiori e che resistono al caldo.

18.4 1. Mi è piaciuto il libro fra le cui righe ho trovato tante parole nuove. 2. L'albero su cui c'è un nido di passerotti è troppo alto per salirci. 3. Ho un calcolatore il cui uso non è permesso in classes. 4. Hanno scalato le montagne sulle cui cime più alte non era mai salito nessuno. 5. La ragazza, alla cui educazione si sono dedicati i genitori, sarà certamente riconoscente. 6. Sulle cime delle montagne su cui sono scalati, c'era molta neve. 7. La casa spaziosa in cui abbiamo abitato è delle mie amiche. 8. La bella signora di cui ti ho parlato è mia cognata. 9. Le nuove automobili di cui ti interessi, non consumano molta benzina. 10. I figli dei signori Bianchi di cui ci hai parlato vivono ad Ancona.

18.5 1. Tutti invidiano i vostri amici i quali sono molto ricchi. 2. Gli studenti stranieri i quali non avevano il passaporto, sono ripartiti. 3. Ho visitato un museo il quale ha quadri molto importanti. 4. I nostri amici hanno comprato una casa la quale ha molto spazio. 5. Mi piacciono i libri che hai letto e i quali mi hai imprestato. 6. Il ladro il quale ha derubato la banca è stato arrestato e messo in prigione. 7. La gente la quale va nei negozi il giorno dopo Natale, trova molta confusion. 8. La ragazza la quale ha vinto il torneo di tennis, è molto giovane. 9. Non hanno capito le ragioni le quali li hanno convinti a partire così presto. 10. Le poesie le quali ha scritto tuo zio, sono molto commoventi.

18.6 1. quello 2. quelli che 3. quelli 4. quello che 5. quelle 6. quello 7. quello 8. tutto quello 9. tutto quello 10. tutti quelli

18.7 1. in cui (nella quale) 2. di cui (del quale) 3. di cui (dei quali) 4. di cui (del quale) 5. a cui (al quale) 6. a cui (al quale) 7. in cui (nel quale) 8. di cui (della quale) 9. con cui (con le quali) 10. a cui (al quale)

18.8 1. Questo è mio marito, questi sono i miei figli. 2. Queste scarpe sono mie, quelle sono di Isabella. 3. Chi sono quegli uomini? 4. Quella è una famosa cantante, questo è uno scrittore. 5. Questa orchidea è bianca, quella è viola. 6. Questi fiori sono freschi, ma quelli sono appassiti 7. Questi studenti vengono dall'Africa, ma quelli vengono dalla Russia. 8. Questi vestiti sono moderni, ma quelli sono fuori moda. 9. Questo bicchiere è pulito, ma quello è puzzolente e sporco. 10. Quel film è molto violento, ma questo è molto romantico.

18.9 Non so ciò che hai fatto ieri. Me lo hai detto, ma non ho capito ciò che hai detto. È difficile sapere e ricordare ciò che tu e i tuoi amici avete fatto e ciò che volevate fare. Vorremmo che tu scrivessi ciò che hai fatto e dove sei andato. In questo modo non dovremo chiederti di ripetere ciò che ci hai già detto.

18.10 1. queste, quelle. 2. quelle queste 3. Queste qui, quelle li. 4. questi qui 5. quelli 6. quelli 7. Quelle, queste 8. queste o quelle? 9. queste qui, quelle lì 10. Questo qui

18.11 1. Chi va in macchina con sua sorella? 2. Di chi sono le scarpe che sono in mezzo alla stanza? 3. Che cosa volete che facciano i bambini dopo la scuola? 4. Qual'è la squadra che ha vinto la gara di calcio? 5. Quanto vino pensi che bevano i tuoi ospiti? 6. Quanti figli ha tuo fratello? 7. Chi è il più veloce della squadra? 8. Quali sono i mandarini più dolci? 9. Che cosa vuoi che faccia la donna delle pulizie? 10. Chi sposa quella bella modella?

18.12 1. poca 2. nessuno 3. troppo 4. qualcuno, nessuno 5. alcuni 6. molto, tutto 7. qualcuno, nessuno 8. troppo 9. queste, quelle, tutte 10. molti

18.13 1. qualcuno 2. qualcuno 3. qualcuno 4. qualcun altro 5. chiunque 6. qualcuno 7. qualcuno 8. qualcuno 9. qualcuno 10. chiunque

18.14 1. Nessuno l'ha visto o gli ha parlato. 2. Non ho ricevuto nessuna telefonata da loro. 3. Nessuno dei suoi nipoti va a trovarla o la chiama. 4. Lei non sente niente, ma dice che sente tutto. 5. Nessuno si sente bene oggi e nessuno vuole mangiare quello che abbiamo preparato. 6. Non mi piace nessuna delle due ragazze, ma mi piacciono le loro sorelle. 7. Non importa. Ritornerà quando mi vuole vedere. 8. Nessuno vuole vendere la propria casa e spostarsi in un'altra città. 9. Nessuno vuole andare a nuotare, ma tutti vogliono andare sulla spiaggia. 10. Nessuno vuole andare sulla spiaggia per vedere il tramonto, così andrò da sola.

18.15 1. Ho ancora molti posti che voglio vedere. 2. Conosci qualche lingua? Si. Parli il francese? Si, solo un po'. 3. Lei non ha nessuna sedia per gli ospiti. 4. Lei lavora sempre. Non dorme molto. 5. Tu pensi di sapere tutto quello che la gente vuole sapere. 6. Mi piacciono molte case, ma penso che la mia sia la migliore. 7. Troverai tutto quello che vuoi nel piccolo negozio all'angolo. 8. Questa settimana tutti sono venuti alla lezione e hanno fatto gli esami. 9. Tutti stanno progettando un viaggio per l'estate e tutti sono felici. 10. Nessuno scala la montagna a causa della neve.

18.16 1. Hai molte giacche? No, solo alcune. 2. Fai molte foto quando viaggi? No, poche foto, ma faccio molti film. 3. Ognuna di voi deve mandare un bigliettino di ringraziamento ai nonni per i regali che vi hanno mandato. 4. Avresti qualche altra cosa da dire, oppure hai detto tutto? 5. Vorresti comprare qualche altra cosa per la festa? 6. No grazie. Ma se occorre qualche altra cosa, qualcun altro può andarla a prendere. 7. Domani partiamo per le vacanze. Tutti gli altri sono già partiti due giorni fa. 8. La scuola è vuota. Non c'è nessun altro dentro. Sono andati tutti a casa. 9. Nessuno si è ricordato di mettere un francobollo sulla lettera. Ritornerà senz'altro al mittente. 10. Ho ancora fame e sete. Vorrei qualche altra cosa da mangiare e da bere.

Chapter 19 Prepositions

19.1 1. Ritornerà a casa presto o tardi questa sera? 2. Sono arrivata a casa tardi a causa di un brutto incidente sull'autostrada. 3. A te piace quando i bambini ti portano la colazione a letto. 4. A scuola dovevamo imparare le poesie a memoria. 5. Credo nell'amore a prima vista. 6. In estate ci piace mangiare fuori all'aperto sul patio dietro a casa nostra. 7. Per arrivare a casa mia, devi andare diritto fino al circolo, poi devi prendere la prima strada a sinistra. 8. Poco a poco sta migliorando. Quando va a casa, le sue amiche l'aspetteranno a braccia aperte. 9. A proposito, vorrei comprare una maglia di lana fatta a mano quando andrò in Irlanda. 10. La prossima settimana ritornerò a malincuore a casa dove il clima è freddo, grigio e deprimente.

19.2 1. a, al 2. a braccia aperte, a lungo andare 3. a ogni morte di Papa 4. a buon mercato 5. a fiori, in tinta unita 6. a mano a mano, a, fatte a mano 7. a tutti i costi 8. lenta a 9. al buio 10. all'alba, al tramonto

19.3 1. We don't have any problems compared with the people of the Third World. 2. The ambulance arrived in a jiffy on the location where the accident was. 3. The polar cold is arriving in the United States from Canada. 4. He went on a very shaky ladder. 5. For the feast of the town there were just a few of us. 6. I worked a lot to put the house in order. 7. He is a good doctor who specializes in sport's medicine. 8. The largest university is in our city. 9. When we sit down to eat, I always eat in a rush because I never have much time. 10. We like going to the beach, but we prefer going to the mountains.

19.4 1. Eravamo contenti di poter viaggiare in Sud America. 2. Sei sicura di sapere tutta la poesia a memoria? 3. Nella mia città fa caldo di giorno e fa freddo di notte. 4. Sono triste di vedere che non leggi molto. 5. Lei indossa un bel vestito di seta. 6. Ci sono dei fiori con un buon profumo e altri senza profumo. 7. Venerdi, vado al mercato a comprare della frutta, della verdura, e del formaggio. 8. Vorrei un pezzo di formaggio, un chilo di pane, e tre bottiglie di acqua minerale frizzante. 9. È uscita segretamente. Di solito chiede ai suoi genitori prima di uscire di casa. 10. Mi piace leggere tutto quello che posso sulla Pietà di Michelangelo.

19.5 1. a, a 2. di, di 3. a, di 4. di, di 5. agli, di 6. d' (di) di 7. alla, a, al, a, alla, della 8. di, di 9. di 10. di

19.6 1. Ha bisogno di tre francobolli da due Euro l'uno. 2. Qualche volta si comporta da adulto, qualche volta si comporta da bambino. 3. Da giovane avevo paura dell'acqua. 4. Non sto meglio. Devo andare dal dottore. 5. Vado nel negozio. Hai bisogno di qualche cosa da bere? 6. Abbiamo molto da fare per prepararci per la nostra vacanza di un mese. 7. Questo treno parte dalla stazione principale. 8. Hanno comprato un cavallo da corsa. 9. Maria ha un biglietto da due dollari e 50 centesimi di spiccioli. 10. A lui piace vestirsi da Santa Klaus.

19.7 1. da 2. da 3. di 4. da 5. di 6. di 7. di 8. dal 9. da 10. da, in

19.8 1. Con tutto quello che mangia, non ingrassa. 2. Mio marito fa il suo lavoro con grande attenzione. 3. Ho un appuntamento con il dentista. 4. Andiamo tutti assieme. Loro vengono via con noi. 5. Gabriella scriveva con una penna rossa. 6. L'uomo con la barba lunga, spaventava i bambini. 7. Il mio amico fa tutto con entusiasmo. 8. Tu ingrasserai con tutto quello che mangi ogni giorno. 9. Lei ha tagliato la carta con le forbici. 10. Con chi si è sposato tua cugina?

19.9 1. One student out of twenty today studies technology. 2. My son never talks seriously. 3. The employees have started a class to lose weight on request of the directors. 4. The president has authority on his countrymen. 5. Children are never still. They go up and down the stairs. 6. She is a gossiping lady; she knows everything about everybody. 7. The young man shot the police. 8. I like to go to the dressmaker to have my dresses made to order. 9. The newspapers and the magazines have written a lot on this incident. 10. My grandparents were counting on my parents.

19.10 1. da 2. in 3. in, per, da 4. di, con 5. di, a 6. in, negli 7. in, con, del 8. per, all' 9. per paura di ingrassare 10. sulla

Chapter 20 Adverbs

20.1 1. dietro 2. Intorno 3. lungo, fino, davanti 4. Sotto 5. Su, 6. lassù 7. Dopo, giù 8. Appena, laggiù, in fondo 9. dappertutto 10. qui, in pace

20.2 1. a Maggio 2. giù, al buio 3. vicino 4. in passato 5. All'improvviso 6. a distanza 7. lentamente 8. a cavallo 9. in fretta 10. lassù, in cima

Chapter 21 *Stare* vs *Essere*

21.1 1. sto 2. sto 3. sta, sta 4. sta 5. stiamo 6. stare attenta 7. sta 8. è, stare, stare 9. stare 10. sta

21.2 1. stai leggendo 2. sto leggendo 3. sta lavorando 4. stanno dormendo 5. stanno fiorendo 6. stanno cadendo, sta arrivando 7. sta invecchiando 8. sta ingrassando, sta dimagrendo 9. sta finendo, sta tramontando, sta sorgendo 10. sta cambiando, stanno succedendo

21.3 1. sta dicendo, stanno ascoltando 2. sta dormendo 3. sto uscendo 4. sta arrivaando 5. sto andando 6. stai facendo, sto leggendo 7. sto sudando 8. sta mettendo 9. state andando, stiamo andando 10. stanno preparando

21.4 1. stanno 2. stanno 3. sta all'aperto 4. stiamo andando 5. sta 6. sta male 7. stiamo 8. stanno diventando 9. stare 10. sta

Chapter 22 *Avere* and *Fare*

22.1 Mi chiamo Giovanna. Ho venticinque anni. Sono molto fortunata perchè ho molti amici che vivono vicino a me. Mia madre è una cuoca molto brava, e ai miei amici piace venire a casa mia. Lei prepara le specialità che piacciono a loro. I miei amici hanno sempre fame e sete quando vengono a casa mia. Mia madre cucina per delle ore perchè ha paura di non avere abbastanza da mangiare per tutti. Qualche volta mia madre ha fretta perchè ha molte cose da fare e non ha abbastanza tempo per preparare le prelibatezze che le piace fare per i miei amici. In inverno quando abbiamo freddo, ci dà una cioccolata calda stile italiano e dei biscotti. In estate quando fa caldo, dopo che ritorniamo dalla spiaggia, ci fa la limonata. Spesso, alla sera è stanca e ha sonno e non vede l'ora di andare a letto.

22.2 1. fanno, 2. fanno, 3. fa, fa 4. fa 5. fate 6. faccio 7. fa 8. fa 9. faccio 10. fanno

22.3 1. fa, fa 2. facciamo 3. fa, fa 4. fanno 5. fa, facciamo 6. facciamo 7. facciamo, fa 8. fare 9. fa 10. facciamo

Chapter 23 The Present Tense of Regular Verbs

23.1 1. cerchiamo 2. comunicano 3. dimentica 4. fabbrichi 5. scavalca 6. interroga 7. lecca 8. investigano 9. traslocate 10. cerchiamo

23.2 1. boccia 2. assaggio 3. scaccia 4. parcheggiano 5. passeggiamo 6. allaccia 7. abbracciano 8. scacciano 9. lascia 10. sciamo

23.3 1. danneggia 2. parla 3. aspettiamo 4. arreda 5. annoia 6. conserva 7. guidano 8. firma 9. desiderano 10. grida

23.4 1. Si, anche noi compriamo una casa, e firmiamo molti documenti. 2. Si, anche noi ceniamo sulla veranda. 3. Si, anche il cane rovescia la ciotola del suo cibo. 4. Si, anche noi giochiamo al tennis tutti I giorni. 5. Si, anch'io scio solo in Svizzera. 6. Si, anche lui boccia gli studenti che non studiano. 7. Si, anch'io passo gli esami con facilità. 8. No, qui la gente non parcheggia sul marciapiede. 9. Si, anche lei allaccia le scarpe del suo amico. 10. Si, anch'io imparo a leggere l'orologio.

23.5 1. (viaggiare) Loro viaggiano molto con i loro amici molto. 2. (abbraccia) La nonna abbraccia tutti i nipoti quando viene a far visita. 3. (noleggiamo) Noleggiamo una macchina ogni volta che andiamo in Italia. 4. (camminano) I cani camminano accanto al padrone. 5. (ferma) La polizia ferma il ladro che ha derubato la banca. 6. (ascolto) Io ascolto la musica quando vado a lavorare, e ma tu ascolti le notizie. 7. (compro) Io compro la frutta e la verdura al mercato scoperto (all'aperto). 8. (comunicare) Il dottore deve comunicare con i genitori del bambino. 9. (guida) Il marito di Nancy guida una macchina molto vecchia perchè vuole risparmiare. 10. (prende) La sarta prende le misure per fare un abito allo sposo.

23.6 1. distruggono 2. crescono 3. esigo 4. pungono 5. dipingi, dipinge 6. corregge 7. protegge, stringe 8. emergono 9. aggiungiamo 10. toglie

23.7 1. spegne 2. raggiungono 3. risolvono 4. finge 5. dipingono 6. convince 7. accolgono 8. tolgono 9. eleggono 10. esigono

23.8 1. posso 2. devi 3. volete 4. vuoi 5. posso, devo 6. deve 7. dobbiamo 8. puoi 9. volete 10. sai

23.9 1. apriamo 2. bolle 3. avverte 4. fugge 5. insegue 6. seguo 7. scoprono 8. copre 9. soffre 10. dormono

23.10 1. obbedisce 2. condisco 3. proibisce 4. dimagrisce 5. fioriscono 6. digerisce 7. arrossisce 8. garantisce 9. gradisco 10. spedisco

23.11 1. da, cambio 2. da, da 3. da, vado 4. da, spero 5. da 6. gioca, da 7. viene, da 8. vedo, da 9. va, da 10. è, da

Chapter 24 The Imperfect Tense

24.1 1. cadeva, era 2. volevamo, sapevamo 3. splendeva, scaldava 4. faceva, nevicava 5. produceva 6. beveva, le piaceva 7. era, c'era, avevamo 8. produceva 9. piaceva

Chapter 25 The Present Perfect Tense

25.1 1. raccolto, ha punto 2. ha . . . risposto 3. ho spento, ho chiuso 4. hanno speso 5. ho fritto 6. ha confuso 7. ha dato, ha dimenticato, ha nascosti 8. ha rotto, ha rubato 9. ha eletto 10. ha vissuto, ha imparato

25.2 1. abbiamo noleggiato 2. aabbiamo deciso 3. ha sognato, ha cercato, ha fatto 4. ha lasciato 5. ha giocato, ha perso 6. ha scelto, ha cominciato 7. abbiamo ammirato, abbiamo comprato 8. ho spedito, ha ricevuto 9. hanno costruito, hanno messo 10. ha spiegato, hanno capita

25.3 1. abbiamo visto, siamo . . . commossi 2. è andata, ha riscosso 3. ha ammesso, ha sbagliato 4. ho promesso, ho finito 5. ha commesso, ha cambiato 6. hanno camminato, hanno resistito 7. ha mosso 8. ha studiato, ha capito 9. hanno fatto, hanno visto 10. Ha fatto

25.4 1. è capitato 2. ho aspettato, sono andato 3. ha finito 4. sono finite, hai fatto 5. siamo andati, ha piovuto 6. sono andata, ho soggiornato, è cambiato 7. è entrata ha cambiato, ha comprato 8. è costato, abbiamo comprato 9. sei corso 10. è finito, ha pianto

Chapter 26 Negatives

26.1 1. Lei non mi piace affatto. 2. Lei non vuole mai andare a scuola. 3. Sua madre sta in casa e non vede nessuno. 4. Non ho neppure un centesimo per comprare il caffè. 5. Ha studiato l'italiano per molti anni, ma non sa neppure una parola. 6. Non mi chiama mai, e non viene mai a farmi visita (visitarmi) 7. Non vogliono neppure provare a sciare. 8. Non voglio mai andare a cavallo. 9. Non c'è neppure una goccia d'acqua nel deserto. 10. Non mi è affatto piaciuto il film.

26.2 1. Lara non finisce mai i compiti estivi. 2. Per Natale, nessuno va al parco dei divertimenti. 3. Non lo vedo mai al supermercato. 4. Non mangio nè uva nè pesche. 5. La mia casa non è nè grande nè luminosa. 6. Non mi piace nè l'inverno nè l'estate. 7. Non vogliamo più viaggiare e vedere posti nuovi. 8. La mia vita non è per niente interessante. 9. Sono andata in centro e non ho visto nessuno. 10. Io non cammino nemmeno sei kilometri al giorno.

26.3 1. Loro non vanno mai in piscina durante l'estate. 2. I miei amici non vedono nessun film straniero. 3. Non ha niente da dirmi. 4. Io non arrivo mai in ritardo agli appuntamenti. 5. Non ho nessun ingrediente per fare la torta. 6. Non faccio mai un pisolino al pomeriggio. 7. Voi non andate mai a letto tardi la sera. 8. Non mi piacciono affatto i film di fantascienza. 9. Penso che la sua vita non sia nè movimentata nè interessante. 10. I gattini non vogliono nè giocare nè dormire.

26.4 1. stavano spazzando 2. stavano riparando 3. stavano partendo 4. stavo cadendo 5. stavate facendo 6. stava andando 7. stava andando 8. stava scrivendo 9. stava pensando 10. stava riparando

26.5 1. Mio marito stava viaggiando quando si è rotto il rubinetto dell'acqua. 2. Il cane stava abbaiando perchè il padrone non era a casa. 3. Stavo andando al cinema, ma ho lasciato i soldi a casa. 4. Loro stavano partendo, ma il volo è stato annullato. 5. Gli studenti stavano ascoltando il professore con molta attenzione. 6. Tu stavi dormendo quando lei si è alzata e si è preparata la colazione. 7. Noi stavamo dormendo sul treno quando siamo arrivati alla stazione. 8. Stavo lavorando molto per prepararmi per il viaggio. 9. Stavamo andando a teatro, ma mi sono sentita male. 10. Che cosa stavi facendo? Io stavo cantando sotto la doccia.

26.6 1. stava cercando 2. stava aspettando 3. stava scrivendo, sperava 4. stava frequentando 5. stavamo andando 6. stava facendo 7. stava comprando 8. stavo parlando 9. stavano partendo 10. stavate traducendo

Chapter 27 Direct Object Pronouns

27.1 1. li 2. lo 3. visitarli 4. vederla 5. li 6. li 7. li 8. lo 9. le, le 10. la

27.2 1. le, le 2. li, li 3. la, la 4. lo 5. la 6. li 7. l' (la) 8. l'(la) 9. li 10. le, le

27.3 1. Silvia se li taglia. 2. Laura e Paola se lo comprano domani. 3. Quando finiamo di sciare ce li togliamo subito. 4. Diana vuole fumarsela sul balcone. 5. Diana se l'è fumata di nascosto. 6. Noi ce la beviamo dopo il lavoro. 7. Me la sono letta tutto d'un fiato. 8. Ve lo ricordate? 9. Me lo sono comprato. 10. Ce la siamo cotta.

27.4 1. la, te 2. tè 3. lei 4. te 5. la, me 6. li 7. l' (lo) 8. tè, lo 9. tè 10. mi, te

27.5 1. A 2. B 3. C 4. B 5. A 6. C 7. A 8. C 9. B 10. A

27.6 1. ti 2. (leave blank) 3. mi 4. le 5. le 6. la, le 7. ti 8. le, le 9. le 10. la

Chapter 28 The Pronouns *Ci* and *Vi* and *Ne*

28.1 1. Ci vogliono due ore di aereo per andare in Florida. 2. Accendi la luce non ci vedo niente. 3. Quel ristorante è caro e non è buono. Non ci voglio andare. 4. Ci tengo molto che tu venga a casa mia per la mia festa. 5. Non ci sento bene. Puoi ripetere quello che hai detto? 6. Ho troppe cose da fare. Non ci riesco a tutto. 7. Si, ci riesco. 8. Ci sono andata l'anno scorso. 9. Vieni da noi questa estate? Non sono sicura se ci riesco. (ce la faccio) 10. Quanto tempo sei stato in montagna? Ci sono stato due mesi.

28.2 1. ci provo 2. ce l'ho con lui 3. non ci vedo 4. ci penso 5. ci pensiamo 6. ci andate 7. ci crediamo 8. ci sente 9. Ci vogliono 10. ci vengono.

28.3 1. ci 2. ci 3. ci 4. ci, c' 5. ci 6. ci 7. ci 8. c'erano, c'è 9. ci 10. ci

28.4 1. Ne ho lette solo due. 2. Ne abbiamo comprate 3 Kg. 3. Che cosa ne pensi? 4. Quanta ne ha cucinata? 5. Quanti ne hai mangiati? 6. Ne abbiamo comprate molte. 7. Il doganiere ne chiede uno. 8. Chi se ne occupa? 9. Quante ne fumi? 10. Quante ne hai fumate?

28.5 1. ci 2. Ci, ce ne 3. ne 4. Ci 5. ci 6. ce ne 7. ci 8. Ce ne 9. Ne 10. ne

Chapter 29 Combined Pronouns and Their Use

29.1 1. Quando ritorno a casa, lo chiamo e gliela do. 2. Dobbiamo comprargliela. 3. Ho visto Olga e me l'ha raccontato tutto. 4. La chiamano e gliela raccontano. 5. L'idraulico è venuto e me l'ha riparato. 6. Ho promesso alle mie amiche che gliela manderò. 7. Le ho detto che desidero vederla e portarglielo. 8. Io faccio la spesa e gliela porto. 9. Elena, me li ha mostrati. 10. Devo raccontargliela.

29.2 1. Gliela 2. Gliela 3. Gliela 4. Me lo 5. Gliela 6. Ce lo 7. Ve lo 8. Ce la 9. Gliela 10. Ve la

29.3 1. Mandagliela! 2. Imprestateglielo! 3. Portaglielo! 4. Offriteglielo! 5. Mandandogliela, la fai felice! 6. Leggiglielo! 7. Offriglielo! 8. Compragliene una. 9. Mostragliele! 10. Portateglielo in camera!

29.4 1. Dandogliele. 2. Glielo restituisci? 3. Pensano di spedirglielo? 4. Comprandoceli, ci avete fatto un grande regalo. 5. Glielo porti tutti i giorni? 6. Portandoglielo, lo svegli. 7. Gliene offri uno? 8. Portaglielo! 9. Gliele do quando esco. 10. Dobbiamo lasciargliele quando usciamo.

29.5 1. Non te le mettere! Non mettertele! 2. Non me lo comprare! Non comprarmelo! 3. Non ce lo portare! Non portarcelo! 4. Non glielo fare! Non farglielo! 5. Non ce la dire! Non dircela! 6. Non me lo mostrare! Non mostrarmelo! 7. Non ce la servire! Non servircela! 8. Non ce lo portare alla festa! Non portarcelo alla festa! 9. Non aprirlo lo aprire! Non aprirmelo! 10. Non gliela scrivere! Non scrivergliela!

29.6 1. Gliela stai dando, stai dandogliela 2. Gliela stai raccontando, stai raccontandogliela 3. Te la stanno preparando, stanno preparandotela 4. Glielo stiamo suggerendo, stiamo suggerendoglielo 5. Maria glieli sta piantando, sta piantandoglieli 6. Gliele state portando, state portandogliele 7. Gliela sto preparando, sto preparandogliela 8. Glielo sta comprando, sta comprandoglielo 9. Glielo sta spiegando, sta spiegandoglielo 10. Gliele stiamo dando, stiamo dandogliele

29.7 1. Gliele ho spedite. 2. Glieli hai comprati. 3. Gliel'(lo) ha dato. 4. Me le ha scritte. 5. Gliel'(la) ha costruita. 6. Gliel'(lo) ho dato. 7. Glieli ho perdonati. 8. Me l'(lo) ha restituito. 9. Gliel'(ho) pulita. 10. Gliele ha stirate.

29.8 1. Devo raccontargliela. 2. Vuole mandarglielo. 3. Vuole regarарglielo. 4. Posso levarmela? 5. Dobbiamo dirvelo. 6. Potete portarglielo? 7. Vogliono comprarcela. 8. Deve mettergliela. 9. Voglio comprarvelo. 10. Possiamo comprarcela.

29.9 1. Gliela devo raccontare. 2. Glielo vuole mandare. 3. Glielo vuole regalare. 4. Me la posso levare? 5. Ve lo dobbiamo dire. 6. Glielo potete portare? 7. Ce la vogliono comprare. 8. Glie la deve mettere. 9. Ve lo voglio comprare. 10. Ce la possiamo comprare.

29.10 1. Si, vogliamo pagarglielo. 2. Si, dobbiamo vendergliela. 3. Si, posso regalargliela. 4. Si, voglio cantargliela. 5. Si, dobbiamo scaricarglielo. 6. Si, vogliamo stamparglielo. 7. Si, devo chiuderglielo. 8. Si, voglio portarglielo. 9. Si, devono portarglielo. 10. Si, voglio aprirgliele.

Chapter 30 Verbs with Pronouns

30.1 1. Isabella non si è voluta sporcare il vestito. 2. Gli studenti si sono dovuti preparare per l'esame. **3.** La nonna non si è voluta curare della sua salute. 4. Il nonno Giovanni non si è avviato senza bastone. 5. Erica si è dovuta mettere a studiare con diligenza. 6. Teresa non si è voluta iscrivere al corso di inglese 7. Giorgio e Luisa si sono voluti mettere in viaggio. 8. Maria non si è dovuta lamentare del suo lavoro. 9. I turisti si sono potuti preparare per il viaggio. 10. Le signore non si sono volute bagnare i capelli.

30.2 1. Non ti impazientire. Non impazientirti. 2. Non rattristatevi. Non vi rattristate. 3. Non ti bagnare. Non bagnarti. 4. Non ci dimentichiamo. Non dimentichiamoci. 5. Non vi fidate. Non fidatevi. 6. Non ti preoccupare. Non preoccuparti. 7. Non ci deprimiamo. Non deprimiamoci. 8. Non vi meravigliate. Non meravigliatevi. 9. Non ti lavare. Non lavarti. 10. Non ci fermiamo. Non fermiamoci.

Chapter 31 The Future

31.1 1. Avrò bisogno di qualche medicina perchè ho bruciore di stomaco. 2. Mangerà al ristorante e dormirà in albergo. 3. Erica visiterà la sua amica dopo che avrà finito di studiare. 4. Tu vincerai la corsa, se farai molto allenamento. 5. Parleremo per telefono, e decideremo dove incontrarci. 6. Io terrò il cane del mio amico, e mi prenderò molta cura di lui. 7. Potranno attraversare l'oceano in una settimana. 8. Prenderete un tassì e andrete alla stazione 9. Luca studierà in Italia, e ritornerà a casa per le Feste. 10. Giovanna e Claire dovranno abbassare i prezzi per tagliare i capelli, o perderanno tutti i clienti.

31.2 1. partiremo 2. comprerà, suggerirà 3. parleranno, discuteranno 4. starò, aspetterò 5. andrai, vedrai 6. sarete, dovrete, aspetteremo 7. avremo, andremo 8. andremo, ceneremo 9. spenderanno 10. arriveranno, staranno

31.3 1. impresto 2. chiamerò, ritornerò 3. chiami, devo 4. ti sposerai 5. inviterà, verranno 6. compirà 7. sta, cadrà, si farà 8. saranno 9. avrà, avrà 10. andremo, usciremo, ceneremo

31.4 1. When we will meet, I will already have bought the ticket to go to watch the football game. 2. We will have understood that it is not worth punishing them. 3. In a month we will have lived twenty years in this house. 4. Will you be back from your travels when the renovation works will start in your house and your relatives will arrive? 5. Will you be tired after dancing all evening, or will you be able to go home and do your homework? 6. In August my granddaughter will have been in Chicago for two years. 7. Our friends will have discussed the elections for many hours by the time the results will come in. 8. The bank will have reimbursed my daughter for the money stolen while she was on vacation. 9. The daylight saving time will have changed when we'll get back from our trip, and the days will seem shorter. 10. We will be able to sleep better when we will have paid all our debts.

Chapter 32 The Conditional

32.1 1. Vorrei un caffè e un cornetto alla crema. 2. Dovresti lavare il pavimento. 3. Dovrebbe smettere di fumare. 4. Maria dovrebbe compilare il modulo e firmarlo. 5. Potresti mettere in ordine la tua camera? 6. Potreste parlare più piano? 7. Potrei dare la tua penna a Isabella? 8. Potremmo usare la tua macchina. 9. Dovreste ritornare presto. 10. Vorremmo spegnere la luce.

32.2 1. finirei 2. guarderesti 3. vorreste 4. daresti 5. saprei 6. andreste 7. potresti 8. piacerebbe 9. ascolterebbero 10. potrebbe

32.3 1. Io la ascolterei, ma non mi piace quello che dice. 2. Tu andresti al cinema con gli amici. 3. Lei darebbe il cibo alle oche, ma è proibito. 4. Verreste a casa mia per la festa del mio compleanno? 5. Dovresti portare i fiori a tua sorella. 6. Vorresti portare dei fiori alla nonna? 7. I bambini potrebbero guardare la televisione. 8. Verremmo se ci chiamate. 9. Io non le direi niente. 10. Andresti da sola o con tuo marito?

32.4 1. A me piacerebbe studiare le lingue straniere. 2. I nostri genitori preferirebbero tenerci a casa con loro. 3. Ai tuoi amici piacerebbe viaggiare in posti nuovi ed esotici. 4. Mio fratello desidererebbe trovare una brava moglie. 5. I loro vicini preferirebbero non avere bambini in casa loro. 6. Noi desidereremmo parlare con il direttore della banca. 7. La mia professoressa preferirebbe parlare sempre in italiano. 8. La nostra casa sarebbe fredda, ma noi alziamo la temperatura. 9. A noi piacerebbe molto vivere in Italia. 10. Loro preferirebbero la polenta alla pasta.

32.5 1. piacerebbe 2. pitturerei 3. vivrei 4. vorrei 5. vorrei 6. sarebbe 7. piacerebbe 8. scriverei 9. sarebbe 10. si svolgerebbero 11. scriverei 12. finirei 13. prenderebbe 14. metterebbe 15. andrebbe 16. piacerebbe 17. viaggerei 18. visiterei 19. sarei 20. comprerei 21. avrei 22. godremmo 23. piacerebbe 24. sarei 25. abiterei 26. girerei 27. conoscerei 28. studierei 29. sceglierei 30. vorrei 31. vorrei

32.6 1. La ragazza avrebbe accettato un appuntamento con una persona che non conosceva. 2. Mario e Nadia avrebbero portato il loro bambino in aereo quando era piccolo. 3. Gabriele avrebbe comprato una macchina nuova. 4. La vita in Italia sarebbe stata molto caotica. 5. La ragazza avrebbe speso tutti i soldi per cose inutili. 6. Sapevo che sarebbero venuti tutti in alla festa Italia. 7. La polizia avrebbe segnalato i problemi dopo la partita. 8. Avrebbero pubblicato la notizia sul giornale. 9. Le giornate si sarebbero già accorciate. 10. Avrebbe cambiato casa lo scorso mese.

32.7 1. Hanno avvisato che avrebbero cancellato il volo a causa del tempo. 2. Lisa ha promesso che sarebbe dimagrita. 3. La professoressa ha detto che mi avrebbe aiutata a capire la matematica. 4. Luisa ha confermato che avrebbe comprato le scarpe. 5. Erica ha detto che avrebbe fatto tutti gli esami nel primo trimestre. 6. I nonni hanno detto che si sarebbero trasferiti vicino al figlio. 7. Roberto ha tagliato l'albero che avrebbe danneggiato le fondamenta esterne della casa. 8. Io ho comprato le piante che avrebbero sopravissuto l'inverno.

32.8 1. Sarei voluta andare a sciare con una comitiva della scuola. 2. Avremmo desiderato di uscire presto dal lavoro. 3. Il nonno avrebbe mangiato volentieri una fetta di torta. 4. Ci sarebbe piaciuto cantare e recitare. 5. Avresti dovuto parlare con il tuo capo. 6. Avrebbe preferito guardare un film alla TV. 7. Noi avremmo dormito bene anche in tenda. 8. Voi avreste comprato una macchina nuova.

Chapter 33 The Present Subjunctive

33.1 1. sposi 2. finiate 3. facciano 4. chiamino 5. diriga 6. prepari 7. prendiamo 8. porti 9. sia 10. parli

33.2 1a 2b 3a 4a 5b 6a 7a 8b 9b 10a

33.3 1. venga 2. ascolti 3. riusciate 4. andiamo 5. si accorcino 6. vengano 7. abbiano 8. dimagrisca 9. sia 10. possiate

33.4 1. risponda, venga 2. abbia 3. viva 4. finisca, trovi 5. debba 6. dovere 7. perdere 8. perda, debba, rompa 9. sia, cominciate 10. studi, ritorni

33.5 1. scrivano 2. andiate 3. possiate, abbiate 4. abbiate 5. mangiamo 6. finisca 7. studiate, voliate 8. possegga, possa 9. venga 10. si perdano, arrivino

33.6 1. dica 2. diriga 3. sia 4. esistano, vengano 5. capiscano 6. giochi 7. possa 8. facciate, riposiate 9. stiate 10. esca

33.7 1. Credo che Erica studi giorno e notte. 2. Credo che la mamma di Silvia parta per l'Italia domani. **3.** Dubito che loro vincano anche questa settimana. 4. Immaginiamo che alla mamma piacciano le rose rosse. 5. Pensiamo che la storia della sua vita sia molto interessante. 6. Pensiamo che a Eric piaccia la macchina nuova. 7. Credo che veniate a casa nostra a cena. 8. Dubiti che il volo per l'Europa sia stato cancellato. 9. Lei desidera che loro abbiano una vita molto avventurosa. 10. Desiderate che la scuola cancelli la lezione di italiano a causa dello sciopero dei trasporti.

33.8 1. fino a che, malgrado 2. appena, cosi che 3. benchè, così che 4. a meno che 5. prima che, vada 6. benchè 7. malgrado 8. affinchè 9. così che 10. nonostante

33.9 1. È strano che la mamma non sia in casa. 2. Mi dispiace che lei non voglia fare le lasagne. 3. Mi dispiace che la professoressa non voglia dargli un bel voto. 4. Che peccato che il padre di mio nonno non sapesse leggere o scrivere. 5. Sono sorpresa che Marcello non riesca a trovare un nuovo lavoro. 6. Che brutta cosa che la macchina sia rotta e io debba portarla dal meccanico. 7. È assurdo che Riccardo non voglia studiare. 8. Sono sorpresa che Giorgio voglia sempre giocare a tennis. 9. Siamo contenti che gli amici vengano a farci visita. 10. Voglio che Lucia venga a casa mia con i bambini.

33.10 1. Sto aspettando che mi diano una risposta. 2. Potrebbe avere torto. 3. È meglio che tu spenga la luce. 4. Mi sembra che non possano finire in tempo. 5. Non vedo l'ora che tu mi lasci in pace. 6. Non voglio che tu suoni il campanello, perchè i bambini stanno dormendo. **7.** Lei non sa chi sia quell'uomo. 8. Non capisco perchè lui sia così rude con tutti. 9. Spero che il bambino non si faccia male quando va a scalare la montagna. 10. È inutile che tu mi dica che vuoi trovare un lavoro, a meno che tu lo cerchi

33.11 1. si renda 2. si faccia 3. debba 4. capiate, vogliate 5. riesca 6. dica, sia 7. sia, vada 8. studi, impari 9. studiate 10. vada, spieghi

Chapter 34 The Present Perfect Subjunctive

34.1 1. abbia guidato 2. abbia accettato 3. siano andati 4. abbia ascoltato 5. sia andata 6. abbiano venduto 7. abbiate comprato 8. abbia dimenticato 9. sia piaciuta 10. siano partiti

34.2 1. hanno studiato 2. abbiano studiato 3. avete spento 4. abbia aperto 5. è . . . ritornato 6. sia stata 7. è stata 8. abbia nascosto 9. abbia nascosto 10. siano accorciate

Chapter 35 The Imperfect Subjunctive

35.1 1. tornassero 2. chiamaste 3. arrivasse 4. ascoltassero 5. telefonassi, dessi 6. aiutassero 7. piacessero 8. fossi 9. vivessero 10. lavorasse, guadagnasse

35.2 1. fossero 2. avessero, fossero 3. mangiasse 4. piacesse 5. facessero 6. spiegasse 7. correggessero 8. mangiassero 9. lasciassero 10. parlasse

35.3 1. si comportassero 2. ti ricordassi 3. andassero 4. chiamasse 5. telefonasse 6. preparasse 7. ritornasse 8. trovasse 9. vi alzaste 10. imparaste

35.4 1. Speravamo che voi veniste da noi questa estate. 2. Riccardo desiderava che gli portassimo la farina per i pancakes. 3. Gabriella voleva che io andassi a fare le compere natalizie con lei. 4. Credevo che non ci fosse abbastanza tempo per andare al museo. 5. Sembrava impossibile che si potesse fare la prenotazione al ristorante. 6. Era impossibile che potessimo prendere il traghetto. 7. Era possibile che ci aspettassero. 8. Speravo che cambiasse idea. 9. Lucia desiderava che andassimo a cena da lei. 10. Mi sembrava che le giornate passassero troppo velocemente.

35.5 1. mangiassi 2. andasse a rovare 3. accompagnassimo 4. avessi 5. andassimo 6. salutassi 7. prestassi 8. facessi 9. portassimo 10. stessimo

35.6 1. dicessi 2. venissi 3. venisse, sentisse, eliminate fosse, andassi 4. riuscissimo 5. uscire 6. aprissero 8. sarebbe 10. sia, prendere

35.7 3. studiassi 4. parlassi 5. ricevessi 7. ricordassi 8. desse 9. ripassassi 10. ascoltassi

35.8 1. Se domenica mi sveglio presto, vado in Chiesa. Se domenica mi sveglio presto, andrò in Chiesa. 2. Se c'è abbastanza neve, andiamo a sciare. Se c'è abbastanza neve, andremo a sciare. 3. Se sabato sera siete liberi, potete andare al ristorante con noi. Se sabato sera siete liberi, potrete andare al ristorante con noi. 4. Se lunedì abbiamo tempo, prepariamo la lezione di italiano. Se lunedì abbiamo tempo, prepareremo la lezione di italiano. 5. Se mercoledì non sono stanco, vado in palestra. Se mercoledì non sono stanco, andrò in palestra. 6. Se tu non hai molti compiti, puoi andare a giocare a tennis. Se tu non hai molti compiti, potrai andare a giocare a tennis. 7. Se Marcello trova un lavoro, la famiglia è contenta. Se Marcello trova un lavoro, la famiglia sarà contenta. 8. Se domani non piove, lavo la macchina. Se domani non piove, laverò la macchina.

35.9 1. nevicasse 2. potessi 3. fallisse 4. lavorasse 5. mangiassimo 6. venisse 7. sapessi 8. fosse 9. avessi 10. fossero

Chapter 36 Past Perfect Subjunctive

36.1 1. avessi comprato 2. avessi diretto 3. avessero capito 4. avesse detto 5. fosse venuto 6. avesse acquistato 7. fosse andato 8. avesse perso 9. fossi . . . partito 10. fossi . . . arrivato

36.2 1. sei venuta 2. siamo date 3. c'eri 4. sono arrivata 5. c'era 6. ti fossi svegliata 7. avessi capito 8. fossi dimenticata 9. mi sono . . . dimenticata 10. avete aspettata 11. ho provato 12. ha risposto 13. sono ritornata 14. avresti potuto 15. avrebbe detto 16. aveva dato 17. avesse dato 18. si sia offeso 19. andassimo 20. dispiacerebbe 21. si fosse offeso 22. piacerebbe

36.3 1. Era impossible che la squadra avesse perso. 2. Speravo che non mi avesse dimenticata. 3. Lui sperava che l'avessi perdonato. 4. Pensavamo che aveste preso l'influenza dai bambini. 5. Era il film più spaventoso che avessi mai visto. 6. Tu speravi che io avessi imparato le canzoni. 7. Pensavo che tu avessi iniziato una nuova attività. 8. Lei dubitava che tu l'avessi riconosciuta. 9. Noi speravamo che tu avessi venduto la casa. 10. Loro pensavano che lei fosse ritornata dalla crociera

36.4 1. Saremmo andati in crociera se io non avessi avuto paura dell'acqua. 2. Tu avresti mangiato la frutta, se fosse stata matura. 3. Lei avrebbe riso, se la la barzalletta fosse stata buffa. 4. Il dottore avrebbe detto la verità al paziente, se lui l'avesse voluta sapere. 5. Marisa sarebbe venuta alla festa, se avesse ricevuto l'invito da Mario. 6. Gli studenti avrebbero imparato, se avessero ascoltato la spiegazione dell'insegnante. 7. Le donne avrebbero giocato a carte, se avessero avuto abbastanza persone per giocare. 8. La mia vita sarebbe stata più facile, se avessi avuto la donna delle pulizie. 9. Luisa sarebbe stata felice, se avesse imparato a sciare quando era giovane. 10. Tu e tuo marito sareste ritornati in quel ristorante, se il cibo fosse stato migliore.

36.5 1. Se tu studiasssi, passeresti gli esami. Se tu avessi studiato, avresti passato gli esami. 2. Se io non mangiassi troppo, non ingrasserei. Se io non avessi mangiato troppo, non sarei ingrassata. 3. Se lui tornasse a casa presto, giocheremmo al tennis. Se lui fosse tornato a casa presto, avremmo giocato al tennis. 4. Se io non dormissi, mi sentirei stanco. Se io non avessi dormito, mi sarei sentito stanco. 5. Se tu non togliessi le scarpe, sporcheresti il pavimento. Se non ti fossi tolto le scarpe, avresti sporcato il pavimento. 6. Se facesse freddo, avremmo bisogno del riscaldamento. Se avesse fatto freddo, avremmo avuto bisogno del riscaldamento. 7. Se la casa fosse finita, traslocheremmo. Se la casa fosse stata finita, avremmo traslocato. 8. Se Isabella venisse, ci telefonerebbe. Se Isabella fosse venuta, ci avrebbe telefonato. 9. Se tu avessi una bella voce, canteresti. Se tu avessi avuto una bella voce, avresti cantato. 10. Se facesse caldo, accenderemmo l'aria condizionata. Se fosse stato caldo, avremmo acceso l'aria condizionata.

36.6 1. stiate 2. pensi 3. piacciano 4. sappiamo 5. guadagni 6. si riprenda 7. si tinga 8. siano 9. conosciate 10. vada

36.7 1. portasse 2. potessero 3. aveste 4. togliessero 5. rimanessimo 6. credesse 7. ritornassero 8. potessero 9. venisse 10. studiassero

36.8 1. migliorasse 2. partissi 3. usassero 4. cadesse 5. mangiassi 6. prendessimo 7. ricordassi 8. stesse 9. portassi 10. si sedesse

36.9 1. venissero 2. perdesse 3. avessimo 4. comprassimo 5. volessi 6. avessi 7. parlasse 8. incontrassi 9. facessi 10. cambiassi

36.10 1. abbia corretto 2. abbiano spedito 3. abbia preparato 4. abbia dimenticato 5. abbia perso 6. abbia messo 7. siate corsi 8. abbiano comprato 9. si siano stancati 10. abbia capito

36.11 1. avessero comprato 2. avessero trovato 3. avesse portato 4. avessero portato 5. abbia avuto voglia di leggere 6. abbia interpretato 7. fossero venuti 8. fosse uscito 9. avessero aspettato 10. fossero ritornati

36.12 1. fossi dimostrato 2. avessero preso 3. fossi andato 4. fossi concessa 5. foste riusciti 6. fossero caduti 7. fosse offesa 8. si fosse resa conto 9. avessero chiamato 10. aveste capito

36.13 1. avrebbe fatto 2. avresti dato 3. avrebbero portato 4. avrebbero espatriati 5. avrebbe sposato 6. sarebbero andati 7. avrebbe aiutato 8. avreste messo 9. avrebbe chiamata 10. avrebbe potuto

Chapter 37 Special Construction and the Passive

37.1 1. L'hai vista andare al lavoro questa mattina presto. 2. Mia nonna mi ha fatto imparare a lavorare ai ferri. 3. Ogni volta che vado a visitarli, mi fanno guardare le foto dei bambini quando erano piccoli. 4. Abbiamo fatto partire la macchina anche se faceva molto freddo. 5. Si è fatta fare una gonna dalla sarta. 6. Mi sono fatta vedere la caviglia dal dottore. 7. Quanto tempo ci vuole per ricevere una lettera dall'Italia? 8. Quando ero giovane non ci mettevo molto tempo per preparare una cena. 9. Lascia che la lucciola esca dal vaso! 10. Lasciala parlare e ridere con i suoi amici!

37.2 1. È stato mandato ieri. 2. Il conto del dentista è stato pagato il mese scorso. 3. Sono state fatte al mare. 4. Sono stati venduti al mercato. 5. Sonno state scelte da mia sorella. 6. È stata comprata nel 1994. 7. Sono stati tagliati perchè erano ammalati. 8. E stato pubblicato da una grande Casa Editrice. 9. Sono stati avvisati alle sei di mattina. 10. È stata pulita in centro.

37.3 1. essere firmato 2. verrà rimborsato, sarà cancellato 3. sarà aperto 4. essere prese 5. è letto 6. è sprecata 7. siamo rimasti 8. siamo rimasti 9. essere appeso 10. è vissuta

37.4 1. La mia borsa è stata rubata dalla macchina. 2. Molto tempo viene sprecato ogni giorno guardando la televisione. 3. La sua amica ha avuto un incidente ed è stata portata al pronto soccorso. 4. Tutto il cibo rimasto nei ristoranti viene distribuito ai poveri. 5. Si deve tenere in mente che non si può uccidere più di un cervo quando si va a caccia. 6. Anche gli uccellini devono essere ricordati in inverno. 7. La porta del garage deve essere chiusa giorno e notte. 8. La legna è stata portata e bruciata dietro alla casa. 9. Ci si deve ricordare che alla sera le porte e le finestre devono essere chiuse. 10. La chiave era stata persa e non lui non poteva entrare in casa.

37.5 1. mangia 2. trova 3. è bloccata 4. va 5. deve 6. sono studiate 7. comprano 8. sentono 9. spera 10. vedono

Chapter 38 Conjunctions and Verbs with Prepositions

38.1 1. sebbene 2. affinché 3. benché 4. benchè 5. qualora 6. tranne 7. pur 8. prima che 9. e 10. e

38.2 1. Si affrettano (corrono) a mangiare quando ritornano da scuola. 2. Lei ha aiutato la sua amica ad allacciarsi le scarpe. 3. La bambiba crede alle fate. 4. Ha dato un calcio a sua sorella sugli stinchi. 5. A loro piace giocare a bridge ogni sera della settimana. 6. Gli devo ricordare di portare fuori la spazzatura. 7. Hanno invitato tutti gli amici alla festa di laurea. 8. È molto importante incoraggiare i bambini ad essere indipendenti. 9. Il papà ha insegnato alla sua figliolina ad andare in bicicletta. 10. Non riesco a capirla perchè parla troppo in fretta. 11. A noi piace andare al cinema il pomeriggio. 12. Prima di venire a casa, si fermano al mercato a comprare del cibo. 13. In inverno ci divertiamo molto a guardare dalla finestra gli uccelli che vengono a mangiare. 14. Silvia e Giorgio vanno in Italia a trovare i loro genitori. 15. Hanno rinunciato a provare ad aprire la porta.

38.3 1. Ho bisogno di comprare della carta e una nuova cartuccia bianco-nera per stampare il libro. 2. Ho paura di nuotare nell'acqua fonda. 3. La ragazza si lamenta di tutto e di tutti. 4. Lei crede di prendere la borsa di studio per l'università. 5. Dubito di avere tempo di uscire a pranzo questa settimana. 6. Sperano di essere in orario per l'appuntamento in banca. 7. Lei promette di non fumare quando va fuori con le amiche. 8. Quando Cristina soffre di emicranie, non può andare a lavorare. 9. Chiederemo di usare la loro cabina sul lago. 10. La cameriera ride di tutto e di tutti. 11. Mi devi promettere di fermarti a casa mia quando sei in città. 12. Non so di che cosa vivono gli animali selvatici in inverno. 13. A Isabella piace sapere di tutto. 14. Devo chiamarla per ringraziarla dei fiori che mi ha mandato. 15. Maria pensa di andare in Italia a fare un corso d'immersione nella lingua italiana.

38.4 1. Contano sempre su di lui per riparare oggetti elettronici. 2. Non si deve correre in piscina. 3. Mi piace riflettere sui fatti della vita. 4. Desiderano viaggiare in tutto il mondo. 5. Devo assolutamente stare a casa e finire il libro. 6. Se vogliono fare una torta, li aiuto. 7. Lo lascio andare in Italia con i suoi amici. 8. Basta parlare. Adesso dovete concentrarvi sul vostro lavoro. 9. Mi piace fare una bella vita. 10. Basta mangiarti le unghie. 11. Si sono dimenticati di pagare il conto. 12. Dava lezioni di violino. 13. Chiama prima di venire. 14. Comincio a parlare bene l'italiano. 15. Le piace cucinare, e cucina bene.

Index